U0643147

循环流化床锅炉设备及运行

（第四版）

主　编　杨建华

副主编　王玉召　王智微

编　写　屈卫东　王廷举　陈绍敏

主　审　杨海瑞　于保国

中国电力出版社

CHINA ELECTRIC POWER PRESS

内 容 提 要

本书为"十四五"职业教育国家规划教材。

本书从实际应用的角度,对循环流化床锅炉的基本原理、设备特点及运行检修等内容进行了较为全面的论述。主要内容包括锅炉基础知识、循环流化床气固两相流特性、循环流化床燃烧与炉内传热、循环流化床锅炉本体设备及系统、辅机设备及系统、循环流化床锅炉调试与运行、循环流化床锅炉检修与维护、典型循环流化床锅炉介绍等。不仅介绍了循环流化床锅炉特有的设备和系统,还包括锅炉通用知识,如燃料与燃烧、锅炉热平衡、锅炉汽水系统等,便于没有煤粉炉基础的人员使用。本书内容通俗易懂,理论与实际相结合,讲解深入浅出,实用性强。

本书可作为高职高专电厂热能动力装置、火电厂集控运行及相关专业的教材,也可供从事循环流化床锅炉运行和管理的人员参考,还可作为电厂人员的培训教材。

图书在版编目(CIP)数据

循环流化床锅炉设备及运行/杨建华主编. —4 版. —北京:中国电力出版社,2019.10(2025.6 重印)
"十二五"职业教育国家规划教材
ISBN 978 - 7 - 5198 - 3887 - 4

Ⅰ.①循… Ⅱ.①杨… Ⅲ.①循环流化床锅炉—锅炉运行—高等职业教育—教材 Ⅳ.①TK229.6

中国版本图书馆 CIP 数据核字(2019)第 237007 号

出版发行:中国电力出版社
地　　址:北京市东城区北京站西街 19 号(邮政编码 100005)
网　　址:http://www.cepp.sgcc.com.cn
责任编辑:吴玉贤(010-63412540)
责任校对:黄　蓓　常燕昆
装帧设计:郝晓燕
责任印制:吴　迪

印　　刷:三河市航远印刷有限公司
版　　次:2006 年 1 月第一版　2019 年 10 月第四版
印　　次:2025 年 6 月北京第十八次印刷
开　　本:787 毫米×1092 毫米　16 开本
印　　张:18.25
字　　数:442 千字
定　　价:42.00 元

前　言

总码

为认真贯彻落实《国家职业教育改革实施方案》(职教 20 条)精神,着力推动职业教育"三教"(教师、教材、教法)改革,本书坚持突出职教特色、产教融合的原则,遵循技术技能人才成长规律,融入课程思政元素,知识传授与技术技能培养、工匠精神塑造、爱国情怀激发并重,充分体现"精讲多练、够用、适用、能用、会用"的原则,主动服务于分类施教、因材施教的需要。

本书从工程实际出发,紧密联系生产实际,及时将新技术、新工艺和新方法引入教材,不但适合高等职业教育热能与发电工程类专业在校学生"1+X 证书"学习需要,也可作为相关专业领域技术技能型培训学员的培训教材和自学用书。

本书第一版 2006 年 1 月出版,第二版被评为教育部职业教育与成人教育司推荐教材,并入选"十一五""十二五"国家级规划教材。

中国发展进入新时代,"绿水青山就是金山银山"的科学发展理念已深入人心,"四个革命,一个合作"的国家能源安全新战略的提出,也要求燃煤利用要以绿色低碳为方向,推动技术创新。循环流化床锅炉技术的发展完全契合了以上发展理念和发展方向。循环流化床锅炉作为一种新型洁净煤燃烧发电技术,在清洁燃烧,特别是燃烧劣质煤方面具有无可替代的优势,它具有污染物排放低、燃料适应范围广、调峰能力强、燃烧效率高等特点,具有很好的节能和环保性能。我国的电力供应及工业、民用供热所需燃料绝大部分来自煤炭,但我国地域辽阔,煤种繁多,劣质煤所占比重大。为充分利用劣质燃料,以较小的代价获取较低的污染排放,循环流化床锅炉技术成为首选。

循环流化床锅炉在中国的发展历程和今天取得的成就,对学习者也是一种很好的激励。它几乎和改革开放同步,都经历过奋斗的艰辛,也都取得了辉煌的成就,充分体现了中国人不畏艰险、勇攀高峰的民族精神。通过对技术发展历程的了解,既能增强学习者的民族自信心和自豪感,也能激发学习者的奋斗精神和创新意识。目前,我国在循环流化床锅炉技术方面已实现了从跟跑到领跑的跨越式发展,商业应用遥遥领先,且正快速向大容量、高运行参数方向发展,蒸汽参数已提高到超临界乃至超超临界。

但循环流化床锅炉毕竟是一种相对新兴的技术设备,目前其工业应用远远超前于知识普及和人员培训,使得这一清洁煤燃烧设备的优势还不能充分发挥。尤其需要指出的是,循环流化床锅炉的运行维护是一门比较"难学"的技术,因为它是一项关于在"高温高压设备"中、"气固两相流动"状态下,实现"高效燃烧""良好传热"和"低污染排放"的技术,这其中的每一项都不容易学,更何况诸多难点交汇在一起,更增加了学习的难度。从企业生产岗位对人才的知识能力和素质要求看,循环流化床锅炉发电企业需要的是"知其然,更知其所以然"的复合型、创新型人才,这些人才可以让这种清洁燃烧发电设备的优势发挥到最大;反之,那些"只知其然,不知其所以然"、死记硬背操作规程的人员往往导致运行维护水平低下、事故频发。学习循环流化床锅炉运维技术,基本原理"学精"是基础,否则技能的"练熟"就成了无源之水、无本之木。所以,企业人员也需要不断回过头来学习,在实践经验的基础上，不断加深对基础知识和基本原理的理解，不断提高设备运维水平。因此，一本能在理论知识上"精讲"、在运行操作上"多练"、实用、适用的教材是促进该技术深化应用的"助推器"。

但目前循环流化床锅炉教材存在明显不足：

一是适合高等职业教育使用的教材少。现有循环流化床锅炉书籍多为学术专著或本科教材，相当多篇幅讲述锅炉设计与试验研究等，与培养应用型人才的目标不尽一致。

二是大多数教材均以学习过煤粉锅炉知识作为起点进行讲解，不包括燃料与燃烧、汽水系统等锅炉的基础知识。但目前我国电厂中还有相当多运行人员没有煤粉锅炉知识，尤其是"1＋X"证书制度的实施，跨专业学习的人员会越来越多，对这些人员来说，这些教材使用起来不够方便。

三是信息化学习资源提供不足。气固两相流知识对大多数学生甚至企业人员都很抽象，很难用语言和静态图片讲解清楚，不借助信息化、多媒体手段很难达到化难为易、深入浅出的"精讲"要求。

四是无法进行"在线"技能操作训练。因为在线仿真技术上存在较大难度，循环流化床锅炉运行部分只能"纸上谈兵"，无法随时随地进行在线实操训练。

本教材在编写时尽量弥补了这些不足。首先它的培养目标是运行检修人员，内容深度本着适度够用的原则，适合发电企业人员自学或培训。它不仅包括循环流化床锅炉的特有知识，还包括锅炉的基础知识，如燃料与燃烧、汽水系统等，尽量做到"一本通"。对于有煤粉炉基础的学员，使用本书也不会有重复之感，一是因为循环流化床锅炉的设备系统有自己的特殊性，不完全等同于煤粉锅炉；二是这些章节相对独立，便于教师和学员对内容进行取舍，有选择地学习；三是对这些章节的着墨不重，本着够用即可的原则，不会冲淡主题。从内容优化上，本次修订及时将大型循环流化床锅炉的新技术、新工艺以及污染物排放控制的新标准、新举措等增补了进来。

本书主动适应信息化、数字化时代"线上学习、碎片化学习、自主学习"的学习方式变革，配套了大量数字资源库，真正建成了"立体化"教材，拓展了学习的时空。本次修订的着力点是让专业理论知识的学习"化难为易"，让新技术更容易普及推广。主要做法是以"科普式"微课为主，深入浅出、生动有趣；制作了丰富的三维、二维动画资源，使各类复杂的设备结构一目了然；为了攻克气固两相流这个学习难点，专门制作了全透明的循环流化床锅炉冷态模型，摄制了大量循环流化床气固两相流动的视频，使原来书本上抽象的文字描述一下变得直观生动；最值得一提的是，本教材合作企业攻克了循环流化床锅炉仿真的线上运行难题，并实现了对操作练习的自动评分，使学习者人人拥有仿真机、"随时可学、随处可练"。随着 5G 技术的普及应用，数字化资源的品质和数量必将得到进一步提高和增加，在线学习体验也将变得更满意、更轻松、更有效。这些数字资源库在书中附有二维码，请扫码获取。

本书按照培养复合型技术技能人才的要求，遵循技能形成和技术创新的一般规律，把知识学习（包括必备知识和设备原理）作为基础，把技能训练作为重点，把技术创新作为提高，体现了创新型、复合型技术技能人才培养的内在要求。内容编排上共分四篇：

一是"必备知识"篇：共四个单元，包括循环流化床锅炉基本原理及工作过程、燃料燃烧与锅炉热平衡、气固两相流动、燃烧与传热；

二是"设备原理"篇：共五个单元，包括物料循环燃烧系统、水循环系统、过热器与再热器、省煤器与空气预热器、辅机设备及系统；

三是"技能实战"篇：共两个单元，包括锅炉调试与运行、检修与维护；

四是"技术创新"篇：共两个单元，包括典型循环流化床锅炉技术特点与创新、锅炉节能与超低排放技术创新。

本书通过四篇共十三个单元，把知识—技能—创新的内在形成逻辑清晰地展示出来，方便学习者明晰各阶段学习目标，激发学习兴趣，提高学习积极性。

本书在"技能实战"篇设计了电子书形式的锅炉说明书、锅炉系统图册、锅炉运行规程等工作手册，对开发"新型工作手册式"教材进行了有益探索和尝试。

本书第一、五、九、十三单元由郑州电力高等专科学校杨建华编写，第二、三、四单元由承德石油高等专科学校王玉召编写，第六、七、八单元由郑州电力高等专科学校屈卫东编写，第十单元由博努力（北京）仿真技术有限公司王廷举编写，第十一、十二单元由西安热工研究院王智微编写。博努力（北京）仿真技术有限公司免费提供了在线仿真训练系统，并建设了大部分数字资源库；郑州电力高等专科学校周建强、秦光耀完成了冷态锅炉模型设计制作及气固两相流动视频的摄制工作，周建强博士还修订了污染物排放控制内容，重庆电力高等专科学校陈绍敏参加了本书部分数字资源的制作。全书由杨建华统稿，并统筹微课设计和数字资源制作。

承蒙清华大学杨海瑞教授、江苏新动力热电有限公司于保国工程师在百忙之中审阅了本书，并提出许多宝贵意见，在此深表感谢。

循环流化床锅炉技术是一种正处在发展过程中的技术，编写时我们尽可能反映主流技术及最新进展，但由于编者水平和经历所限，书中难免有不妥之处，恳请同行和读者批评指正。

编者

2020 年 6 月

目 录

第四篇　技术创新

第一篇
必备知识

知识是技能的基础，脱离知识的学习而形成技能的捷径是不存在的。要想盖起技能的高楼大厦，必须打牢知识基础，否则技能就成了无源之水、无本之木。

单元一　循环流化床锅炉基本原理及工作过程

◆ **引　言**

　　看到这本书的书名，你可能对"循环流化床锅炉"这个名字感到好奇："锅炉"嘛可以理解，大概和家里烧水做饭的锅和烧火的炉类似，但"循环""流化"和"床"这几个词就比较费解了。此外，这个"锅炉"到底是做什么用的？是怎么工作的？和家里的锅和炉子有什么"血缘"关系吗？还有，"循环流化床锅炉"为什么起这么怪一个名字？它有什么与众不同的地方吗？一系列的问号在你脑子里升起，你迫不及待地想早点得到答案。本单元作为本书的入门第一课，即将为你揭开循环流化床锅炉的神秘面纱。

　　学完这个单元，以上所有问题你都会得到答案，你的知识储备库又为一个新的知识技术领域准备好了空间。这个新的知识技术领域事关能源革命，事关全球变暖，事关酸雨雾霾，事关可持续发展。作为未来能源工作者的你，有责任学好这项技术，创新发展好这项技术，为社会提供清洁能源，为后人留下碧水蓝天。在这点上，我国老一辈科技工作者已经为我们做出了榜样，他们数十年孜孜以求，打破国外技术垄断，使我国循环流化床锅炉技术从跟随模仿到领跑全球，实现了跨越式发展。除了知识，这种奋斗和自强精神也是你可以从本单元中汲取的宝贵营养成分。"好的开端是成功的一半"，学好全书，请从本单元开始吧。

第一节　电力生产与循环流化床锅炉

　　电力是一个国家经济发展的基础，是国民经济的先行官。与其他能源相比，电力具有很大的优越性，它便于转换成其他能量形式且转换效率高，便于控制和远距离传输，使用方便，所以现代社会发展对电力的依赖程度越来越高，电气化程度成为衡量一个国家现代化水平的重要标志之一。

三维电厂漫游

　　电力不是一种天然能源，必须由其他能源转换而成。大规模的电能生产一般在电站中进行。目前的发电方式主要有火力发电、水力发电、核能发电和风力发电等。由于我国的能源以煤为主，所以火力发电是我国目前主要的发电方式，长期占我国发电总量的70%以上。

**资源1-火力发电
基本原理**

　　利用燃料燃烧进行发电的设备称为火力发电机组，它主要由三大设备组成，即锅炉、汽轮机和发电机。火力发电厂的生产过程如图1-1所示。

　　(1) 燃料在锅炉中燃烧，化学能转变成烟气的热能；烟气的热能传递给工质——水，产生高温高压的蒸汽，即在锅炉中完成燃料的化学能转变为蒸汽的热能的过程。

　　(2) 高温高压蒸汽进入汽轮机，体积膨胀，流速增大，蒸汽的热能转变为蒸汽流动的动能；高速气流推动汽轮机叶片转动，进一步转换为汽轮机转动的机械能。

（3）转动的汽轮机直接驱动发电机，将机械能通过发电机的励磁转变为电能。

可见，锅炉是火力发电厂的重要设备之一。它的主要功能是，组织燃料燃烧，产生符合汽轮机需要的高温高压蒸汽，因此，锅炉在有些场合也称为蒸汽发生器。

图 1-1　火力发电厂生产过程示意

1—锅炉；2—汽轮机；3—发电机；4—凝汽器；
5—凝结水泵；6—低压加热器；7—除氧器；
8—给水泵；9—高压加热器；10—汽轮机
抽汽管；11—循环水泵

火力发电厂生产过程

我国是世界上少数几个以煤为主要能源的国家之一，火力发电厂中的锅炉绝大部分以煤为燃料。然而，煤燃烧会造成严重的环境污染，为了保护环境，实现社会的可持续发展，要求燃煤锅炉必须实现燃烧效率高、污染排放低的目标，实现这一目标必须在燃烧方式上创新。

循环流化床锅炉就是应这种需求而发展起来的一种高效、低污染的新型清洁燃烧设备。它与其他类型锅炉的主要区别在于燃烧方式不同，即炉内燃料在燃烧配风的作用下处于一种特殊的运动状态——流化状态，炉内湍流运动强烈，燃料及脱硫剂经多次循环，反复地进行低温燃烧和脱硫反应，不但能达到低 NO_x 排放、90% 的脱硫效率和与煤粉炉相近的燃烧效率，而且具有燃料适应性广、负荷调节性能好、灰渣易于综合利用等优点，因此在国际上得到迅速的商业推广。在我国环保要求日益严格，电厂负荷调节范围较大、煤种多变、原煤直接燃烧比例高、燃煤与环保的矛盾日益突出的情况下，循环流化床锅炉已成首选的高效低污染燃烧设备。

第二节　循环流化床锅炉的构成及工作过程

循环流化床锅炉是由锅炉本体和辅助设备组成的。锅炉本体主要包括启动燃烧器、布风装置、炉膛、气固分离器、物料回送装置，以及布有受热面的烟道、汽包、下降管、水冷壁、过热器、再热器、省煤器及空气预热器等。辅助设备包括送风机、引风机、返料风机、碎煤机、给煤机、冷渣器、除尘器及烟囱等。一些循环流化床锅炉还有外置热交换器（external heat exchanger，EHE），也称为外置式冷灰床。图 1-2 所示为循环流化床锅炉系统示意。

循环流化床锅炉的工作过程如下所述。

燃料及石灰石脱硫剂经破碎机破碎至合适粒度后，由给煤机和给料机从流化床燃烧室布风板上部给入，与燃烧室内炽热的沸腾物料混合，被迅速加热，燃料迅速着火燃烧，石灰石则与燃料燃烧生成的 SO_2 反应生成 $CaSO_4$，从而起到脱硫作用。燃烧室温度控制在 850℃ 左右。在较高气流速度的作用下，燃烧充满整个炉膛，并有大量固体颗粒被携带出燃烧室，经气固分离器分离后，分离下来的物料通过物料回送装置重新返回炉膛继续参与燃烧。经分离器导出的高温烟气，在尾部

CFB 锅炉三维结构

烟道与对流受热面换热后，通过布袋除尘器或静电除尘器，由烟囱排出。

资源 2 - 循环流化床锅炉
工作过程

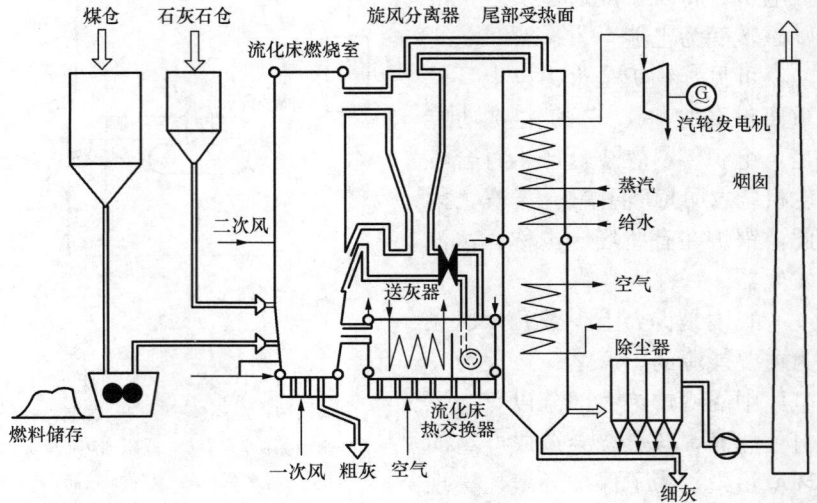

图 1 - 2　循环流化床锅炉系统示意

以上所述的煤、风、烟系统称为锅炉的燃烧系统，即一般说的"炉"。

燃烧系统工作的同时，汽包锅炉工质侧进行着如下过程：给水经给水泵送入省煤器预热，再进入汽包，然后进入下降管、水冷壁被加热并蒸发后又回到汽包并经汽、水分离，分离出的水继续进入下降管循环，分离出的蒸汽经过热器升温后，通过主蒸汽管道送入汽轮机做功。

上述为汽水系统，即一般说的"锅"。

总的来说，炉的任务是尽可能组织高效的放热，锅的任务是尽量把炉内的热量有效地吸收，锅和炉组成了一个完整的能量转换和蒸汽生产系统。

与其他燃煤方式相比，循环流化床燃烧方式有以下特点：

（1）燃料制备系统相对简单。循环流化床锅炉无须复杂的制粉系统，只需简单的干燥及破碎装置即可满足燃烧要求。

（2）燃料处于流化状态下燃烧。炉内始终有大量的炽热物料处于流化状态，新加入的燃料能被迅速加热并着火燃烧。流化状态使燃料和助燃气体接触更充分，燃烧条件更好。大量热物料也是炉内传热的主要载体，能加强炉内传热。

（3）循环流化床锅炉的燃烧温度较低，一般为 850～950℃，这个温度是石灰石脱硫反应的最佳温度。

（4）循环流化床锅炉由流化床燃烧室、物料分离器和回料阀送灰器构成了其独有的物料循环系统，燃料能循环燃烧，使燃烧更完全，这是循环流化床锅炉区别于其他锅炉的一大结构特点。

（5）能实现燃烧过程中脱硫。与燃料同时给入的脱硫剂石灰石能与燃料燃烧生成的 SO_2 反应生成 $CaSO_4$，从而起到脱硫的作用。这是循环流化床锅炉的最大环保优势，因为其他燃烧方式很难实现燃烧过程中的高效脱硫。

（6）采取分段送风燃烧方式。一次风经布风板送入燃烧室，二次风在布风板上方一定高度送入。因此，在燃烧室下部的密相区为欠氧燃烧，形成还原性气氛；在二次风口上部为富氧燃烧，形成氧化性气氛。通过合理调节一、二次风比，可维持理想的燃烧效率并有效地控制 NO_x 的生成量。

以上特点决定了循环流化床锅炉是一种高效、低污染的清洁燃烧设备。

循环流化床锅炉就是根据其燃烧系统的特点而命名的，"循环"指离开炉膛的燃料可以被重新送回炉内，循环燃烧，以提高燃烧效率；"流化床"指炉内燃料处在流化状态下燃烧。"循环流化床"的英文名称是"circulating fluidized bed"，缩写为"CFB"，所以在很多场合把"循环流化床锅炉"简称为"CFB 锅炉"。

第三节　循环流化床锅炉的优缺点

一、循环流化床锅炉的优点

1. 燃料适应性广

循环流化床锅炉独特的燃烧方式使得它几乎可以燃烧各种固体燃料，如泥煤、褐煤、烟煤、贫煤、无烟煤、洗煤厂的煤泥、洗矸、煤矸石、焦炭、油页岩等，并能达到很高的燃烧效率。它的这一优点对充分利用劣质燃料具有重大意义。

资源 3 - 循环流化床
锅炉的环保优势

2. 有利于降低污染气体排放

向循环流化床锅炉内直接加入石灰石、白云石等脱硫剂，可以脱去燃料在燃烧过程中生成的 SO_2。根据燃料中含硫量的大小确定加入的脱硫剂量，可达到 90% 的脱硫效率。另外，循环流化床锅炉燃烧温度一般控制在 850～950℃ 的范围内，这不仅有利于脱硫，而且可以抑制热反应型 NO_x 的形成；由于循环流化床锅炉普遍采用分段（或分级）送入二次风，这样又可控制燃料型 NO_x 的产生。一般情况下，循环流化床锅炉 NO_x 的生成量仅为煤粉炉的 $1/4$～$1/3$。因此，循环流化床燃烧是一种经济、高效、低污染的燃烧技术。

3. 负荷调节性能好

循环流化床锅炉负荷调节幅度一般为 30%～110% 额定负荷，即在 30% 额定负荷甚至更低的负荷情况下，循环流化床锅炉也能保持燃烧稳定，甚至可以压火备用，这一特点特别适用于调峰电厂或热负荷变化较大的热电厂。

4. 灰渣综合利用性能好

循环流化床锅炉燃烧温度低，灰渣不会软化和黏结，活性较好。另外，炉内加入石灰石后，灰渣成分也有变化，含有一定的 $CaSO_4$ 和未反应的 CaO。循环流化床锅炉灰渣可以用于制造水泥的掺和料或其他建筑材料的原料，有利于灰渣的综合利用。这一点对于建在城市或对环保要求较高的电厂采用循环流化床锅炉十分有利。

二、循环流化床锅炉的缺点

循环流化床锅炉与常规煤粉炉相比还存在一些问题。

1. 大型化问题

尽管循环流化床锅炉发展很快，已投运的单炉容量已超过 2000t/h，锅炉参数已达超临界甚至超超临界，但由于受技术和辅助设备的限制，与煤粉炉相比，目前大型循环流化床锅

炉的可靠性还有待提升，已投运锅炉以中小容量居多。

2. 烟风系统阻力较高，风机用电量大

因为循环流化床锅炉布风板及床层阻力大，而烟气系统中又增加了气固分离器的阻力，所以烟风系统阻力高。循环流化床锅炉需要的风机压头高，风机数量多，故风机用电量大，这会增加电厂的生产成本。

3. 自动控制较难实现

由于影响循环流化床锅炉燃烧状况的因素较多，各型锅炉调整方式差异较大，所以采用计算机自动控制比常规锅炉难得多。

4. 磨损问题

循环流化床锅炉的燃料粒径较大，并且炉膛内物料浓度是煤粉炉的十至几十倍。虽然采取了许多防磨措施，但在实际运行中，循环流化床锅炉受热面的磨损速度仍比常规锅炉大得多。因此，受热面磨损问题可能成为影响锅炉长期连续运行的重要原因。

5. 对辅助设备要求较高

某些辅助设备，如冷渣器或高压风机的性能或运行问题都可能严重影响锅炉的正常安全运行。

6. 理论和技术问题

循环流化床锅炉虽已有千余台投入运行，但仍有许多基础理论和设计制造技术问题没有根本解决。至于运行方面，还没有成熟的经验，更缺少统一的标准，这就给电厂设备改造和运行调试带来了诸多困难。

上述问题在循环流化床锅炉的发展过程中大多已经得到较好的解决。如恰当的炉膛设计可完全避免水冷壁的磨损；正确选择和设计分离器，既可保证很高的分离效率，也能避免自身的磨损；冷渣器和高压风机等主要辅助设备随着循环流化床锅炉的发展，也都有了成熟的产品。风机问题则是单就烟风系统阻力而言，如果考虑到煤粉炉需要复杂的制粉系统而链条炉效率低且无脱硫效果，则风机用电量的少量增加是完全可以接受的。

第四节　锅炉规范及流化床锅炉分类

一、锅炉规范

锅炉的主要技术规范是指锅炉容量、锅炉蒸汽参数和给水温度等，它们用来说明锅炉的基本工作特性。

1. 锅炉容量

锅炉容量指锅炉在额定蒸汽参数、给水温度和设计燃料条件下每小时的最大连续蒸发量（maximum continuous rating，MCR），又称为锅炉的额定容量或额定蒸发量，常用符号 D_e 表示，单位为 t/h（或 kg/s）。例如 135MW 汽轮发电机组配用的锅炉容量为 440t/h。

锅炉容量是表明锅炉产汽能力大小的特性数据。考虑现阶段我国锅炉工业发展情况，锅炉容量的划分是：$D_e < 220 t/h$ 为小型锅炉；$D_e = 220 \sim 410 t/h$ 为中型锅炉；$D_e > 670 t/h$ 为大型锅炉。但上述分类是相对的，随着锅炉容量日益增大，目前大型锅炉若干年后只能算中型。

2. 锅炉蒸汽参数

锅炉蒸汽参数通常是指锅炉过热器出口处的过热蒸汽压力和温度。蒸汽压力用符号 p 表示，单位为 MPa。例如：200MW 汽轮发电机组配用的超高压锅炉，其蒸汽压力为 13.73MPa（表压力），蒸汽温度为 540℃。

当锅炉具有中间再热时，蒸汽参数还应包括再热蒸汽压力和温度。

锅炉蒸汽参数是说明锅炉蒸汽规范的特性数据。按蒸汽压力锅炉可大致分为以下几类：

$p \leqslant 1.27$MPa（13kgf/cm²）为低压锅炉；

$p = 2.45 \sim 3.8$MPa（25～38kgf/cm²）为中压锅炉；

$p = 9.8$MPa（100kgf/cm²）为高压锅炉；

$p = 13.7$MPa（140kgf/cm²）为超高压锅炉；

$p = 16.7$MPa（170kgf/cm²）为亚临界压力锅炉；

$p \geqslant 22.1$MPa（225.56kgf/cm²）为超临界压力锅炉。

3. 给水温度

锅炉给水温度是指水在省煤器入口处的温度。不同蒸汽参数的锅炉其给水温度也不相同。

二、国产锅炉型号

锅炉型号反映锅炉的基本特征。我国锅炉目前采用三组或四组字码表示其型号。一般中、高压锅炉用三组字码表示。例如 HG - 440/13.7 - L.PM 型锅炉，型号中第一组字码是锅炉制造厂名称的汉语拼音缩写，HG 表示哈尔滨锅炉厂（SG 表示上海锅炉厂，DG 表示东方锅炉厂，WG 表示武汉锅炉厂等）；型号中的第二组字码为一分数，分子表示锅炉容量（t/h），分母表示过热蒸汽压力（kgf/cm² 或 MPa，表压）；型号中第三组字码表示产品的设计燃料、设计序号等。如前述 HG - 440/13.7 - L.PM4 型锅炉即表示哈尔滨锅炉厂制造，容量为 440t/h，过热蒸汽压力为 13.7MPa，流化床锅炉，设计燃料为贫煤。

超高压以上的发电机组均采用蒸汽中间再热，即锅炉装有再热器，故用四组字码表示。即在上述型号的二、三组字码间又加了一组字码，该组字码也为一分数，其分子表示过热蒸汽温度，分母表示再热蒸汽温度。例如 DG - 670/13.7 - 540/540 - 5 型锅炉即表示东方锅炉厂制造，容量为 670t/h，过热蒸汽压力为 13.7MPa（140kgf/cm²，表压），过热蒸汽温度为 540℃，再热蒸汽温度为 540℃，第 5 次设计的锅炉。

三、循环流化床锅炉分类

大部分循环流化床锅炉在常压下运行，称为常压流化床锅炉，还有一类流化床锅炉在高压的容器内运行，称为增压流化床锅炉。本书所介绍的流化床锅炉均为常压流化床锅炉，一般习惯称为流化床锅炉。

由于循环流化床锅炉还处于发展阶段，各种结构的炉型繁多，炉内传热和动力特性差异较大，分类比较复杂。按不同分类方法可以把循环流化床锅炉进行如下分类。

（1）以炉内流化状态来分，有鼓泡床、湍流床和快速床的循环流化床锅炉。

（2）以分离器处烟气温度高低来分，有高温分离循环流化床锅炉、中温分离循环流化床锅炉和低温分离循环流化床锅炉。

（3）以锅炉自身的特点和开发研究厂商分类，有如奥斯龙公司的"百宝炉"，福斯特惠勒公司的"FW 型"炉以及鲁奇公司的"鲁奇型"循环流化床锅炉等。

（4）以物料的循环倍率高中低来分，有低循环倍率循环流化床锅炉，循环倍率 $K<15$；中循环倍率循环流化床锅炉，$K=15\sim40$；高循环倍率循环流化床锅炉，$K>40$。

早期的循环流化床锅炉称为循环床锅炉，其特点是炉内为快速床，外加物料循环系统，其循环倍率一般都是较高的。由于流化速度较高，故受热面磨损严重。目前循环流化床锅炉流化速度上限在 8m/s 左右，一般在 6m/s 以下。实际上一台循环流化床锅炉燃烧室内流化速度常常是一个变值，因此物料流化状态也在变化，有时是快速床，有时可能是湍流床，有时甚至是鼓泡床，因此循环流化床锅炉的叫法比循环床锅炉更确切。

第五节　循环流化床锅炉在我国的跨越式发展

资源 4 - 循环流化床锅炉
技术在中国的
跨越式发展

流化床技术于 20 世纪 20 年代初，在德国首先应用于工业。此后，美国、德国、法国、芬兰和英国等发达国家均开始研究开发及应用流化床技术，尤其是其在石油催化裂化过程中的应用，更是加快了该技术的发展。至 20 世纪 40 年代，流化床技术几乎在各工业部门（如石油、化工、冶炼、粮食、医药等）中都得到了广泛的应用。通过这些应用，大大地提高了其技术水平和理论水平。

流化床技术真正用于煤的燃烧，始于 20 世纪 60 年代初。由于当时对能源的需求量不断增加，世界能源供应开始紧张，各国才重视能源问题，千方百计开源节流。于是人们开始研究流化床燃烧技术，特别是积极从事燃煤流化床锅炉的研究与开发。

现在一般把早期发展的不带物料分离和回送系统的流化床锅炉称为"鼓泡流化床锅炉"，以与"循环流化床锅炉"相区别。我国对鼓泡流化床锅炉的研究起步较早，1965 年，第一台燃用油母页岩的流化床锅炉在广东茂名投产成功。此后，鼓泡床锅炉在全国得到迅猛发展，在循环流化床锅炉出现之前已达 3000 多台，最大容量 130t/h。东方锅炉厂与国外合作生产制造的 220t/h 鼓泡床锅炉还出口巴基斯坦等国家。

但是，鼓泡床锅炉存在一些问题，如飞灰可燃物大、埋管受热面磨损严重、大型化困难、石灰石脱硫时钙的利用率较低等，制约了其进一步发展。为了解决上述问题，20 世纪 80 年代循环流化床锅炉应运而生。

经过三十多年的迅速发展，循环流化床锅炉的技术已趋于成熟。无论是锅炉本身的大型化还是各种配套技术和设备，都已经能适应用户的不同要求。从某种意义上来说，对环境保护的日益严格的要求促进了循环流化床锅炉的商业应用，而在某种程度上，循环流化床锅炉的理论研究相对落后。

循环流化床锅炉蒸发量由最初的每小时几十吨已发展到现在的每小时上千吨，由工业锅炉扩展到电站锅炉，得益于国际上一些公司在该领域的卓越贡献。尤其是德国的鲁奇公司、芬兰的奥斯龙公司、美国的福斯特惠勒公司和德国的斯泰米勒公司等，在开发和研制循环流化床锅炉技术中都有突出的成就，如鲁奇公司的外置床技术、奥斯龙公司的"百宝炉"、福斯特惠勒公司的水冷旋风分离器和斯泰米勒公司的炉内惯性分离等。1996 年 4 月投入商业运行的法国普罗旺斯电厂配 250MW 机组的 700t/h 亚临界压力循环流化床锅炉是循环流化床锅炉技术发展史上的里程碑，它是循环流化床锅炉大型化的标志。

我国对循环流化床锅炉技术的研究和开发起步稍晚，直至 1989 年 11 月，第一台 35t/h

锅炉才在山东明水电厂投入运行。近三十年国内在开发和研制循环流化床锅炉技术方面发展迅猛。中国科学院、清华大学、西安热工研究院有限公司、浙江大学、华中科技大学、西安交通大学、哈尔滨工业大学等科研单位、高等学校与锅炉制造厂合作开发研制出具有自主知识产权的多种技术的循环流化床锅炉。另外，哈尔滨锅炉厂、上海锅炉厂、东方锅炉厂等积极与国外合作，联合研制生产大型循环流化床锅炉。我国现有不同容量的循环流化床锅炉3000 台左右投入商业运行，其中 410～480t/h（100～150MW）等级的循环流化床锅炉达到150 多台。在大型 CFB 锅炉的技术引进及国产化方面，国内首台引进法国阿尔斯通公司的300MW CFB 锅炉于 2006 年 4 月在四川白马 CFB 示范电站建成投运，目前在建与拟建的300MW 循环流化床锅炉机组近百台，超过了世界上其他国家的总和；600MW 超临界循环流化床锅炉机组已于 2013 年 4 月投运。各方面的共同努力使我国目前在循环流化床锅炉技术的应用方面处于世界领先地位。

随着国家环境政策的日趋严格，作为一种高效、低污染的清洁燃烧设备，循环流化床锅炉将在能源环保领域发挥越来越重要的作用。

单元思考题

1. "循环流化床锅炉"这个名词中，"循环""流化""床""锅炉"四个核心词分别是什么意思？

2. "锅炉"在火力发电厂中的作用是什么？在其中发生了什么能量转换过程？

3. 与煤粉炉和层燃炉相比，循环流化床锅炉的结构有什么特点？

4. 请简述循环流化床锅炉的工作过程。

5. 循环流化床锅炉为什么被称为是一种清洁燃烧设备？

6. 循环流化床锅炉的优势和不足有哪些？

7. 了解循环流化床锅炉技术在中国的跨越式发展历程后，你有什么感想？

单元二　燃料燃烧与锅炉热平衡

引　言

　　本单元是"必备知识篇"的第二单元，内容是锅炉最基础的理论知识，也是不同燃烧方式的锅炉的通用知识。如果之前你已学习过煤粉炉或其他燃煤锅炉，本单元可作为选学内容，但如果你是锅炉的初学者，则需要认真地学习本单元。

　　锅炉好比人体，也需要"吃喝"和"排泄"，以维持"生命"和"健康"。与人体不同的是，锅炉"吃"的是燃料，"喝"的是空气，吸收的"营养"是热量，"排泄"的是灰渣和烟气。锅炉"吃"进的燃料的成分如何？能为锅炉提供多少"营养"？一餐能吃多少？需要多少空气来帮助"消化"？"排泄"出多少灰渣和烟气？"消化"后产生多少热量？这些热量有多少被工质吸收？又有多少热量"被迫"损失掉？应用本单元的知识，你将能解答上述所有的问题。尽管本单元中涉及大量的计算公式，有些公式还比较复杂，但你不用担心记不住这些公式，事实上也无需死记硬背这些公式，只要理解和会用这些公式就可以了。切记！计算时一定要细心、谨慎，否则会差之毫厘、谬以千里。

第一节　锅　炉　燃　料

　　用于产生热量的可燃物质称为燃料。

　　电站锅炉只有不断地向炉膛供给燃料，才能保证生产过程连续不断地进行。燃料与锅炉有着密切的关系，燃料性质是锅炉设计和运行的重要依据。为了保证锅炉安全经济地运行，首先应对燃料的性质及其对锅炉工作的影响有足够的认识。

　　燃料按其物态可分为固体、液体、气体三大类，而每一类又可按其获得的方法不同分为天然燃料和人工燃料两大类。

　　为了合理、充分地利用资源，电力部门在选用燃料时应遵循以下原则：火力发电厂一般应燃用其他部门不便利用的劣质燃料；尽可能采用当地燃料，建设坑口电站；提高燃料的使用经济效果，节约能源；尽量减少燃料燃烧生成物对环境的污染。

一、煤的成分及其性质

1. 元素分析

全面测定煤中所含化学成分的分析叫元素分析。根据分析，煤中所含元素可达三十几种。一般将不可燃物质都归入灰分。这样，对燃烧有影响的成分包括碳、氢、氧、氮、硫、灰分和水分，各化学元素成分用质量百分数表示。

碳是煤中含量最多的可燃元素，也是发热量的主要来源。每千克纯碳的发热量为 $3.27 \times 10^4 kJ$。煤中的碳一部分与氢、氧、氮和硫结合成挥发性有机化合物，其燃点较低；其余呈单质状态的为固定碳，其燃点高，不易着火和燃尽，但发热量大。

氢是煤中发热量最高的物质，完全燃烧时，纯氢的发热量为 $1.2 \times 10^5 \, kJ/kg$。氢燃点低，易点燃，是有利元素。但煤中氢的含量较少，一般占 $3\% \sim 6\%$。

煤中的氧和氮是不可燃物质，其含量也较少。煤中的氮在高温条件下易生成污染大气的 NO_x，被视为有害元素。

硫虽然在燃烧时也放出热量，但其燃烧产物 SO_2 和 SO_3 会造成锅炉金属的腐蚀并污染大气。煤中的硫常以三种形式存在，即有机硫、硫化铁硫、硫酸盐硫。前两种可燃，称为挥发硫（可燃硫），后一种归入灰分。一般在计算含硫量时应采用全硫分。

煤中灰分和水分均为不可燃物质。灰分存在不仅使燃料发热量减少，而且影响燃料着火燃尽，也是造成积灰、结渣、磨损的主要因素。水分会使炉内温度下降，影响着火，并增大排烟热损失，还会加剧尾部受热面的腐蚀和堵灰。

煤中的水分在自然干燥条件下失去的部分，称为外部水分，剩余部分为内部水分，两部分之和为全水分。

2. 工业分析

煤的工业分析是利用煤在加热燃烧过程中的失重进行定量分析的，目的是测定煤的水分、挥发分、固定碳和灰分的成分。

将风干（达到空气干燥状态）的煤样置于 $102 \sim 105\,℃$ 的恒温干燥箱内，烘干 2h，所失去的质量为煤的固有水分，又称内在水分（M_{inh}）。风干过程中失去的水分称为外在水分（M_f），是风雪雨露和开采过程中进入的水分。煤的全水分（M_t）包括外在水分和内在水分。把干燥后的试样置于 $900\,℃$ 高温电炉中，隔绝空气加热 7min，所挥发出来的气体称挥发分（V）。煤失去水分和挥发分的剩余部分称为焦炭。将焦炭置于 $850\,℃$ 电炉中灼烧 2h 后残余物为灰分（A），而在灼烧过程中所失去的质量为固定碳（FC）。

挥发分含量是评定煤燃烧性能的一个重要指标，挥发分中大部分是可燃气体，如 CO、H_2、C_mH_n 等，还含有少量不能燃烧的气体，如 O_2、N_2、CO_2、H_2O 等。挥发分容易着火燃烧，挥发分着火后对焦炭产生强烈的加热作用，促使其迅速着火燃烧；挥发分析出后会使焦炭变得比较松散而多孔，有利于燃烧过程的发展。因此，挥发分大的煤，容易着火，燃烧反应快，燃烧比较完全。

焦炭包括固定碳及灰分。焦炭的黏结性与强度称为煤的焦结性。不同煤的焦结性差异很大，有的焦炭呈粉末状即不焦结；有的焦结性很强，结成硬焦块。煤的焦结性对层燃炉影响较大，对煤粉炉工作影响不大。

由于工业分析比较简单迅速，同时通过工业分析成分可以了解煤在燃烧方面的特性，所以火力发电厂中通常采用工业分析。

3. 煤成分的计算基准及其换算

由于煤中灰分和水分含量容易受外界条件的影响而发生变化，所以单位质量的煤中其他成分的质量百分数也会随之而变化。即使是同一种煤，由于煤样在露天的存放时间不同，全水分也会不同。因此，需要根据煤存在的条件或根据需要而规定的"成分组合"作为基准，才能正确地反映煤的性质。常用下列四种基准：

（1）收到基（原应用基）。以收到状态的煤样（实际是取样）为基准计算煤中全部成分的组合称为收到基，其中包括全部水分。收到基以下角标 ar 表示，即

元素分析：$\qquad C_{ar} + H_{ar} + O_{ar} + N_{ar} + S_{ar} + A_{ar} + M_{ar} = 100\%$ $\qquad$ (2-1)

工业分析： $FC_{ar}+V_{ar}+A_{ar}+M_{ar}=100\%$ (2-2)

（2）空气干燥基（原分析基）。煤样在实验室规定条件下自然干燥，失去外部水分后，其余的成分组合便是空气干燥基，以下角标 ad 表示，即

元素分析： $C_{ad}+H_{ad}+O_{ad}+N_{ad}+S_{ad}+A_{ad}+M_{ad}=100\%$ (2-3)

工业分析： $FC_{ad}+V_{ad}+A_{ad}+M_{ad}=100\%$ (2-4)

（3）干燥基。以假想无水状态煤为基准，以下角标 d 表示。由于已不受水分的影响，灰分含量百分数比较稳定，可用于比较两种煤的含灰量，即

元素分析： $C_d+H_d+O_d+N_d+S_d+A_d=100\%$ (2-5)

工业分析： $FC_d+V_d+A_d=100\%$ (2-6)

（4）干燥无灰基（原可燃基）。以假想无水、无灰状态的煤为基准，以下角标 daf 表示。由于不受水分、灰分影响，常用于比较两种煤中的碳、氢、氧、氮、硫成分含量的多少，特别是通过挥发分和固定碳的相对比例含量可简单用于判断煤的着火特性和燃尽特性，即

元素分析： $C_{daf}+H_{daf}+O_{daf}+N_{daf}+S_{daf}=100\%$ (2-7)

工业分析： $FC_{daf}+V_{daf}=100\%$ (2-8)

煤成分各基准之间的关系如图 2-1 所示。

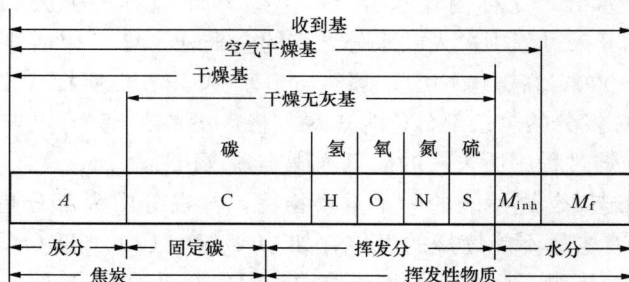

图 2-1 煤成分及基准间的关系

对同一种煤，各基准间可进行换算，其换算系数 K 见表 2-1。

表 2-1   不同基准的换算系数 K

基准	收到基	空气干燥基	干燥基	干燥无灰基
收到基	1	$\dfrac{100-M_{ad}}{100-M_{ar}}$	$\dfrac{100}{100-M_{ar}}$	$\dfrac{100}{100-A_{ar}-M_{ar}}$
空气干燥基	$\dfrac{100-M_{ar}}{100-M_{ad}}$	1	$\dfrac{100}{100-M_{ad}}$	$\dfrac{100}{100-A_{ad}-M_{ad}}$
干燥基	$\dfrac{100-M_{ar}}{100}$	$\dfrac{100-M_{ad}}{100}$	1	$\dfrac{100}{100-A_d}$
干燥无灰基	$\dfrac{100-A_{ar}-M_{ar}}{100}$	$\dfrac{100-A_{ad}-M_{ad}}{100}$	$\dfrac{100-A_d}{100}$	1

注 公式表示第一列已知，求其余各列。

二、煤的特性

（一）煤的发热量

1. 煤的发热量

煤的发热量是指单位质量的煤在完全燃烧时放出的热量。在实际应用中，煤的发热量有高位发热量和低位发热量之分，发热量的单位为 kJ/kg。

当发热量中包括煤燃烧后所产生的水蒸气凝结放出的汽化潜热时，称为高位发热量，用 Q_{gr} 表示。当发热量中不包括水蒸气凝结放出的汽化潜热时，称为低位发热量，用 Q_{net} 表示。

现代大容量锅炉为防止尾部受热面低温腐蚀，排烟温度一般均在 120℃ 以上，烟气中的水蒸气在常压下不会凝结，汽化潜热未被利用。因此，我国在锅炉的有关计算中采用低位发热量。

收到基高位发热量与低位发热量之间的关系见式（2-9），其他可类推。

$$Q_{net,ar} = Q_{gr,ar} - 225 H_{ar} - 25 M_{ar} \tag{2-9}$$

不同基准燃料的发热量是不同的，在进行不同基准燃料发热量之间的换算时，应考虑水分的影响。对于高位发热量来说，水分存在只是占据质量的一部分，使可燃成分减少，导致发热量降低。因此，高位发热量之间可以采用像不同基准成分换算一样，选用相应的换算系数直接换算即可。

不同基准燃料低位发热量的换算可以按下述方法进行：先将已知的低位发热量换算成同基准的高位发热量，然后查出相应的换算系数，进行不同基准的高位发热量的换算，求出所求基准的高位发热量，最后进行所求基准高、低位发热量换算即得出所求的低位发热量。

2. 折算成分

在锅炉的设计和运行中，为了更好地鉴别煤的性质，更准确地比较煤中硫分、水分、灰分对锅炉工作的影响，常用折算成分的概念来考虑。规定每送入锅炉 4190kJ/kg 热量（即 1000kcal/kg），带入锅炉的水分、灰分和硫分，并用下列各式计算：

折算水分

$$M_{ar,zs} = \frac{M_{ar}}{\dfrac{Q_{net,ar}}{4190}} = 4190 \frac{M_{ar}}{Q_{net,ar}} \times 100\% \tag{2-10}$$

折算灰分

$$A_{ar,zs} = \frac{A_{ar}}{\dfrac{Q_{net,ar}}{4190}} = 4190 \frac{A_{ar}}{Q_{net,ar}} \times 100\% \tag{2-11}$$

折算硫分

$$S_{ar,zs} = \frac{S_{ar}}{\dfrac{Q_{net,ar}}{4190}} = 4190 \frac{S_{ar}}{Q_{net,ar}} \times 100\% \tag{2-12}$$

当煤中的 $M_{ar,zs} > 8\%$ 时，称为高水分煤；当 $A_{ar,zs} > 4\%$ 时，称为高灰分煤；当 $S_{ar,zs} > 0.2\%$ 时，称为高硫分煤。

3. 标准煤

由于不同的煤发热量值有差异，为准确地比较煤的消耗量，便于统计、对比和管理，把收到基发热量为29 310kJ/kg（7000kcal/kg）的一种假想煤称为标准煤，可用下式将其他煤耗量折算到标准煤耗量，即

$$B_s = \frac{BQ_{net,ar}}{29\,310}\quad kg/h \tag{2-13}$$

式中　B——电厂实际煤耗量，kg/h。

4. 煤耗率

煤耗率是电厂的主要经济指标。在比较不同电厂或机组的煤耗率时，可用式（2-13）先折算为标准煤耗量后再比较。

（1）原煤发电煤耗率是指发电厂或机组生产1kW·h的电能（即1度电）所消耗的原煤量，用符号b表示，单位为kg原煤/（kW·h），即

$$b = \frac{B}{P}\quad kg原煤/(kW·h) \tag{2-14}$$

式中　P——发电厂或机组的发电功率，kW。

（2）发电标准煤耗率是指发电厂或机组生产1kW·h的电能所消耗的标准煤量，用符号b_s表示，单位为kg标准煤/（kW·h），即

$$b_s = \frac{B_s}{P}\quad kg标准煤/(kW·h) \tag{2-15}$$

标准煤耗率是全厂性或整台发电机组的经济指标，它与锅炉、汽轮机、发电机等设备及其系统的运行经济性有关，特别是锅炉的运行经济性对电厂煤耗率影响较大。一般中压机组的发电煤耗率为450～500g标准煤/（kW·h），高压机组的发电煤耗率为350～400g标准煤/（kW·h），超高压机组的发电煤耗率约在350g标准煤/（kW·h）以下，超临界压力机组的发电煤耗率约为310g标准煤/（kW·h），超超临界压力机组的发电煤耗率可达280g标准煤/（kW·h）以下。

（二）煤灰的熔融特性

煤在燃烧后残存的灰分是由各种矿物成分组成的混合物，它没有固定的由固相转为液相的熔融温度。因此，煤灰的熔融过程需要经历一个较宽的温度区间。煤灰在高温灼烧时，某些低熔点组分开始熔融，并与另外一些组分发生反应形成复合晶体，此时它们的熔融温度将更低。在一定温度下，这些组分还会形成熔融温度更低的某种共熔体。这种共熔体有进一步溶解灰中其他高熔融温度物质的能力，从而改变煤灰的成分及其熔体的熔融温度。

目前普遍采用的煤灰熔融温度测定方法主要有角锥法和柱体法两种。由于角锥法锥体尖端变形容易观测，我国和其他大多数国家都以此法作为标准方法。角锥法的角锥是底边长为7mm的等边三角形，高为20mm。将锥体放入半还原性气体的灰熔点测定仪中以规定的速率升温，定时观测灰锥，并以灰锥在熔融过程中的三个特征温度指标来标示煤灰的熔融特性，如图2-2所示。

图2-2　灰的熔融特性示意

DT—变形温度，灰锥顶端开始变圆或弯曲时的温度；ST—软化温度，锥顶弯至锥底或变成球形或高度等于或小于底长时对应的温度；FT—熔化温度，锥体熔化成液体或厚度在1.5mm以下时对应的温度

　　由于煤灰中含有多种成分，没有固定的熔点，故 DT、ST、FT 是液相和固相共存的三个温度，而不是固相向液相转化的界限温度，仅表示煤灰形态变化过程中的温度间隔。这个温度间隔对锅炉的工作有较大的影响，当温度间隔值在 200～400℃ 时，意味着固相和液相共存的温度区间较宽，煤灰的黏度随温度变化慢，冷却时可在较长时间保持一定黏度，在炉膛中易于结渣，这样的灰渣称为长渣，可用于液态排渣炉。当温度间隔值在 100～200℃ 时为短渣，此灰渣黏度随温度急剧变化，凝固快，适用于固态排渣炉。

　　煤灰的熔融特性是判断锅炉运行中是否会结渣的主要因素之一，实际上影响灰熔融性的因素是多方面的。首先是煤灰的化学组成，分为酸性氧化物 SiO_2、Al_2O_3 和 TiO_3 等，及碱性氧化物 Fe_2O_3、CaO、MgO、Na_2O 和 K_2O 等，这些物质在纯净状态下熔点大都较高，但煤灰是多种化合物的混合物，燃烧时将结合为熔点更低的共晶体。其次，煤灰周围介质的性质对灰熔融性有较大影响。当炉内处于氧化性气氛时，灰中铁呈氧化状态（Fe_2O_3），熔点较高；在还原性和半还原性气氛中，Fe_2O_3 会还原成 FeO，并可能与其他氧化物形成共熔体，灰熔点随含铁量的增加而迅速下降。因此，介质气氛不同，会使灰熔点变化 200～300℃。另外，灰量越多，就越易使灰的熔点降低。

三、煤的分类

　　我国煤炭资源丰富，种类繁多，为了能够合理地使用各类煤，应对煤进行科学分类。应用比较广泛的，是按干燥无灰基挥发分的含量和胶质层最大厚度对煤进行分类的。所谓胶质层最大厚度是指：将煤样放在专门的容器内逐渐加热到 730℃，煤在受热干馏过程中，焦炭表面会产生一种胶质体（熔化的沥表层），随着干馏温度的升高，胶质体厚度也增加，这个厚度的最大值即称为胶质层最大厚度，用符号 Y 表示，单位是毫米。胶质层最大厚度反映了煤的焦结性，胶质层越厚，煤的焦结性就越强。我国按挥发分含量和胶质层厚度把煤炭划分为十大类，即无烟煤、贫煤、瘦煤、焦煤、肥煤、气煤、弱黏结煤、不黏结煤、长焰煤及褐煤，其中无烟煤、贫煤、弱黏结煤、不黏结煤、长焰煤与褐煤的胶质层厚度不大或不稳定，属于不焦结和弱焦结煤，不适宜作为炼焦煤，而可作为动力用煤供锅炉燃用。

資源 5 - 煤的分类

　　我国电力用煤主要参照 V、Q、M、A 等来进行分类。

　　1. 无烟煤

　　无烟煤的特点是含碳量很高，挥发分含量很小，一般 $V_{daf} < 10\%$，故不易点燃，燃烧缓慢，燃烧时无烟且火焰很短。因无烟煤的干燥无灰基含量达 95%～96%，但含氢量少，故无烟煤的发热量可能比烟煤低也可能比烟煤高，其发热量为 20 930～25 120kJ/kg（5000～6000kcal/kg）；焦炭无焦结性；无烟煤呈黑色而有光泽；密度较大，且质硬不易研磨；储存时不会自燃。

　　2. 贫煤

　　贫煤的性质介于无烟煤与烟煤之间。其碳化程度比无烟煤稍低，V_{daf} 仅为 10%～20%，不易点燃，燃烧时火焰短，但稍胜于无烟煤；焦炭无焦结性。

　　3. 烟煤

　　烟煤的特点是含碳量比无烟煤低，挥发分含量较高，一般 $V_{daf} = 20\%～40\%$，故大部分烟煤都易点燃，燃烧快，燃烧时火焰长；烟煤因其含碳量较高，发热量也较高，为 18 850～27 210kJ/kg（4500～6500kcal/kg）；多数具有或强或弱的焦结性，锅炉只能燃用那些不宜炼焦的烟煤；烟煤呈灰黑色，有光泽，质松易碎；储存时会自燃。烟煤还有一种灰分、水分含量较高，发热量较低（多在18 850kJ/kg以下）的品种，称为劣质烟煤。燃用劣质烟煤除应在燃烧上采取适当措施外，还应考虑受热面积灰、结渣和磨损等问题。

烟煤在我国各地均有，是锅炉燃煤中数量最多的一种煤。

4. 褐煤

褐煤的特点是含碳量不高，挥发分很高，其$V_{daf}>40\%$，故极易点燃，火焰长；又因其水分、灰分及氧的含量均较高，故发热量低，一般为10 500～14 700 kJ/kg（2500～3500kcal/kg）；焦炭无焦结性；褐煤外表多呈棕褐色，质软易碎；储存时极易发生自燃。

四、其他燃料

资源6 - 流化床可燃烧的劣质燃料

由于循环流化床锅炉燃料适应性广的特点，对煤粉炉很难燃烧的许多燃料，循环流化床锅炉则为这些副产品变废为宝提供了解决方案。

煤炭生产中不可避免地产生大量副产品——煤矸石，煤炭在洗选过程中，也会产生大量洗煤泥和洗中煤，这些副产品常常由于发热量较低而被废弃，不仅占用大量土地，而且污染环境。许多特殊燃料，如生物质、石油焦、油页岩等都可以利用循环流化床锅炉技术进行燃烧发电。下面简单介绍这些燃料的特性。

1. 煤矸石

煤矸石是煤洗选过程中分离出来的类似石头的大块，具有挥发分低（一般都在6%以下）、硬度大、细粒子少（颗粒小于1.5的细粒子占16%以下）的特点，非常难以燃烧。进入炉内的矸石吸热时间长，吸热量大，燃烧滞后性强。

2. 洗中煤

洗中煤是指原煤精洗后留下的副产品，是经分选后得到的、灰分介于洗精煤与矸石之间的煤产品，粒度0～50mm，灰分32.01%～49%。洗中煤不包括煤泥、浮选尾矿和矸石。其发热量低，水分高，不适合远距离运输，燃烧困难，堆放则污染环境，是较难处理的洗煤下脚料。

3. 煤泥

煤泥是煤炭洗选过程中被分离出来的煤炭细颗粒，包括厂内回收后未掺入其他产品而作为最终产品的煤泥和厂外沉淀池回收的煤泥。粒度0～1mm，灰分16%～49%。固态发热量低，水分高、黏性大，不易转运，并且煤泥遇水即流失，风干即飞扬，是矿区的主要污染源之一。

4. 生物质

广义的生物质能包括一切由植物光合作用转化和固定下来的太阳能，它具有不断的再生性，如秸秆、薪柴、谷壳、树枝等。生物质作为能源资源具有古老、悠久的历史，也是最有开发潜力的能源品种之一，是一种CO_2零排放的能源资源，可以在使用能源的同时而不增加CO_2的排放量。生物质的硫含量低、灰分含量少、挥发分高、单位质量发热量低等特点。生物质的氯含量较高，是锅炉受热面腐蚀的主要因素。

5. 石油焦

石油焦是原油蒸馏所产的重质油或石油沥青、渣油、焦油为原料经焦化处理（热裂过程）转化而成的产品，是石油深度加工产生的一种副产品。石油焦具有硫含量高、灰分含量低、挥发分低、易破碎等特点。石油焦的钒含量较高，是锅炉受热面腐蚀的一个主要因素。

第二节　燃料燃烧计算

燃烧计算的主要任务是确定燃料完全燃烧所需的空气量和燃烧生成的烟气量等。燃烧计算是进行锅炉设计、改造以及选择锅炉辅机的基础，也是正确进行锅炉经济运行调整的基础。

一、燃烧所需空气量与过量空气系数

燃烧是燃料中可燃成分（C、H、S）与空气中的氧气在高温条件下所发生的强烈放热化学反应。因此，燃烧所需的空气量可根据燃烧的化学反应关系进行计算。计算中把空气与烟气中的组成气体都当成理想气体，即在标准状态（0.101MPa 大气压力和 0℃）下，1kmol 理想气体的体积等于 22.4m³。

1. 理论空气量

1kg（或标准状态下 1m³）收到基燃料完全燃烧而又没有剩余氧存在时所需要的空气量称为理论空气量，用符号 V^0 表示，其单位为 m³/kg（或 m³/m³）。对于固体及液体燃料，这一空气量可根据燃料中可燃元素的氧化反应进行计算，并以 1kg 燃料为计算基础。

碳完全燃烧时，其化学反应式为

$$C + O_2 = CO_2$$
$$12kg\ C + 22.4m^3\ O_2 = 22.4m^3\ CO_2（标准状态下）$$

由此可得，1kg 碳完全燃烧时需要 1.866m³ 氧气，并产生 1.866m³ 二氧化碳。因而 1kg 燃料中碳完全燃烧需要的氧气量为 $1.866\dfrac{C_{ar}}{100}m^3$。

同理，1kg 氢完全燃烧时需要 5.56m³ 氧气，并产生 11.1m³ 水蒸气。因而 1kg 燃料中氢完全燃烧需要的氧气量为 $5.56\dfrac{H_{ar}}{100}m^3$。

1kg 硫完全燃烧时需要 0.7m³ 氧气，并产生 0.7m³ 二氧化硫。因而 1kg 燃料中硫完全燃烧需要的氧气量为 $0.7\dfrac{S_{ar}}{100}m^3$。

燃料燃烧时，1kg 燃料本身释放出的氧气量为 $0.7\dfrac{O_{ar}}{100}m^3\left(\dfrac{22.41}{32}\times\dfrac{O_{ar}}{100}\right)$。

综上所述，1kg 燃料完全燃烧时，所需要的理论氧气量为

$$V_{O_2}^0 = 1.866\frac{C_{ar}}{100} + 5.56\frac{H_{ar}}{100} + 0.7\frac{S_{ar}}{100} - 0.7\frac{O_{ar}}{100}\quad m^3/kg（标准状态下）\quad（2-16）$$

空气中氧的容积含量为 21%，所以 1kg 燃料完全燃烧所需要的理论空气量为

$$
\begin{aligned}
V^0 &= \frac{V_{O_2}^0}{0.21}\\
&= 0.0889C_{ar} + 0.265H_{ar} + 0.0333S_{ar} - 0.0333O_{ar}\\
&= 0.0889(C_{ar} + 0.375S_{ar}) + 0.265H_{ar} - 0.0333O_{ar}\quad m^3/kg（标准状态下）
\end{aligned}
$$

$$（2-17）$$

式（2-17）中把 C_{ar} 和 S_{ar} 合并在一起，是因为 C 和 S 的完全燃烧反应可写成通式 $R + O_2 = RO_2$，其中 $R = C_{ar} + 0.375S_{ar}$，相当于 1kg 燃料中"当量碳量"。此外，还因为进行烟

气分析时，它们的燃烧产物 CO_2 和 SO_2 的容积总是一起测定的。

2. 实际供给空气量及过量空气系数

为了使燃料在炉内能够燃烧完全，减少不完全燃烧热损失，实际送入炉内的空气量要比理论空气量大些，这一空气量称为实际供给空气量，用符号 V_k（m^3/kg）表示。实际供给空气量与理论空气量之比，称为过量空气系数，用符号 α 表示（在空气量计算时用 β 表示），即

$$\alpha = \frac{V_k}{V^0} \tag{2-18}$$

显然

$$V_k = \alpha V^0 \quad m^3/kg（标准状态下） \tag{2-19}$$

实际供给空气量与理论空气量之差，称为过量空气量，用 ΔV 表示，即

$$\Delta V = V_k - V^0 = (\alpha - 1)V^0 \quad m^3/kg（标准状态下） \tag{2-20}$$

实际过量空气系数 α，一般是指炉膛出口处的过量空气系数，这是因为炉内燃烧过程是在炉膛出口处结束。过量空气系数是锅炉运行的重要指标，该值太大会增大烟气容积使排烟损失增加，太小则不能保证燃料完全燃烧。它的最佳值与燃料种类、燃烧方式以及燃烧设备的完善程度有关，应通过试验确定。一般 α 为 1.2 左右。

二、烟气成分及其计算

1. 烟气成分

燃料燃烧后生成的产物是烟气和灰。烟气是由多种气体成分组成的混合物，烟气中包含的气体成分如下：

资源 7 - 烟气成分

（1）当 $\alpha = 1$ 且完全燃烧时，烟气由 CO_2、SO_2、N_2 和 H_2O 四种气体成分组成。故烟气容积为上述四种气体成分分容积之和，即

$$V_y = V_{CO_2} + V_{SO_2} + V_{N_2} + V_{H_2O} \quad m^3/kg（标准状态下） \tag{2-21}$$

（2）当 $\alpha > 1$ 且完全燃烧时，烟气由 CO_2、SO_2、N_2、O_2 和 H_2O 五种气体成分组成，故烟气容积为上述五种气体成分分容积之和，即

$$V_y = V_{CO_2} + V_{SO_2} + V_{N_2} + V_{O_2} + V_{H_2O} \quad m^3/kg（标准状态下） \tag{2-22}$$

（3）当 $\alpha \geqslant 1$ 且不完全燃烧时，烟气中除上述五种气体成分外还有 CO、H_2 及 CH_4 等可燃气体。通常烟气中的 H_2 及 CH_4 等可燃气体的含量极微，可以忽然不计，而只考虑 CO 成分，故烟气可认为是由 CO_2、SO_2、CO、N_2、O_2 和 H_2O 六种气体成分组成，故烟气容积为上述六种气体成分分容积之和，即

$$V_y = V_{CO_2} + V_{SO_2} + V_{CO} + V_{N_2} + V_{O_2} + V_{H_2O} \quad m^3/kg（标准状态下） \tag{2-23}$$

2. 根据燃烧化学反应计算烟气容积

在设计锅炉时，是根据 $\alpha > 1$ 且完全燃烧时的化学反应关系来计算烟气容积的。为便于理解，一般先计算理论烟气容积，在此基础上再考虑过量空气容积和随同这部分过量空气带入的水蒸气容积，即可算出该烟气的实际（总）容积。

（1）理论烟气容积。当 $\alpha = 1$ 且燃料完全燃烧时生成的烟气容积称为理论烟气容积，用符号 V_y^0 表示，其单位为 m^3/kg。

由上可知，理论烟气容积由四种气体成分分容积组成，即

$$V_y^0 = V_{CO_2} + V_{SO_2} + V_{N_2}^0 + V_{H_2O}^0 \quad m^3/kg（标准状态下） \tag{2-24}$$

1) V_{RO_2} 的计算。燃料中的 C 和 S 完全燃烧时生成的 CO_2 与 SO_2 的容积为

$$V_{RO_2} = V_{CO_2} + V_{SO_2} = 1.866 \frac{C_{ar}}{100} + 0.7 \frac{S_{ar}}{100}$$

$$= 1.866 \frac{C_{ar} + 0.375 S_{ar}}{100} \quad m^3/kg(标准状态下) \quad (2-25)$$

2) $V_{N_2}^0$ 的计算。烟气中的氮气来源于理论空气量所含的氮和燃料本身所含的氮，即

$$V_{N_2}^0 = 0.79 V^0 + 0.8 \frac{N_2}{100} \quad m^3/kg(标准状态下) \quad (2-26)$$

3) $V_{H_2O}^0$ 的计算。对于固体燃料，烟气中的理论水蒸气容积来源于三个方面，即燃料中的 H 完全燃烧生成的水蒸气、燃料中的 W 形成的水蒸气和理论空气量 V^0 带入的水蒸气。

空气含湿量是指 1kg 干空气带入的水蒸气量，用符号 d_k 表示，单位为 g/kg 干空气，一般为 10g/kg 干空气，因此

$$V_{H_2O}^0 = 11.1 \frac{H_{ar}}{100} + 1.24 \frac{M_{ar}}{100} + \frac{1.293 V^0}{0.804} \times \frac{d_k}{1000}$$

$$= 0.111 H_{ar} + 0.0124 M_{ar} + 0.0161 V^0 \quad m^3/kg(标准状态下) \quad (2-27)$$

（2）实际烟气容积。实际的燃烧过程是在 $a > 1$，即在有过量空气的情况下进行的。这部分过量空气不参与化学反应全部进入烟气中，随同这部分过量空气还带入一部分水蒸气，即实际烟气容积 V_y 为理论烟气容积、过量空气容积与过量空气所带入的水蒸气容积三部分之和，即

$$V_y = 1.866 \frac{C_{ar} + 0.375 S_{ar}}{100} + 0.79 V^0 + 0.8 \frac{N_{ar}}{100} + 11.1 \frac{H_{ar}}{100}$$

$$+ 1.24 \frac{M_{ar}}{100} + 0.0161 V^0 + (a-1)V^0 + 0.0161(a-1)V^0$$

$$= 0.01866(C_{ar} + 0.375 S_{ar}) + 0.008 N_{ar} + 0.111 H_{ar}$$

$$+ 0.0124 M_{ar} + 1.0161 a V^0 - 0.21 V^0 \quad m^3/kg(标准状态下) \quad (2-28)$$

三、运行锅炉的烟气分析及计算

对于正在运行的锅炉，实际的过量空气系数 a 往往与设计值有差异，而燃料的燃烧往往也是不完全的，即在烟气中常含有少量的 CO，这些都将影响烟气容积的变化。为了较确切地估计锅炉运行时的烟气容积，可借助烟气分析求出。根据烟气分析，不仅可以确定锅炉运行时的烟气容积，而且还可确定过量空气系数、漏风系数及烟气中 CO 含量等数据，从而了解燃烧工况，以便对燃烧进行调整和对燃烧设备进行改进。

1. 烟气分析

烟气分析是以 1kg 燃料燃烧生成的干烟气容积为基础，测出烟气中各气体成分容积占干烟气容积的百分数。如果以 CO_2、SO_2、O_2、N_2 和 CO 分别表示干烟气中二氧化碳、二氧化硫、氧、氮和一氧化碳的成分容积含量百分数，则有

$$CO_2 = \frac{V_{CO_2}}{V_{gy}} \times 100\% \quad (2-29)$$

$$SO_2 = \frac{V_{SO_2}}{V_{gy}} \times 100\% \quad (2-30)$$

$$O_2 = \frac{V_{O_2}}{V_{gy}} \times 100\% \qquad (2-31)$$

$$N_2 = \frac{V_{N_2}}{V_{gy}} \times 100\% \qquad (2-32)$$

$$CO = \frac{V_{CO}}{V_{gy}} \times 100\% \qquad (2-33)$$

$$CO_2 + SO_2 + O_2 + CO + N_2 = 100\% \qquad (2-34)$$

因为二氧化碳和二氧化硫在烟气分析时不易分开，故用 RO_2 表示，即 $CO_2 + SO_2 = RO_2$。式（2-34）可改写成

$$RO_2 + O_2 + CO + N_2 = 100\% \qquad (2-35)$$

烟气成分可用烟气分析仪器测量，常用的有奥氏烟气分析仪等。

2. 根据烟气分析计算烟气容积

对于正在运行的锅炉，可根据烟气分析结果计算烟气容积。

由烟气分析可得

$$CO_2 + SO_2 + CO = \frac{V_{CO_2} + V_{SO_2} + V_{CO}}{V_{gy}} \times 100\% \qquad (2-36)$$

由燃烧反应方程可得

$$V_{CO_2} + V_{SO_2} + V_{CO} = 1.866 \frac{C_{ar} + 0.375S_{ar}}{100} \quad m^3/kg(标准状态下) \qquad (2-37)$$

由上两式可得

$$V_{gy} = 1.866 \frac{C_{ar} + 0.375S_{ar}}{RO_2 + CO} \quad m^3/kg(标准状态下) \qquad (2-38)$$

烟气总容积为

$$V_y = 1.866 \frac{C_{ar} + 0.375S_{ar}}{RO_2 + CO} + V_{H_2O} \quad m^3/kg \qquad (2-39)$$

3. 燃烧方程

假定燃料在炉膛中完全燃烧，烟气分析所得的 RO_2 和 O_2 与燃料特性之间必然存在一定的关系，这种关系的表达式称为完全燃烧方程。

完全燃烧方程为

$$21 - O_2 = (1+\beta)RO_2 \qquad (2-40)$$

式中　β——燃料特性系数，仅取决于燃料元素分析成分。

$$\beta = 2.35 \frac{H_{ar} - 0.126O_{ar} - 0.038N_{ar}}{C_{ar} + 0.375S_{ar}} \qquad (2-41)$$

由完全燃烧方程，有

$$RO_2 = \frac{21 - O_2}{1+\beta} \quad \% \qquad (2-42)$$

当燃烧完全且烟气中无剩余氧时，由式（2-42）可知，烟气中三原子气体所占份额将达到它的最大值，即

$$RO_2^{max} = \frac{21}{1+\beta} \quad \% \qquad (2-43)$$

可见，RO_2^{max} 的数值仅取决于燃料元素分析成分，也是表征燃料的一个特性值。在一定

程度上可以判断用烟气分析仪器测出的 RO_2 值是否正确。

当燃烧不完全且烟气中可燃物只有一氧化碳时，烟气分析所得的 RO_2、O_2 和 CO 与燃料特性之间的定量关系表达式称为不完全燃烧方程，即

$$21 - O_2 = (1+\beta)RO_2 + (0.605+\beta)CO \qquad (2-44)$$

由不完全燃烧方程可以求出一氧化碳的含量，即

$$CO = \frac{21 - O_2 - (1+\beta)RO_2}{0.605+\beta} \quad \% \qquad (2-45)$$

四、运行时过量空气系数及漏风系数的计算

1. 过量空气系数计算

过量空气系数直接影响炉内燃烧的好坏及热损失的大小，所以运行中必须严格控制其大小。对于正在运行的锅炉，过量空气系数可根据烟气分析结果加以确定。

当燃料完全燃烧且忽略燃烧过程中燃料本身释放出来的氮时，过量空气系数可由下式计算：

$$\alpha = \frac{21}{21 - 79\dfrac{O_2}{100 - (RO_2 + O_2)}} \qquad (2-46)$$

当燃料不完全燃烧且燃烧产物中只有一氧化碳存在时，过量空气系数为

$$\alpha = \frac{21}{21 - 79\dfrac{O_2 - 0.5CO}{100 - (RO_2 + O_2 + CO)}} \qquad (2-47)$$

将完全燃烧方程式代入式（2-46），忽略 β 值可得

$$\alpha = \frac{RO_2^{max}}{RO_2} \qquad (2-48)$$

又可得

$$\alpha = \frac{RO_2^{max}}{RO_2} = \frac{21}{(1+\beta)RO_2} = \frac{21}{21 - O_2} \qquad (2-49)$$

由式（2-48）可知，对于一定的燃料，RO_2^{max} 为一定值，这样只要测出烟气中 RO_2 含量或 CO_2 含量，就可以近似地确定出测量处的过量空气系数 α 的大小。而且 RO_2 或 CO_2 值与 α 二者之间存在这样的关系，即 RO_2 或者说 CO_2 值大时，α 就小；反之，RO_2 或 CO_2 值小时，α 就大。电厂锅炉一般是利用电气自动分析仪来测定烟气中 CO_2 含量的。

前面已经提到，过量空气系数直接影响锅炉运行的经济性。运行中准确、迅速地测定它，是监视锅炉经济运行的重要手段之一。如果燃料一定，根据燃料调整试验就可以确定最佳过量空气系数及与之对应的最佳 RO_2 的数值，运行中只要保持最佳的 RO_2 值就可以使锅炉处于经济工况下运行。

然而，发电厂中燃用的煤种是经常变动的。当燃料成分发生改变时，RO_2 最大值也随之发生变化。此时，尽管运行中继续保持原来的 RO_2 值，而实际上过量空气系数已经改变了。这就表明用 RO_2 或 CO 值监视过量空气系数受燃料种类影响很大。相同的 RO_2 值，不同的燃料表征不同的过量空气系数值，因此，在运行中，若仅用 CO_2 含量确定 α 值，可能引起误操作。

同时，由式（2-49）可知，只要测出烟气中的氧量，就可以近似地确定过量空气系数

的大小。而且 O_2 与 α 二者之间存在这样的关系，即 O_2 大时，α 就大；反之 O_2 小时，α 就小。电厂锅炉一般采用磁性氧量计或氧化锆氧量计来测定烟气中的氧量。由于采用烟气中过剩氧量来监视过量空气系数大小，故煤种变化时对过量空气系数的影响很小，所以电厂采用氧量计监视运行中的过量空气系数较为普遍。

2. 漏风系数计算

一般电厂锅炉多为负压运行（即炉内压力略低于外界大气压力），在炉膛及烟道的结构不十分严密的情况下，会有空气从炉外漏入炉内，从而沿烟气流程过量空气系数不断增大。为了查明炉膛及烟道中各受热面的漏风程度，引用了漏风系数的概念。某一级受热面的漏风系数 $\Delta\alpha$ 为该级受热面的漏风量 ΔV 与理论空气量 V^0 的比值，即

$$\Delta\alpha = \frac{\Delta V}{V^0} \tag{2-50}$$

某级受热面的漏风系数也可用该级受热面出口过量空气系数 α_2 和进口过量空气系数 α_1 的差表示，即

$$\alpha = \alpha_2 - \alpha_1 \tag{2-51}$$

由式（2-48）或式（2-49）可知，只要测出某级受热面进、出口烟气中的 O_2 量或 CO_2 量，即可确定漏风系数的大小。

烟道某处的过量空气系数可等于炉膛出口过量空气系数加前面各段烟道的漏风系数之和。

锅炉漏风直接关系到锅炉的安全经济运行，因此必须尽可能减少锅炉漏风。漏风系数与锅炉结构、安装及检修质量、运行操作情况等有关。

第三节　锅 炉 热 平 衡

一、锅炉热平衡及其意义

1. 锅炉热平衡的概念

燃料在锅炉中燃烧放出大量的热能，其中绝大部分热量被锅炉受热面中的工质吸收，这是被利用的有效热量。在锅炉运行中，燃料实际上不可能完全燃烧，其可燃成分未燃烧造成的热量损失称为锅炉未完全燃烧热损失。此外，燃料燃烧放出的热量也不可能完全得到有效利用，有的热量被排烟、灰渣带走或透过炉墙损失了，这些损失的热量称为锅炉热损失，其大小决定了锅炉的热效率。

从能量平衡的观点来看，在稳定工况下，输入锅炉的热量应与输出锅炉的热量相平衡，锅炉的这种热量收、支平衡关系，称为锅炉热平衡。输入锅炉的热量是指伴随燃料送入锅炉的热量；输出锅炉的热量可以分成两部分，一部分是有效利用热量，另一部分是各项热损失。

锅炉热平衡是按 1kg 固体或液体燃料（对气体燃料则是标准状态下 $1m^3$）为基础进行计算的。在稳定工况下，锅炉热平衡方程式可写为

$$Q_r = Q_1 + Q_2 + Q_3 + Q_4 + Q_5 + Q_6 + Q_7 \quad \text{kJ/kg} \tag{2-52}$$

式中　Q_r——1kg 燃料的输入热量，kJ/kg；

　　　Q_1——锅炉的有效利用热量，kJ/kg；

Q_2——排烟损失的热量，kJ/kg；

Q_3——气体未完全燃烧损失的热量，kJ/kg；

Q_4——固体未完全燃烧损失的热量，kJ/kg；

Q_5——散热损失的热量，kJ/kg；

Q_6——灰渣物理热损失的热量，kJ/kg；

Q_7——石灰石脱硫热损失的热量，kJ/kg。

将式（2-52）除以 Q_r 并表示成百分数，则可以建立以百分数表示的热平衡方程式，即

$$100 = q_1 + q_2 + q_3 + q_4 + q_5 + q_6 + q_7 \quad \% \qquad (2-53)$$

$q_1 \sim q_7$ 的计算式及意义如下：

$$q_1 = \frac{Q_1}{Q_r} \times 100\%$$

$$q_2 = \frac{Q_2}{Q_r} \times 100\%$$

$$q_3 = \frac{Q_3}{Q_r} \times 100\%$$

$$q_4 = \frac{Q_4}{Q_r} \times 100\%$$

$$q_5 = \frac{Q_5}{Q_r} \times 100\%$$

$$q_6 = \frac{Q_6}{Q_r} \times 100\%$$

$$q_7 = \frac{Q_7}{Q_r} \times 100\%$$

式中　q_1——锅炉有效利用热量占输入热量的百分数；

q_2——排烟热损失占输入热量的百分数；

q_3——气体未完全燃烧热损失占输入热量的百分数；

q_4——固体未完全燃烧热损失占输入热量的百分数；

q_5——散热损失占输入热量的百分数；

q_6——灰渣物理热损失占输入热量的百分数；

q_7——石灰石脱硫热损失占输入热量的百分数。

2. 锅炉热平衡的意义

研究锅炉热平衡的目的和意义在于弄清燃料中的热量有多少被有效利用，有多少变成热损失，以及热损失分别表现在哪些方面和大小如何，以便判断锅炉设计和运行水平，进而寻求提高锅炉经济性的有效途径。锅炉设备在运行中应定期进行热平衡试验（通常称为热效率试验），以查明影响热效率的主要因素，作为改进锅炉工作的依据。

3. 正、反平衡求锅炉热效率的方法

锅炉热效率可以通过两种方法得出。一种方法是测定输入热量 Q_r 和有效利用热量 Q_1 计算锅炉热效率，称为正平衡求效率法或直接求效率法；另一种方法是测定锅炉的各项热损失 q_2、q_3、q_4、q_5、q_6、q_7 计算锅炉热效率，称为反平衡求效率法或间接求效率法。

目前电厂锅炉常用反平衡法求效率。这一方面是因为大容量高效率锅炉机组用正平衡法求效率看来似乎比较简单，但由于燃料消耗量和煤发热量值的准确测量相当困难，以及在有

效利用热量的测定上常会引入较大的误差，此时反而不如利用反平衡法求效率更为方便和准确；另一方面是正平衡法只求出锅炉的热效率，而未求锅炉的各项热损失，因而就不利于对各项损失进行分析和提出改进锅炉效率的途径；再一方面是正平衡法要求比较长时间保持锅炉稳定工况，这是比较困难的。对于低效率（例如 $\eta < 80\%$）的小容量锅炉，用正平衡法比较易于测定且误差也不大，若只需要知道锅炉效率，而无需知道锅炉各项热损失，可以采用正平衡法。

二、正平衡法求锅炉效率、锅炉输入热量及有效利用热量

用正平衡法求锅炉效率是基于锅炉有效利用热量占输入热量的百分数，即

$$\eta = q_1 = \frac{Q_1}{Q_r} \times 100\% \qquad (2\text{-}54)$$

可见，只要知道输入热量 Q_r 和有效利用热量 Q_1 就可求得锅炉热量效率。

1. 锅炉输入热量

对应于 1kg 固体或液体输入锅炉的热量 Q_r 包括燃料收到基低位发热量、燃料的物理显热、外来热源加热空气时带入的热量和雾化燃油用的蒸汽热量。

对于燃煤锅炉，如煤和空气都未用外来热源进行加热时，而且煤的水分 $M_{ar} \leqslant \dfrac{Q_{net,ar}}{630}$，则锅炉输入热量 Q_r 等于 $Q_{net,ar}$。

2. 锅炉有效利用热量

锅炉有效利用热量包括过热蒸汽的吸热、再热蒸汽的吸热、饱和蒸汽的吸热和汽包连续排污时污水的吸热。对于非供热机组，锅炉有效利用热量要用下式计算，即

$$Q_1 = \frac{D_{sh}(h''_{sh} - h_{fw}) + D_{rh}(h''_{rh} - h'_{rh}) + D_{bl}(h_{bl} - h_{fw})}{B} \quad \text{kJ/kg} \qquad (2\text{-}55)$$

式中　D_{sh}、D_{rh}、D_{bl}——过热蒸汽、再热蒸汽、排污水的流量，kg/h；

　　　　h''_{sh}、h_{bl}、h_{fw}——过热器出口、排污水、给水的焓，kJ/kg；

　　　　h''_{rh}、h'_{rh}——再热器出口、进口蒸汽的焓，kJ/kg。

三、反平衡法求锅炉效率及各项热损失

锅炉热效率也可以根据式（2-53）得，即

$$\eta = q_1 = 100 - (q_2 + q_3 + q_4 + q_5 + q_6 + q_7) \quad \% \qquad (2\text{-}56)$$

用上式求锅炉热效率，需要知道锅炉各项热损失 $q_2 \sim q_7$，这就是前面所述的反平衡求效率。下面分别就各项热损失的含义、计算及影响因素进行介绍。

资源 8 - 锅炉热损失

1. 固体未完全燃烧损失

固体燃料颗粒在炉内未完全燃烧即被排出所产生的热损失，称为固体未完全燃烧热损失，也叫做碳的未完全燃烧热损失。包括四部分，即灰渣中未燃尽的碳、随排烟散失未燃尽的碳、烟道沉积灰中未燃尽的碳以及某些特定条件下循环灰排放未燃尽的碳。

综上所述，q_4 的计算式为

$$q_4 = \frac{32\ 860}{Q_r} \left(\frac{G_{ba}C_{ba} + G_{fa}C_{fa} + G_{da}C_{da} + G_{ra}C_{ra}}{100B} \right) \times 100\% \qquad (2\text{-}57)$$

式中　G_{ba}、G_{fa}、G_{da}、G_{ra}——灰渣、飞灰、烟道沉降灰、排放的循环灰质量，kg/h；

C_{ba}、C_{fa}、C_{da}、C_{ra}——烟道沉降灰、排放的循环灰中的含碳量百分数份额；

32 860——每千克纯碳的发热量，kJ/kg。

固体未完全燃烧热损失是锅炉热损失中的一个主要项目。影响 q_4 的因素很多，如燃料性质、燃烧方式、过量空气系数、燃烧设备及炉膛结构、炉内空气动力工况等。灰渣中含碳量的多少主要受燃烧工况影响；煤燃烧反应活性是飞灰含碳量的决定性因素，还受炉膛温度、过量空气系数等运行参数以及物料循环系统性能的影响；烟道沉降灰的多少主要由烟道的设计结构和飞灰的性质决定，循环灰排放的份额一般为 0，只有在一些非正常条件下才会大于 0。

在测定 q_4 时，往往采取灰平衡法确定。灰平衡法是指输入锅炉中的灰量应等于底渣、飞灰、烟道灰和排放的循环灰量之和。

2. 气体未完全燃烧热损失

气体未完全燃烧热损失是指排烟中含有未燃尽的 CO、H_2、CH_4 等气体所造成的热损失。对于运行中的锅炉，Q_3 应等于烟气中所有可燃气体的发热量之和。

影响气体未完全燃烧热损失的主要因素是炉内过量空气系数、燃料的挥发分、炉膛温度、燃料与空气混合情况和炉膛结构等。

过量空气系数过小，氧气供应不足，会使 q_3 增大；过量空气系数过大，又会使炉温降低，故过量空气系数必须适当。一般燃用挥发分较多的燃料，炉内可燃气体增多，易出现不完全燃烧。炉膛容积小，高度不够，水冷壁布置过多等也会使 q_3 增大。

为了减少此项损失，在运行中应设法保持较高的炉膛温度、适当的过量空气系数并使燃料与空气充分混合，这一点对燃用高挥发分燃料尤为重要。

一般 q_3 损失很少，对于循环流化床锅炉，如果配风合理，接近于 0。

3. 排烟热损失

排烟热损失是指离开锅炉机组最后受热面的烟气温度高于外界空气所造成的热损失。排烟热损失可由排烟焓 H_{py}(kJ/kg) 与冷空气焓 H_{lk}(kJ/kg) 来计算，即

$$q_2 = \frac{H_{py} - \alpha_{py} H_{lk}}{Q_r} \times (100 - q_4) \quad \% \qquad (2-58)$$

在锅炉的各项热损失中，排烟热损失是较大的一项。由式（2-58）可知，影响排烟热损失的主要原因是排烟焓 H_{py}，而排烟焓又取决于排烟容积和排烟温度。显然，排烟容积大，排烟温度高，则排烟热损失大。

排烟容积的大小取决于炉内过量空气系数及锅炉漏风量。过量空气系数越大，漏风量越大，则排烟容积越大。炉膛及烟道各处漏风，都将使排烟处的过量空气系数增大，只能增加 q_2 和引风机电耗，而不能改善燃烧，炉膛漏风还能对燃烧带来不利影响。

排烟温度升高会使排烟焓增加，q_2 也就增大。一般排烟温度每升高 15～20℃，损失约增加 1%，所以应尽量降低排烟温度。但降低排烟温度，会使传热平均温差减小，传热减弱，以至必须增加较多数量的金属受热面，还将使气流阻力增加。所以合理的排烟温度，应考虑燃料、金属价格以及引风机电耗，通过技术经济比较确定。此外，排烟温度的降低，还受到尾部受热面酸性腐蚀的限制，当燃料中的水分和硫分含量较高时，排烟温度也应保持得高一些以免空气预热器被腐蚀。

另外，锅炉运行情况也对 q_2 有影响。当受热面结渣、积灰和结垢时，会使传热减弱，

q_2 增大。所以运行时，应及时吹灰清渣，并注意监视给水、炉水和蒸汽品质，以保持受热面内外清洁，降低排烟温度，提高锅炉效率。

4. 散热损失

散热损失是指锅炉在运行中，由于汽包、联箱、汽水管道、炉墙等的温度均高于外界空气温度而散失到空气中去的那部分热量。

影响散热损失的主要因素有锅炉额定蒸发量（即锅炉容量）、锅炉实际蒸发量（即锅炉负荷）、外表面积、水冷壁和炉墙结构、管道保温以及周围环境等。

一般来说，锅炉容量越大，散热损失 q_5 就越小。对同一台锅炉来说，运行负荷越小，散热损失就越大。这是由于锅炉外表面积并不随负荷的降低而减少，同时散热表面的温度变化又不大，所以 q_5 与锅炉负荷近似成反比关系。

若水冷壁和炉墙等结构严密紧凑，炉墙及管道的保温良好，外界空气温度高且流动缓慢，则散热损失小。

对于容量较大的锅炉，此项损失一般小于 0.5%。

5. 灰渣物理热损失

从流化床锅炉排出的灰渣约 800℃，由此带来的热损失即为灰渣物理热损失。

灰渣物理热损失的大小与锅炉形式、燃料性质（灰分高、发热量低，此项损失就大）、排渣率等因素有关，其计算式为

$$q_6 = \frac{1}{Q_r} a_{hz} (Ct)_{ba} \frac{A_{ar}}{100} \times 100\% \tag{2-59}$$

式中 $(Ct)_{ba}$ ——每千克灰渣在温度为 t 时的热焓，查灰渣热焓表得到。

对于循环流化床锅炉，t_{ba} 可根据锅炉冷渣器的形式和热量的回收情况确定。若无冷渣器或冷渣器中灰渣的热量不回收，可取为床温减去 70℃。

影响灰渣物理热损失的因素有燃料灰分、炉渣份额以及炉渣温度。炉渣份额大小主要与燃烧方式有关，炉渣温度主要与排渣方式有关。

单元思考题

1. 煤由哪些元素组成？这些元素在燃烧中起的作用是什么？

2. 煤的工业分析成分包括哪些？为什么说挥发分含量是评定煤燃烧性能的重要指标？

3. 煤的成分分析基准有哪几种？为什么要有不同的分析基准？

4. 什么是煤的发热量？高位发热量与低位发热量的区别是什么？

5. 为什么要引入折算水分、折算灰分和折算硫分的概念？

6. 什么是标准煤？为什么要引入标准煤的概念？

7. 表征煤的灰熔点的特征温度是什么？影响灰熔点的主要因素有哪些？

8. 简述无烟煤、贫煤、烟煤和褐煤的燃烧特性。

9. 什么是理论空气量和理论烟气量？

10. 什么是过量空气系数？影响过量空气系数的因素有哪些？过量空气系数的推荐范围是多少？

11. 实际烟气由哪些成分组成？各成分的大概比例是多少？

12. 举例说明 1kg 煤完全燃烧需要的理论空气量和生成的理论烟气量分别是多少？分析不同煤种的理论空气量和理论烟气量存在差别的主要原因是什么？

13. 举例说明同一台锅炉在相同负荷时，燃用不同煤种所需的空气量和生成的烟气量的差别。差别的原因是什么？

14. 运行中的锅炉，如何得到炉膛出口处的过量空气系数？

15. 什么是锅炉热平衡？研究锅炉热平衡的意义是什么？

16. 简述锅炉热平衡方程各项的意义。

17. 什么是锅炉热效率？如何测得锅炉热效率？

18. 锅炉有效利用热包括哪几部分热量？

19. 简述锅炉各项热损失产生的原因及影响因素。

20. 学习锅炉热平衡后，你认为应如何提高锅炉的热效率？

单元三　循环流化床内的气固两相流动

◆　引　言

　　本单元是"必备知识篇"的第三单元，是循环流化床燃烧技术基础理论的第一个单元。循环流化床内的气固两相流动、炉内燃烧和炉内传热是循环流化床燃烧技术的三大理论基础，而床内的气固两相流动又是基础中的基础。循环流化床锅炉炉内的气固两相流动对燃料的燃烧、污染物的控制和炉内的传热起着至关重要的作用。在早期循环流化床燃烧技术的工程实践中，出现的床层结焦、负荷不上去和频繁爆管等问题，就是由于人们对循环流化床的气固两相流动认识不足，把鼓泡床锅炉加一个循环回路当作循环流化床锅炉造成的。循环流化床内气固两相是怎么流动的？有哪些流化状态？这些流化状态的实现条件是什么？本单元将带你逐渐揭开循环流化床神秘的面纱，认识到什么是真正的循环流化床锅炉。

　　由于气固流动的复杂性，迄今为止，气固两相流动的理论尚不完善，一些问题还不能完全通过理论求解，比如：临界流化风速是多大、形成快速床的最小循环量是多少等工程实际应用的问题。但并不意味着问题无法解决，可以在已知理论的基础上通过试验来解决。因此，通过本单元的学习，你不仅能学到循环流化床内气固两相流动的基本理论知识，还能了解到解决实际工程问题的方法和途径。

　　循环流化床中的物质可分为两部分——流体介质和固体颗粒。在流体介质的作用下，固体颗粒也能表现出类似流体的一些宏观特性，即流态化或流化。

资源 9 - 自然界中的　　资源 10 - 流态化的
流态化现象　　　　　工业应用

循环流化床流体动力特性是指循环流化床中的流体介质与固体颗粒之间相互作用及其运动所表现出来的规律性。对燃煤循环流化床锅炉而言，流体介质即为气体（包括空气和烟气），固体颗粒即为床料（包括煤粒和灰粒等）。燃煤循环流化床所特有的流体动力特性决定了循环流化床锅炉在燃烧与传热、污染控制与排放，设计计算以及运行操作等方面具有其显著的特点。为了实现循环流化床锅炉的优化设计，保证锅炉的正常运行，必须对其内部的流体动力特性有充分的认识和了解。

第一节　粉体颗粒的物理特性

　　由粉体颗粒组成的流化床层的特性与粉体颗粒的物理特性密切相关，其中颗粒的粒径、形状因子、粒径分布及堆积特性最重要。

一、单颗粒的物理特性

1. 单颗粒的大小

球状均匀颗粒的大小可用直径表示，其他不规则形状的颗粒大小通常用一个具有代表性的几何尺寸来表示，该尺寸应最能体现这个颗粒在所应用场合中的作用。用来表示不规则颗粒大小的尺寸称"当量球径"或"等效直径"。

根据考察目的、测试方法和计算方法的不同，对同一颗粒可有多种不同的"当量球径"。如一个砂粒的直径可有 8 种不同的结果（图 3-1 中表示出了其中的 7 种），即最大长度直径、最小长度直径、平均长度直径（图中无）、等效沉降速率直径、筛分直径、等效表面积直径、等效体积直径、等效质量直径。根据不同的目的可选用不同的测试方法和计算方法。

流化床锅炉的床料常用的等效直径有以下四种：

图 3-1　单颗粒的不同直径

（1）体积直径 d_V。体积直径是与待测颗粒具有相同体积 V_p 的假想圆球直径，可表示为

$$d_V = \frac{6V_p}{\pi} \times \frac{1}{3} \tag{3-1}$$

（2）面积直径 d_s。面积直径是与待测颗粒具有相同外表面积 s 的圆球直径，可表示为

$$d_s = \sqrt{\frac{s}{\pi}} \tag{3-2}$$

（3）面积体积直径 d_{sV}。面积体积直径是与待测颗粒具有相同的体积和外表面积比的圆球直径，可表示为

$$d_{sV} = \frac{6V_p}{s} = \frac{6}{a} \tag{3-3}$$

式中　a——比表面积。

（4）筛分直径 d_p。筛分直径是颗粒可以通过的最小方筛孔的宽度。

2. 颗粒的形状因子

除了粒子尺寸大小外，粒子形状对其运动也有很大影响，这里引入形状系数作为描述粒子形状的参数，一般采用球形度 ϕ_p 来表示。

ϕ_p 定义为：与颗粒等体积球的表面积与颗粒表面积的比值，即

$$\phi_p = \left(\frac{d_V}{d_s}\right)^2 = \frac{d_{sV}}{d_V}$$

对于球形颗粒，$\phi_p=1$；对于其他形状粒子，$0<\phi_p<1$。

统计数据表明，$d_V \approx d_p$。由于 d_p 测定方便，因而常用 $d_{sV}=\phi d_p$。在固定床及流化床的研究工作中，把 ϕd_p 的乘积看作一个单独参数。

球形度值虽然非常重要，但是要精确地获取其数值却比较困难，原因在于颗粒的表面积不易测定。测定表面积的方法有吸附法和渗透法，由于篇幅所限，这里不再叙述。测定流态化所用颗粒球形度的常用方法为床层压降法，方法是测定固定床在层流范围内的压力降，然后采用 Ergun 公式计算。典型非球形颗粒的球形度数据见表 3-1。

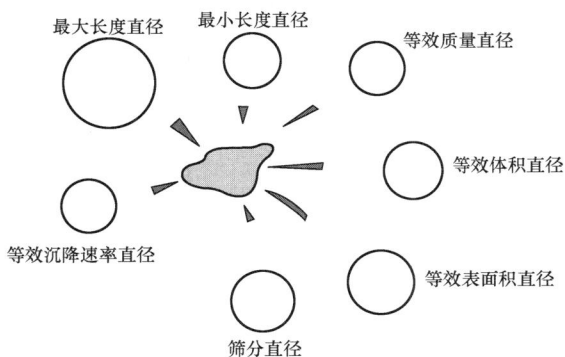

表 3 - 1　　　　　　　　　　　　　　　　　**典型非球形颗粒的球形度数据**

物　料	性　状	球形度	物　料	性　状	球形度
原煤粒	大约 10mm	0.65	砂	平均值	0.75
破碎煤粉	—	0.73	硬砂	尖角状	0.65
烟道飞灰	熔融球状	0.89	硬砂	尖片状	0.43
烟道飞灰	熔融聚集状	0.55	渥太华砂	接近球形	0.95
碎玻璃屑	尖角状	0.65	砂	无棱角	0.83
鞍形填料	—	0.3	砂	有棱角	0.73
拉西环	—	0.3	钨粉	—	0.89

实际上，球形度表征的是非球形粒子与球形粒子之间的差别，通过它就能将各种非球形粒子作为球形粒子来处理。球形度与非球形粒子粒径的乘积称为当量球形粒径，简称当量粒径。通过球形度将非球形粒子转化为粒径为当量粒径的球形颗粒，从而可以采用球形粒子进行试验归纳出来的各种关系式，很方便地推广到由非球形粒子组成的颗粒系统中去，只要把适用于球形粒子的关系式中的粒径换成当量粒径即可。但必须指出，将非球形粒子的系统折算成球形粒子的系统，只能按照某种特性关系或性质进行折算。而这种折算的结果，从根本上说是不可任意地扩大到其他性质的关系式中去的。所以，球形度、当量粒径是解决非球形粒子系统的办法，但也绝不能因此而替代非球形粒子系统各种性质或规律的具体研究。

二、粉体颗粒群的物理特性

（一）颗粒粒径分布

流化床锅炉中遇到的颗粒通常都是一定尺寸范围内大小不同颗粒的混合体，即所谓的颗粒群，呈现不同粒度的宽筛分分布。流化床层物料的粒径大小及分布对于分析流化工况和流化质量十分重要。

颗粒群的粒径分布一般有三种表示形式，即表格、图示和函数式。表格通常是粒径分布测量过程中记录数据的一种形式；图示则是将测量数据依据考查的目的绘制成二维曲线的表达形式，通常是绘制累积率或频率与颗粒粒径的关系曲线，图示法表示粒径的分布规律比较直观；函数式是用方程的形式表示颗粒群粒径的分布规律。

1. 粒径分布函数

函数式是粒径分布最精确的描述，通常采用累积率函数和频率函数来表示颗粒群粒径分布的规律。

累积率 $D(\delta)$ 又称为筛下累积率，其意义为粒径小于 δ 的颗粒数占总颗粒数的份额。当用筛分法测量粒径分布时，表示筛下颗粒数占总颗粒数的份额，通常用质量百分数表示。相应地定义筛上累积率 $R(\delta)$，表示粒径大于 δ 的颗粒数占总颗粒数的份额，即筛下颗粒数占总颗粒数的份额。频率 $f(\delta)$ 表示包括粒径 δ 在内的微小区段内颗粒数占总颗粒数的份额，它反映颗粒群中不同粒径颗粒的占有情况。

常用的函数形式有正态分布、对数正态分布、Weibull 分布、Rosin-Rammler（简称RR）分布等。其中 RR 分布适应范围很广，其表达式为

$$D(\delta) = 1 - \exp(-\beta\delta^n) \tag{3-4}$$

$$f(\delta) = \frac{\mathrm{d}D(\delta)}{\mathrm{d}\delta} = n\beta\delta^{n-1}\exp(-\beta\delta^n) \tag{3-5}$$

显然 $$D(\delta) + R(\delta) = 1 \tag{3-6}$$

式中　β——常数，表示颗粒群的粗细程度，β 越大，颗粒就越细；

　　　　n——分布指数，表示粒径分布范围的宽窄程度，n 越大，粒径分布就越窄，对于粉尘及粉碎产物，通常 $n \leqslant 1$。

这种分布函数较简单，适用于机械破碎或粉碎所得的颗粒。实测资料表明，在 RR 分布中，β 与 n 之间有一定的内在联系，当 n 较大时，β 较小，$\beta = \delta_R^{-n}$，δ_R 为相当于 $D(\delta) = 1 - e^{-1}$ 时的粒径。

一般来说，由物体破碎和分选等机械中产生的颗粒比较粗大，且粒径分布范围广；由燃烧等化学反应产生的烟尘则较细，其粒径分布范围窄。对于流化床各种粉尘的粒径分布进行回归处理，得到的结论是这些粉尘的粒径分布与 RR 分布吻合较好。因此，对于循环流化床中所用的煤粒、飞灰物料、石灰石等均可优先采用 RR 分布函数表示，如图 3-2 所示。

得到分布函数后，为了更加直观地了解颗粒群的粒径分布情况，常用曲线来表示，如图 3-3 所示。

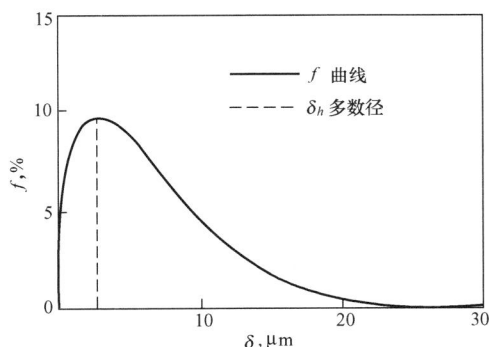

图 3-2　粒径的频率分布曲线

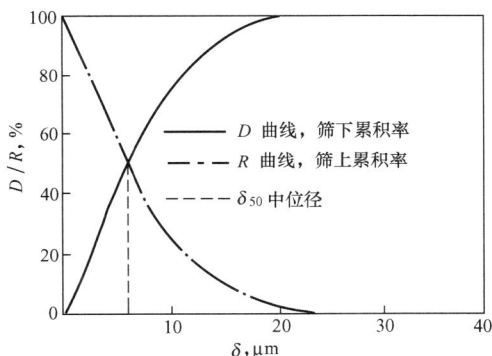

图 3-3　累积率分布曲线

2. 代表粒径

在代表颗粒群粒径分布规律的频率及累积率分布曲线上，几个常用的特殊点如下：

（1）多数径。多数径是指最大分布密度的粒径，用 δ_h 表示，在该点处，$f(\delta)$ 曲线呈最大极值，即有 $\dfrac{\mathrm{d}f(\delta)}{\mathrm{d}\delta} = \dfrac{\mathrm{d}^2 D(\delta)}{\mathrm{d}\delta^2} = 0$，该点又是 D 曲线或 R 曲线上的拐点。

（2）中位径。中位径是指累积率 $D = 0.5$ 处的粒径，用 δ_{50} 表示，常用于颗粒分离和分级方面的研究。

（3）平均粒径。平均粒径是指颗粒粒径的某种统计平均值。

各种平均粒径被用来定量地表达多分散粉体颗粒的大小，各种平均粒径值都是基于某一物理概念或由粒径分布的某一集中趋势定义的。在流态化研究中常采用以下两种平均粒径。

1）比表面积粒径。比表面积粒径是单位体积的粉体颗粒总表面积的当量直径。在某一球形颗粒组成的样本中，直径为 $d_{p,i}$ 的 N_i 个颗粒的总表面积与总体积之比定义为比表面积 a_i，即

$$a_i = \frac{\pi N_i d_{p,i}^2}{\frac{\pi}{6} N_i d_{p,i}^3} = \frac{6}{d_{p,i}} \tag{3-7}$$

对全部样本的平均比表面积 $\bar{a}$ 为

$$\bar{a} = \sum_i x_i a_i = \frac{6}{\bar{d}_p} \tag{3-8}$$

式中　x_i——直径为 d_i 的颗粒质量百分比；

　　　$\bar{d}_p$——全部样本的平均直径。

将式（3-7）代入式（3-8）中可得平均粒径，即

$$\bar{d}_p = \frac{1}{\sum_i \frac{x_i}{d_{p,i}}} \tag{3-9}$$

用上式计算平均粒径时，$d_{p,i}$ 值可由筛分法得到；对非球形颗粒，用 $\phi_p d_{p,i}$ 代替 $d_{p,i}$。

2）几何平均粒径（又称为中位数值粒径）的计算式为

$$\bar{d}_p = (d_{p1}^{x_1} \cdot d_{p2}^{x_2} \cdots d_{pi}^{x_i})^{\frac{1}{m}} \tag{3-10}$$

式中　m——样本总质量。

若以对数表示，则有

$$\lg\bar{d}_p = \frac{1}{m} \sum_i (x_i \lg d_{p,i}) \tag{3-11}$$

所以，几何平均粒径也为对数意义上的算术平均粒径。

对非球形颗粒，同样用 $\phi_p d_{p,i}$ 代替 $d_{p,i}$。实际上，此乘积对于颗粒混合物来说，是唯一能恰当地表示其粒径和形状特性的量。

对同一粉体样本，各种平均粒径的大小有时相差悬殊。在工程技术上，一般要指明所采用的平均粒径，比较试验结果或引用关联式时也应注意，否则会得出不准确的结论。

（二）颗粒粒径及分布的测定

颗粒粒径及分布的测定方法很多。由于采用的原理不同，所测得的粒径范围及参数也不相同，应根据使用目的和方法的适应性作出选择。测定及表达粒径的方法可分为长度、质量、横截面、表面积及体积五类。由于粒径测定的结果与测定方法及表示法有关，因此，测定的结果应指明测定方法与表示法。下面扼要介绍常用的筛分法。

资源 12 - 颗粒粒径分布与平均粒径

筛分法是粒径分布测量中使用早、应用广、最简单和快速的方法。一般大于 $40\mu m$ 的固体颗粒可用筛网来分级，筛分法是让粉尘试样通过一系列不同筛孔的标准筛，将其分离成若干个粒级，分别称量，求得以质量百分数表示的粒度分布。筛网开孔大小有各种标准，我国常用泰勒标准，与美、英、日等国十分接近。泰勒标准筛以每英寸筛网长度上的筛孔数来表示不同大小的筛孔，称为目。泰勒标准筛是一系列不同筛孔的筛子，相邻上下两层筛子的孔径尺寸比大致为 $\sqrt{2}$。泰勒标准筛的目数和孔径见表 3-2。

表 3-2		泰勒标准筛的目数和孔径			
目　数	孔径（mm）	目　数	孔径（mm）	目　数	孔径（mm）
3	6.680	14	1.168	100	0.147
4	4.699	20	0.833	150	0.104
6	3.327	35	0.417	200	0.074
8	2.362	48	0.295	270	0.053
10	1.651	65	0.208	400	0.038

筛分时，影响测量结果的因素很多，较重要的有颗粒的物理性质、筛面上颗粒的数量、颗粒的几何形状、操作方法、操作的持续时间和取样方法等。应注意如下几个问题：

（1）筛面上试样尽可能少，粗粒称样取 100～150g，细粒称样取 40～60g。

（2）筛分时间一般不超过 10min。

（3）要采用标准规定的操作方法，如手筛时，应将筛子稍稍倾斜一些，用手拍打，150 次/min，每打 25 次后将筛子转 1/8 圈。

（4）一般采用干法过筛，物料应烘干，有时也可加入 1% 分散剂，以减少颗粒的团聚。对于很易团聚的物料，可用湿法筛分。

（5）若筛分的各粒级质量与原试样质量差大于 0.5%～1%，应重新筛分。

（三）颗粒密度

颗粒密度是单位体积颗粒的质量。由于颗粒与颗粒之间存在着空隙，颗粒本身还会有内孔隙，所以颗粒的密度有真密度、表观密度、堆积密度等不同的定义。

（1）真密度 ρ_s。颗粒质量除以不包括内孔的颗粒的体积。它是组成颗粒材料本身的真实密度。

（2）表观密度 ρ_p。表观密度是指包括内空的颗粒的密度。

（3）颗粒群的堆积密度。颗粒群的颗粒与颗粒间有许多空隙，在颗粒群自然堆积时，单位体积的质量就是堆积密度，记为 ρ_b。根据测定方法不同，堆积密度又分为充气密度、沉降密度或自由堆积密度和压紧密度。一般有

$$\rho_b = (1-\varepsilon)\rho_p \qquad (3-12)$$

式中　ε——空隙率，视颗粒形状、大小及堆积方式而定。

显然，堆积密度不仅包括了颗粒的内孔，而且也包括了颗粒之间堆积时的空隙。在工业应用中堆放和运输物料时，堆积密度是具有实用价值的。

（四）空隙率与颗粒浓度

设流化床床层的总体积为 V_m，颗粒的总体积为 V_p，流体所占的体积为 V_g，则 $V_m = V_p - V_g$。床层的空隙率 ε 是指流体所占的体积 V_g 与床层总体积 V_m 之比，即

$$\varepsilon = \frac{V_g}{V_m} = 1 - \frac{V_p}{V_m} \qquad (3-13)$$

局部空隙率是指床层某点处的空隙率，即该点小区域内空隙率的平均值。

床层的颗粒浓度 ε_s 是指颗粒所占的体积 V_p 与床层总体积 V_m 之比，显然有

$$\varepsilon_s = \frac{V_p}{V_m} = 1 - \varepsilon$$

三、颗粒分类

Geldart 根据在常温常压下对一些典型固体颗粒的气固流态化特性的分析并提出一种颗粒分类法。依照这种分类法，所有固体颗粒均可被分成 C、A、B、D 四类，依据颗粒的直径 d_p、颗粒密度 ρ_p 与流化气体密度 ρ_g 所做的流态化颗粒分类如图 3 - 4 所示。

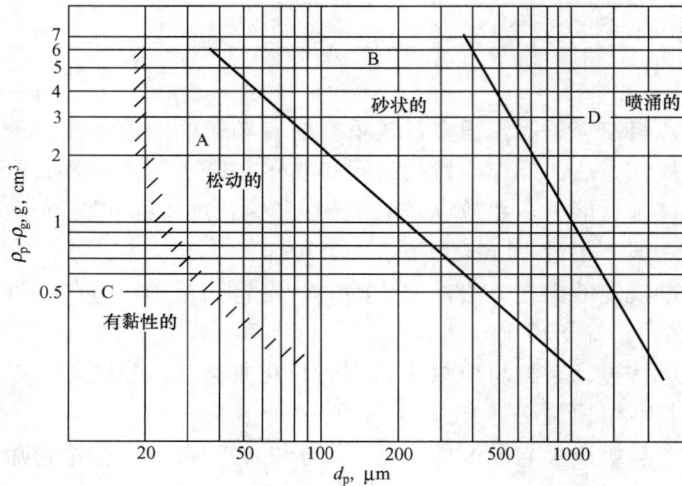

图 3 - 4　流态化颗粒分类

C 类颗粒：这类颗粒粒度很细，对于 $\rho_p = 2500 kg/m^3$ 的颗粒，一般小于 $30\mu m$。它是具有黏结性的一类，特别易于受静电效应和颗粒间作用力的影响，很难达到正常流化状态。颗粒间作用力与重力相近。如果要流化 C 类颗粒，则需特殊的技术，否则常会造成沟流。常用的方式有搅拌和振动。

A 类颗粒：对于 $\rho_p = 2500 kg/m^3$ 的颗粒，一般在 $30\sim100\mu m$ 范围内，气固密度差小于 $1400 kg/m^3$，主要是指裂化催化剂。早期的流态化研究都是以它们为主进行的。这类颗粒能很好地流化，但表观速度在超过临界流化速度之后及气泡出现之前床层会有明显的膨胀。很多循环流化床系统采用 A 类颗粒，这类颗粒在停止送气后有缓慢排气的趋势，由此可鉴别 A 类颗粒。

B 类颗粒：主要是砂粒和玻璃球，对于 $\rho_p = 2500 kg/m^3$ 的颗粒，粒度通常为 $100\sim500\mu m$，气固密度差为 $1400\sim4000 kg/m^3$。此类颗粒床易用于鼓泡，气速一旦超过临界流化速度，床内立即出现两相，即气泡相和乳化相。它们能流化得很好，大部分流化床锅炉都采用这类颗粒。

D 类颗粒：该类颗粒 $\rho_p = 2500 kg/m^3$，是所有颗粒中最粗的，$d_p > 500\mu m$，通常达到 1mm 或更大。虽然它们也会鼓泡，但固体颗粒的混合相对较差，更容易产生喷射流。它们需要相当高的速度去流化，通常处于喷动床操作状态。

上述分类方法的提出对于正确理解颗粒的流化特性是十分重要的。例如，即使在相同操作条件下，不同类的颗粒所反映出的流化特性大不一样。人们对典型的 C、A、B、D 四类颗粒的各种特性进行了统计，结果见表 3 - 3。从表中不难看出，四类颗粒所反映出的流态化性能差异很大。

表 3 - 3　　　　　　　　　　　　　　　　四 类 颗 粒 流 化 特 点

类　　别	C	A	B	D
对于 $\rho_p = 2500 kg/m^3$ 的粒度	$<30\mu m$	$30\sim100\mu m$	$100\sim500\mu m$	$>500\mu m$
沟流程度	严重	很小	可忽略	可忽略
可喷动性	无	无	浅床时	有
临界鼓泡速度 u_{mb}	无气泡	$>u_{mf}$	$=u_{mf}$	$=u_{mf}$
气泡形状	仅为沟流	平底圆帽	圆形有凹陷	圆形
固体混合	很低	低	中	高
气体返混	很低	高	中	低
粒度对流体动力特性的影响	未知	明显	很小	未知

第二节　流态化过程的基本原理

一、流态化现象

当流体连续向上流过固体颗粒堆积的床层，在流体速度较低的情况下，固体颗粒静止不动，流体从颗粒之间的间隙流过，床层高度维持不变，这时的床层称为固定床。在固定床内，固体物料的质量由炉排所承载。随着流体速度的增加，颗粒与颗粒之间克服了内摩擦而互相脱离接触，固体散料悬浮于流体之中。颗粒扣除浮力以后的质量完全由流体对它的曳力所支持，于是床层显示出相当不规则的运动。床层的空隙率增加了，床层出现膨胀，床层高度也随之升高，并且床层还呈现出类似于流体的一些性质。例如：较轻的大物体可以悬浮在床层表面；床层的上界面保持基本水平；床层容器的底部侧壁开孔时，能形成孔口出流现象；不同床层高度的流化床连通时，床面会自动调整至同一水平面，如图 3 - 5 所示。这种现象就是固体流态化，这样的床层称为流化床。

资源 15 - 气固流态化的似流体性质

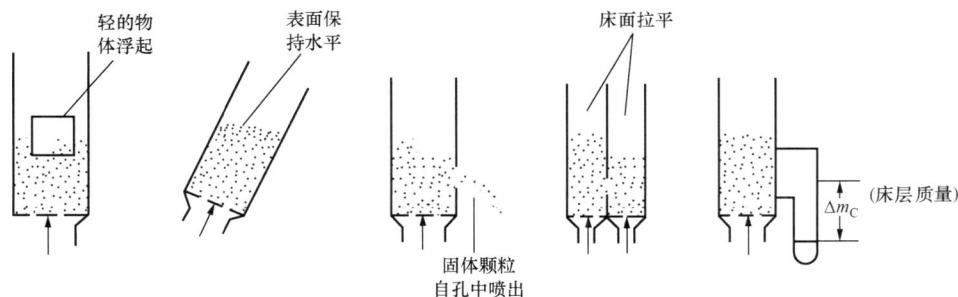

图 3 - 5　固体颗粒流态化的流体特性

流化床具有不同的形式。随着流体流速的逐渐增加，流态化将从散式流态化经过鼓泡流态化、湍流流态化、快速流态化、密相气力输送状态，最后转变为稀相气力输送状态，这已经属于气流床的范畴了。

二、流化床的分类

由于流体介质流过床层时速度不同，以及固体颗粒性质、尺度的差异，使得固体颗粒在流体中的悬浮状态不尽相同，因而形成不同类型的流化状态，如图3-6所示。

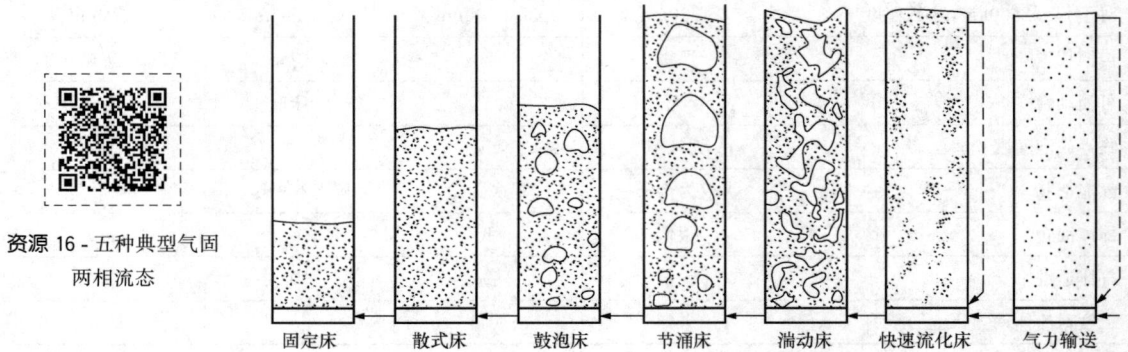

资源16-五种典型气固
两相流态

固定床　散式床　鼓泡床　节涌床　湍动床　快速流化床　气力输送

图3-6　固体颗粒的流化状态

单以流体介质是液体还是气体作为流化介质来区分，有两种不同类型的流化现象。如果以液体作为流化介质，当液体流速增加时，固体颗粒会均匀分散地悬浮其间，这样的流化现象称为散式流态化。如果以气体作为流化介质，当气体流速增加时，固体颗粒以各种非均匀的状态分布在流体中，称为聚式流态化。流化床燃煤锅炉涉及的都是气固两相的聚式流化床。

气固两相的聚式流态化，由于气流速度不同，可以有各种不同的流型。当气流速度刚刚达到使床层流化，也即床层处于临界流化状态，这时的气流速度为临界流化速度。当气体速度超过临界流化速度以后，超过部分的气体不再是均匀地流过颗粒床层，而是以气泡的形式经过床层逸出，这就是所谓的鼓泡流化床，简称鼓泡床。

鼓泡床由两相组成：一相是以气体为主的气泡相，虽然其中常常携带少数固体颗粒，但是颗粒数量稀少，空隙率较大；另一相由气体和悬浮其间的颗粒组成，被形象地称为乳化相。通常认为，乳化相保持着临界流化的状态。显然，乳化相的颗粒密度比气泡相要大得多，而空隙率则要小得多。气泡相随着气流不断上升。由于气泡间的相互作用，气泡在上升的过程中，可能会与其他小气泡合并长成大气泡，大气泡也有可能破碎分裂成小气泡。鼓泡流化床有个明显的界面，在界面之下气泡相与乳化相组成了"密相区"。当气泡上升到床层界面时发生破裂，并喷出或携带部分颗粒，这些颗粒被上升的气流带走，造成所谓的颗粒夹带现象，于是在床层上部的自由空域形成了"稀相区"。上述的界面就是两个相区的分界面。

当气流速度继续增加时，气泡破碎的作用加剧，使得鼓泡床内的气泡越来越小，气泡上升的速度也变慢了。床层的压力脉动幅度却变得越来越大，直到这些微小气泡与乳化相的界限已分不出来，床层的压力脉动幅度达到了极大值。于是床层进入了湍流流态化，称为湍流流化床。实际上，湍流流态化是鼓泡床的气固密相流态化与下面将提到的快速流化床的气固稀相流态化的过渡流型。

如果进一步提高气流速度，气流携带颗粒量急剧增加，需要依靠连续加料或颗粒循环来不断补充物料，才不至于使床中颗粒被吹空，于是就形成了快速流化床。这时固体颗粒除了

弥散于气流中之外，还集聚成大量颗粒团
形式的絮状物。由于强烈的颗粒混返以及
外部的物料循环，造成颗粒团不断解体，
又不断重新形成，并向各个方向激烈运
动。快速流化床不再像鼓泡流化床那样具
有明显的界面，而是固体颗粒团充满整个
上升段空间。快速流化床不但气速高，固
体物料处理量大，而且具有特别好的气固
接触条件和温度均匀性。快速流化床与气
固物料分离装置、颗粒物料回送装置等一
起组成了循环流化床。

　　图 3-7 表明了随着气流速度的增加，
床层压降的变化规律及鼓泡流化床转变为
循环流化床的工作状态。

图 3-7　流化床流态转化过程

　　在循环流化床运行工况下，整个炉内
的床料密度要比鼓泡床低得多。因为对于颗粒尺寸相同的鼓泡床，固体颗粒基本上只飘浮在
床层内，没有净流出量，其颗粒的质量流率等于零，气固间有很大的滑移速度，此时床层膨
胀比和床料密度只取决于流化速度。但在循环流化床工况下，除了气体
向上流动外，固体颗粒也向上流动，此时两相之间存在的相对速度称为
滑移速度，如图 3-8 所示。此时，气固两相混合物的密度不单纯取决
于流化速度，还与固体颗粒的质量流率有关。在一定的气流速度下，质
量流率越大，床料密度越大，固体颗粒的循环量越大，气固间的滑移速
度越大。

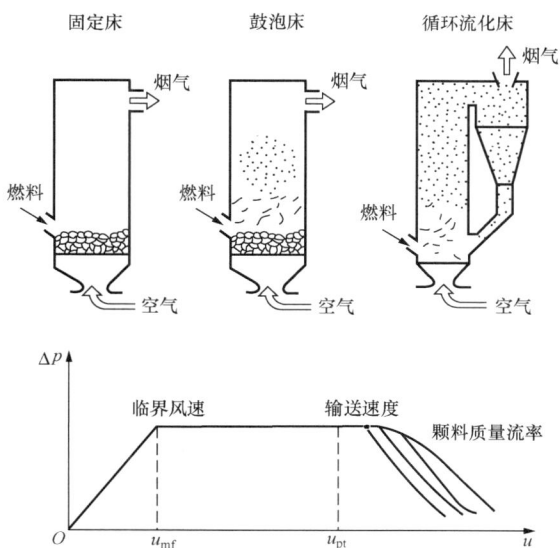

资源 17 - 滑移速度

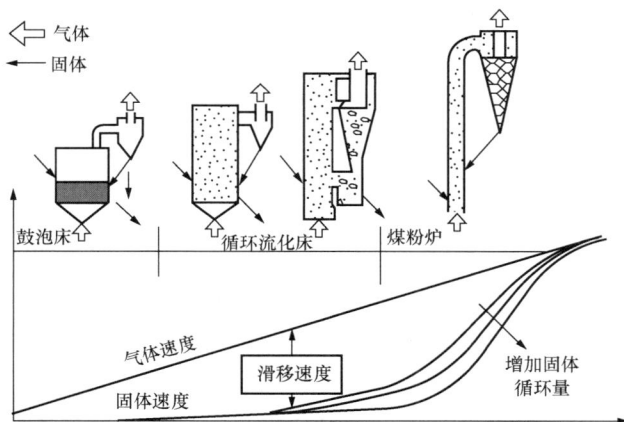

图 3-8　气固滑移速度与床层膨胀比

三、流化床的特点

　　利用流化床具有液体的性能，可以设计出不同的气体与固体的接触方式。流化床的特
性，既有有利的一面，也有不利的一面。表 3-4 为气固反应系统接触方式的比较。

表 3 - 4　　　　　　　　　　　　　　气固反应系统接触方式的比较

类别	固定床	移动床	流化床	平流气力输送
固体催化的气相反应	仅适用于缓慢失活或不失活的催化剂。严重的温度控制问题限制了装置规模	适用于大颗粒容易失活的催化剂。可能进行较大规模操作	用于小颗粒或粉状非脆性迅速失活的催化剂。温度控制极好，可以大规模操作	仅适用于快速反应
气固反应	不适合连续操作，间歇操作时产物不均	可用颗粒大且均匀的物料，但有或仅有少量粉末，可能进行大规模操作	可用有大量细粉的宽粒级固体。可进行温度均匀的大规模操作。间歇操作好，产物均匀	
床层中温度分布	当有大量热量传递时，温度梯度较大	以适量气流能控制温度梯度，或以大量固体循环能使之减小到最低限度	床层温度几乎恒定。可由热交换或连续加添和取出适量固体颗粒加以控制	用足够的固体循环能使固体颗粒流动方向的温度梯度减少到最低限度
颗粒	相当大并且均匀。温度控制不好，可能烧结并堵塞反应器	相当大且均匀。最大受气体上升速度所限，最小受临界流化速度所限	粒度分布宽且可带大量细粉。容器和管子的磨蚀，颗粒的粉碎以及夹带均严重	颗粒要求同流化床。最大粒度受最小输送速度所限
压降	气速低且粒径大，系统压降不严重	介于固定床与流化床之间	对于高床层，压降大，造成大量动力消耗	细颗粒时压降低，但对大颗粒则较可观
热交换和热量传递	热交换效率低，所以需要大的换热面积，这常常是放大时的控制因素	热交换效率低，但由于固体颗粒热容量大，循环颗粒传递的热量能相当大	热交换效率高，由循环颗粒传递大量的热量，所以热问题很少是放大时的限制因素	介于移动床和流化床之间
转化	气体呈活塞流，如温度控制适当（这是很困难的），转化率可能接近理论值的 100%	可变通，接近于理想的逆流和并流接触，转化率可能接近理论值的 100%	固体颗粒返混并且气体接触方式不理想，结果其性能较其他方式反应器为差，要达到高转化率，必须多段操作	气体和固体的流动接近于井流活塞流，转化率有可能较高

1. 流化床的优点

（1）由于流化的固体颗粒有类似液体的特性，因此颗粒的流动平稳，其操作可连续自动控制。从床层中取出颗粒或向床层中加入新的颗粒特别方便，容易实现操作的连续化和自动化。

（2）固体颗粒混合迅速均匀，使整个反应器内处于等温状态。由于固体颗粒的激烈运动和返混，使床层温度均匀。此外，流化床所用的固体颗粒比固定床的小得多，颗粒的比表面积（即单位体积的表面积）很大，因此，气固之间的传热和传质速率要比固定床的高得多。床层的温度分布均匀且传热速率高，这两个重要特征使流化床容易调节并维持所需要的温度，而固定床却没有这些特征。

（3）通过两床之间固体颗粒的循环，很容易实现提供（取出）大型反应器中需要（产生）的大量热量。

（4）气体与固体颗粒之间的传热和传质速率高。

（5）由于流化床中固体颗粒的激烈运动，不断冲刷换热器壁面，使不利于换热的壁面上的气膜变薄，从而提高了床层对壁面的传热系数。通常，流化床对换热面的传热系数为固定床的十倍左右，因此流化床所需的传热面积也较小，只需要较小体积的床内换热器，降低了造价。

由于颗粒浓度高、体积大，能够维持较低温度运行，这对某些反应是有利的，如劣质煤燃烧、燃烧中脱硫等。

2. 流化床的缺点

（1）气体流动状态难以描述，当设计或操作不当时会产生不正常的流化形式，由此导致气固接触效率的显著降低，当要求反应气体高效转化时，问题尤为严重。

（2）由于颗粒在床内混合迅速，从而导致颗粒在反应器中的停留时间不均匀。连续进料时，使得产物不均匀，转化率降低；间歇进料时，有助于产生一种均匀的固体产物。

（3）脆性固体颗粒易形成粉末并被气流夹带，需要经常补料以维持稳定运行。

（4）气流速度较高时，床内埋件表面和床四周壁面磨损严重。

（5）对于易于结团和灰熔点低的颗粒，需要低温运行，从而降低了反应速率。

（6）与固定床相比，流化床能耗较高。

虽然流化床存在一些严重的缺点，但流化床装置总的经济效果是好的，特别是在煤燃烧方面，已经成规模地应用于工业领域，并呈现出良好的发展前景。对流化床的运动规律有了正确充分的了解之后，就能够最大限度地扬长避短，使流态化技术得到更好的推广和应用。

四、非正常流化的几种状态

实际燃煤流化床中气固两相流动状况是很不均匀的。作为流化介质的空气和烟气，它们的组分、状态及量随空间位置和时间发生变化。而被流化的固体颗粒群，其组分、状态及量的不均匀性更为突出：既有刚送入床中还没有开始燃烧的煤粒，也有正在燃烧的炽热炭粒，也可能还有送入床内进行脱硫的石灰石或白云石等脱硫剂，还有上述物质燃烧反应生成的固态物质或残留物。它们均处于不规则的运动中，其物理性质和化学性质也随时随地发生变化。给煤和排渣的局部集中性，也同样造成了流化床中各种浓度场（如各种气体浓度场、粒子浓度场等）、温度场和粒度场的不均匀性。很明显，实际燃煤流化床中的气体和固体颗粒并不是均匀分布的。如果设计不合理或运行操作不当，就会加剧这种分布的不均匀性，致使床层出现非正常流化的状态，常见的非正常流化的状态有如下几种。

1. 沟流

当空床流速尚未达到临界流化速度时，气流在宽筛分料层中的分布是不均匀的，料层中颗粒大小的分布和空隙也是不均匀的。因此在料层阻力小的地方，所通过的气流量和气流速度都较大。如果料层中的颗粒分布非常不均匀或布风严重不均匀时，即使空床流速超过正常的临界流化速度，料层并不流化，此时大量的气体从阻力小的地方穿过料层，形成了所谓的气流通道，而其余部分仍处于固定床状态，这种现象就称为沟流或穿孔。沟流有两种：一种沟流穿过整个料层，称为贯穿沟流，如图 3 - 9 （a）所示；另一种沟流仅发生在床层局部高度，称为局部沟流或中间沟流，如图 3 - 9 （b）所示。

沟流常出现在床层阻力不均匀、空床流速较低的情况下，如点火启动及压火后再启动时，容易产生沟流现象，若在运行时发生高温结渣也会形成沟流。沟流形成时，床层阻力会突然降低，随空床流速的增加，床层阻力可能回升，但达不到正常的床层阻力值时，其床层阻力特性曲线如图 3 - 10 所示。显然，中间沟流的床层阻力要比贯穿沟流大。

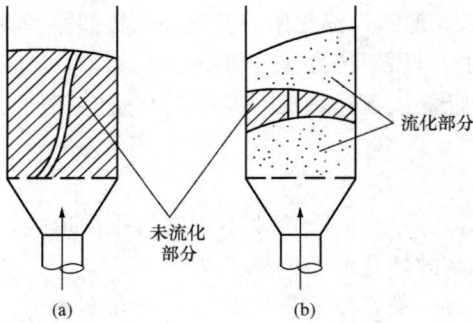

图 3-9 沟流

（a）贯穿沟流；（b）中间沟流

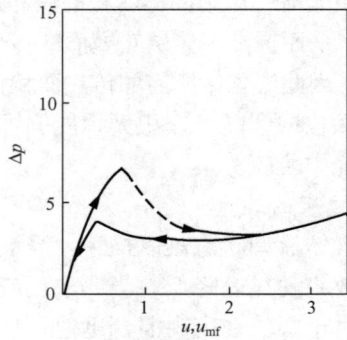

图 3-10 床层产生沟流时的
阻力特性曲线

床层中产生沟流时，会引起床层结渣，使床层无法正常运行。因此，产生沟流后应当迅速予以消除。在运行中消除沟流的有效办法是加厚料层，压火时关严所有风门等，特别是应当防患于未然，消除产生沟流的影响因素。

产生沟流的影响因素如下：

（1）料层中颗粒粒径分布不均匀，细小颗粒过多，运行时空床流速过低；

（2）料层太薄或料层太湿易粘连；

（3）布风装置设计不合理致使布风不均匀，如单床面积过大或风帽节距太大等；

（4）启动及压火的方法不当。

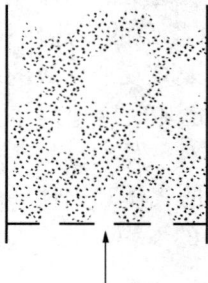

图 3-11 气泡

2. 气泡过大或分布不均

实际燃煤流化床属聚式流化，必然会产生气泡，如图 3-11 所示。气固流化床中气泡是非常主要的因素，正是由于气泡的运动造成了固体颗粒迅速而充分的混合，使气固流化床具有许多独特的优势。气泡越小，分布越均匀，则流化质量越好，气固之间的接触越好；相反，若气泡过大或分布很不均匀，会使床运行不正常或流化质量不佳。气泡过大或分布很不均匀时，一方面会使气泡在向上运动时，引起床层表面很大的起伏波动，带来床层压降的起伏，造成运行不稳定，气泡的阻力特性如图 3-12 所示。当气泡在床层表面破裂时，还会夹带很多床料粒子溅出床层，一些细小的粒子被气流带走，若未能捕集并循环燃烧，会造成不完全燃烧，热损失增加。另一方面，气泡相在初始时，其中储存着大量的空气，而密相颗粒相则空气相对不足，虽然随着气泡的上升、长大，气泡中的氧会有一部分与颗粒相之间实现交换，但其余部分则不起作用而逸出床外。气泡越大，上升速度就越快，气泡内的氧短路逸出床外的就越多，有时甚至是全部，这时两相之间的热质交换条件最差。很明显，这对床层中煤粒的燃烧是十分不利的。因此，气泡过大或分布很不均匀对流化床锅炉运行的稳定性和

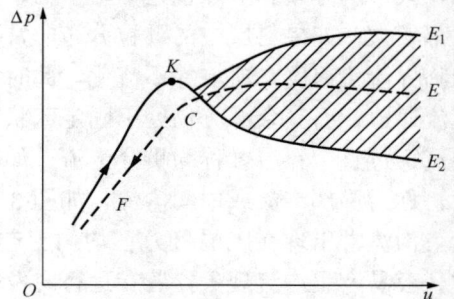

图 3-12 气泡的阻力特性

燃烧的经济性都是不利的。

气泡过大或分布不均匀的影响因素如下：

（1）布风装置设计不合理，风帽小孔直径太大，或风帽节距太大，或布风不均匀，致使气泡过大或分布不均匀；

（2）床层颗粒越大，产生的气泡就越大；

（3）流化床的高度与床径（或宽度）的比值较大时，气泡也较大；

（4）料层太薄时，气泡分布不均匀。

因此，应当采取相应的措施，防止气泡过大或改善分布不均匀的现象，如合理设计布风装置，维持适当的床层厚度等都有利于消除大气泡的产生，并使气泡分布均匀，改善流化质量。

3. 腾涌

料层中气泡会汇合长大，当气泡直径长大到接近床截面时，料层会被分成几段，成为相互间隔的一段气泡一段颗粒层，颗粒层被气泡像推动活塞一样向上运动，达到某一高度后会崩裂，大量的细小颗粒被抛出床层，被气流带走，大颗粒则雨淋般落下，这种现象称为腾涌或节涌、气截，如图 3-13 所示。在出现腾涌现象时，气泡向上推动颗粒层，由于颗粒层与器壁摩擦造成床层压降高于理论值，而在气泡破裂时又低于理论值，因此，出现腾涌时，床层压降会在理论值范围附近大幅度地波动，腾涌的阻力特性如图 3-14 所示。

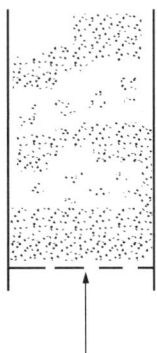

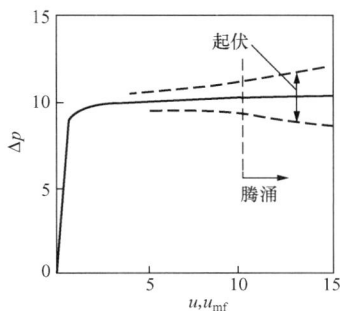

图 3-13　腾涌　　　　　　　　图 3-14　腾涌的阻力特性

流化床发生腾涌时，很难维持正常运行，风压波动十分剧烈，风机也受到冲击，床层底部会沉积物料，易引起结渣，还会加剧壁面的磨损。另外，腾涌对气固两相的接触也是极为不利的。因此对燃烧和传热都将产生不良影响，还会引起飞灰量增大，致使热损失增大，影响经济运行。

产生腾涌的原因与产生大气泡的原因是相同的，只是程度更为严重些，腾涌的影响因素如下：

（1）床料粒子筛分范围太窄且大颗粒过多；

（2）床层高度与床径（或宽度）的比值较大；

（3）运行风速过高。

对于燃煤流化床锅炉，大多燃用宽筛分煤粒，且床高与床径比值较小，只要运行风速不是太高，一般不大会产生腾涌现象。如果在运行中发生了腾涌，应及时处理，如增加小颗粒的比例、适当减少风量或降低料层厚度等。

4. 分层

若流化床料层中有大小不同的颗粒,特别是过粗和过细的颗粒所占的比例均很大时,较多小颗粒集中在床层上部,而大颗粒则沉积在床层底部,这种现象称为分层,如图 3 - 15 所示。当风速较低,特别是风速刚刚超过大颗粒的临界流化速度时,分层现象较为明显。分层发生后,会造成上部小颗粒流化而底部大颗粒仍处于固定床状态的"假流化"现象,这是导致流化床锅炉结渣的原因之一。流化床锅炉在点火启动过程中,由于风量较小,容易发生分层现象。正常运行时,风速较高,混合十分强烈,料层分层现象不太明显。但如果料层中"冷渣"(料层中有少量密度较大或粒径较大的石块或金属等,或少量燃煤因局部高温而黏结成大块,都沉积在床层底部,即称为冷渣)沉积太多,就会产生分层现象,影响床层的流化质量,甚至影响床层的安全稳定运行,因此应及时排"冷渣",以防分层发生。另外,合理配风,采用颗粒分布较均匀、较窄筛分范围的燃料或点火床料以及倒锥形炉膛结构等都可防止或改善分层现象。

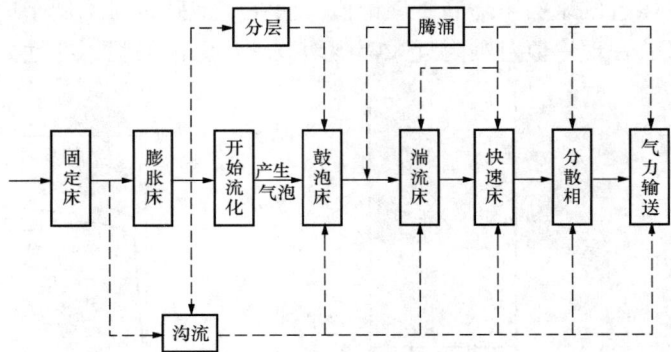

图 3 - 16 所示为气固流化过程及有关现象的方框图,通过该图可加深对固体颗粒流化过程和现象的理解。

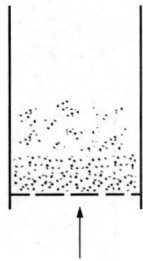

图 3 - 15　分层　　　　　　　　　　图 3 - 16　气固流化过程及有关现象的方框图

当气流通过床层时,如流速较低,气流从粒子间的空隙中通过,粒子不动。当流速稍增大时,颗粒会被气流吹动而稍微移动其位置,颗粒的排列变得疏松些,但颗粒与颗粒仍保持接触,床层体积几乎没有变化,此即固定床。如流速渐增,则粒子间空隙率将开始增加,床层体积逐渐增大,成为膨胀床,但整个床层并未全部流化。只有当流速达到某一限值,床层刚刚能被流体托起时,床内全部粒子才开始流化起来。如果流速进一步提高,床层中将大量鼓泡,流速越高,气泡造成的扰动就越剧烈,但仍有一个清晰的床面,这就是鼓泡床。随着流速的进一步提高,床层中的湍动也随之加剧,此时鼓泡激烈以至难以识别气泡,并且床层密度的波动变得十分严重,许多较小的颗粒被夹带,床层的界面也模糊起来,这就是所谓的湍流床。再进一步增加流速,将导致颗粒被大量带出,为了维持床层的稳定,必须进行粒子循环,这便是快速床。在快速床阶段,原来较清晰的床面已经不存在,颗粒与气体的滑动速度增大并有一最大值。如果流速继续增加,颗粒与气体的滑动速度又趋于减小,进入所谓的分散相,即初始气力输送状态。随着流速的进一步增加,颗粒与气流的滑动速度减为零,颗粒随气流一起运动,进入了气力输送状态。

很明显,从临界流化开始一直到气力输送,床层中的气体随流速的增加,从非连续相

（气泡）一直转变到连续相的整个区间都属于流态化的范围。

至于非正常流化现象之一——沟流如果产生，将会在固定床向膨胀床，或膨胀床向流化状态转化的过程中产生，并将根据沟流的严重程度相应地转入鼓泡床或湍流床或快速床或分散相，最后成为气力输送状态。

气泡是从流化开始后就产生了。随着流速的增加，气泡数量增多，体积一般都会增大，有时甚至会增大至形成另一种不正常流化状态——腾涌。如果腾涌未形成，气泡将一直存在到鼓泡床转为湍流床，到了湍流床状态，鼓泡已剧烈到无法识别气泡了。

腾涌在鼓泡床形成之后，随流速的增大，气泡汇合长大很严重时产生（一般在小直径床中易产生）。腾涌产生后，可能转为湍流床或快速床或分散相，最后成为气力输送。

分层现象则可能出现在由膨胀床到鼓泡床状态的整个过程，但并不是必然会出现的一种现象。

第三节　流化床流体动力特性参数

描述流化床流体动力特性的参数主要有床层压降 Δp、床层膨胀比 R、空隙率 ε、临界流化速度 u_{mf}、终端速度 u_t、夹带分离高度 h 和扬析率等。对于燃煤流化床的研究、设计和运行，这些都是十分重要的参数或依据。

一、床层压降、膨胀比及空隙率

当流过床层的气体流速（指按照布风板面积计算的空床气流速度，也即表观速度，有时简称流速）不同时，固定床层将呈现不同的流型，气流通过床层的压降也不相同。为简单起见，假定为理想情况，床层由均匀粒度颗粒组成。图 3 - 17 所示为理想情况下，不同状况床层的压降 Δp、高度 h、床层空隙率 ε 与气体流速 u 的关系。

当流速很低时，流体通过床层，颗粒之间保持固定的相互关系而静止不动，流体经颗粒之间的空隙流过，床层为固定床状态。随着气流速度的增加，床层厚度、空隙率 ε_0 不变，但阻力会随之而增加，呈幂函数关系，此时床层高度称为固定床高 h_0。

当流速增大到某一确定值 u_{mf} 时，床层中的颗粒不再保持静止状态，从固定床状态转为流化床状态，此转变点即为临界流化状态。当空床流速继续增大时，床层膨胀得更厉害，固体颗粒上下翻滚，但并未被流体带走，而是在一定的高度范围内翻滚，床层仍有一个清晰的上界面，此时整个床层具有流体的一些宏观特性，这就是流化床。

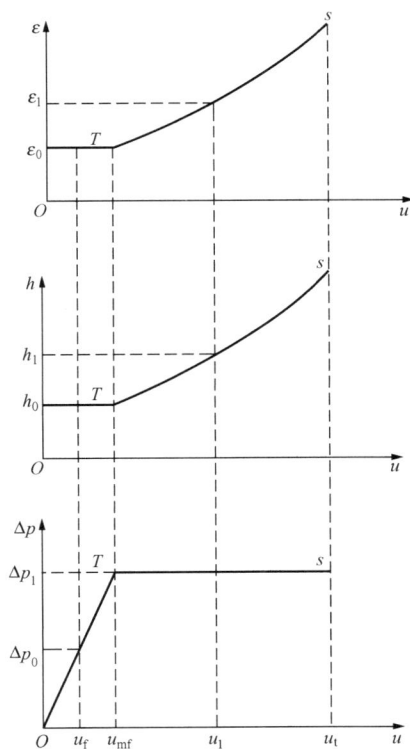

图 3 - 17　Δp、h、ε 与 u 的关系

在流化床阶段，随着流速的增大，床层阻力保持不变，这是因为随着流速的增大，料层高度相应增大，即床层体积膨胀，空隙率增加，流体在床内颗粒间的流通截面增大，流体通过颗粒间的真实流速基本不变，因此料层阻力也保持不变，这是流化床的重要特性之一。

随着气流速度的增加，空隙率 ε 也将增加，床层高度 h 也随之增加。当气流速度超过 u_t 时，所有的固体颗粒都被气流带出燃烧室，此时的气流速度 u_t 被称为飞出速度或输送速度，床层处于输送床阶段。在理想情况下，床高为无穷大，此时床层压降在数值上等于床层颗粒重量，床层空隙率 ε 达到极大为 1.0。实际上，由于实际床高有限，因此在该阶段，床层压降突然降为很小，空隙率接近于 1.0。

上述理想情况基本上反映了实际床层颗粒在不同阶段的主要特征。实际床层与理想床层的主要区别是对它的更为细致具体的描述，如流化床阶段包括散式床、鼓泡床、湍流床和快速床等运动形状。

一般情况下，理想流态化具有以下特点：

（1）有确定的临界流态化点和临界流态化速度 u_{mf}，当流速达到 u_{mf} 以后，整个颗粒床层开始流化。

（2）流态化床层压降为一常数。

（3）具有一个平稳的流态化床层上面界。

（4）流态化床层的空隙率在任何流速下都具有一个代表性的均匀值，不因床层的位置和操作时间而变化，但随流速的变大而变小。

实际流化床压降和流速的关系较复杂。由于受颗粒之间作用力、颗粒分布、布风板结构特性、颗粒外部特征、床直径大小等因素的影响，造成实际流化床压降和流速的关系偏离理想曲线而呈各种状态。流速在接近临界流态化速度时，在压降还未达到单位面积的浮重之前，床层即有所膨胀，若原固定床充填较紧密，此效果应更明显。此外，由于颗粒分布的不均匀以及床层充填时的随机性，造成床层内部局部透气性不一致，使固定床和流化床之间的流化曲线不突变，而是一个逐渐过渡的过程。在此过程中，一部分颗粒先被流化，其他颗粒的质量仍部分由布风板支撑，故此时床层压降低于理论值。最后，随着流速的增加，床层颗粒质量才逐渐过渡到全部由流体支撑，压降接近理论值。此时对应床层质量完全由流体承受的最小流速 u_{mf}，即完全流态化速度。由于颗粒表面并不是理想的光滑表面，使得颗粒之间存在"架桥"现象。当床直径较小时，床层和器壁之间的摩擦更为明显，甚至形成初始流态化对应床层压降大于理论值的现象。当床层全部流化之后，颗粒和器壁之间以及颗粒之间不再相互接触或接触较少，压降和理论值相差不大。流化床内存在的循环流动会产生与流化介质运动方向相反的净摩擦力，导致异常压降的出现。当颗粒分布不均以及布风板不能使流体分布均匀时，可能出现局部沟流，结果是大部分流体短路通过沟道，而床层其余部分仍处于非流态化状态。因此，实际流态化过程总是偏离理想流态化的，而理想流态化在实际中是很难得到的，这与实际颗粒分布、床中流体分布等很难达到理想状态有关。实际流态化过程可能出现的压降和流速曲线如图 3-18 所示。

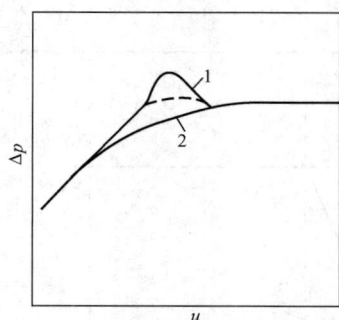

图 3-18 实际流态化过程中
压降与流速的关系
1—颗粒连锁；2—非流化区

流体通过固定床的压降和许多因素有关，如流体流速 u、流体密度 ρ_f 和黏度 η、床层直径 D、颗粒直径 d_p、床层空隙率 ε、颗粒球形度 ϕ_p、颗粒表面粗糙度等，床层高度 h 对床层压降影响也很大。

在流化床阶段，随着流速的增大，料层阻力保持不变，这是流化床的重要特性之一。在实际操作中，就是利用流化床中风量增大即空床流速增大时料层压降不变这一显著特征，来判断料层是否进入流化状态的。此时料层阻力约等于单位面积床层的重力，即

$$\Delta p \approx \rho_p g h (1-\varepsilon) = \rho_p g h_0 (1-\varepsilon_0) = \rho_b g h_0 \tag{3-14}$$

对于燃煤流化床，引入压降修正系数 λ，由式（3-14）即可将流化床的料层阻力用固定床状态的参数来估算，即

$$\Delta p = \lambda \rho_b g h_0 \tag{3-15}$$

压降修正系数 λ 由实验确定，主要与煤种有关，不同煤种的 λ 值见表 3-5。

表 3-5　　　　　　　　　不同煤种的 λ 值

燃料种类	λ	燃料种类	λ
石煤、煤矸石	0.9~1.0	烟煤矸石	0.82
无烟煤	0.8	油页岩	0.70
烟煤	0.77	褐煤	0.50~0.60

作为经验公式，式（3-15）非常简单易求，对于指导流化床锅炉设计和运行都是十分有用的。

需要说明的是，由于许多实际因素的影响，当流速变化时，流化床料层阻力会有一些波动，保持不变只是相对而言的。

为描述流化床层的膨胀程度，定义流化床流化前后床层的高度之比为膨胀比，即

$$R = \frac{h}{h_0} = \frac{1-\varepsilon_0}{1-\varepsilon} \text{ 或 } \varepsilon = 1 - \frac{1-\varepsilon_0}{R} \tag{3-16}$$

必须指出，式（3-16）只适用于等截面床，对于燃煤流化床常见的变截面床，需引入床层结构参数进行推导，得到床层空隙率 ε 与膨胀比 R 之间的关系。

流化床锅炉正常运行时，床层空隙率 $\varepsilon=0.5\sim0.8$。当 $\varepsilon>0.8$ 时，将出现不稳定状态，是向气力输送过渡的阶段，对于床径较小的流化床，腾涌现象多出现在这个阶段。对于细粒度窄筛分的料层，腾涌几乎是流化床向气力输送转化的必经过程；对于粗颗粒宽筛分的料层，则不易发生腾涌。随着空床流速的增大，$\varepsilon\to1$，这表明颗粒所占的份额达到最小，床料呈现气力输送状态。

二、临界流化速度

临界流化速度是流化床的一个重要的流体动力特性参数。但由于实际流化床的复杂性，至今还没有一个计算临界流化速度的理论公式。确定这一重要参数都要依赖于实验，或由实验直接测定，或采用通过实验获得的比较合适的经验公式进行计算。

1. 临界流化速度的实验测定

在理想化的系统中，临界流化速度是固定床突然变到流态化状态时的速度。实际上可能有一个大的过渡区，由此可见，临界流态化速度没有什么绝对的意义。对粒度分布宽的颗粒，确切的临界流化速度的定义就变得更为困难了。因为临界流化速度没有绝对的意义，所以需要一个标准来确定临界流化速度，使其能对不同系统的特性作出比较。用压降对流速的

关系曲线来确定临界流化速度是最方便的方法。

现就不同粒度组成的床层的起始流化特性进行分析，下面以由均匀粒度颗粒组成的床层为例。在固定床通过的气体流速很低时，随着气体流速的增加，床层压降成正比增加；当风速达到一定值时，床层压降达到最大值 Δp_{max}，即"上行"曲线，如图 3 - 19（a）所示，该值略高于整个床层的静压。如果再继续提高气体流速，固定床突然"解锁"，换言之，床层空隙率由 ε 增大至 ε_{mf}，结果床层压降降为床层的静压。当气体流速超过最小流化速度时，床层出现膨胀和鼓泡现象，并导致床层处于非均匀状态，在一段较宽的范围内，进一步增加气体流速，床层的压降仍几乎维持不变。上述从低气体流速上升到高气体流速的压降 - 流速特性试验称为"上行"试验法。由于床料初始堆积情况的差异，实测临界流化风速往往采用从高气体流速区降低到低速固定床的压降 - 流速特性试验，通常称其为"下行"试验法。如果通过固定床区（用"下行"试验法）和流态化床区的各点画线，并撇开中间区的数据，这两直线的交点即为临界流化速度。

图 3 - 19（b）是确定临界流化速度的实测方法，即"下行"曲线。为了使测定的数据可靠，要求流化床布风均匀，测定时尽量模拟实际条件。用降低流速法使床层自流化床缓慢地复原至固定床，同时记下相应的气体流速和床层压降，在双对数坐标纸上标绘得到图 3 - 19（b）所示的曲线。通过固定床区和流化床数据区的点各自画线（撇开中间区数据），这两条曲线的交点即是临界流态化点，其横坐标的值即为临界流化速度 u_{mf}。图中的 u_{bf} 为起始流态化速度，此时床层中有部分颗粒进入流化状态。u_{tf} 为完全流态化速度，此时床层中所有颗粒全部进入流化状态。对于粒度分布较窄的床层，u_{mf}、u_{bf}、u_{tf} 三者非常接近，很难区分。在工程手册中，有一些现成的数据可供选用。

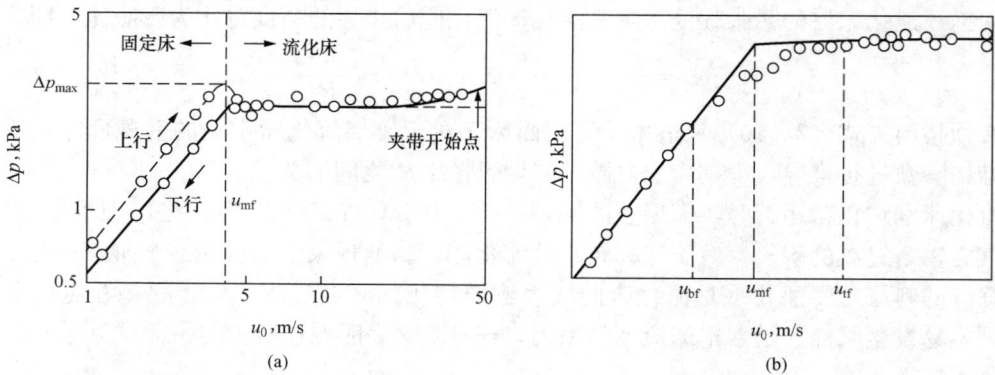

图 3 - 19　床层压降—流速特性曲线

(a)"上行"曲线；(b)"下行"曲线

显而易见，用实验测定的临界流化速度不受计算公式和使用条件的限制，所得的数据对测定的系统比较可靠，但如果使用条件与实验条件有差异，则必须进行相应的校正。

2. 临界流化速度的计算

计算临界流化速度的推荐公式很多，但大多是建立在具体实验条件的基础上，计算所得的临界流化速度往往存在一定的误差，在应用时必须注意使用条件和适用范围，以免出现较大的误差。公式推导的方法很多，归纳起来主要有以下三个：

（1）根据已知的影响临界流化速度的各种因素，采用因次分析方法，获得临界状态的无因次准则方程式的一般方程，然后通过实验确定方程式的具体形式。

（2）根据床层中颗粒的受力情况，利用相似理论来分析床层内各相似准则数之间的关系，从而获得临界状态的无因次准则方程式的一般方程后，再通过实验确定方程式的具体形式。

（3）利用临界流化速度的定义，联立求解固定床压降关系式和流化床压降关系式，并进行无因次化整理，得到临界状态的无因次准则关系式，然后由实验确定该准则关系式中的有关系数，即可得到临界流化速度的计算公式。由于压降关系式有多种，因而联立解也有多种形式。现按这种方法简单推导如下：

在固定床中，气流速度 u 与床层压差 Δp 的关系可用经典的 Ergun 公式来表示，即

$$\frac{\Delta p}{h} = 1.75 \times \frac{1-\varepsilon}{\varepsilon^3} \times \frac{\rho_g u^2}{\phi_p d_p} + 150 \times \frac{(1-\varepsilon)^2}{\varepsilon^3} \times \left[-\frac{\eta u}{(\phi_p d_p)^2}\right] \tag{3-17}$$

式中　h——床层高度，m；

　　　ε——床层空隙率；

　　　ρ_g——气体密度，kg/m^3；

　　　ϕ_p——颗粒的球形度；

　　　d_p——颗粒直径，m；

　　　η——气体的动力黏度，$Pa \cdot s$。

上式右边的第一项表示动能损失，第二项表示黏滞损失。

当床层处于流化态时，忽略浮力的影响，气体对固体颗粒产生的曳力等于颗粒在气体中的重力。如果忽略颗粒与气体以及颗粒与床壁之间的摩擦力，床层压降全部转化为气体对颗粒的曳力，所以有

$$\frac{\Delta p}{h} = (1-\varepsilon)(\rho_p - \rho_g)g \tag{3-18}$$

式中　ρ_p——颗粒密度，kg/m^3。

在临界流化点，固定床层压降与流化床层压降是相等的。以上两式联立起来，就能得到求解临界流化速度的方程式，即

$$\frac{1.75}{\phi_p \varepsilon_{mf}^3}\left(\frac{d_p u_{mf} \rho_g}{\eta}\right)^2 + \frac{150(1-\varepsilon_{mf})}{\phi_p^2 \varepsilon_{mf}^3} \times \frac{d_p u_{mf} \rho_g}{\eta} = \frac{d_p^3 \rho_g(\rho_p - \rho_g)g}{\eta^2} \tag{3-19}$$

式中　ε_{mf}——床层处于临界流化态时的空隙率。

引入临界雷诺数 Re_{mf} 和阿基米德数 Ar

$$Re_{mf} = \frac{d_p u_{mf} \rho_g}{\eta}, \quad Ar = \frac{d_p^3 \rho_g(\rho_p - \rho_g)g}{\eta^2}$$

式（3-19）可变为

$$\frac{1.75}{\phi_p \varepsilon_{mf}^3}Re_{mf}^3 + \frac{150(1-\varepsilon_{mf})}{\phi_p^2 \varepsilon_{mf}^2}Re_{mf} = Ar \tag{3-20}$$

写成显函数形式为

$$u_{mf} = \frac{\eta}{d_p \rho_g}\left(\sqrt{C_1^2 + C_2 Ar} - C_1\right) \tag{3-21}$$

其中

$$C_1 = 42.86\frac{1-\varepsilon_{mf}}{\phi_p}, \quad C_2 = \frac{\phi_p \varepsilon_{mf}^3}{1.75}$$

由于影响临界流化速度的因素很多，条件相同或比较接近的平行实验是很难实现的，不同学者可以得到上式中不相同的常数，因此，用上式计算临界流化速度还有一些问题，只能用它得到比较粗糙的结果。但是，它表述了临界流化速度与颗粒、流体物性以及流动状态之间的定量关系，这是在对流化床进行理论分析和建模过程中经常用到的。

在总结大量实验数据的基础上，Wen 和 Yu 发现对于各种不同的系统，近似地有

$$\frac{1}{\phi_p \varepsilon_{mf}^3} = 14, \quad \frac{1 - \varepsilon_{mf}}{\phi_p^2 \varepsilon_{mf}^3} = 11 \tag{3-22}$$

于是有

$$24.5 Re_{mf}^2 + 1650 Re_{mf} = Ar \tag{3-23}$$

由此可以计算出临界流化雷诺数 Re_{mf} 和临界流化速度 u_{mf}。

当气流速度较低时，即雷诺数较低时，式（3-23）左边的第二项黏滞损失项占主导，动能损失项可忽略；当气流速度较高时，即雷诺数较高时，则相反，左边的第一项动能损失项占主导，而黏滞损失项可忽略。因此，当雷诺数小于 20 或者大于 10^3 时，可直接得到临界流化速度 u_{mf} 的计算式为

当 $Re < 20$ 时

$$u_{mf} = \frac{d_p^2 (\rho_p - \rho_g) g}{1650 \eta} \tag{3-24}$$

当 $Re > 10^3$ 时

$$u_{mf} = \sqrt{\frac{d_p (\rho_p - \rho_g) g}{24.5 \rho_g}} \tag{3-25}$$

雷诺数介于其间时，临界流化速度为

$$u_{mf} = \frac{\eta}{d_p \rho_g} (\sqrt{1134 + 0.04 Ar} - 33.7) \tag{3-26}$$

以上得到的临界流化速度的计算公式是半经验公式，实用上有一定的局限。根据实验数据归纳出来的纯经验公式很多，一般表示成临界雷诺准则和阿基米德准则间的准则关系式，即 $Re_{mf} = f(Ar)$ 或 $Re_{mf} = f(Ar, \varepsilon)$，虽然其通用性稍差一些，但在其适用范围内准确度较高。因此，在应用这些计算公式时，必须注意使用条件和适用范围，以免出现较大的误差。

应该指出，流化床中的固体颗粒的大小通常不是均匀一致的。因此，在临界流化速度的计算式中，颗粒直径 d_p 要用平均颗粒直径。

3. 临界流化速度的影响因素

从以上临界流化速度的关系式可以明显地看出与临界流化速度有关的量为粒径 d_p、粒子密度 ρ_p、流体密度 ρ_g、流体动力黏度 η 和临界状态下床层的空隙率 ε_{mf} 等。

对于燃煤流化床，ρ_g 和 η 为温度 t 的函数，ε_{mf} 是 d_p 的函数（虽然空隙率 ε 对于非球形粒子还有粒子形状系数以及表面粗糙度等的影响，但大量的实验表明，床料最松散状态下的空隙率即临界状态的空隙率是 d_p 的函数）。归纳起来，影响燃煤流化床临界速度的因素主要有 d_p、ρ_p 和 t。

很明显，随粒径 d_p、粒子密度 ρ_p 的增加，临界流化速度 u_{mf} 随之增加。粒径 d_p 增大 1 倍时，临界流化速度 u_{mf} 约增加 40%；燃煤密度 ρ_p 由 1500kg/m³ 增加到 2200kg/m³ 时，临界流化速度 u_{mf} 将增加大约 21%。热态（800～900℃）临界流化速度约为冷态（20℃）临界流化速度的 2 倍。但必须指出：虽然对于同一筛分范围的床料，随着床温的升高，其临界流化速度会增大，但这并不意味着必须增大运行风量才能保证热态运行时能超过增大的临界流化速度值。恰恰相反，热态时的临界流化风量要低于冷态时的临界流化风量。这是因为当床

温升高时，临界流化速度虽然增加了，但烟气体积却相应地增加了更多。热态临界流化风量只有冷态临界流化风量的 $1/2\sim2/3$，这已为大量的实验所证实。

三、最小鼓泡速度

当气流速度超过临界流化速度时，一部分过剩的气体将以气泡的形式穿过床层形成鼓泡床。能使床层内产生气泡的最小气流速度称为最小鼓泡速度。

在鼓泡流化床中，当气体以较高速度从布风板的孔口喷入床层时，一部分气体以最小流化速度流过颗粒之间，其余则以气泡的形式穿过床层。在气泡上升的过程中，小气泡会合并长大，同时大气泡又会破裂成小气泡。当气泡到达床层表面时会发生爆破，在气体冲入上部空间的同时，一部分颗粒也被夹带了上去。对于一般的颗粒，其终端速度大于气流速度，即使被夹带上去，仍然会沉降返回到床层中来。只有一些终端速度小于气流速度的颗粒才会被气流夹带出去。

最小鼓泡速度 u_{mb} 一般通过实验测定，然后归纳成计算式。具有代表性的是下列三位学者所给出的计算式：

Geldart 公式
$$\frac{u_{mb}}{u_{mf}}=\frac{4.125\times10^{4}\mu^{0.9}\rho_{g}^{0.1}}{(\rho_{p}-\rho_{g})gd_{p}} \tag{3-27}$$

Richardson 公式
$$\frac{u_{mb}}{u_{mf}}=\frac{2.3\times10^{3}\eta^{0.523}\rho_{g}^{0.126}\exp(0.746F)}{(\rho_{p}-\rho_{g})^{0.934}g^{0.934}d_{p}^{0.8}} \tag{3-28}$$

孙光林公式
$$\frac{u_{mb}}{u_{mf}}=\frac{3.22d_{p}^{0.803}\rho_{g}^{0.104}\exp(0.529F)}{\eta^{0.42}} \tag{3-29}$$

式中　F——小于 $45\mu m$ 颗粒的质量占整个颗粒质量的比例。

四、颗粒终端速度

1. 终端速度的定义与计算

观察在静止气体中开始处于静止状态的一个固体颗粒，由于重力的作用，颗粒会加速沉降。随着颗粒降落速度的增加，气体对颗粒的向上曳力也不断增大，直到此曳力与颗粒扣除浮力后的重力相平衡，颗粒便等速降落，这时颗粒的速度称为颗粒的自由沉降速度。由于该速度是颗粒加速段的最终速度，所以又称为颗粒终端速度。

资源 19 - 颗粒终端速度

根据以上定义，并假定固体颗粒为球形颗粒，颗粒终端速度 u_{t} 可由力的平衡方程式确定，即

$$C_{D}\frac{\pi}{4}d_{p}^{2}\frac{1}{2}\rho_{g}u_{t}^{2}=\frac{\pi}{6}d_{p}^{3}(\rho_{p}-\rho_{g})g \tag{3-30}$$

式中　C_{D}——曳力系数或阻力系数。

于是颗粒终端速度 u_{t} 为

$$u_{t}=\sqrt{\frac{4}{3}\times\frac{gd_{p}(\rho_{p}-\rho_{g})}{C_{D}\rho_{g}}} \tag{3-31}$$

由此可见，要计算颗粒终端速度 u_{t} 关键是要确定曳力系数 C_{D}。实际上，气体对固体的曳力由两部分组成：一部分是气体对于颗粒表面的黏滞力在流动方向上的分力，主要与气体的黏性和固体的表面性质有关；另一部分是气体对颗粒的压力在流动方向上的分力，它与颗粒的粒径和迎流横截面积有关。当气流速度较低时，气体以层流方式绕流颗粒两侧，气体对颗粒主要表现为黏性力；当气流速度很大时，气体流过颗粒形成旋涡，气体对颗粒的压力成

为主导。

　　颗粒的曳力系数 C_D 主要采用实验方法来确定，但对于球形颗粒在低雷诺数时，可用解析方法求出。单颗粒曳力系统 C_D 依赖于终端雷诺数 Re_t。对于球形颗粒，按照终端雷诺数 Re_t 的不同，可分为三个区域给出曳力系数的计算式。

层流区　　$Re_t < 0.4$　　　　　　$C_D = \dfrac{24}{Re_t}$　　　　　　　　　　（3-32）

过渡区　　$2 < Re_t < 500$　　　　$C_D = \dfrac{18.5}{Re_t^{0.6}}$　　　　　　　　　（3-33）

湍流区　　$500 < Re_t < 2 \times 10^5$　　$C_D = 0.44$　　　　　　　　　　（3-34）

由此可以得到球形颗粒终端速度 u_t 的解析式，即

层流区　　$Re_t < 0.4$　　　　　　$u_t = \dfrac{g d_p^2 (\rho_p - \rho_g)}{18\eta}$　　　　　　（3-35）

过渡区　　$2 < Re_t < 500$　　$u_t = 0.153 \times \dfrac{g^{0.71} d_p^{1.14} (\rho_p - \rho_g)}{\rho_g^{0.29} \eta^{0.43}}$　　（3-36）

湍流区　　$500 < Re_t < 2 \times 10^5$　　$u_t = 1.74 \sqrt{\dfrac{g d_p (\rho_p - \rho_g)}{\rho_g}}$　　（3-37）

　　以上的终端速度计算式仅适用于球形颗粒，对于非球形颗粒的终端速度 u_t 应作以下相应的修正：

当 $Re_t < 0.5$ 时　　　　　$u_t = K_1 \dfrac{g d_{V,sp}^2 (\rho_p - \rho_g)}{18\eta}$　　　　　　（3-38）

当 $0.05 < Re_t < 2 \times 10^3$ 时　　$u_t = \sqrt{\dfrac{4}{3} \dfrac{g d_{V,sp} (\rho_p - \rho_g)}{C_D \rho_g}}$　　（3-39）

当 $2 \times 10^3 < Re_t < 2 \times 10^5$ 时　　$u_t = 1.74 \sqrt{\dfrac{g d_p (\rho_p - \rho_g)}{K_2 \rho_g}}$　　（3-40）

上几式中　　$d_{V,sp}$——颗粒的体积当量直径，m；

　　　　　　C_D——非球形颗粒的曳力系数；

　　　K_1、K_2——修正系数。

　　K_1、K_2 与颗粒的球形度有关，可分别计算如下：

$$K_1 = 0.843 \lg(\rho_p / 0.065)$$

$$K_2 = 5.31 - 4.88\phi_p$$

式中，非球形颗粒的曳力系数 C_D 的数值见表 3-6。

表 3-6　　　　　　　　　　非球形颗粒的曳力系数

ϕ_p	Re_t				
	1	10	100	400	1000
0.670	28	6	2.2	2.0	2.0
0.806	27	5	1.3	1.0	1.1
0.846	27	4.5	1.2	0.9	1.0
0.946	27.5	4.5	1.1	0.8	0.8
1.000	26.5	4.1	1.07	0.6	0.46

　　以上讨论的是单个颗粒在流体介质中的自由沉降（不受任何干扰），然而实际床层中颗粒之间有相互干扰，容器壁的边界效应也会减缓颗粒的自由沉降速度。因此在实际应用时，还必须根据这些因素的影响对 C_D 作出相应的修正。对于边界效应，可做下面的修正：

$$(C_D)_r = C_W(C_D)_c \qquad\qquad (3-41)$$

　　当 $(d_p/D_t) < 0.1$ 时　　　　$C_W = 1 + 2.104 d_p/D_t$

　　当 $(d_p/D_t) > 0.1$ 时　　　　$C_W = (1 - d_p/D_t)^{-2.5}$

式中　C_W——边界效应修正系数；

　　　D_t——容器的直径，m。

　　为了避免从床层中带出固体颗粒，流化床操作必须保持气体流速在临界流化速度 u_{mf} 和颗粒终端速度 u_t 之间。在计算 u_{mf} 时，用实际存在于床层中粒度分布的平均直径 d_p；在计算 u_t 时，则用具有相当数量的最小颗粒的粒度。

　　实际上，如果供给床层一定量的颗粒，当气体流速大于颗粒的终端速度时，流化床内始终能维持一定厚度的稠密颗粒的床层。这是因为床层颗粒是由一定筛分粒径的颗粒组成的，通常计算的是平均粒径的终端速度。另外，在湍流床和快床中，由于物料循环总存在并保持一定量的颗粒团，颗粒团的当量直径比颗粒的直径大很多，流化气体流速不会超过这些颗粒团的终端速度。

　　虽然有人用多孔球模拟过颗粒团的终端速度，但目前关于颗粒团终端速度可以信赖的研究结果公布得还很少。为了更深入地了解高气体流速流化床，还必须对颗粒团的终端速度有一定的了解。

　　在工程实际中，流化床煤颗粒燃烧时的阻力系数 $C_{D,h}$ 比冷态的非球形颗粒的阻力系数 C_D 要大，只有当雷诺数很大时 $[Re = (3.5 \sim 13) \times 10^3]$，热态煤颗粒的阻力系数才与冷态的非球形颗粒近似相等。

　　2. 颗粒终端速度与临界流化速度的关系

　　流化床中的气流量一方面受 u_{mf} 的限制，另一方面也受到固体颗粒被气体夹带的限制。当流化床中上升气流的速度等于颗粒的自由沉降速度时，颗粒就会悬浮于气流中而不会沉降。当气流的速度稍大于这一沉降速度时，颗粒就会被推向上方，因此，流化床中颗粒的带出速度等于颗粒在静止气体中的沉降速度。流态化操作时应使气流速度小于或者等于此沉降速度，以防止颗粒被带出。发生夹带时，这些颗粒必须循环回去，或用新鲜物料来代替，以维持稳定操作状态。

　　常用 u_t/u_{mf} 的比值来评价流化床操作灵活性的大小，如比值较小，说明操作灵活性较差，反之则较好。这是因为比值大意味着流态化操作速度的可调节范围大，改变流化速度不会明显影响流化床的稳定操作，同时可供选择的操作速度范围也宽，有利于获得最佳流态化操作气体流速。因此，比值 u_t/u_{mf} 是一项操作性能指标。另外，这一比值还可作为流化床最大允许床高的一个指标。因为流体通过床层时存在压降，压力降低必引起流速的增加。于是，床层的最大高度就是底部刚开始流化而顶部刚好达到 u_t 时的床高。

　　平奇贝克和波珀推导了一个估算球形颗粒 u_t/u_{mf} 的方程式，其中使颗粒保持悬浮状态的总力取为黏滞阻力和流体撞击力的总和，然后用实验数据对照其方程式计算结果，如图 3-20 所示。u_t/u_{mf} 的上下限值可直接采用前面介绍过的公式来计算。

对细颗粒　　　　　　　　　当 $Re<0.4$ 时，$\dfrac{u_t}{u_{mf}}=91.6$

对大颗粒　　　　　　　　　当 $Re>1000$ 时，$\dfrac{u_t}{u_{mf}}=8.72$

u_t/u_{mf} 的比值常在 $10:1$ 和 $90:1$ 之间。大颗粒的 u_t/u_{mf} 比值较小，说明其操作灵活性较小颗粒差。

事实上，气体流化床的满意操作范围可能因沟流和腾涌而明显地变得狭窄。对均匀粒度的大颗粒，这种现象会特别严重，常常很难使床层流化起来。合理地应用挡板或锥形流化床，可减轻这种不良的性状。

必须注意，在剧烈鼓泡的气体流化床中，操作气体流速可超过几乎所有固体颗粒的终端速度，有一些夹带，但不一定严重。这种情况之所以存在，可能是因为气流的大部分作为几乎无固体的

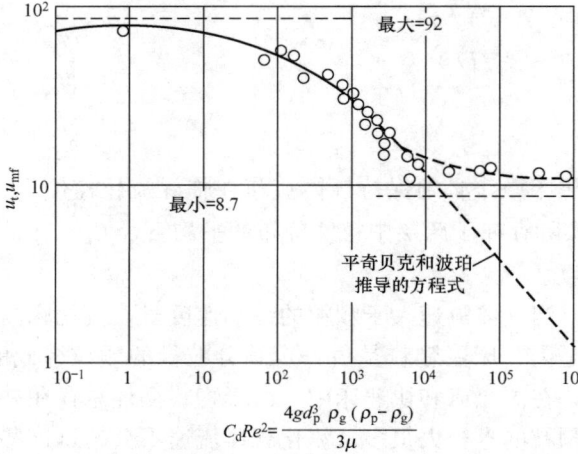

图 3-20　估算 u_t/u_{mf} 的方程式与实验数据对照

大气泡通过床层，而床层颗粒则是被相对来说慢速流动的气体所悬浮起来的。此外，若采用了旋风分离器使夹带固体颗粒返回，还可用更高的气体流速。

五、颗粒的夹带与扬析

夹带分离高度、扬析和夹带速率，是流化床流体动力特性中很重要的特性参数。夹带和扬析在循环流化床锅炉设计和运行中是非常重要的，这是因为锅炉燃烧的煤是由一定范围的颗粒组成的，在燃烧和循环过程中，由于煤颗粒收缩、破碎和磨损，有大量的微粒形成，这些微粒很容易被夹带和扬析。为了合理地组织燃烧和传热，保证锅炉有足够的循环物料，以及保证烟气中灰尘排放达到排放标准，必须从气流中分离回收这些细颗粒。

1. 夹带与扬析

当气流通过宽筛分颗粒组成的流化床层时，气流从床层中带走固体颗粒的现象，称为夹带，其中的细颗粒由于床层气流速度高于终端速度，因而从颗粒混合物中分离，被上升气流带走，这一过程称为扬析。

当流化床中的气流速度超过临界流化速度时，床层内出现大量气泡，气泡不断上升，待到达床层表面时，会发生破裂并逸出床面。在此过程中，气泡顶上的部分颗粒和气泡尾涡中的颗粒，将被抛入密相床层界面之上的自由空域，并被上升气流夹带走。被夹带进入自由空域的颗粒中，一些粗颗粒由于其终端速度大于床层气流速度，因此在经过一定的分离高度后将重新返回床层；另一些终端速度低于床层气流速度的细颗粒最终被夹带出床体。把自由空域内所有粗颗粒都能返回床层的最低高度（高度从床层界面算起）定义为夹带分离高度（TDH），如图 3-21 所示。从图中可以看出，在自由空域内，靠近床层表面处的颗粒浓度最大，随着高度的上升，颗粒浓度逐渐减小，直至达到 TDH 以后，颗粒浓度不再变化，即颗粒夹带速率达到饱和夹带能力。

　　夹带与扬析是密切联系却又不同的两个现象，是完全不同的两个概念。扬析是从混合物中带走细粉的现象，扬析过程可以发生在自由空域内的任何高度上；夹带是气泡在床层表面破裂逸出时，从床层中带走固体颗粒的现象。

　　夹带形成的机理包括两个基本步骤：①从密相区到自由空域固体颗粒的输送；②颗粒在自由空域的运动。对于鼓泡床，输送起因于气泡在床层表面的破裂。大多数研究者认为，气泡破裂喷出的颗粒主要来自气泡尾涡。有实验资料表明：一般情况下，大约一半的气泡尾迹颗粒被气泡喷出。喷出的颗粒中大约 50% 的颗粒的喷射速度高达气泡达到床面时速度的 2 倍。自由空域的喷射速度主要垂直向上，散射使颗粒在自由空域做径向运动。

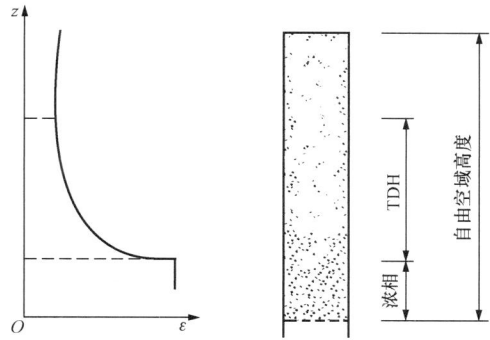

图 3 - 21　自由空域内 TDH
及颗粒浓度的轴向变化

　　2. TDH 和颗粒夹带速率的计算

　　目前还不能从理论上得到满意的 TDH 和颗粒夹带的速率计算式，一般采用经验分析和归纳实验数据的办法来解决。催化裂化流化床 $200\mu m$ 左右细颗粒的 TDH 曲线如图 3 - 22 所示。大颗粒的 TDH（m），可由式（3 - 42）计算，即

$$\text{TDH} = \frac{27u_b^2\rho_p}{g(\rho_p - \rho_g)} \qquad (3 - 42)$$

式中　u_b——气泡上升速度，m/s。

　　在自由空域 TDH 以下的区域，距离床层表面之上某个高度 z 处的颗粒夹带速率 u_t/u_{mf}，与床层表面及 TDH 处的颗粒夹带速率、高度 z、气流速度和颗粒性质等因素有关，可表达成

$$F_z = F_\infty + (F_0 - F_\infty)\exp(-az) \qquad (3 - 43)$$

式中　F_z，F_0，F_∞——距离床层表面之上高度 z 处的颗粒夹带速率，床层表面处的颗粒夹带速率，TDH 处的颗粒夹带速率，kg/（m² · s）；

　　　　　a——颗粒浓度衰减常数，与气流速度和颗粒性质等因素有关。

　　对于宽筛分颗粒中第 i 挡粒度的颗粒，在相应高度 h 处的夹带速率为

$$F_{iz} = F_{i\infty} + (F_{i0} - F_{i\infty})\exp(-az) \qquad (3 - 44)$$

式中　F_{iz}，F_{i0}，$F_{i\infty}$——距离床层表面之上高度 z 处第 i 挡粒度颗粒的夹带速率，床层表面处第 i 挡粒度颗粒的夹带速率，TDH 高度处第 i 挡粒度颗粒的夹带速率，kg/（m² · s）；

　　　　　a_i——第 i 挡粒度颗粒的浓度衰减常数。

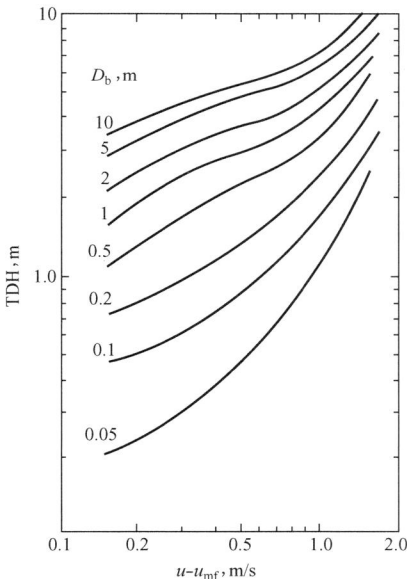

图 3 - 22　细颗粒的 TDH 曲线

一般认为，第 i 挡粒度颗粒的夹带速率 $F_{i\infty}$ 与密相床中该 i 挡粒度颗粒的质量分率 X_i 成正比，即有

$$-\frac{1}{A_{\mathrm{b}}}\frac{\mathrm{d}M_i}{\mathrm{d}\tau} = F_{i\infty} = E_{i\infty}X_i \tag{3-45}$$

式中　A_{b}——床层的截面积，m^2；

　　　M_i——床层中第 i 挡粒度颗粒的质量，kg；

　　　τ——时间，s；

　　　$E_{i\infty}$——相应于第 i 挡粒度颗粒的扬析速率常数。

将式（3-45）按照各种粒径的颗粒进行叠加，则有

$$-\frac{1}{A_{\mathrm{b}}}\frac{\mathrm{d}M}{\mathrm{d}\tau} = F_{\infty} = \sum E_{i\infty}X_i \tag{3-46}$$

式中　M——床层中全部颗粒的质量，kg。

扬析速率常数 $E_{i\infty}$ 可以由经验公式计算。

对于细颗粒（$d_{\mathrm{p}}=60\sim350\mu\mathrm{m}$）的鼓泡床或湍流床（$u_0=0.6\sim3\mathrm{m/s}$），Geldart 得到 $E_{i\infty}$ 的经验计算公式为

$$\frac{E_{i\infty}}{\rho_{\mathrm{g}}u} = 23.7\exp\left(-5.4\times\frac{u_{\mathrm{t}i}}{u_0}\right) \tag{3-47}$$

式中　$u_{\mathrm{t}i}$——第 i 挡粒度颗粒的终端速度，$\mathrm{m/s}$。

如果床层气体流速较高（$u_0=0.9\sim3.7\mathrm{m/s}$）且颗粒较粗（$d_{\mathrm{p}}=0.3\sim1.0\mathrm{mm}$），可以采用 Colakuam 和 Levenspiel 的联立式来计算，即

$$E_{i\infty} = 0.011\rho_{\mathrm{p}}\left(1-\frac{u_{\mathrm{t}i}}{u_0}\right)^2 \tag{3-48}$$

上述有关夹带和扬析的研究，大多是在化工流化床中进行的，试验物料是单一粒径或多组分窄筛分的细小物料，而对于流化床锅炉实际燃用的粗颗粒宽筛分的物料，研究较少。国内对流化床锅炉颗粒扬析规律也作了一些工作。浙江大学曾用劣质无烟煤、贫煤作为实验物料，得到计算扬析率的准则关系式为

$$\frac{E_{i\infty}}{\rho_{\mathrm{g}}(u_0-u_{\mathrm{t}})} = 0.6437\left(\frac{u_0-u_{\mathrm{t}}}{u_{\mathrm{t}}}\right)^{0.9649}\left[\frac{(u_0-u_{\mathrm{t}})^2}{gd_{\mathrm{p}}}\right]^{-0.2764}\left(\frac{d_{\mathrm{p}}u_{\mathrm{t}}\rho_{\mathrm{g}}}{\mu}\right)^{0.4911} \tag{3-49}$$

扬析率常数 $E_{i\infty}$ 的计算结果与实验数据能较好地吻合。计算了 $E_{i\infty}$ 后，就可计算出 TDH 处的颗粒夹带速率 F_{∞}。当自由空域的高度大于 TDH 时，F_{∞} 即为整个流化床的颗粒夹带速率。

3. 扬析率的影响因素

归纳起来，影响扬析率的因素主要有以下几个：

（1）操作流速 u_0。实验与研究表明，操作流速 u_0 是影响扬析率的最重要因素，随着 u_0 的增加，扬析量迅速增加，从计算公式也可看出这一点。实验表明，扬析率常数与 u_0 呈指数关系变化（2~4 次方）。这主要是因为 u_0 增大时，鼓泡或气粒流更趋剧烈，被扬析夹带的粒子粒径增大，数量增多。

（2）粒径 d_i。第 i 挡颗粒粒径 d_i 也是影响扬析率的一个重要因素，大颗粒的扬析量比小颗粒少。实验研究表明，扬析率常数 E 随被扬析粒子的粒径 d_i 呈负指数关系变化。

（3）床料颗粒的平均粒径 d_{p}。在相同的操作流速 u_0 下，当 d_{p} 增大时，扬析量是减少

的，各粒径颗粒的扬析率常数随 d_p 的增大而明显减小。这主要是因为在相同的 u_0 下，d_p 增大时，鼓泡或气粒流的剧烈程度趋缓（因 d_p 增大，临界流化速度 u_0 增大，按两相流化理论，形成气泡的气流量减少或者说气粒流中气流量减少），气泡或气粒流的扬析作用减弱，因此各粒径颗粒的扬析量减少。但一般情况下，随着 d_p 的增大，u_0 将要增大，这时由于 u_0 的显著影响，颗粒的扬析量会增加。

（4）床高 h_0。有人认为，床高也是影响颗粒扬析量的一个因素，但也有完全相反的实验结论，即床高对颗粒的扬析没有影响。

综上所述，影响流化床扬析率的因素很多，这些因素之间往往还会相互影响。虽然扬析现象非常简单和直观，但可以说到目前为止，对流化床颗粒扬析夹带规律的认识还远未深入和完善，很多结论或关系式的适用范围十分有限，还不能为工程设计提供可靠的依据，有待于进行大量的深入研究。

第四节　循环流化床炉内的气固流动

循环流化床是一个床加一个循环闭路，是一个装置系统。鼓泡床、湍流床和快速床是气固两相流动的流态。循环流化床中的气固两相流动状态可以是鼓泡流态化，也可以是湍流流态化，甚至快速流态化。但湍流床和快速床必须是循环流化床。循环流化床装置系统是由包括下部颗粒密相区和上部上升段稀相区的循环流化床、气固物料分离装置、固体物料回送装置三个部分组成的一个闭路循环系统。典型循环流化床锅炉的特征参数见表 3 - 7。

资源 20 - 循环流化床装置系统

表 3 - 7　　　　　　　　　　　　典型循环流化床锅炉的特征参数

项　　　目	循环流化床锅炉	项　　　目	循环流化床锅炉
颗粒密度（kg/m^3）	1800～2600	表观颗粒浓度（kg/m^3）	10～40
颗粒直径（μm）	100～300	高径比	<5～10
表观气速（m/s）	5～9	上升段直径（m）	4～8
颗粒循环流率［$kg/(m^2 \cdot s)$］	10～100		

研究循环流化床的流动特性，分析循环流化床内的气流速度、颗粒速度、颗粒循环流率、压力和空隙率等的分布以及颗粒聚集和气固混合的过程，对于掌握循环流化床锅炉的流动、燃烧、传热和污染控制，具有十分重要的意义。

一、循环流化床锅炉炉内气固流动的特点

循环流化床锅炉气固两相流动不再像鼓泡床那样具有清晰的床界面，而是具有极其强烈的床料混合与成团现象。循环流化床气固两相动力学的研究表明，固体颗粒的团聚和聚集作用是循环流化床内颗粒运动的一个特点。细颗粒聚集成大颗粒团后，颗粒团质量增加，体积增大，有较高的自由沉降速度。在一定的气流速度下，大颗粒团不是被吹上去而是逆着气流向下运动。在下降过程中，气固间产生较大的相对速度，然后被上升的气流打散成细颗粒，再被气流带动向上运动，又聚集成颗粒团，再沉降下来。这种颗粒团不断聚集、下沉、吹散、上升又聚集形成的物理过程，使循环流化床内气固两相间发生强烈的热量和质量交换。

由于颗粒团的沉降和边壁效应，循环流化床内气固流动形成靠近炉壁处很浓的颗粒团以旋转状向下运动，炉膛中心则是相对较稀的气固两相向上运动，产生一个强烈的炉内循环运动，大大强化了炉内的传热和传质过程，使进入炉内的新鲜燃料颗粒在瞬间被加热到炉膛温度（约850℃），并保证了整个炉膛内纵向及横向都具有十分均匀的温度场。剧烈的颗粒循环加大颗粒团和气体之间的相对速度，延长了燃料在炉内的停留时间，提高了燃尽率。

当循环流化床锅炉的燃料颗粒不均匀，即为具有宽筛分的颗粒（通常为0~8mm，甚至更大）时，炉内的床料也是宽筛分颗粒分布，相应于运行时的流化速度，此时会出现以下现象：对于粗颗粒，该流化速度可能刚超过其临界流化速度，而对于细颗粒，该流化速度可能已经达到甚至超过其输送速度，这时炉膛内就会出现下部是粗颗粒组成的鼓泡床或湍流床，上部为细颗粒组成的湍流床、快速床或输送床的两者叠加的情况。当然，在上下部床层之间，通常还有一定高度的过渡段。这是目前国内绝大部分循环流化床锅炉炉内的运行工况。由此可见，循环流化床锅炉燃料颗粒的粒度分布对其运行具有重要影响。

二、循环流化床内轴向流动结构

通常认为，循环流化床是由下部密相区和上部稀相区两个相区组成的。下部密相区一般是鼓泡流化床或者湍流流化床，上部稀相区则是快速流化床。

尽管循环流化床内的气流速度相当高，但是在床层底部颗粒却是由静止开始加速的，而且大量颗粒从底部循环回送，因此，床层下部是一个具有较高颗粒浓度的密相区，处于鼓泡流态化或者湍流流态化状态。而在上部，由于气体高速流动，特别是循环流化床锅炉往往还有二次风加入，使得床层内空隙率大大提高，转变成典型的稀相区。在这个区域，气流速度远超过颗粒的自由沉降速度，固体颗粒的夹带量很大，形成了快速流化床甚至密相气力输送。在下部密相区的鼓泡流化床内，密相的乳化相是连续相，气泡相是分散相。当鼓泡床转为快速流化床时，发生了转相过程，稀相成了连续相，而浓相的颗粒絮状聚集物成了分散相。在快速流化床床层内，当操作条件、气固物性或设备结构发生变化时，两相区的局部结构不会发生根本变化，只是稀浓两相的比例及其在空间的分布相应发生变化。

三、密相区的流动

资源21 - 密相区的气体混合

密相区的气固流动是不均匀的，广泛应用的两相鼓泡流化床理论认为，密相区由气泡相和乳化相所组成，当气体流速达到临界流化速度后，当风量进一步增加时，超过临界流化速度的那部分风量将以气泡形式通过床层。在乳化相中的颗粒维持临界流化状态，气体通过乳化相颗粒之间的速度为u_{mf}/ε_{mf}，其中ε_{mf}为临界流化状态时床层的空隙率。在循环流化床锅炉中，床内固体颗粒比较细，气体流速远高于临界流化速度，大部分气体以气泡方式通过床层，气泡相和乳化相之间的气体质量交换速率与气体流量相比相对较弱，成为制约密相区内焦炭和挥发分燃烧的一个很重要的因素。

1. 气泡特性

单个气泡在上升的过程中逐渐长大，上升速度也逐渐加快。如果床层中有多个气泡，由于气泡之间的相互作用，会同时发生气泡合并和分裂的现象。有的气泡可能与其他气泡合并成大气泡，也可能发生大气泡分裂成小气泡的现象。在两相模型中，气泡相是稀相，气泡周围的乳化相是密相。单个气泡通常接近球形或椭球形，气泡内基本不含固体。气泡的底部有个凹陷，其中的压力低于周围乳化相的压力，固体颗粒被气体曳入。气泡底部的颗粒称为尾漏，它将随着气泡一起上升。

当气泡上升的速度 u_b 大于乳化相中气体向上运动的速度 u_g 时，气泡中的气体将从气泡顶部流出，在气泡与周围的乳化相之间循环流动，形成所谓的气泡晕，如图 3-23（a）所示，这样的气泡称为有晕气泡或快气泡。气泡的上升速度 u_b 越大，气泡晕层就越薄。反之，如果 u_b 小于 u_g，乳化相中的气体穿过气泡，并不形成循环流动的气泡晕，如图 3-23（b）所示，这样的气泡称为无晕气泡或慢气泡。

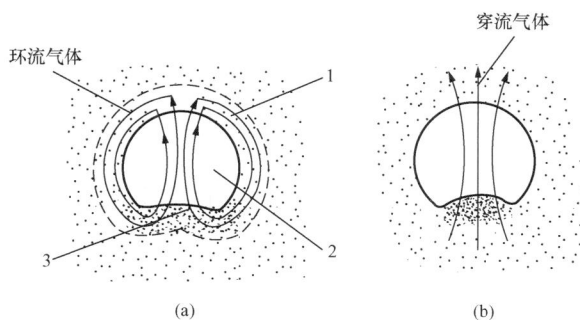

图 3-23　鼓泡床中的气泡、尾涡和气泡晕
（a）快气泡（有晕气泡）；（b）慢气泡（无晕气泡）
1—气泡晕；2—气泡；3—尾涡

气泡相和乳化相之间的气体质交换，一方面靠相间浓度差引起的气体扩散，另一方面通过乳化相和气泡相间的气体流动进行质交换。对于快气泡流型，当气泡上升速度较大时，气泡晕半径较小，由气体流动产生的气体质交换很小，气泡相和乳化相间的气体质交换阻力很大。循环流化床气体流速比较高，密相床大部分都处在快气泡流型，大部分气体留于气泡中随气泡上升。气泡相和乳化相之间的气体得不到充分混合。因此，造成气泡中的氧不能及时补充给碳颗粒，同时碳颗粒析出的挥发分和其他反应物也不能很快传给气泡相，减缓了反应速度。

2. 鼓泡床流动模型

鼓泡流化床两相流动模型假设流化床是由气泡相和乳化相两相组成。由 Toomey 和 Johnstone 提出的最简单的两相理论，认为乳化相维持在临界流化状态，乳化相中气体流速等于临界流化速度，而多余的气体以气泡形式流过床层。

实际上，循环流化床下部密相区的气固流动与上述简单的两相模型有较大的差别。主要是乳化相中的气体流速往往大于临界流化速度，气泡中气体流量不能简单地由 $u_0 - u_{mf}$ 给定，气泡中固体的体积含量为 $0.2\% \sim 1.0\%$；乳化相并不稳定不变，乳化相空隙率在气体速度大于 u_{mf} 时不停留在 ε_{mf}，下部密相区不能仅用气泡相和乳化相两相来描述。因此，许多学者提出了各种修正模型。Kunmi 和 Levenspiel 提出的三相鼓泡流化床模型，能较好地适用于循环流化床下部密相区。

三相鼓泡流化床模型把密相区分成气泡相区、尾涡的气泡晕相区以及乳化相区三个相区。由于循环流化床中气体流速较高，气泡中气体流速略高于气泡上升速度 u_b，超过的部分穿过气泡而流出。尾涡与气泡晕中的气体则随着气泡一起向上流动。如果忽略气泡中气体流速高出气泡上升速度的那部分，则可以认为，气泡、气泡晕与尾涡中的气体都以气泡速度 u_b 向上流动。但是，忽略的那部分对于气泡相与气泡晕相之间的质量交换却是重要的。

在鼓泡流化床中，参照三个相区模型，气泡相与气泡晕相之间、气泡晕相与乳化相之间都存在剧烈的气体质量交换。

气泡相与气泡晕相之间的质量交换由两部分组成：一部分是由于气泡内大于气泡上升速度的气流穿过气泡顶部，形成环流使得两相之间引起气体交换；另一部分是由于两相之间的浓度差造成气体扩散。气泡晕相与乳化相之间的质量交换是由气体浓度差造成的气体扩散。相间质量交换与床体直径、临界流化状态、气泡直径、所在位置高度等因素有关。

　　3. 湍流流化床

　　当鼓泡流化床的气体流速继续提高时，气泡破裂的程度将加大，气泡尺寸变小，运动加剧。同时小气泡与乳化相之间的质量交换也更加激烈，小气泡内开始含有颗粒，小气泡与乳化相之间的界限越来越趋于模糊。由于小气泡的上升速度变慢，小气泡在床层中滞留时间延长，因而床层膨胀加大，而且床层的上界面也变得模糊起来。床层渐渐由鼓泡流化床向湍流流化床转型。

　　一种观点认为，湍流方式中气泡的分裂与他们的合并一样快，因此平均气泡尺寸很小，通常所理解的那种明确的气泡或气栓已看不出。另一种观点认为，湍流方式居于鼓泡方式和快速流化方式之间，在鼓泡方式中，贫颗粒的气泡分布在富颗粒的乳化相中间；而在快速方式中，颗粒团分布在含少许颗粒的气体连续相中。湍流流化床最显著的直观特征是舌状气流，其中相当分散的颗粒沿着床体呈"之"字形向上抛射。虽然湍流床层与自由空域有一个界面，但远不如鼓泡方式时清晰。床面很有规律地周期性上下波动，造成虚假的气栓流动现象。湍流方式中总的床层空隙率一般为 0.7～0.8。

　　许多学者研究用床层的压力波动幅度来判断是否转变到湍流流态化。在鼓泡流化床内，当气体流速增大时，气泡运动逐渐加剧，床层压力波动的幅度渐渐变大。当流速增到 u_c 时，床层压力波动的幅度达到极大值，认为这时床层开始向湍流流化床转变。此后继续增加气流速度，床层内湍流度增加，压力波动幅度逐渐减小，直到气流速度达到 u_k 时，压力波动幅度基本不再发生变化，床层真正进入湍流流态化。所以，把 u_c 作为鼓泡床向湍流床转变的起始流型转变速度，把 u_k 作为床层完全转型为湍流床的速度。

　　湍流流化床的流型转变速度 u_k 与床内颗粒的尺寸、密度，流化床直径，操作条件等因素有关。当流化床内颗粒的尺寸或者密度加大时，气泡直径随之增大，临界流化速度也增大。于是在相同的气流速度下，床层内的压力波动幅度将加大，同时湍流床的流型转变速度也提高。

　　在直径较小的流化床中，当床体直径增大时，湍流床的流型转变起始速度 u_c 将减小。这是由于一方面随着床体直径的增大，壁面效应的影响趋于减弱；另一方面是床体直径增大时气泡直径将减小。而且随着床径的增大，u_c 的减小越来越平缓，当床体直径大到一定程度以后，u_c 不再发生变化，即床体直径对于湍流床的流型转变速度已无影响。

　　流化床操作条件对湍流流化床流型转变的速度也有较大影响。操作压力的提高使得湍流床的流型转变速度减小，提前进入湍流流化床，有利于改善流化质量。随着操作温度的提高，气体的黏度增大，密度减小，临界流化速度将下降，因而湍流床流型转变速度有所加大。但是随着温度的提高，床层内压力波动的幅度却减小了。

四、稀相区的流动

　　循环流化床的上部是作为快速流化床的稀相区。快速流化床具有如下基本特征：固体颗粒粒度小，平均粒径通常在 $100\mu m$ 以下，属于 Geldart 分类图中的 A 类颗粒；操作气速高，可高于颗粒自由沉降速度的 5～15 倍；虽然气速高，固体颗粒的夹带量很大，但颗粒返回床层的量也很大，所以床层仍然保持了较高的颗粒浓度；快速流化床既不存在像鼓泡床那样

资源 22 - 快速床与
最小循环量

的气泡，也不同于气力输送状态下近壁区浓而中间稀的径向颗粒浓度分布梯度，整个床截面颗粒浓度分布均匀。在快速流化床中存在着以颗粒团聚状态为特征的密相悬浮夹带。在团聚状态中，大多数颗粒不时地形成浓度相对较大的颗粒团，认识这些颗粒团是理解快速流化床的关键。大多数颗粒团趋于向下运动，床壁面附近的颗粒团尤为如此，与此同时，颗粒团周围的一些分散颗粒迅速向上运动。快速床床层的空隙率通常为 0.75～0.95。与床层压降一样，床层空隙率的实际值取决于气体的净流量和气体流速。

1. 最小循环流量

床层要达到快速流态化的状态，除了必须超过一定的气体流速之外，还需有足够的固体循环量。当床层气流速度超过终端速度时，经过一段时间，全部颗粒将被夹带出床层，除非是连续地循环补充等量物料。而且随着气流速度的增大，吹空整个床层的时间急剧变短。当气流速度达到某个转折点之后，吹空床层的时间变化梯度大大减缓。这时，床层进入快速流态化，该转折点的速度就是快速流态化的初始速度，被称为输送速度 u_{tr}。在输送速度下，床层进入快速流化床时的最小加料率称为最小循环流率 $G_{s,min}$。

输送速度 u_{tr} 和最小循环流率 $G_{s,min}$ 可以由式（3 - 50）、式（3 - 51）来计算，即

$$u_{tr} = (3.5 \sim 4.0)u_t \tag{3 - 50}$$

$$G_{s,min} = \frac{u_{tr}^{2.25}\rho_g^{1.627}}{0.164\left[gd_p(\rho_p - \rho_g)\right]^{0.627}} \tag{3 - 51}$$

当气速低于 u_{tr} 时，固体循环量对床层空隙率无明显影响，气速一旦超过 u_{tr}，床层空隙率则主要取决于固体循环量。因此，对任一细粒物料，当气速 $u = u_{tr}$ 时，床层达到饱和携带能力，物料便被大量吹出，此时必须补充等同于携带能力的物料量才能使床层进入快速流态化状态。超过最小循环量后，在相同气速下，对应不同的循环量可以有不同的快速床状态。也可以用不同的床存量对应的不同物料沿床高浓度分布表示不同的快速床状态。在通常循环流化床锅炉 5m/s 的热态气速下，烟气对固体的携带量若小于 0.7kg/m³（标准状态下），则循环流化床锅炉整体处于鼓泡床状态；若超过 1kg/m³（标准状态下），则上部进入快速床状态。

2. 颗粒团聚

在快速流化床中，颗粒多数以团聚状态的絮状物存在。颗粒絮状物的形成是与气固之间以及颗粒之间的相互作用密切相关的。在床层中，当颗粒供料速率较低时，颗粒均匀分散于气流中，每个颗粒孤立地运动。由于气流与颗粒之间存在较大的相对速度，使得颗粒上方形成一个尾涡。当上、下两个颗粒接近时，上面的颗粒会掉入下面颗粒

资源 23 - 絮状颗粒团的形成

的尾涡。由于颗粒之间的相互屏蔽，气流对上面颗粒的曳力减小了，该颗粒在重力作用下沉降到下面的颗粒上。这两个颗粒的组合质量是原两个颗粒之和，但其迎风面积却小于两个单颗粒的迎风面积之和。因此，它们受到的总曳力就小于两个单颗粒的曳力之和。于是该颗粒组合被减速，又掉入下面的颗粒尾涡。这样的过程反复进行，使颗粒不断聚集形成絮状物。另外，由于迎风效应、颗粒碰撞和湍流流动等影响，在颗粒聚集的同时絮状物也可能被吹散解体。

由于颗粒絮状物不断地聚集和解体，使气流对于固体颗粒群的曳力大大减小，颗粒群与流体之间的相对速度明显增大。因此，循环流化床在气流速度相当高的条件下，仍然具有良

好的反应和传热条件。

3. 颗粒返混

在循环流化床内，气固两相的流动无论是气流速度、颗粒速度、还是局部空隙率，沿径向或轴向的分布都是不均匀的。颗粒絮状物也处于不断的聚集和解体之中。特别是在床层的中心区，颗粒浓度较小、空隙率较大，颗粒主要向上运动，局部气流速度增大；而在边壁附近，颗粒浓度较大，空隙率较小，颗粒主要向下运动，局部气流速度减小。因而造成强烈的颗粒混返回流，即固体物料的内循环，再加上整个装置颗粒物料的外部循环，为流化床锅炉造就了良好的传热、传质、燃烧和净化条件。

五、循环流化床锅炉炉内气固流动的整体特性

早期对于循环流化床气动力特性的研究主要是对应用于重油的催化裂化流化床反应器的研究，它为后来发展起来的循环流化床锅炉提供了十分有用的流动特性资料。然而，循环流化床锅炉炉膛与催化裂化反应器还是有很大不同的。它通常是一个大的方形或矩形燃烧室，床层颗粒为宽筛分分布，100%负荷时的气体流速一般为 $5\sim8\mathrm{m/s}$，它处于床层颗粒筛分的终端速度分布之中，任何操作速度的变化都会改变所夹带的床层颗粒份额。循环流化床固体颗粒的循环率比催化裂化反应器小一个数量级以上，从而使得颗粒的停留时间延长，这有利于固体颗粒的有效反应。在上部，固体颗粒浓度相当低，通常为 $1\%\sim3\%$。因此，循环流化床燃烧技术的这两个特点与催化裂化反应器有很大的不同。

大量的实验结果表明，无论是沿纵向还是横向，在炉膛内颗粒的分布都是不均匀的。对于工业性的循环流化床燃煤锅炉，沿轴向的颗粒浓度分布的特征是，在底部有一个高度大于 $1\mathrm{m}$ 的颗粒浓度 C_V（即 $1-\varepsilon$）相对较高的区域（$1-\varepsilon<0.25$），然后是向上延伸数米的飞溅区，再上面是占据了炉膛大部分高度的稀相区，其中截面平均颗粒浓度 $C_V=（1-\varepsilon）$ 非常低，一般低于 1%。

实验表明，循环流化床燃烧设备的下部可看作是一个鼓泡流化床，所以可以用鼓泡床的流动规律和模型来描述循环流化床下部的气固流动特性。在二次风入口以上截面的平均颗粒浓度沿高度一般可用指数函数来表示，这和鼓泡流化床的悬浮区类似。

通过实验发现，在循环流化床的上部区域，截面上颗粒浓度近似呈抛物线分布，即在床层中部颗粒浓度很稀，而在壁面附近颗粒浓度较高。

在对一个循环流化床锅炉中的固体颗粒流率的测量中发现，在床中间颗粒一般向上流动，而在靠近壁面的区域，会出现颗粒向下流动，且越是靠近壁面颗粒向下流动的趋势越大，在离壁面一定距离范围内颗粒的净流率为负值，标志着颗粒流动的总效果为向下流动。这就是通常所说的循环流化床环-核流动结构。固体颗粒净流率为零的点一般定义为壁面区的外边界层或浓度较高的颗粒下流边界层。壁面层的厚度 s 大约为 $10\mathrm{cm}$。在如此大的锅炉中这似乎很小，但是，它在整个床截面中占 8%，所以从工程的角度上讲，这是不可不考虑的。同时实验也表明，壁面区的大小在矩形壁面的四角区域并无很大变化，但是其内的颗粒浓度和降落速度却高很多。

实验表明，在循环流化床内，固体颗粒常会聚集起来成为颗粒团在携带着弥散颗粒的连续气流中运动，这在壁面处的下降环流中表现得特别明显。这些颗粒团的形状为细长的，空隙率一般为 $0.6\sim0.8$。它们在炉子的中部向上运动，而当它们进入壁面附近的慢速区时，就改变它们的运动方向，开始从零向下作加速运动，直到达到一个最大速度。

所测量到的这个最大速度为 1～2m/s。颗粒团一般并不是在整个高度上与壁面相接触的，在下降了 1～3m 后就会在气体剪切力的作用下，或其他颗粒的碰撞下发生破裂，它们也有可能自己从壁面离开。

在大多数循环流化床锅炉中壁面不是平的。它们或是由管子焊在一起或是由侧向肋片将相邻的两根管子连在一起。在每一个肋片处，由相邻管子构成深度为半个管子直径的凹槽，这将影响到颗粒在肋片上的运动。实验发现，颗粒会聚集在肋片处，在那儿的停留时间要大于停留在管子顶部的时间。

单元思考题

1. 如何表示非球形颗粒的大小？
2. 什么是颗粒的球形度？
3. 颗粒群的粒径分布有哪些表示方法？如何得到颗粒群的平均粒径和中位径？
4. 如何测量颗粒群的粒径分布？
5. 什么是床层空隙率和床层密度？
6. Geldart 将颗粒分为哪几类？简述每类颗粒的流化特性。
7. 什么是流化床？什么是循环流化床？
8. 简述鼓泡床、湍流床和快速床的特点。
9. 流化床有哪些非正常的流化状态？简述其产生的原因和预防措施。
10. 流化床的床层压降随流化风速是如何变化的？
11. 什么是临界流化风速？简述其测量原理与方法。
12. 床层中为什么会产生气泡？
13. 什么是颗粒的终端速度？其大小与哪些因素有关？
14. 扬析与夹带的区别是什么？
15. 什么是 TDH 高度？
16. 循环流化床锅炉的本质特征是什么？
17. 循环流化床锅炉炉内物料浓度是如何分布的？
18. 简述循环流化床锅炉炉内上部形成快速床的条件。

单元四　循环流化床锅炉燃烧与传热

引　言

本单元是"必备知识篇"的第四单元，是循环流化床燃烧技术理论的最后一个单元。在循环流化床锅炉的炉内，既有燃料的燃烧过程又有床对炉壁的传热过程，两个过程在炉内物料循环流动的基础上完美结合，使循环流化床锅炉得到"善于燃用劣质燃料、高效清洁燃烧和高效传热"的美誉。循环流化床锅炉为燃料的燃烧提供了哪些有利条件使其"青睐"于燃用劣质燃料呢？在床层温度仅为850～900℃的低温下是如何实现高效清洁燃烧呢？又是如何实现高效传热的呢？

学习本单元后，你不仅会得到上述问题的答案，而且也会为流化床燃烧技术的"神奇"而惊叹。流化床燃烧技术理论相对较难，但只要你突破了它，掌握了它，其强大的威力必将使你成为流化床燃烧技术领域的行家里手。

通过"必备知识篇"四个单元的学习，你已经储备了流化床燃烧技术必备的基础理论知识。理论源自实践，最终是为了指导实践，在掌握理论的基础上，相信后面的学习你一定会得心应手。然而，技术理论的发展无止境的，也是循序渐进的，循环流化床燃烧技术的理论就是在不断地从实践到理论再到实践的循序渐进的过程中发展起来的。目前，无论是循环流化床内的气固两相流动理论，还是循环流化床锅炉的燃烧和传热理论都还有不完善的地方，都还有许多未知的领域需要你去探索。

循环流化床锅炉的燃烧过程是鼓泡流化床或湍流床和气力输送叠加的燃烧技术，处于鼓泡床和气力输送燃烧之间。与层燃方式和室燃方式相比，流化床燃烧具有低温、强化燃烧、强化传热、降低污染并有利于环境保护等独特优点。

循环流化床锅炉由于炉膛内部有高浓度的物料循环，因而其传热机理与常规的煤粉炉不同。煤粉炉的炉膛内由于烟气携带的飞灰浓度很低，因此，主要通过辐射的方式将燃料燃烧释放的热量传递给受热面。为了保证足够的传热量，设计中要求煤粉炉的炉膛温度比较高。而循环流化床锅炉则不同，由于其炉膛内部有大量的固体物料的循环运动，因此不可忽视颗粒和气体的对流换热作用，而且因为循环流化床的床温保持在850～900℃这个较低的范围内，所以烟气辐射换热量的份额与煤粉炉相比也比较小。因此，循环流化床锅炉炉膛内部的传热既要考虑到对流换热的影响，也要考虑到辐射换热的作用。至于尾部烟道内的传热问题，循环流化床锅炉与煤粉炉大致相同，只要稍加修正就可以按照煤粉炉的成熟设计方法来进行设计和传热计算。

第一节　循环流化床锅炉的燃烧

一、循环流化床锅炉的着火条件

燃料在自然条件下尽管和空气长时间接触，但并不能发生明显的化学反应。随着温度的升高，它们之间会产生一定的反应速度。在一定的温度条件下，反应速度会自动加速到相当大的数值。这种由缓慢的氧化状态转变成速度非常快的燃烧反应状态叫做燃料的着火，转变时的温度即为着火温度。将燃料及其燃烧所需要的空气从入炉温度加热到着火温度所吸收的热量即为燃料的着火热。品质不同的燃料所需要提供的着火热和着火温度不同。对固体燃料，着火温度受到颗粒尺寸、过量空气系数、颗粒浓度等因素的影响。一般来说，水分含量低、挥发分含量高的燃料所需要提供的着火热较少，着火温度较低；挥发分含量低的燃料所需要的着火热较多，着火温度较高。

　　流化床本身是一个蓄热量巨大的热源，有利于燃料的迅速着火和燃烧。不管是鼓泡流化床还是循环流化床，由于采用宽筛分燃料，在炉膛下部都有一个粒子浓度很高的区域（浓相区）。该区域内积累了大量灼热炉料，如 10t/h 鼓泡流化床锅炉积累了 2～2.5t 床料，35t/h 鼓泡流化床锅炉积累了 6～8t 床料，220t/h 循环流化床锅炉积累了 18～25t 床料。床料温度为 850～900℃，其中绝大部分为惰性的热灰渣，新入炉的燃料只占 1%～3%，这样，大量的热床料并不与新加入的燃料争夺氧气，而是为新加入的燃料提供了一个丰富的热源，将煤粒迅速加热，析出挥发性物质并着火燃烧。煤粒中的挥发性物质和固定碳燃烧所释放的热量，部分被床料吸收，使床内的温度始终维持在一个稳定的水平。因此，流化床燃烧对燃料的适应性特别强，不仅能燃用优质燃料，而且能烧各种劣质燃料，包括含灰分高达 80% 的石煤、含水分高达 60% 的褐煤、洗煤矸石、煤泥、垃圾、森林工业和农业的废弃物等。良好的着火特性带来的燃料的广泛适应性是流化床燃烧的最突出优点。

資源 24 - 流化床燃烧特点

　　流化床对燃料的广泛适应性，不仅表现在能够燃烧高灰分、高水分、低热值燃料，而且体现在适宜处理农作物秸秆、树枝、树叶、树皮等难以预处理的生物质燃料。只要将这类燃料切短至 30mm 以下，就可以在大型循环流化床锅炉上与煤混合燃烧。与煤粉炉相比，流化床燃烧对燃料制备系统要求较低，大大节省了燃料制备系统的电力消耗。

　　另外，需要特别注意的是，虽然从理论上来说，只要一种燃料燃烧释放的热量大于燃烧生成烟气带走的热量与燃烧室的散热之和，该燃料就能在流化床内稳定着火和燃烧。但是对于以某一种燃料为对象设计好的流化床锅炉，若改烧其他燃料，包括燃料级配相差很大的同品种燃料，必须对锅炉进行燃烧调整，甚至受热面的调整，否则就会带来着火困难、燃烧不稳定、燃烧效率低、锅炉达不到出力等问题。

二、循环流化床中煤粒的燃烧过程

　　煤粒在流化床中的燃烧，依次经历加热干燥析出水分、挥发分析出和着火燃烧、膨胀和一级破碎、焦炭着火和燃烧、二级破碎、磨耗等过程，如图 4 - 1 所示。

1. 干燥和加热

　　新鲜煤粒被送入流化床后，立即被大量灼热惰性床料包围并加热至接近床温。在这个过程中，煤粒被加热干燥，把水分蒸发掉。加热速率一般在 100～1000℃/min 范围内，加热时间依煤粒含水量

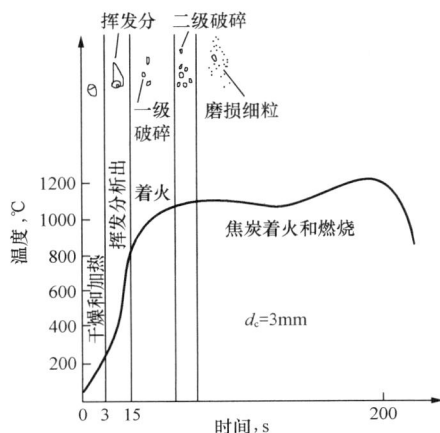

图 4 - 1　煤粒燃烧的过程

资源 25 - 流化床内煤粒
燃烧过程

而变化，在零点几秒到几秒之间。加热干燥所吸收的热量只占床层总热容量的千分之几，而且由于床料剧烈的混合运动使床温趋于均匀，因而煤粒的加热干燥过程对床层温度影响不大。

2. 挥发分析出和燃烧

随着高温物料的加热，煤颗粒逐步开始析出挥发分。挥发分的第一个稳定析出阶段发生在温度 500～600℃ 范围内，第二个稳定析出阶段则在温度 800～1000℃ 范围内。挥发分的产量和构成受到加热速率、初始温度、最终温度、最终温度下的停留时间、煤种和粒度分布、挥发分析出时的压力等许多因素的影响。煤颗粒在挥发分析出过程的 420～500℃ 温度范围内经历了一个塑性相，煤中的小孔被破坏，因此，在挥发分开始析出时，颗粒的表面积最小。此后，随着煤颗粒内部气相物质的析出，煤颗粒膨胀。

煤颗粒析出挥发分的同时，还随其他物料一起在炉内流动。对单颗粒而言，其运动轨迹是无规则的，其析出的挥发分在炉膛内不同位置上的浓度也是无规则的，但是以统计的方法从宏观上来分析燃料的挥发分析出规律，可以看出挥发分在沿炉膛高度方向上的浓度分布与床内物料的分布和流动有一定的关系。此外，由于挥发分的燃烧受到氧的扩散速率的控制，炉膛内的氧浓度分布，特别是悬浮段的氧浓度分布直接影响了挥发分燃烧的好坏及热量释放的位置，而氧在炉内的分布和扩散取决于床内气固混合情况，所以挥发分的燃烧也与床内的物料分布和流动有关。

通过对实际运行的循环流化床锅炉的研究发现，挥发分通常比较容易在炉膛上部燃烧。一般在炉膛上部的浓度分布较高，燃烧份额较大。因此，对于高挥发分的燃料来说，其在炉膛上部释放的热量较多；而对于低挥发分的燃料来说，其热量较多地释放在炉膛下部。要想准确地了解挥发分在炉膛内的燃烧份额的分配，仍需要进一步研究挥发分析出和燃烧规律。

挥发分的析出与燃烧是重叠进行的，不能把两个过程完全分开。煤燃烧过程中挥发分的析出与燃烧改善了煤粒的着火特性，一方面大量挥发分的析出与燃烧，加热了煤粒，使煤粒的温度迅速升高；另一方面，挥发分的析出改变了煤粒的孔隙结构，改善了挥发分析出后焦炭的燃烧反应。

3. 焦炭的燃烧

焦炭的燃烧过程通常是在挥发分析出完成后开始的，但这两个过程存在着重叠，即在初期以挥发分的析出与燃烧为主，后期则以焦炭燃尽为主。焦炭的燃烧过程比较复杂。因为焦炭颗粒的粒度不同，其燃烧的工况不同。对于大颗粒焦炭而言，由于颗粒本身的终端沉降速度大，烟气和颗粒之间的滑移速度大，使得颗粒表面的气体边界层薄，扩散阻力小，因此燃烧反应受化学反应速率控制，颗粒粒径越大，反应就越趋于动力控制；对细颗粒焦炭而言，其本身较小的终端沉降速度使得气固滑移速度小，颗粒表面的气体边界层较厚，扩散阻力大，因而燃烧反应受氧的扩散速率控制，颗粒粒径越小，反应就越趋于扩散控制。对于循环流化床锅炉来说，炉膛下部密相床的流态相当于鼓泡床，可以用鼓泡床的模型来代替，因此，根据对鼓泡床的研究，一般认为在密相床内，焦炭燃烧受到动力控制和扩散控制的共同作用，两种控制机理的作用程度相当。而在炉膛上部的稀相段内，情况就比较复杂，因为焦炭颗粒在稀相区的流动行为与煤粉炉内的运动行为有很大差异。在煤粉炉内，炉膛温度高，燃料本身的燃烧反应速度快；细颗粒处于气力输送状态，扩散阻力大，所以燃烧反应为扩散燃烧。而在循环流化床的悬浮段内，炉膛温度相对比较低，燃料的燃烧反应速度较低。同时，细颗粒会产生团聚而形成较大尺寸的颗粒团，加大了滑移速度，减薄了颗粒团表面的气体边界层，从而减小了扩散阻力，提高了扩散速率。从理论上说，循环流化床悬浮段内的焦炭燃烧与煤粉炉相比应该是趋于动力控制。

焦炭颗粒的燃尽取决于颗粒在炉膛内的停留时间和其本身的燃烧反应速率，停留时间越长，燃烧反应速率越快，颗粒就越容易燃尽。颗粒的燃烧反应速度是由颗粒本身的化学反应活性决定的，活性越高，燃烧速度就越快。要想提高低反应活性燃料的燃烧速度，可以采用提高炉膛温度和减小颗粒粒径的办法。提高炉膛温度，可以增加反应速率，从而有利于燃烧反应的进行；减小颗粒粒径，既增大了焦炭颗粒的反应表面积，也有利于燃烧速度的提高。而不同粒径的焦炭颗粒的停留时间取决于该粒径下炉内物料所占有的份额与该粒径颗粒的来料流率的比值。该粒径的物料在主循环灰中所占的份额越小，单位时间内来料中该粒径颗粒的流量越大，则这个粒径的焦炭颗粒在炉内的停留时间越短，就越不利于其燃尽。在循环流化床锅炉中，对于不同粒径的物料颗粒，其含碳量是不同的，即不同粒径的焦炭颗粒其燃尽程度不一样。

直径在 $20\mu m$ 以下的物料颗粒其含碳量非常少，这是因为，虽然该粒径挡的焦炭颗粒很难由分离器分离下来，在炉内的停留时间很短，但是其反应表面积大，反应速度快，因此其停留时间仍然大于燃尽所需时间，故颗粒在离开炉膛之前就可以燃尽。

直径为 $50\sim100\mu m$ 的物料颗粒含碳量非常高，最大甚至达到 $30\%\sim40\%$。这是由于该粒径挡的焦炭颗粒直径比较小，因而分离效率很低，在炉内的停留时间也比较短。另外，该直径下的焦炭颗粒的燃烧主要在悬浮段内完成，燃烧反应属于扩散控制，而悬浮段内的气固混合，尤其是横向扩散是比较差的，使得其燃尽时间大于颗粒在炉内的停留时间，所以该挡颗粒的含碳量很高。循环流化床锅炉的实际运行结果也证明了该粒径挡的焦炭颗粒是飞灰中碳损失的主要来源。

直径在 $200\mu m$ 左右的物料颗粒含碳量几乎为零，只有 0.1% 左右。这是因为，在现今国内外的循环流化床锅炉设计中，炉膛内的表观速度大体为 $5\sim7m/s$，此时该粒径挡的物料颗粒是循环物料的主体，其分级分离效率几乎为 100%，该粒径的焦炭颗粒在炉内的停留时间远大于其燃尽所需的时间，可以充分保证燃尽。

直径大于 $200\mu m$ 的物料颗粒的含碳量随粒径的增加也逐渐增大，但增幅很小。根据经验，直径在 $10mm$ 左右的物料颗粒的含碳量为 $3\%\sim4\%$。这部分含碳量的增加主要是由于粗焦炭颗粒的反应表面积较小，燃烧速度比较低，燃尽时间比较长，而在底部排灰的影响下，焦炭颗粒的停留时间不足以保证其燃尽，所以会造成一定的未燃尽碳损失。

三、循环流化床锅炉的燃烧区域及燃烧组织

1. 燃烧室下部浓相床区域（二次风口以下区域）

此区为富燃料燃烧区，燃料的平均粒径比较大。流化空气为一次风，一次风一般占总风量的 $50\%\sim60\%$。根据燃烧煤种提供合理的一次风量，确保良好的流化并提供部分燃烧氧气。控制床层压力和合适的燃烧温度。控制循环燃烧系统的返料量，确保燃烧温度为设计值，确保床料不产生高温结渣和低温熄火。

资源 26 - 流化床燃烧
区域与燃烧组织

2. 燃烧室上部稀相区域（燃烧室变截面以上至炉顶区域）

此区为富氧燃烧区，燃料平均粒径较小，一般由循环物料组成。二次风在此区发挥组织燃烧作用。控制一、二次风的比例，确保燃烧室出口温度在设计范围内。如果煤粒中细颗粒偏少，需要适当减少二次风量；如果煤粒中粗颗粒偏多，需要适当加大一次风量。

3. 燃烧室下部浓相区与上部稀相区之间的区域

此区为过渡燃烧区，床料浓度沿燃烧室高度变化较大，床料平均粒径居中。组织该区域的燃烧时，首先要求燃烧室的设计有利于二次风的吹透；其次，要求二次风有一定的速度和风量，确保二次风有一定的动量，能吹透到燃烧室中部，使燃烧中心区不缺氧。另外，循环流化床锅炉给煤有两种方式：一种是燃烧室前面给煤，另一种是燃烧室后面给煤。二次风的布置要保证给煤一侧有较多的空气量，保证新加入燃料燃烧需要的氧量。一般给煤侧二次风气量较大，非给煤侧二次风气量较小。

4. 旋风分离器内残余挥发分和循环床料中碳粒的燃烧区

该区属悬浮燃烧，一般烧挥发分高的燃料，分离器内燃烧温升达 100℃ 左右；烧挥发分低的燃料，分离器内温升为 50～70℃。分离器除了收集飞灰实现飞灰循环燃烧之外，还起到燃尽室的作用。中温分离器的燃尽作用小些，低温分离器就没有燃尽作用了。

为了防止分离器内产生高温结渣，必须控制燃煤的粒度分布和一、二次风的配比。如果流化速度太高，煤中细颗粒较多，吹入分离器的飞灰量大，且飞灰含碳量高，容易造成分离器内燃料燃烧份额偏大，产生高温结渣。如果分离器内产生高温结渣，必然要停炉清渣，对锅炉的经济、安全运行带来重大影响。循环流化床锅炉早期运行中曾发生过分离器内高温结渣的现象。早期分离器筒体上留有人孔门，就是为清除分离器高温结渣而设计的。

四、循环流化床锅炉热量释放规律

1. 燃烧份额

资源 27 - 流化床中的
热量释放规律

循环流化床锅炉热量释放规律可以用燃烧份额来表示，燃烧份额定义为在循环流化床燃烧室各个区域中燃烧释放的热量占整个系统热量释放量的百分比。燃烧份额分布是床内流动和燃烧的宏观表现，它对于循环流化床锅炉的设计和运行有很重要的意义。

燃烧份额的概念最早应用在鼓泡床锅炉的设计中，鼓泡床锅炉中密相区和稀相区分界较明显，而且燃烧份额主要集中在密相区。而在循环流化床燃烧锅炉中，由于其流动情况与鼓泡床锅炉有很大区别，因此其热量释放规律也有较大不同。在循环流化床锅炉中，稀相区的燃烧量也占相当大的一部分，并且在分离器中也有一定的燃烧反应发生。因此，在设计过程中，需要知道锅炉内燃烧份额的分布，由此才可确定受热面的布置，保证锅炉各性能参数满足设计要求。

2. 热量释放规律

循环流化床锅炉燃烧份额的分布是流动和燃烧的宏观表现，而循环流化床锅炉的燃烧问题是十分复杂的，因此，在现阶段的设计中仍然需要通过实验测量来得到燃料热量释放的经验性规律。对于不同的煤种，其热量释放规律曲线是不同的。在设计中，可以针对具体的煤种，根据不同炉膛高度上含氧量和物料浓度的变化，假定绘出一条热量释放规律曲线，再通过燃用该煤种的循环流化床锅炉的实际运行结果对曲线加以修正，这样就可以得到这个煤种在炉膛内的热量释放规律。

对于低挥发分的难燃煤种，在炉膛下部的燃烧份额比较大，热量释放多，因此需要较高比例的一次风来提供一定的氧气并将释放出来的热量带到炉膛上部；而高挥发分的煤种，相对来说，在炉膛中、上部的热量释放比较多，因此需要较高比例的二次风来补充燃料燃尽所需的氧量。可以说，一、二次风的分配比例是与炉膛上部和下部的燃烧份额分配相对应的。另外，受热面的布置也需要根据燃料的热量释放规律来进行调整，以保证受热面可以有效地将燃料释放的热量吸收掉，维持燃烧室内正常的热平衡。定性地说，易燃性煤种，其燃烧份额的分配偏于炉膛上部，而难燃性的煤种则在炉膛下部有较大的燃烧份额。同样，高挥发分的煤种在悬浮段有较大的燃烧份额，而低挥发分煤种的热量释放靠近炉膛下部。

煤的成灰特性影响燃烧室内物料的粒径分布和浓度分布，从而影响燃烧室内的燃烧和传热，进而影响循环流化床的热量平衡。在分离器分离效率达到一定要求时，当煤的成灰粒径较小时，密相区的燃烧份额较低，物料循环量较高；而当煤的成灰粒径较粗时，密相区的燃烧份额较高，物料循环量较低。

在循环流化床锅炉中有大量的细灰参与循环，大量细颗粒的循环对维持床内的燃烧份额的合理分布，以及床内的热量平衡，有相当重要的作用。在确定的床温下，一次风所能带走的热量及密相区受热面所能带走的热量基本上确定了。当密相区燃烧份额高于密相区受热面所能冷却的水平，而循环灰量又达不到一定的水平，就会使得密相区超温，这是国内有的所谓低循环倍率的循环流化床不能满负荷运行的原因之一。

第二节　循环流化床锅炉中煤的成灰特性

循环流化床锅炉中煤的成灰特性直接决定了床内的固体颗粒浓度、物料的扬析夹带过程、炉内的传热过程以及煤颗粒的燃烧过程，从而对炉膛内热负荷的分布有极为重要的影响。煤粒成灰特性取决于煤粒在循环流化床热破碎的过程，它既与煤粒本身的特征，包括煤种、粒径和矿物组成有关，又与循环流化床运行操作条件，如床温、加热速率、运行风速等有关。

煤颗粒进入流化床后会经历一个热解、爆裂和燃烧的过程，最后变为许多以灰分为主的颗粒，这一过程可以根据不同的破碎机理区分为一次碎裂、二次碎裂、渗透破碎和磨耗等现象，如图 4 - 2 所示。

一、一次碎裂

当给煤颗粒被送进循环流化床锅炉炉膛中被很快加热时，煤中挥发分开始释放，热解出的挥发分导致颗粒中的孔隙内压开始升高，当孔隙内压增大到足以克服颗粒本身的强度时，母体颗粒便分裂成为数片较小尺寸的碎片，这一现象称为煤颗粒的一次碎裂。

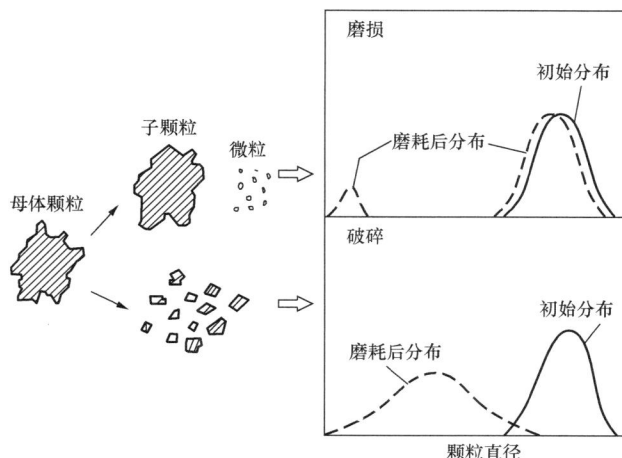

图 4 - 2　煤燃烧过程颗粒粒径的变化

影响一次碎裂的主要因素是挥发分在颗粒内部孔隙中析出时产生的压力。当燃煤颗粒进入流化床后，其内部由于温度分布不均匀而产生的热应力也是煤颗粒一次碎裂的原因之一。

煤种特性对一次碎裂有重要影响。一般地，随着挥发分含量的升高，一次碎裂程度增强；灰分对一次碎裂程度有双重影响，一方面增加颗粒不均匀性，形成内部分界面，加剧一次碎裂，另一方面灰分又可以提高颗粒的强度，削弱一次碎裂；碳含量对一次碎裂的影响与挥发分含量的影响恰恰相反。

此外，煤岩类型对一次碎裂也有影响。根据煤颗粒所富集的显微组分的差别，可以将其分为光亮煤和暗淡煤两种宏观煤岩类型。光亮煤镜质组含量高达90%以上，丝质组含量低；而暗淡煤镜质组含量较低，丝质组含量高达20%～40%。镜质组是一种碎裂程度较强的显微组分，丝质组则是碎裂程度最弱的显微组分。同时，暗淡煤含有较多可以提高颗粒强度的黏土，其硬度比光亮煤大，而光亮煤内有较多发育的内生裂隙。所以，一般光亮煤的一次碎裂程度要比暗淡煤高。

一次碎裂最直接的结果就是影响了固体颗粒在流化床内的粒度分布，进而对物料的扬析夹带过程、床内传热过程、煤和焦炭颗粒的燃烧过程以及燃烧室内热负荷的分布都有重要的影响。碎裂前后颗粒的粒度分布有较明显的变化，初始给煤的粒度分布较窄，而碎裂后焦炭颗粒的粒度分布要比原煤宽，而且原煤的粒度越大，原煤粒度分布和碎裂后焦炭的粒度分布差别越大，碎裂后焦炭的粒度范围就越大。碎裂后的焦炭颗粒中，相当大的一部分质量集中于较大的碎片，而小颗粒虽然数量较多，但是其所占的质量份额却很低。

二、二次碎裂

经历过热解过程以后，煤颗粒基本变为焦炭颗粒，由于燃烧反应和颗粒碰撞的综合作用，颗粒网络结构中某些联结部分断开，导致焦炭颗粒再次碎裂为更小粒径颗粒的现象，称为二次碎裂。

二次碎裂与煤颗粒的燃烧程度和煤颗粒内部的温度梯度密切相关。光亮煤的燃尽程度高，碎裂程度较大，碎裂后样品的大孔较多，暗淡煤的燃尽程度低，碎裂程度相对较小，破碎样品裂隙较多。与一次碎裂后的碎片相比较，二次碎裂样品中没有与样品粒径相当的较大片的网状灰壳，大片网状结构在二次碎裂中难以保持，将进一步碎裂形成细小颗粒，这是灰壳型大颗粒煤焦难以形成的原因之一，也是飞灰生成的一个重要原因。二次碎裂过程中颗粒的孔隙结构会发生很大变化，二次碎裂使热解过程中形成的一些孔隙和网状结构坍塌、断裂，碎片的空隙率和比表面积减小，一般小于原煤的空隙率和比表面积。

三、渗透破碎

在焦炭燃烧的最后阶段，随着颗粒中碳的燃尽，颗粒中富灰成分暴露出来，形成具有一定空隙率的灰壳，由于氧气的渗透作用，碳核会逐渐趋于燃尽，使得整个颗粒的空隙率不断加大，当空隙率增大到某个临界值后，整个颗粒就会崩溃，变为许多更小的以灰分为主的颗粒，这一现象称为渗透破碎。

四、磨耗

由于循环流化床锅炉燃烧温度较低，低于煤灰的灰熔点，所以煤粒中的富灰组织在这一过程中并不会改变它们的基本形态。但是，颗粒间的碰撞以及颗粒与床壁间的碰撞将会发生磨耗，导致煤灰颗粒的尖角边缘从母体颗粒上脱落。通常，一个煤灰颗粒生成一组细小灰颗粒和一个相对较大的母体灰颗粒。

　　一旦煤颗粒进入循环流化床锅炉炉膛，床内的气固两相流动将会导致颗粒之间或者颗粒与床壁之间的碰撞。同时，由于煤颗粒被加热开始燃烧，一次碎裂、二次碎裂以及渗透破碎也开始进行。于是可以把磨耗过程分为前期和后期两个阶段。前期磨耗伴随颗粒的碎裂；后期则代表煤颗粒燃尽后的磨耗过程，而这一过程可以认为没有颗粒的碎裂。

　　对于循环流化床锅炉内煤的成灰过程，通常认为煤颗粒的碎裂和磨耗是相互耦合的过程，在煤颗粒热解和燃烧全过程中始终存在磨耗现象，而且两类过程会相互影响。对含灰量高的焦炭颗粒，其内部存在大量的灰核，当焦炭颗粒中的含碳成分燃尽后，灰核之间的连接段变得非常脆弱，由于碰撞或者颗粒重力即可使其断裂，再考虑到循环流化床锅炉的燃烧温度低于一般煤中矿物质熔点，所以，可认为焦炭中矿物质成分即反映了灰的筛分分布。研究发现，粗灰颗粒几乎全部来自于煤中矸石，细粉颗粒除少量来自于矸石直接破碎外，绝大部分来自煤中富灰灰核，这些灰核在一次碎裂和焦炭燃烧过程中并不发生破碎，由于燃烧温度较低，低于煤灰的熔点，富灰灰核在这一燃烧过程中并不改变其形状。所以，煤中矸石的颗粒尺寸分布实际上就是循环流化床锅炉中最后大尺寸成灰的颗粒尺寸分布，而细灰粒子则通常来自于煤矿形成过程中沉积的尘粒组分。

第三节　循环流化床锅炉的传热

　　循环流化床锅炉中的传热包括气体与固体颗粒间的传热、床层与水冷壁之间的传热、床层与炉内埋管间的传热、外置式换热器中鼓泡床层与埋管间的换热以及旋风分离器或气体一次分离器内的传热。

　　循环流化床锅炉的炉内主要采用由鳍片相连接的管排构成的膜式水冷壁，在炉膛上部，水冷壁外侧是保温层，内侧暴露于烟气中；在炉膛下部，出于防磨的考虑，内侧一般要敷设防磨层。循环流化床锅炉中，由于炉膛内部有大量的固体物料循环，颗粒的热容量较大，对水冷壁产生强烈的对流和辐射作用。因此，循环流化床锅炉的燃烧室中床对壁面的总体表面传热系数可达 $200W/(m^2 \cdot K)$，远大于一般的煤粉炉和固定床锅炉。然而，固体颗粒热物性、密度、水冷壁的特殊几何形状使循环流化床炉内的流动和传热变得复杂。迄今为止，无论是通过实验测量还是模型研究，都不能准确地知道燃烧室中局部和总体的传热系数是多少。

资源 28 - 流化床锅炉
传热的特点

　　早期的流化床锅炉都是鼓泡床，所以大量的传热研究都集中在鼓泡床方面。近些年来，学者们在循环流化床燃烧室内的传热方面做了大量工作，取得了一定的成果。这些成果主要集中在物理模型和传热机理，实验模拟、现场测量以及测量方法的研究，数值计算求得局部温度分布进而得到热流和表面传热系数。

一、气体与固体颗粒之间的传热

　　在循环流化床锅炉内，气体与固体颗粒之间的传热系数是相当大的。这是因为，在密相区，床内气固之间的滑移速度大，热边界层比较薄，传热热阻小；在稀相区，虽然单个细颗粒的滑移速度比较小，但是由于在悬浮段细颗粒有团聚行为而形成大尺寸的颗粒团，颗粒团和气体之间仍有较大的滑移速度（见图 3-8）；而固体颗粒之间的频繁碰撞也导致其热边界层较薄，强化了传热。因此，气体与固体颗粒以及固体颗粒间的表面传热系数很大，使得炉

资源 29 - 气体与固体
颗粒之间的传热

腔温度表现出相当程度的均一性。

资源 30 - 循环流化床
炉内传热

二、循环流化床炉内的传热

1. 炉内传热机理

循环流化床锅炉由于炉膛内部有高浓度的物料循环，因而其传热机理与常规的煤粉炉不同。煤粉炉的炉膛内由于烟气携带的飞灰浓度很低，因此主要通过辐射的方式将燃料燃烧释放的热量传递给受热面。为了保证足够的传热量，设计中要求煤粉炉的炉膛温度比较高。而循环流化床锅炉则不同，循环流化床的床温保持在 850～900℃ 这个较低的范围内，所以烟气辐射换热量的份额与煤粉炉相比也比较小，而且其炉膛内部有大量的固体物料的循环运动，因此，不可忽视颗粒和气体的对流换热作用。因此，循环流化床锅炉炉膛内部的传热既要考虑到对流换热的影响，也要考虑到辐射换热的作用。在进行炉内换热表面传热系数计算时，将对流表面传热系数和辐射表面传热系数直接相加得到，即

$$h_w = h_c + h_r \tag{4-1}$$

式中　h_w、h_c、h_r——壁面总表面传热系数、对流表面传热系数和床层辐射表面传热系数。

固体颗粒团聚是循环流化床的一个主要特点，这些颗粒团的向下运动主要发生在壁面附近的环形气固边界层内。从观察和实验研究发现，壁面是被间断的颗粒团扫过而不是为连续的颗粒层所覆盖。当颗粒团扫过壁面时，颗粒对壁面冲刷和碰撞，将热量传递给壁面；当颗粒团离开壁面时，烟气覆盖壁面。因此，炉内的对流换热包括颗粒的对流换热和烟气的对流换热，两项表面传热系数中的每一项按颗粒团和烟气覆盖壁面的时间比例线性叠加，即

$$h_c = f_\tau h_p + (1 - f_\tau) h_g \tag{4-2}$$

式中　f_τ——壁面被颗粒团覆盖的平均时间份额，随着截面平均颗粒体积浓度的增加而增长；

　　　h_p、h_g——颗粒对流和烟气对流表面传热系数。

烟气对流表面传热系数 h_g 与流化风速有关，一般情况下，它比颗粒的对流传热系数 h_p 要小得多，在表面传热系数中仅占 10%～20%。

辐射传热分量是循环流化床的主要传热分量，当炉温较高和颗粒浓度较小时，辐射表面传热对于总表面传热系数的贡献就会增大。辐射表面传热系数可按下式计算：

$$h_r = \frac{\sigma(T_B^4 - T_w^4)}{(1/\varepsilon_b + 1/\varepsilon_w - 1)(T_B - T_w)} \tag{4-3}$$

式中　T_B——床层热力学温度，K；

　　　T_w——壁面热力学温度，K；

　　　ε_b——床层的等效黑度；

　　　ε_w——壁面的黑度。

2. 炉内传热的主要影响因素

悬浮固体物料的浓度对于表面传热系数的影响是最主要的，随着固体物料浓度的增加，表面传热系数也相应增加。有的研究认为，循环流化床中表面传热系数与悬浮物密度的平方根成正比。由于悬浮段的固体物料浓度分布沿床高是按照指数形式衰减的，也就是说，不同高度上的物料浓度是不同的，因此表面传热系数在不同的炉膛高度上也是不同的，见图 4 - 3。

另外，燃烧室的温度对表面传热系数也有较大的影响。床温的升高，不但加强了辐射换热，而且会提高气体的导热系数，减小颗粒贴壁层的热阻，从而有效地提高总表面传热系数。因此，有些循环流化床锅炉在循环量不能达到设计要求的情况下，采用提高床温的办法来提高表面传热系数，保证锅炉出力。

再有，炉内的气固流动对辐射换热和对流换热所占的份额有较大影响。在炉膛底部的密相区内，由于物料浓度很高，返混流动剧烈，因此其传热方式以颗粒对流换热为主；在炉膛上部的稀相区，由于颗粒浓度降低，其传热方式以辐射为主；在密相区与稀相区之间的过渡区域，对流换热份额和辐射换热份额相当。

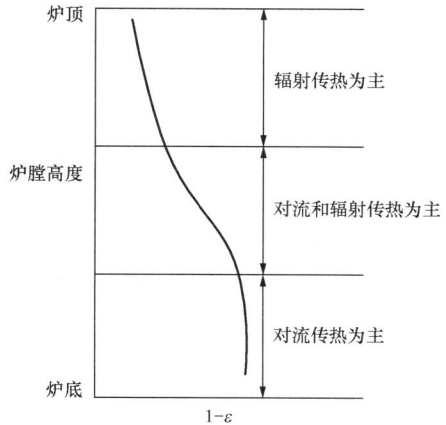

图 4-3　炉内传热系数沿床高的变化

资源 31-分离器和尾部受热面的传热

三、分离器内的传热

分离器中的受热情况更为复杂，由于分离器各位置上的流动情况存在差异，各处烟气中的固体物料浓度不同，因此详细的传热计算比较困难。一般来说，可采用燃烧室的计算方法近似处理，不会引起较大的误差。

四、尾部对流受热面的传热

布置在分离器出口之后的过热器、再热器、省煤器、蒸发对流管束和空气预热器等受热面，吸收烟气的热量，这些受热面的传热计算与传统锅炉基本一致。但由于分离器出口的烟气中含尘颗粒的粒度相对比较粗，一般为 $40\sim80\mu m$，而煤粉炉为 $15\sim25\mu m$，且飞灰的形态与煤粉炉不同，未经高温熔化，因此对层部受热面的污染远远小于煤粉炉，尤其在较高温度时，这一区别更为明显，因此循环流化床锅炉的尾部烟道中受热面高温段的热有效系数比相应的煤粉炉高 $0.1\sim0.25$，在设计时应予重视。若循环流化床锅炉的过热器按煤粉炉计算设计，必然导致超温。

五、循环流化床锅炉燃烧室内传热系数的测量

由于循环流化床锅炉炉内气固流动的复杂性，要从理论上建立一个计算燃烧室内表面传热系数的关联式是十分困难的，许多学者开展了对燃烧室内表面传热系数测量的研究。大量测试结果表明：燃烧室内平均表面传热系数为 $100\sim160W/(m^2 \cdot K)$，而局部表面传热系数为 $50\sim280W/(m^2 \cdot K)$。下面对燃烧室内表面传热系数的测试技术进行简要介绍。

1. 导热式热流计测量技术

导热式热流计是通过测量其导热量、温度及床温来计算出床料与壁面之间的传热系数。

图 4-4 所示为一种典型的导热式热流计结构示意。导热探头由 45 号碳钢加工成圆柱形。在探头轴

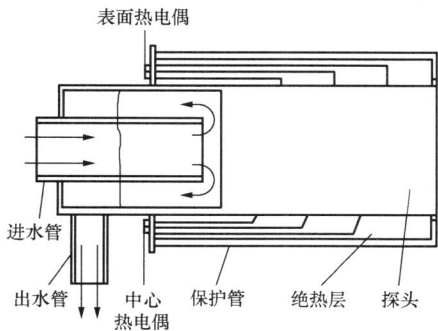

图 4-4　热流计结构示意

线的不同位置焊接了三个热电偶。在探头外圆，与轴线相同的三个位置也焊接了三个热电偶，以测量探头内外温度。实验时将热流计插入测孔，使探头前端面与膜式水冷壁向火面平齐。探头另一端用水冷却，探头周围用保温材料绝热。当探头从燃烧室内得到的热与冷却水带走的热达到平衡时，在轴线上和探头内外之间建立了稳定的温度场。此时，可根据测试数据计算热流密度以及床层与壁面之间的传热系数，即

$$h = \frac{q_0}{t_b - t_p} \tag{4-4}$$

式中 h——测孔处床层与壁面之间的表面传热系数；

q_0——热流密度；

t_b——床温；

t_p——探头热端表面温度。

若圆柱为一级导热，则稳态后轴间温度应为线性分布，可用下式算出热流密度 q_0：

$$q_0 = \lambda \cdot \frac{\Delta t}{\Delta l} \tag{4-5}$$

式中 λ——探头导热系数，碳钢的导热系数 λ 受温床的影响而变化，在实验室应对探头的导热系数进行标定，W/(m·K)；

Δt——热电势温差，K；

Δl——热电偶距离，m。

2. 燃烧室内粒子浓度的测量技术

床层与受热面之间的表面传热系数受许多因素的影响，但最重要的影响因素是床料的粒子浓度和床温。为了简化，有的研究者将床层与受热面之间的表面传热系数与床料浓度和温度关联起来。建立如下的表面传热系数的关联式：

$$h_w = a\rho_b^n t_b^m \tag{4-6}$$

式中 ρ_b——床料平均浓度，意为每立方米气体中有多少千克的颗料，kg/m³；

t_b——床温，K；

a、n、m——常数。根据大量试验结果归纳出 a、n、m 分别为 0.39、0.35 和 0.79。

由式（4-6）可知，只要知道了燃烧室内粒子的平均浓度和床温，就可计算床层与受热面之间的表面传热系数。

床温可通过热电偶来测量，燃烧室内的粒子浓度可采用颗粒取样器进行测量，下面介绍粒子取样器测量燃烧室内粒子浓度的技术。

图 4-5 所示为一种用于直接测量粒子浓度的取样器。其中，前、中、后挡板与左、右侧板连成一体，滑动挡板与上下两片移动挡片连成一体，移动挡片在滑动挡板的带动下可以沿滑槽滑动。手柄标有刻度，与定位盘一起用于定位。使用时取样器以开启状态从侧孔伸入燃烧室并定位。流场稳定之后快速推动推柄，推动滑动挡板并带动上下移动挡片关闭取样器，取样器采样体积 V 内的颗粒被捕捉，称出样品的质量 m，则取样器所在位置的局部颗粒浓度 $\rho_s = m/V$。通过测量燃烧室内不同位置的局部颗粒浓度，计算出燃烧室内粒子的平均浓度。

3. 床层与受热面之间表面传热系数的试测值

（1）美国 Battelle 实验室试测值。当床温为 871～954℃，流化速度为 9～10.5m/s 时，测

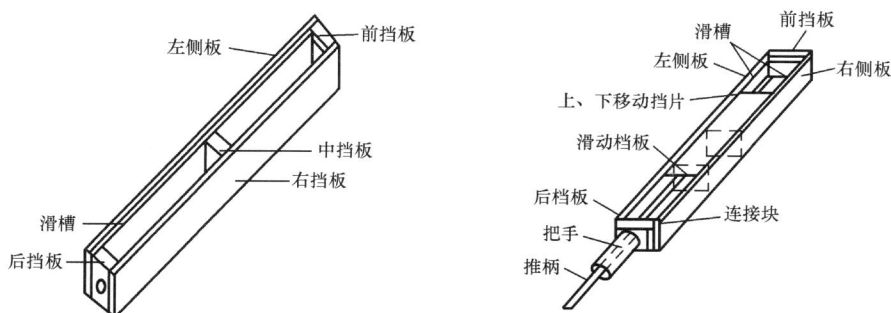

图 4-5　颗粒取样器示意

得的浓相床的表面传热系数为 210～227W/(m² · ℃)，稀相床的表面传热系数为 114～170 W/(m² · ℃)。对外部流化床热交换器，测得的表面传热系数为 398～568 W/(m² · ℃)，约为鼓泡床的两倍。

（2）德国 Lurgi（鲁奇）公司测得的表面传热系数。当床温为 849℃，流化速度为 3～9m/s，床料平均粒径为 200～300μm 时，测得的床层与水冷壁之间的表面传热系数为 116～232W/(m² · ℃)。

单元思考题

1. 简述循环流化床锅炉着火条件好的原因。
2. 简述煤粒在循环流化床内的燃烧过程。
3. 简述不同粒径焦炭颗粒在循环流化床内燃尽情况及原因。
4. 简述循环流化床锅炉不同区域的燃烧特点及燃烧组织措施。
5. 什么是燃烧份额？哪些因素影响循环流化床锅炉炉内的燃烧份额分布？
6. 简述煤在循环流化床锅炉中的成灰过程。
7. 简述循环流化床锅炉炉内的传热机理。
8. 循环流化床锅炉炉内的传热系数与物料浓度有何关系？
9. 简述循环流化床锅炉炉内传热系数的测量原理及方法。
10. 循环流化床锅炉炉内传热系数大概范围是多少？

第二篇
设 备 原 理

　　设备既是学习的对象，又是操作的对象；既蕴含着基本知识的原理，又体现了设计工艺的匠心，更着眼于运行操作的要求。设备原理上承基本知识，下启技能训练，是理论和实践结合的载体。

单元五　物料循环燃烧系统

◆ 引 言

　　本单元是"设备原理篇"的第一个单元。通过前面"必备知识篇"四个单元的学习，我们已经打下了扎实的循环流化床燃烧技术的理论基础，但可能感觉太"理论"了，想早点见识循环流化床锅炉"真身"到底是什么样。从本单元开始，我们就开始"接地气"了，要逐个系统、逐个设备地学习，把设备结构、原理搞清楚，为操作设备做好准备。

　　物料循环燃烧系统是循环流化床锅炉最核心的系统，是循环流化床锅炉最突出的特征，是和其他类型锅炉区别最大的本体结构。这个系统最值得我们投入主要精力去学。学习系统组成和设备结构原理，一定要结合前面学习的基本理论去理解，多问问为什么设计成这样而不是那样。例如炉膛下部为什么设计成锥段？而且还要敷设耐磨材料？布风板阻力为什么不是越小越好？为什么布置床下点火燃烧器？旋风分离器直径为什么不能太大？为什么还有汽（水）冷型式的？另外，还要通过学习设备结构快速增强工程意识，因为设备结构需要在工程实施上具有可行性，要解决很多制造、安装工艺问题和运行维护问题，有很多设计"技巧"在里面，所以认真领会这些巧妙的结构设计还能增强我们的创新意识。学习设备结构原理是一个工程实践性很强的过程，是为运维实践"热身"，是理论和实践相结合的第一步。

　　循环流化床锅炉的物料循环燃烧系统由布风装置、燃烧室、气固分离器、返料装置、点火装置等设备组成，如图5-1所示。

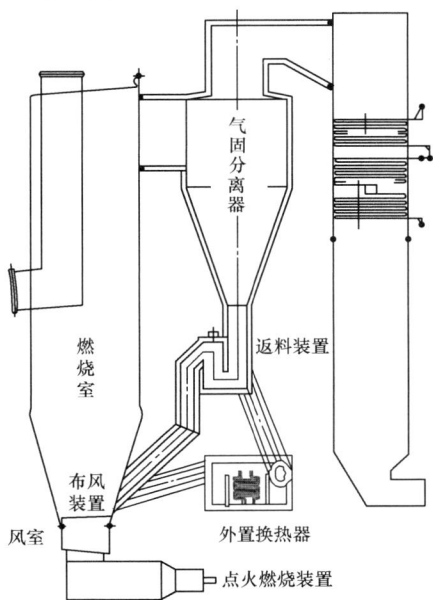

资源32-物料循环燃烧系统的构成

图5-1　物料循环燃烧系统

　　燃烧室、气固分离器及返料装置被称为循环流化床锅炉的三大核心部件，并构成了循环流化床锅炉的颗粒循环回路（又称为主循环回路），是其结构上区别于其他锅炉的明显特征，是循环流化床锅炉特有的系统。当锅炉容量较大时，为了弥补受热面布置的不足，外置换热器也成为必需。

第一节　炉膛及布风装置

　　与传统的煤粉锅炉相同，循环流化床炉膛四周和顶部由膜式水冷壁组成。为了防止炉内床料从下部漏掉，循环流化床锅炉在燃烧室（炉膛）底部布置了布风板，把炉膛封住，这是与煤粉炉的区别之处。布风板由水冷壁延伸组成，布风板和安装在其上的风帽共同构成了布风装置。

一、燃烧室

　　炉膛是燃料的燃烧空间。立式长方形燃烧室是最常见的炉膛结构，炉膛四周由水冷壁围成。一般规定，站在炉前，面向尾部烟道，近处的炉墙称为前墙，与前墙相平行的远处的炉墙称为后墙，与前后墙垂直的两面墙称为侧墙，左手侧为左侧墙，右手侧为右侧墙，如图5-2所示。锅炉左右方向的尺寸一般称为宽度，前后方向的尺寸称为深度。

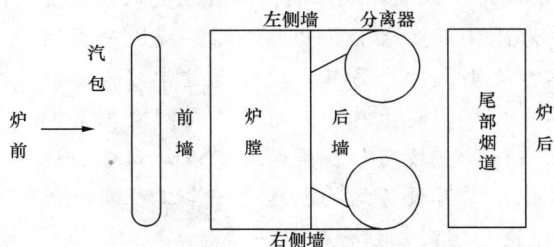

图5-2　锅炉整体布置位置俯视图

　　为了防止烟气和物料向外泄漏，一般采用膜式水冷壁。这种结构常常与风室、布风板连成一体，悬吊在锅炉钢架上，可以上下自由膨胀。

　　1. 燃烧室横截面形状

　　燃烧室横截面呈长方形，宽度与深度之比约为2，一般为1.7～2.2，典型炉膛形状如图5-3所示。这样的炉膛截面形状有以下优点：

　　（1）有利于给煤和石灰石的均匀扩散；

　　（2）易于保证二次风的穿透；

　　（3）增大水冷壁受热面的布置面积。

资源33 - CFB锅炉
炉膛

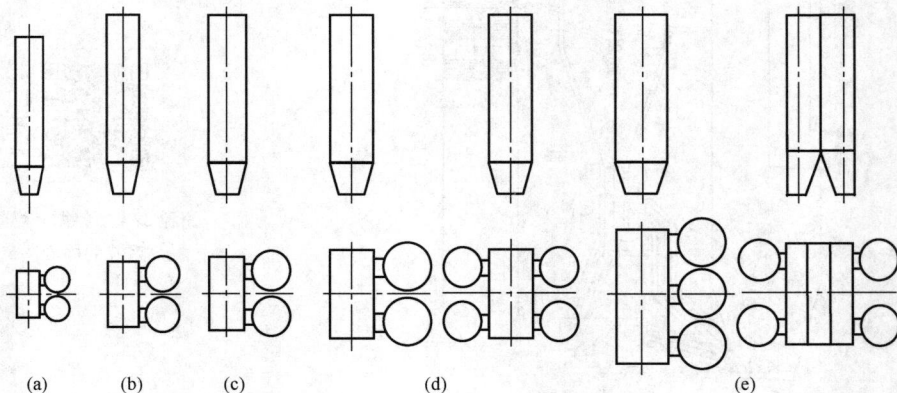

图5-3　典型炉膛形状

(a) 50MW；(b) 100MW；(c) 150MW；(d) 200MW；(e) 300MW

当机组容量达到 300～600MW 时，为了解决二次风的穿透和保证分离器分离效率的问题，炉膛采用裤衩腿结构，分离器布置在炉膛两侧，同时炉膛宽度与深度之比可以进一步减小。

2. 燃烧室高度

炉膛主体高度主要考虑水冷壁受热面布置的数量和燃烧效率的要求，并兼顾尾部烟道的高度要求。锅炉容量越大，需要布置的水冷壁受热面及尾部受热面就越多，炉膛也就越高。高的炉膛可以延长燃料在炉膛内的停留时间，从而可以提高燃烧效率。

表 5-1 为循环流化床燃烧室（从布风板至炉顶）高度的推荐值。

表 5-1　　　　　　　　　　　循环流化床锅炉燃烧室高度的推荐值　　　　　　　　　　　（m）

煤种	锅炉容量（kg/s）						
	9.727	20.83	36.11	61.11	113.9	186.1	274.2
烟煤	15	20	25	29	34	39	50
褐煤	14	18	24	28	30	37	47

3. 燃烧室锥段

大多数炉膛采用不等截面积形式 [有的循环流化床锅炉也采用等截面，见图 5-4（a）]，即炉膛中、上部截面积较大，穿过布风板的一次风占总风量的比例基本上等于布风板截面积与炉膛截面积之比，锥段收缩比例与一、二次风比相匹配，即所谓变截面等风速设计，如图 5-4（b）所示。这种设计有以下优点：

（1）有利于在低负荷运行时保证密相区良好流化；

（2）有利于密相区表面增大扬析量，从而提高炉膛换热量；

（3）与等截面炉膛相比，降低了上部截面烟速，增大了物料在炉内的停留时间，可以提高燃烧效率；

（4）上部烟气流速的降低，可以减小垂直受热面的磨损；

（5）等风速设计可以保证多数煤种在炉膛内有合理的燃烧份额分配，上下温差较小。

对难燃煤种，可适当增加锥段的高度并减小布风板面积的比例。

4. 炉膛开孔

炉膛上开有各种功能的门孔，如给

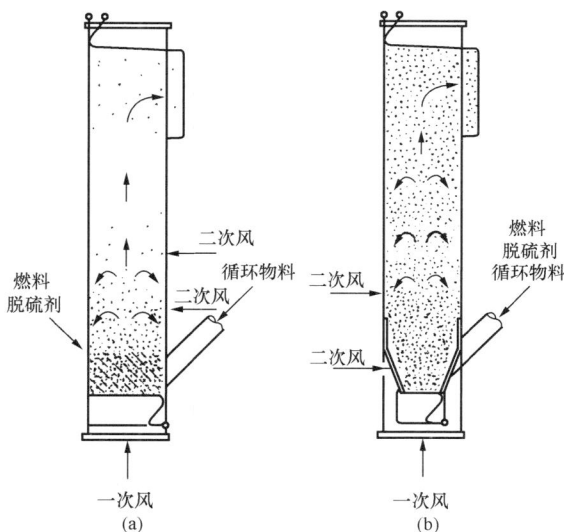

图 5-4　循环床锅炉两种不同的炉膛设计
（a）等截面变风速；（b）变截面等风速

煤口、回料口、排渣口、二次风口、炉膛烟气出口、检修人孔，有的锅炉还有油枪口、石灰石给入口、冷渣器回风口等，总开孔数少的有十几个，多的达几十个。因为流化床炉膛在运行时呈正压状态，所以密封要求较高，否则会导致物料和烟气外冒，不但污染厂区环境，而且威胁人身安全。因此流化床锅炉炉膛上开口数量应尽可能少，而且运行时要求各门孔关闭严密。锅炉结构设计时可适当减少上下二次风的数目，既增加单个二次风口的混合强度，也可以减少运行中的调节量。

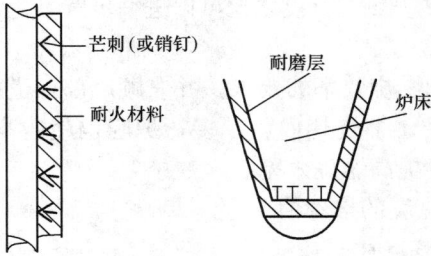

图 5-5 水冷壁内衬防磨简图

出口区域和炉膛开孔区域的磨损。

在炉膛设计上，锥段交界面的防磨主要有两种结构，如图 5-6 所示。炉膛出口区域附近的防磨结构如图 5-7 所示。

5. 燃烧室密相区防磨

为了减轻水冷壁受热面的磨损和腐蚀，在炉膛下部密相区水冷壁内侧衬有耐磨耐火材料，厚度一般小于 50mm，高度根据锅炉容量大小和流化状态来确定，一般为 4~8m，水冷壁内衬防磨简图如图 5-5 所示。

6. 燃烧室稀相区防磨

燃烧室稀相区防磨主要注意锥段交界面、炉膛

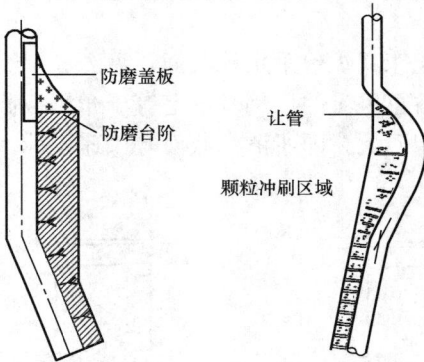

图 5-6 锥段交界面的防磨结构

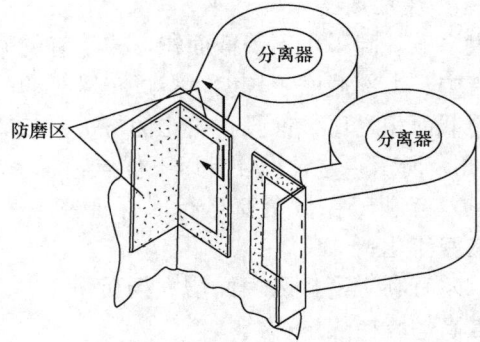

图 5-7 炉膛出口区域的防磨结构

炉膛开孔区域的防磨主要为屏式受热面的穿墙防磨。必要的压力、温度测点在炉膛内的开孔也应考虑防磨，这些测点的开孔应尽量远离锥段区域，并禁止在平面内让管。

7. 大型锅炉的炉膛

当循环流化床锅炉的容量增加时，炉膛的高度和宽深比将会增加，而截面积与体积比将会减小，同时，大容量循环流化床锅炉要考虑给煤分布的均匀性，因而还要考虑给煤点的位置。另外，从经济性的角度考虑，炉膛高度不能随着锅炉容量的增加而无限制地增加。因此，对大容量的循环流化床锅炉，

资源 34 - 大型 CFB 锅炉炉膛形式

必须设法维持炉膛的结构尺寸在合理的比例之内。随着循环流化床锅炉容量的不断增大，单一炉床和布风板已不能满足大容量的要求。为了获得良好的流化状态并增加蒸发受热面的布置，出现了多种炉膛结构，如采用具有共同尾部烟道的多个炉膛结构，见图 5-8（a）；采用裤衩腿设计的炉膛，见图 5-8（b）和图 5-9。在炉膛中间布置翼墙受热面或在

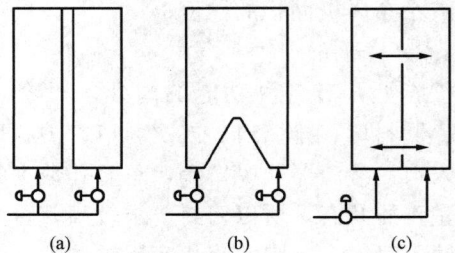

图 5-8 大型循环流化床锅炉的炉膛设计方案
(a) 双炉膛；(b) 裤衩腿单炉膛；(c) 带开孔的分隔屏

固体循环回路中布置一换热床，除了在其中布置过热器、再热器外，还布置一部分蒸发受热面，以解决在炉膛内布置不下蒸发受热面的问题。在单一炉膛内采用全高度带有开孔的双面曝光膜式壁分隔墙，见图5-8（c）。如炉膛中间布置双面曝光水冷壁，以增加水冷受热面积，炉膛为立式方形，采用不等截面形式，炉膛中、上部截面积较大，下部截面积渐缩，呈倒锥形，宽深比较大，保证二次风对物料有良好的穿透能力。在布风板以上，由双面水冷壁将其分为左右对称的两个炉室。

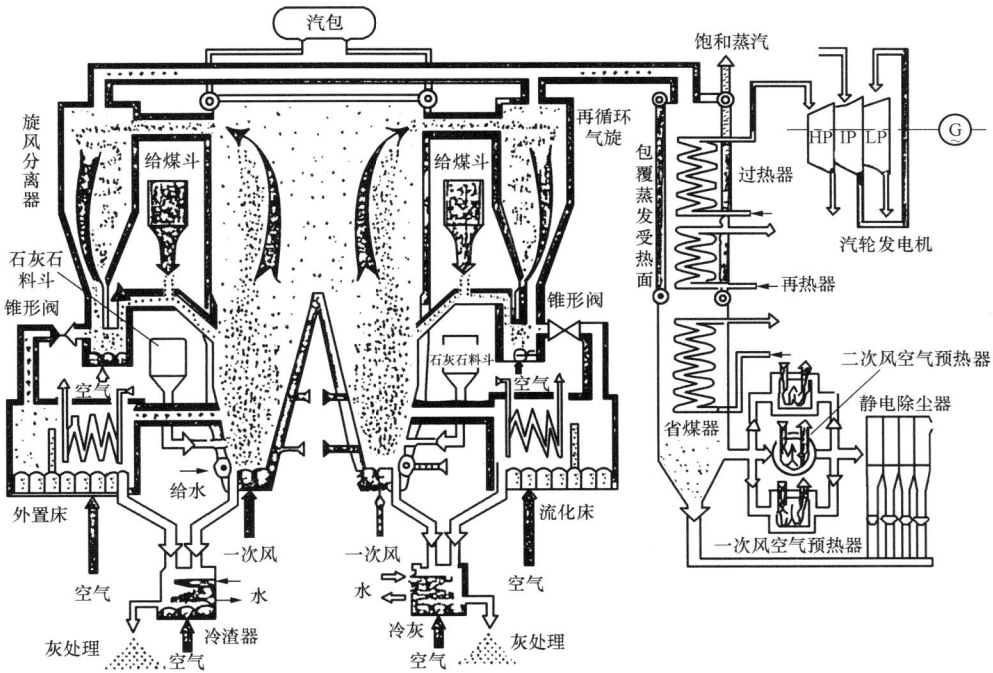

图5-9　法国Gardanne电厂循环流化床锅炉的裤衩腿炉膛和燃烧系统

采用裤衩腿结构设计的典型工程应用为法国Gardanne电厂250MW循环流化床锅炉。

随着锅炉容量的加大，气固分离器的数量也增加了，与炉膛的相对布置方案也需要考虑。图5-10所示为鲁奇公司锅炉容量放大后炉膛与分离器的布置方案。

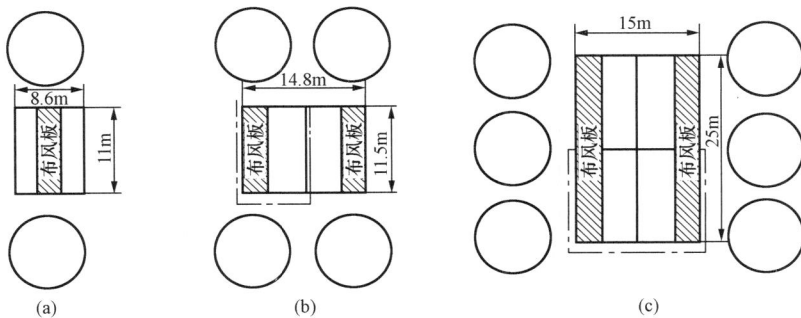

图5-10　锅炉容量放大后炉膛与分离器的布置方案
（a）125/150MW；（b）250/270MW；（c）600MW炉膛

图 5 - 11　风帽式布风装置结构
1—风帽；2—隔热层；3—花板；
4—冷渣管；5—风室

二、布风装置

布风装置是炉膛底部支承物料并分配一次风的装置。目前，流化床锅炉采用的布风装置主要是风帽式，它由风室、布风板（花板）、风帽和隔热层组成，如图 5 - 11 所示。

风帽式布风装置的工作过程：由风机送入的空气从位于布风板下部的风室通过风帽底部的通道，从风帽上部径向分布的小孔流出，由于小孔的总截面积远小于布风板面积，因此气流在小孔出口处取得远大于按布风板面积计算的空塔气流速度。从风帽小孔中喷出的气流具有较高的速度和动能，进入床层底部，使风帽周围和帽头顶部产生强烈的扰动，并形成气垫层，使床料中煤粒与空气均匀混合，强化了气固间的热质交换过程，延长了煤粒在床内的停留时间，建立了良好的流化状态。

布风装置的结构设计、布置形式及风帽分布对锅炉燃烧、物料掺混、炉内传热都起着重要作用。因此，对布风装置的要求如下：①能均匀密集地分配气流，避免在布风板上形成停滞区；②能使布风板上的床料与空气产生强烈的扰动和混合，要求风帽小孔出口气流具有较大的动能；③空气通过布风板的阻力损失不能太大，但又需要一定的阻力；④具有足够的强度和刚度，能支承本身和床料的重量，压火时防止布风板受热变形，避免风帽烧损，并考虑到检修清理方便；⑤防止床料漏入风室。

资源 35 - 布风装置
工作过程

（一）风帽

循环流化床锅炉的风帽是燃烧系统中的重要附件。风帽安装在布风板上，其主要作用是将流化燃料所需要的风均匀地送入炉膛。如果风帽磨损或风帽堵孔后过热，就会使风帽损坏，造成布风不均匀，正常流化状态被破坏，风室严重积渣，风帽、炉墙磨损严重，流化床结焦等事故，危及运行的安全；同时也会导致厂用电升高，锅炉效率下降，影响经济运行。随着循环流化床锅炉的发展，出现了多种结构形式的流化风帽。

资源 36 - CFB 锅炉的
风帽型式

1. 小孔风帽

小孔径风帽分为圆顶和柱形等多种形式，如图 5 - 12 所示。图 5 - 12 （a）、（b）为圆顶风帽，这种风帽阻力大，但气流的分布均匀性较好。连续运行时间较长后，一些大块杂物容易卡在帽沿底下，不易清除，冷渣也不易排掉，积累到一定程度，风帽小孔将被堵塞，导致阻力增加，进风量减少，甚至引起灭火，需要停炉清理。图 5 - 12 （c）、（d）为柱形风帽，这种风帽阻力较小，制造容易，但气流分配性能略差。每种形式又分为平孔和斜孔出风两种方式。斜孔对于根部床料的流化优于平孔。小孔径风帽一般流速较高，对于流化床料有利，但阻力较大。由于一个风帽开有多个小孔，尽管小孔中气流速度较大，但刚性较小，因此，小孔风帽上开多少孔、孔径为多大，都需要经计算和试验来确定。风帽小孔采用四周侧向开孔，每个风帽开孔 6～12 个。可以一排或双排均匀布置，小孔直径一般采用 4～6mm；

小孔中心线水平，也可向下倾斜 15°，以利于风帽间粗颗粒的扰动，如图 5-12（d）所示。

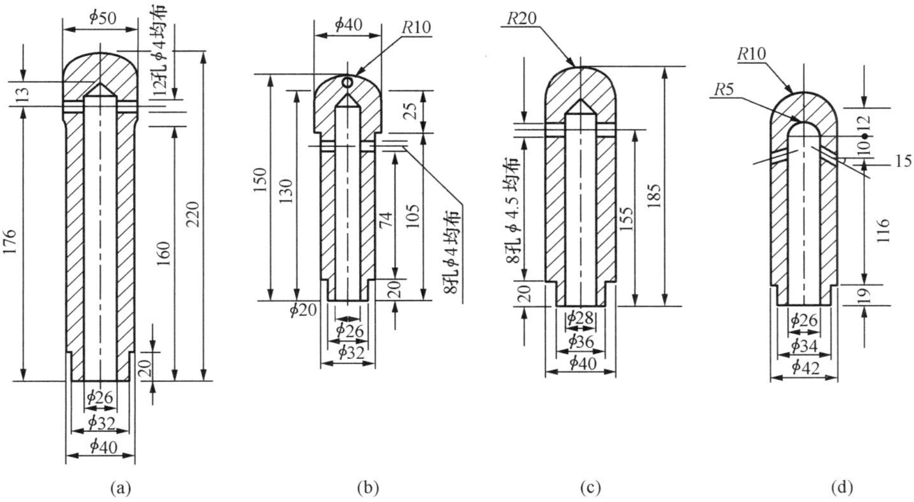

图 5-12 小孔径风帽的几种形式（单位：mm）

小直径风帽数量多，风帽间距小，一般 50～60 个/m²。为避免布风板受热而挠曲变形，在花板上必须有一定厚度的耐火保护层，如图 5-13 所示。保护层厚度根据风帽高度而定，一般为 100～150mm。风帽插入花板以后，花板自下而上涂上密封层、绝热层和耐火层，直到距风帽小孔中心线以下 15～20mm 处。这一距离不宜超过 20mm，否则容易结渣，但也不宜离风帽小孔太近，以免堵塞小孔。涂抹保护层时，为了防止堵塞小孔，应事先用胶布把小孔封闭，待保护层干燥以后做冷态试验前把胶布取下，并逐个清理小孔，以免堵塞引起布风不均。风帽大部分埋于耐火材料中，磨损后更换困难。

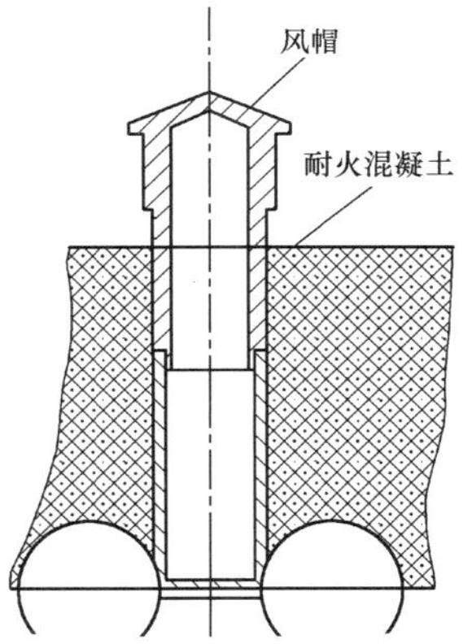

图 5-13 风帽耐火保护层

2. 导向风帽

图 5-14 所示为导向风帽。导向风帽是一种开孔方向特定的风帽，其喷口的设计和布置不是垂直向上而是朝着一定的水平方向，或出口角度与帽身呈 15°或 30°，斜向下吹。大喷口射出的射流有足够的动量，能将沉积在床底部的大颗粒灰渣及杂物有效地沿着规定的方向吹至排渣口排出，使锅炉连续有选择性地排除冷渣。采用大开孔的喷口，可以防止堵塞，但物料也容易被回吸到风室中，使风室积渣严重。在风机送风进炉膛时，在风室中积存的部分灰渣再次通过风帽进入炉膛，造成风帽内壁磨损，使风帽内外磨损加剧。风帽损坏多在顶部，由于风帽间距小，一个风帽损坏后，周边布风紊乱，加剧周围风帽的磨损，使风帽损坏形成连锁反应。另外，小孔风帽和导向风帽更换复杂，需将布风板上下耐火混凝土打掉、风帽芯管割掉再更换。

3. S 形风帽

图 5 - 15 所示为 S 形风帽,又称猪尾形风帽。其结构简单,由 20mm 钢管弯制而成,钢管全部埋于绝热层内。这种风帽大大减轻了磨损问题,也不会向风室漏料。但该风帽最大的问题是检修不便,且停炉时灰渣会堵塞风帽,清理不便,再次启动时不易吹透。

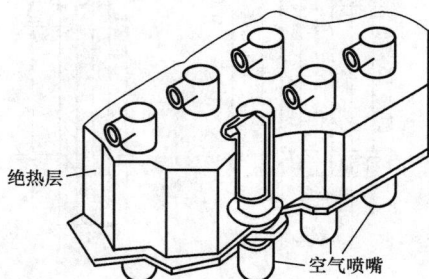

图 5 - 14　导向风帽

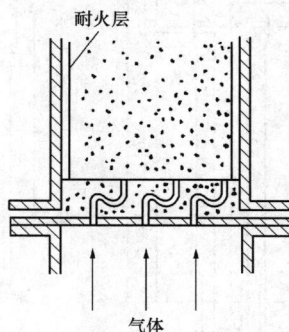

图 5 - 15　S 形风帽

4. T 形风帽

图 5 - 16 所示为 T 形风帽,这种风帽采用大喷口,射出的射流有足够的动量,能将沉积在床底部的大颗粒灰渣及杂物流化。采用大开孔的喷口,可以防止堵塞。但在大型循环流化床锅炉的实践中,这种风帽容易漏渣。

5. 钟罩式风帽

随着循环流化床锅炉的大型化,大直径风帽得到了迅速发展。图 5 - 17 所示的大直径钟罩式风帽广泛应用在一批 135MW 级循环流化床锅炉上。该风帽罩体直径为 159mm,布置间距大(270mm),风帽数量少,易于检修;物料不会漏进风室;罩体上孔径大($\phi22.5$),不易被颗粒堵塞;罩体与进风管采用螺纹连接,罩体损坏后易于更换。该风帽存在以下不足:定向排渣功能较弱;风帽暴露于浓相区,易受进入炉膛物料的磨损;出风口直径较大,流速高(50~70m/s),使得流化风出口射流动量较大,射程远,因此夹带的物料对相邻风帽造成的磨损问题不容忽;螺纹连接在经过长时间高温后可能产生变形,而使拆装困难;部分风帽有自行脱落的现象。

图 5 - 16　T 形风帽

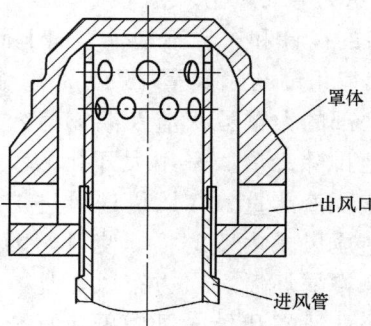

图 5 - 17　大直径钟罩式风帽

图 5-18 所示为另一种钟罩式风帽，由内芯引风管插上风帽构成一体，布风结构为 2×180°，这种迷宫结构能防止风室积渣。物料回吸后无法达到内芯引风管高度，又被风直接吹回炉内，无法进入风室，风帽孔径大，不会出现卡渣、风帽过热烧坏现象。风帽采用 8 孔周向布置，布风均匀性好，风帽间距大，每平方米布置风帽 30 个左右，能有效避免风帽之间对吹与射流偏转所造成的风帽磨损。

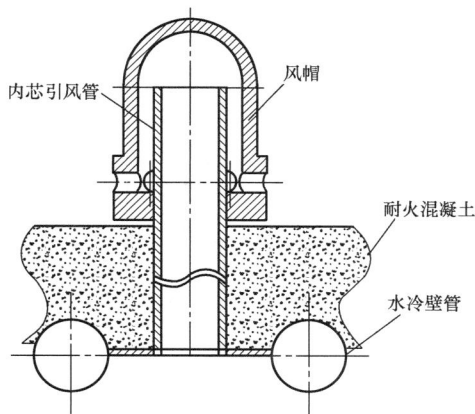

图 5-18　钟罩式风帽

传统的钟罩式风帽内芯管与风帽体一体浇铸或螺纹连接，螺纹连接钟罩式风帽运行实践证明，外套易被胀裂，螺纹易被烧坏而无法拆卸。一体浇铸的风帽，在水冷壁泄漏后，内部淤积湿渣难以清理，风帽损坏后需整体更换，破坏布风板上下耐火混凝土。有一种改进后的钟罩式风帽，内芯引风管与风帽外套间隙配合，间隙 0.5mm，风帽引风管内芯上的台阶卡住大风帽底部，不漏风，风帽外套配重，不会被风吹起，用手插拔即可完成风帽装拆，更换时不必破坏内芯引风管及耐火混凝土，维修特别方便。

运行实践表明，风帽式布风板布风均匀，当负荷变化时，流化质量稳定，但普遍存在的问题是风帽帽顶容易烧坏。在正常运行时，风帽中有空气流通，可以得到冷却，但压火停炉时，因没有空气通过，帽头浸埋在高温床料中，容易烧损。因此风帽材质的选择至关重要。一般应采用耐热铸铁，如高硅耐热球墨铸铁 RQTSi-5.5 或球墨铸铁 QT45-5 等，也可以用一般耐热铸铁 RTSi-5.5。对耐温要求高的情况，如采用风室点火方式时，也可采用耐热不锈钢来制作。随着工程材料的不断进步，新型耐磨耐热材料应用于风帽指日可待。

（二）布风板

1. 布风板的作用

流化床锅炉燃烧室下部的炉算被称为布风板。布风板的主要作用如下：

（1）支承炉内物料，形成封闭炉膛，防止物料漏出。

（2）给通过布风板的气流以一定的阻力，使在布风板上具有均匀的气流速度分布；合理分配一次风，使通过布风板及风帽的一次风流化物料，使之达到良好的流化状态。

2. 布风板结构及形式

风帽式布风板按是否进行冷却分为非水冷式布风板和水冷式布风板两大类。

非水冷式布风板为一定厚度的钢板，钢板按布风要求和风帽形式开设一定数量的圆孔，即通常所说的花板，花板的作用是支承风帽和隔热层，并初步分配气流。

花板通常是由厚度为 12～20mm 的钢板或厚度为 30～40mm 的整块铸铁板或分块组合而成的，截面形状、大小取决于密相区底部段的截面。花板上的开孔使风帽的排列均匀分布，节距的大小取决于风帽的大小（一般为风帽帽沿直径的 1.5～1.75 倍）、风帽的个数及气流的小孔流速。花板的形状原则上按炉型而定，但目前用得最广泛的是矩形花板。为及时排除床料中沉积下来的大颗粒和杂物如渣块、石块和铁屑等，要求在花板上开设若干个大孔——冷渣口，以便安装冷渣管。花板结构如图 5-19 所示。

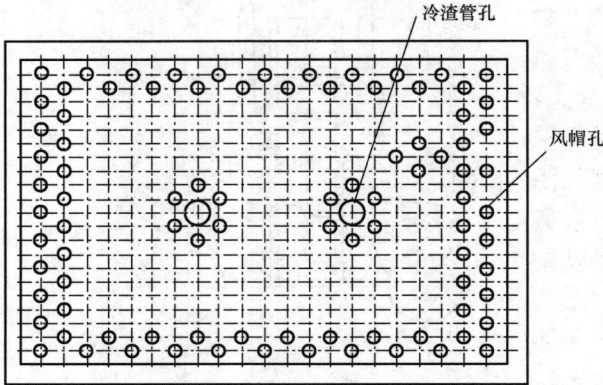

图 5-19　花板结构

由于高温一次风要通过风室和布风板，为了保护风室和布风板不受高温损坏，一般采用水冷式风室和布风板。水冷式布风板由炉膛四周的膜式壁延伸弯曲构成，采用拉稀膜式水冷壁形式，在管与管之间的鳍片上开孔布置风帽，如图 5-20 和图 5-21 所示。拉稀管可以由水冷壁管直接弯曲布置，也可由独立联箱结构形式与水冷壁连接为一体。由于膜式壁构成的水冷风箱及水冷布风板和炉膛水冷壁构成了一个整体，因此，消除了锅炉在运行时热膨胀不均匀的问题。

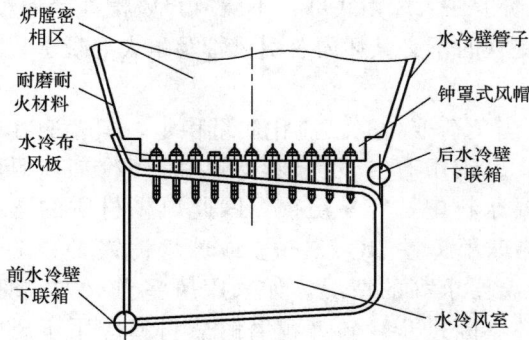

图 5-20　水冷风室及布风板

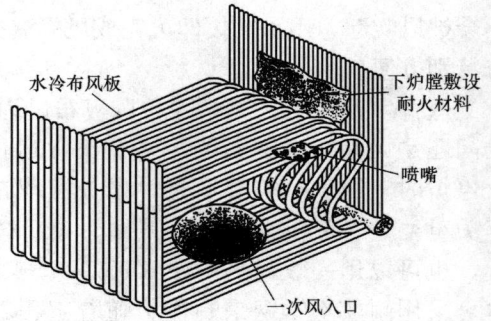

图 5-21　水冷风箱和水冷布风板

布风板的结构形式有许多种，如图 5-22 所示。图 5-22（c）、（d）所示的水平形和倾斜形布风板有利于水冷式结构布置，这两种结构形式的布风板是循环流化床锅炉中最常见的形式。

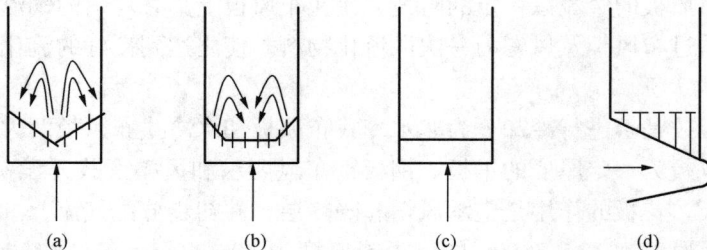

图 5-22　布风板结构形式
（a）V形；（b）回字形；（c）水平形；（d）倾斜形

（三）风室与风道

为了使布风板上方的气流速度能够分布均匀，为均匀稳定的流化床层创造良好的条件，要求布风板对气流具有一定的阻力。气流阻力的大小与布风板下风室中的气流分布不均匀性成正比，因此应使风室中的气流能够在出口有较好的分布，以便在一定的布风板压降下，使布风板上的气流分布更为均匀。

资源 37 - 水冷风室与一次风道

风室的布置就是围绕上述目的而进行的，一般要求满足下述三点：

（1）具有一定的强度、刚度及严密性，在运行条件下不变形、不漏风；

（2）具有一定的容积，使之具有一定的稳压作用，消除进口风速对气流速度分布不均匀性的影响；

（3）具有一定的导流作用，尽可能避免形成死角与涡流区。

图 5 - 23 所示为几种常见的风室布置方式。图 5 - 23 中（a）、（b）、（c）中，气流均是从底部进入风室的，风室呈倒锥体形，具有布风容易、均匀的优点，但其既要求较大的高度，又要求适合于圆形的布风板。因此，在流化床锅炉中常见的是图 5 - 23 中（d）、（e）、（f）三种形式。（d）与（e）在结构上较为简单，（f）较（d）、（e）增加了气流的导向板，使气流的分布更均匀，但也由于导向板的存在，使结构较为复杂。目前的设计由于炉内流化速度较高，物料本身掺混能力很强，布风板阻力大，风室形状不再做特殊要求。

图 5 - 23　风室布置方式

风道是连接风机与风室所必需的部件。气流通过风道时，必然因与风道壁面的摩擦、气流的转向及风道的截面变化等带来一系列的压降。这个压降与布风板的压降不同，后者是维持稳定的流化床层所必需的，而风道压降则是一种损失。因此，在风道的布置过程中，必须尽可能地减少风道中的压力损失，减少风机的电耗。为此，应减少不必要的风道长度、转折和截面变化，在必须转向时尽可能采用逐渐弯曲的弧形转向形式，使总的阻力系数较小，避免采用过高的气流速度。对于金属管道而言，在估计风道截面时，常取流速在 $10\sim15\text{m/s}$ 之间。

（四）小孔风速与布风板开孔率

从风帽小孔喷出的空气速度称为小孔风速，是布风装置设计的一个重要参数。小孔风速越大，气流对床层底部颗粒的冲击力就越大，扰动就越强烈，从而有利于粗颗粒的流化，热交换就越好，冷渣含碳量就可以降低，且在低负荷时仍可稳定运行，负荷调节范围较大。但风帽小孔风速过大，使风帽阻力增加，所需风机压头增大，将使风机电耗增加。反之，小孔风速过低，容易造成粗颗粒沉积，底部流化不良，冷渣含碳量增大，尤其当负荷降低时，往往不能维持稳定运行，造成结渣灭火。所以，小孔风速的选择，应根据燃煤特性、颗粒筛分特性、负荷调节范围和风机电耗等因素综合考虑。

根据经验，粒度为 $0\sim10\text{mm}$ 的燃煤，小孔风速一般取 $35\sim40\text{m/s}$；粒度为 $0\sim8\text{mm}$

的燃煤，小孔风速一般取 $30\sim35\mathrm{m/s}$；对相对密度大的煤种取高限，相对密度小的取低限。

风帽小孔直径和孔数设计的一种常用方法是用开孔率表示。所谓开孔率就是各风帽小孔面积的总和 $\sum f$ 与布风板有效面积 A_b 之比值，以百分率表示，即开孔率为

$$\eta_\mathrm{bfb} = \frac{\sum f}{A_\mathrm{b}} \times 100\% \tag{5-1}$$

通常对于鼓泡床流化床锅炉，η_bfb 取 $2\%\sim3\%$，对煤的真实密度大、粗颗粒份额多的取低限，反之取高限；对于循环流化床锅炉，由于采用高流化风速，对布风条件相对宽松，故开孔率有时设计得较高。

（五）布风板压降

布风板的压降主要来源于风帽内和风帽进出口的气体流动损失，通常通过布风板阻力系数来评价布风板的阻力特性，即

$$\xi_\mathrm{bfb} = \frac{2\Delta p_\mathrm{bfb}}{\rho u_\mathrm{fm}^2} \tag{5-2}$$

式中　ξ_bfb——布风板阻力系数；

Δp_bfb——布风板压降，Pa；

ρ——空气密度，$\mathrm{kg/m^3}$；

u_fm——风帽出口的小孔风速，m/s。

不同风帽结构的布风板阻力系数是不同的，小孔风帽的布风板阻力系数为 $3\sim4$，导向风帽的布风板阻力系数为 $2.5\sim3.5$，钟罩风帽的布风板阻力系数为 $8\sim10$。

小孔风速和布风板开孔率是布风板设计中很重要的参数，小孔风速和布风板的阻力与床层流化特性相关联。前面提到，一个均匀稳定的流化床层要求布风板具有一定的压降，而这个压降主要由风帽内的空气阻力损失提供，压降的大小与布风板上风帽的小孔风速的平方成正比，与布风板开孔率的平方成反比。这个布风板的压降既是为取得一个均匀稳定的流化床层所必需的，也意味着给风机造成了压头损失与电耗，因此就出现了为什么需要这个布风板压降和维持均匀稳定的流化床层最小需要多大的布风板压降，以及对应不同结构的风帽，布风板的开孔率该有多大的问题。

布风板压降是为了给产生良好的流化工况以一个初始条件，布风板上的气流速度分布应该在各处都是均匀的。同时，即使在一个具有足够长度、截面与流动方向不变的管道内，气流的速度分布也是随着管道直径的变化而变化的，何况布风板前的风室是短矮的，气流在进入风室过程中又存在剧烈的截面变化和气流的转向，因此要求布风板给以一定的阻力，使通过布风板进入流化层的气流能够重新取得分布均匀。布风板下的气流速度分布越不均匀，使气流重新取得均匀分布的阻力也就越大；同样，该阻力越大，气流在布风板上的速度分布也就越均匀。然而，由于布风板的上部存在着流化的燃料层，气流又受到燃料层的影响，因此初始的气流分布只在布风板上不同的距离上起作用。另外，对于整个流化床层，尽管在布风板上的气流分布是均匀的，由于存在着气泡和床层的起伏等原因，流化床层中的颗粒分布和气流速度分布必然存在着瞬间的不均匀。可以设想，如果布风板只有很小的阻力，气流通过布风板只有很小的压降，那么气流就会大量通过床层上局部颗粒较疏、阻力较小的截面，而一旦出现这种情况，那么在这个颗粒较疏的局部截面上的颗粒，就会由于气流的大量通过而

更加变疏,最后发生这个局部床层的"吹空"与其他局部床层的"压死"。反之,如果布风板具有一定的阻力,那么一旦在这个颗粒较疏的局部截面上,由于床层压降的减少而气流速度稍有增大,该截面上布风板压降的增大就会弥补床层压降的减少、抑制气流的进一步增大和颗粒的进一步变疏,防止恶性循环。

根据大量的运行经验,布风板压降为整个床层阻力(布风板阻力加料层阻力)的25%~30%,才可以维持床层稳定运行。这样,对布风板阻力系数小的风帽,为了维持一定的布风板压降,需要提高小孔风速,减小布风板开孔率。而对钟罩式风帽,可以保持小孔风速30m/s左右,布风板开孔率可在3.5%以上。

第二节 点火装置

流化床中,从点燃底料到正常燃烧是一个动态过程,燃用的通常又是难以着火的劣质煤,因此,流化床的点燃要比煤粉炉中煤粉的点燃或层燃炉中煤块的点燃要困难得多。流化床锅炉点火方式与煤粉锅炉不同,它是先将床料加热至燃料燃烧所需的最低稳定着火温度以上,然后用床料加热给入的燃料,使燃料稳定燃烧。

点火初期的颗粒和风的温度都低,同样尺寸的颗粒达到流化状态的风量要比热态正常运行时约大一倍,而根据点火时颗粒燃烧和传热的要求,又希望风量小些,以减少热损失。故必须妥善处理各种影响因素,例如流化床的结构特性、加热启动方式、配风操作、给煤时机和给煤量等,以防止熄火和结焦,使点火过程顺利进行并平稳地过渡到正常燃烧。

这些影响因素相互制约,任何一个环节的失误都会导致点火失败。在流化床结构设计时就要考虑到有利于点火操作,例如采用合适的布风结构使整个床面布风均匀;对大面积流化床采用分床结构,以便点火床均匀地布风和加热底料;使用严密的快速风门和调节特性较好的调节风门,以利于风量控制等。掌握了它们之间的制约关系,就可在每次点火启动时针对具体情况采取相应措施,使点火成功。

一、点火启动过程

点火启动过程一般可分成三个阶段。

(1)床料加热。用外来燃料作热源,把床料从室温加热到投煤可以燃烧的温度。

(2)试投燃料。床料达到一定温度后,试投燃料,观察是否着火,并用燃料燃烧放热进一步使床温上升。

(3)过渡到正常运行。用风量控制床温,并适时给煤,调节好风煤比,逐步过渡到正常运行参数。

二、点火燃烧器

加热床料的方法有固定床点火和流化床点火两种方式。固定床点火方式在小型鼓泡床锅炉上应用较多,即在床料不流化的固定床状态下,点燃铺设在床料表面的木柴,在床料表面形成一层红热的炭火,然后投入少量易燃的引子煤,适当给风,引燃引子煤,逐步加大给煤量,提高料层温度,最后过渡到正常流化状态。有的固定床点火方式采用油枪点火,对固定的床表面加热。固定床点火方式费时、费力、效率低、消耗大量木材,若用油枪加热床料将使料层表面过热结焦,深处床料加热不到。对于循环流化床锅炉,尤其电站循环流化床锅

资源38 - 流化床点火原理

炉基本不使用固定床点火。

循环流化床锅炉的点火方式主要为流态化点火，即燃料先不给入，先启动风机，在流态化的状态下将惰性床料加热到燃料燃烧所需的最低温度（这个温度随燃料不同而异），然后投入固体燃料，使燃料着火、燃烧。随着固体燃料的不断投入，床温不断增加，相应地减少启动燃烧器的燃油量，直至最后停止启动燃烧器的运行，并将床温稳定在850～900℃的范围内。流态化点火方式是循环流化床锅炉中最常用、最基本的点火方式。床料在流化状态下被加热，效率高，加热均匀，不易结焦。

流态化点火又分为床上点火和床下点火。所谓床上点火和床下点火，是以布风板为界，在布风板上部点火加热床料就为床上点火；在布风板下部点火，通过烟气加热床料为床下点火。此外，还有一台锅炉同时具有床上点火装置和床下点火装置的联合点火启动方式。与三种点火启动方式相对应，燃烧器主要有三种不同的布置方式，即床上布置、床下布置、床上＋床下布置。图5-24所示为床上＋床下布置方式。

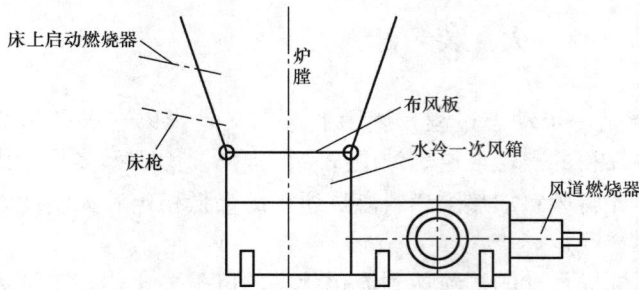

图5-24 启动燃烧器的典型布置

一般用于流化床锅炉的冷态启动燃烧器是燃油或燃烧天然气等气体燃料的，多数燃烧轻柴油。

1. 床上点火燃烧器

床上点火燃烧器可布置在流化床层上面的两侧墙上，燃烧器略向下倾斜，以便火焰能与流化床接触，更好地加热床料。图5-25所示为向下倾斜布置的点火油燃烧器简图，与常规的煤粉炉类似。床上点火燃烧器一般设有油枪、点火器和火焰检测器。油枪和点火器均是可伸缩的，配有气动或电动执行机构。所不同的是，煤粉炉点火启动时仅加热炉内空气，而循环流化床锅炉不仅加热炉内空气，更主要的是加热炉内床料，并且床料是在被一次风流化中加热的，因此，比煤粉炉点火操作复杂。床上点火燃烧器是用火焰直接加热床料，床料升温较快，但不够均匀，投煤后的油煤混烧阶段易使煤结焦。一般对稳定着火温度高的煤种，在点火时（特别是投煤前）使用床上启动燃烧器。

2. 床下点火燃烧器

（1）床下点火燃烧器布置。为了操作简便，节省燃料，加快启动速度，许多锅炉采用了床下点火方法，即点火装置布置在布风板下面，如图5-26所示。

点火燃料在一特制的装置（通常称为烟气发生器内）点燃，由一次风送氧助燃逐渐加热为850℃左右的热烟气。热烟气通过布风板装置，边流化边加热床料，这样床料加热和流化同时进行，使操作简便。由于烟气从下部进入床料并经过全料层厚度，加热效果比床上点火燃烧器更好，减少了热损失。但是由于点火装置比较庞大，烟气温度高，对烟气发生器内套筒和布风板风帽材质要求较高，因此设备投资相对较大。

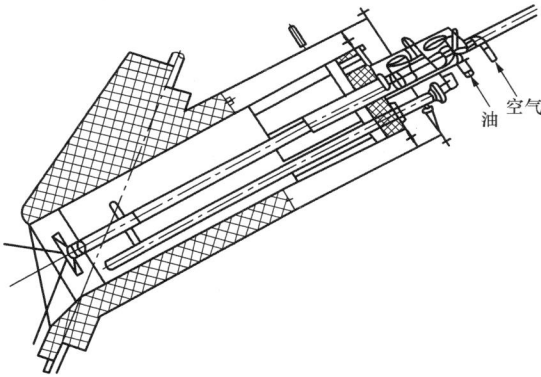

图 5-25　向下倾斜的点火油燃烧器

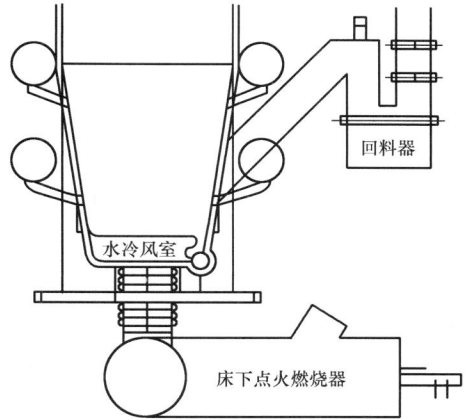

图 5-26　床下点火燃烧器布置

床下点火燃烧器除了布置在炉膛下部外，还可以布置在水冷风室的后面和侧面并与之相连。这种布置方式可降低炉膛的高度，但应注意连接的膨胀节除了受到炉膛垂直向下的膨胀压缩外，还受炉膛水平向外的膨胀压缩。

在点火初期，由于烟气的温度很高，布风板压降是循环流化床锅炉最高的时期，相应的一次风压力也最高。这时床下点火燃烧器的工作压力可达到 20kPa 以上，因此，膨胀节的设计工作压力应保证在 25kPa 以上。

（2）床下点火燃烧器的结构。图 5-27 所示为床下点火燃烧器的结构，每只床下点火燃烧器有三级配风。

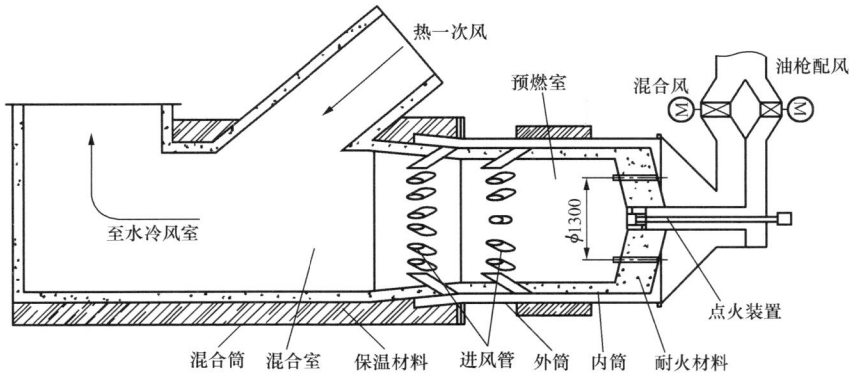

图 5-27　床下点火燃烧器的结构

第一级为点火风，经点火风口和稳燃器进入预燃室内，用来满足油枪点火初期燃烧的需要，点火风量要随油枪负荷改变用挡板来调节。

第二级风为混合风，经预燃室的内、外筒之间的风道进入预燃室内，与油燃烧所产生的高温烟气混合，将油燃烧产生的高温烟气降到启动所需的温度；部分混合风作为根部风，位于预燃室后部、邻近预燃室内壁处与预燃室轴线平行吹入预燃器，其作用是为了防止油枪点燃时炽热的油火焰贴壁，导致预燃室内筒壁过热。

第三级为一次风，以降低烟气温度。第一级和第二级配风是不经过预热器的"冷风"，第三级风是经过预热器的"热风"。

启动成功后，第一级和第二级配风关闭，只通一次风。当启动风逐渐减小（调节风道中的挡板）直至关闭，而一次风逐渐增加时，需按运行规程操作，以免因风量切换而造成波动。床下点火燃烧器的油点火装置主要由机械雾化油枪、高能点火器及其进退机构组成。油枪为固定式，高能点火器将油点着后，由伸缩机构带动，向炉外退出一定距离（约330mm）。启动时，油枪和点火器都通以密封风。每个床下点火燃烧器都配有火检装置，用来监视油枪的着火情况，此外，每个床下点火燃烧器后部都有看火孔，用来观察火焰。

（3）床下烟气发生器的控制。烟气发生器的运行操作比较简单，其作用主要是控制烟气温度不得超过给定的允许温度，防止设备和风帽烧坏。循环流化床锅炉水冷风室设置若干温度和压力测点，在保护水冷风室不因超温或超压运行而损坏的同时，更考虑到了运行时的风/燃料配比和退出运行时风量的无扰切换。如果以燃料油为燃料，还应注意重油的雾化、油和风的配合，保证一定的烟气量，使床料在流化状态下加热。

有效控制烟气温度的方法就是根据实际的燃油量控制点火风流量和混合风流量的。重油点火的化学反应为

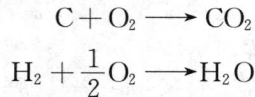

$$C + O_2 \longrightarrow CO_2$$

$$H_2 + \frac{1}{2}O_2 \longrightarrow H_2O$$

假定重油完全为碳，则重油燃烧率为1t/h时，消耗的理论空气流量为

$$\frac{1}{3.6} \times \frac{1}{12} \times 22.4 \times \frac{100}{21} = 2.47 \quad [m^3(空气)/s]$$

对应的理论燃烧温度约2600℃。要将烟气温度控制在850℃以下，需要的空气流量为9.2m³/s。考虑一定的安全系数，建议重油燃烧率（单位t/h）与总的燃油空气流量（单位m³/s）比例为1∶10，同时重油燃烧率与点火空气流量比为1∶2.5。

3. 床上＋床下联合启动的燃烧器

由于采用热烟气发生器的锅炉，其布风板下的水冷风室实际上是一个燃烧室，故又带来了燃烧室的安全保护等一系列问题。另外，只使用热烟气发生器不会把床料温度加热得太高，对烧无烟煤或贫煤等低挥发分煤质的锅炉，热烟气发生器还要有床上点火燃烧器或床枪配合才能把床料加热到投煤温度。

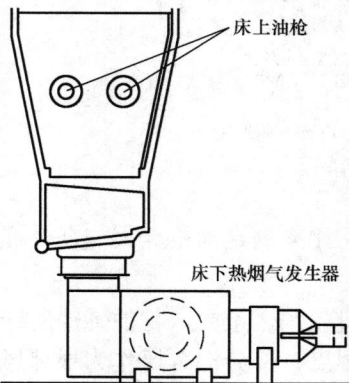

如图5-28所示为床上＋床下联合启动的燃烧器布置方式，该装置设有床下点火燃烧器和床上点火燃烧器。床下点火燃烧器布置在水冷风箱下部，床上点火燃烧器布置于布风板上部。床上和床下装置的油枪均燃用0号轻柴油，油枪采用简单机械雾化方式。

每个床下点火燃烧器用一个耐高温非金属补偿器与水冷风箱相连接。每个床下点火燃烧器主要由风箱接口、非金属补偿器、热烟气发生器、一次风入口和油点火装置组成。风箱接口、非金属补偿器、热烟气发生器、一次风入口等内砌注有耐火和保温材料，预燃室内仅敷设耐火材料，其外部敷设保温材料。

图5-28　床上＋床下联合启动的燃烧器布置方式

床上点火燃烧器布置在床上距布风板约 3m 处两侧墙上，它主要由以下几部分组成：油枪及其伸缩机构、点火枪及其伸缩机构、配风器及其支吊、火焰检测器和看火孔等。床上点火燃烧器向下倾斜 30°置于二次风口内，与床下点火燃烧器一起构成"床上＋床下"的联合启动方式，以缩短锅炉启动时间。床上点火燃烧器与床下点火燃烧器一样，也可用于锅炉低负荷稳燃，且因床上点火燃烧器火焰直接与炽热的物料接触，故在低负荷稳燃方面，床上点火燃烧器使用更加方便、灵活、有效。在床上点火燃烧器入口处，另设有流量计和风门调节装置，以便对床上油枪配风进行测量和调节，使之更好地与油枪负荷相匹配。另外，床上及床下油枪后部皆有密封风，在锅炉运行及油枪抽出进行检修时，需通入该密封风，以防油枪头堵塞、磨损并防止炉内热烟气反窜出来。

循环流化床锅炉采用热烟气发生器或以热烟气发生器为主，配以床上点火燃烧器的设计方案，使锅炉对煤种的适应性更强了，也给锅炉启动和运行带来了方便。

第三节　气固分离器

物料分离器是循环流化床的关键部件之一，其主要作用是将大量高温固体物料从气流中分离出来，送回炉膛，以维持燃烧室的快速流态化状态，保证燃料和脱硫剂多次循环、反复燃烧和反应。这样，才有可能达到理想的燃烧效率和脱硫效率。因此，循环流化床物料分离器的性能将直接影响整个循环流化床锅炉的运行。

一、气固分离器的分类
用于气固分离的分离器种类非常多，按不同的分离机理、工作环境等有不同的分类方法。
按分离机理分为离心式分离器、惯性分离器；
按是否有冷却装置分为绝热式分离器、水（汽）冷分离器；
按横截面形状分为旋风分离器、方形分离器；
按进口烟气温度分为高温分离器、中温分离器、低温分离器。
有时为了达到一定的分离效率和循环倍率以及满足锅炉运行调整的需要，同时采用两种分离方法组成两级物料分离循环系统。

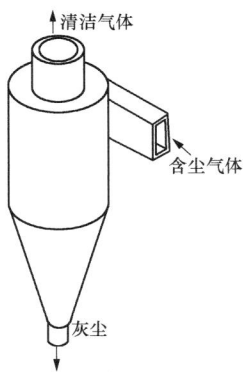

二、旋风分离器
1. 结构及分离原理

图 5-29　旋风分离器的典型结构示意

用于循环流化床锅炉的典型旋风分离器实际上是从常规旋风分离器的基础上衍生出来的，由切向入口、圆筒及圆锥体构成的分离空间、净化气排出及分离颗粒排出等几个部分组成，典型结构形式见图 5-29。各部分的结构有很多形式，从而又有各种形式的旋风分离器，但它们的分离原理都是一样的。

旋风分离器的分离机理如图 5-30 所示。气固两相流沿切向引入筒体后，以筒壁为边界做螺旋向下运动，此为外旋气流。旋转产生的离心力使密度大于气体的固体颗粒脱离气体主流汇聚到筒壁，并在进口动量和重力

资源 41 - 旋风分离器

的作用下沿筒壁下滑至加速段，由其下口排出后经料腿、回料阀等回送到

炉膛。旋转下降的外旋气流到达锥体后受圆锥形壁面制约而向分离器中心收缩，由于旋转矩不变，故其切向速度不断提高。当气流到达锥形加速段下端某一位置时，开始以同样的旋转方向反弹上升，继续做螺旋形流动，形成内旋气流。失去所携固体成分的内旋气流经排气芯管离开分离器，少部分未被捕集的细小颗粒也随之逃逸。

旋风分离器的特点是分离效率高，特别是对细小颗粒的分离效率远远高于惯性分离器，因此绝大多数循环流化床锅炉采用旋风分离设备作为物料分离器。但是该分离器体积比较庞大（见图5-31和表5-2），采用炉外循环，厂房占地面积较大。另外，大容量锅炉因受分离器直径限制，往往需要布置几台分离器。如220t/h锅炉布置两台 ϕ7.0m 的旋风分离器；400t/h锅炉布置两台或三台更大直径的分离器，因此，该分离器对于锅炉大型化有一定影响。

资源42 - 锅炉大型化后分离器的布置

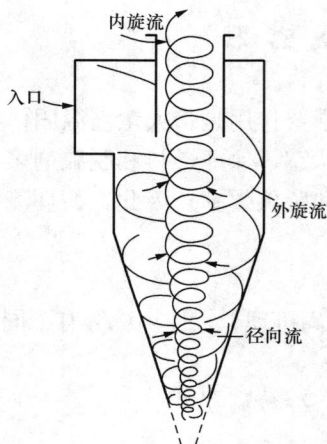

图 5 - 30　旋风分离器的分离机理

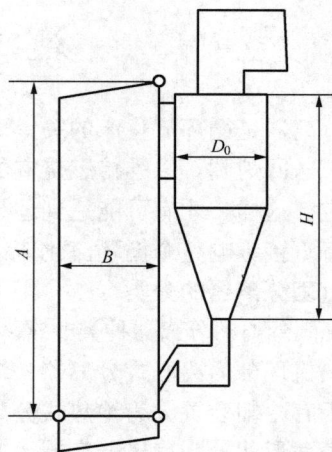

图 5 - 31　典型的旋风分离器尺寸

表 5 - 2　　　　　　　　　　　　旋 风 分 离 器 尺 寸　　　　　　　　　　（m）

蒸发量（t/h）	炉膛高度 A	炉膛宽度 B	分离器筒体直径 D_0	分离器高度 H	分离器个数
9	9.1	1.8	3	4.6	1
23	12.2	2.7	3.7	6.1	1
46	15.2	3.7	4.6	7.6	1
90	15.2	3.7×7.7	4.6	7.6	2
150	29	5	7.5	16	1
220	30	4.5×6	6	12	2

根据旋风分离器的工作条件，分为高温分离和中温分离。

2. 高温旋风分离器

高温旋风分离器通过一短烟道与炉膛连接，根据锅炉结构差异及分离器台数的多少，有的布置于炉室后侧，有的布置于前墙或侧墙，但布置于炉后者较多。由于高温旋风分离器内烟气物料温度高（800～850℃），甚至在分离器内继续燃烧，物料在分离器内离心分离等原因，分离器内衬为高温耐火材料，外设保温层隔热，耐火材料用量较大，如图 5-32 所示。由于内衬较厚（300mm 以上），所以热惯性大，使启动时间增长，费用增加，有的锅炉采用水冷或汽冷式旋风分离器，虽然基本解决了热惯大的问题，但制造工艺比较复杂。

影响高温旋风分离器分离特性的因素有以下几个：

（1）切向进口风速。进口风速越高，分离效率就越高，但运行阻力也越大。进口气速过高，气流湍流度增加以及颗粒反弹加剧，二次夹带严重，使效率降低。另外，气速过高，粉尘微粒与器壁的摩擦加剧，粗颗粒破碎，使细粉尘含量增加。

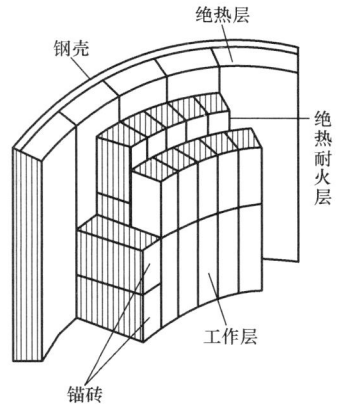

图 5-32 高温旋风分离器筒体结构

（2）烟气温度。烟气温度越高，气体黏度就越大，作用在颗粒上的曳力就越大，颗粒惯性分离效率也就越低。虽然气体密度随着温度增加而减小，使曳力减小，但这一作用并不明显。所以原则上温度净效应将会减小旋风分离器效率。

烟气温度增加将使烟气体积急剧增加，在 850℃时，烟气体积要比常温时增加 3.7 倍，也即分离器内径增加近两倍，再加上厚的耐火层、保温层和外壳，使得循环流化床高温旋风分离器的尺寸甚至比炉膛还大。

（3）颗粒粒径。有试验指出，对 $d_p > 50\mu m$ 的颗粒，分离效率大于 90%；对 $d_p > 100\mu m$ 的颗粒，分离效率近 100%；对 $d_p < 50\mu m$ 的颗粒，分离效率不是很理想。

（4）进口颗粒浓度。对于常规的旋风分离器，入口固体浓度一般小于 2.5kg/m³（固气比小于 2kg/kg），一般随着固体浓度增加，分离效率上升，压力损失下降。这是因为颗粒浓度增加，粉尘的凝聚与团聚性能提高，使较小颗粒凝聚在一起而被捕集。另外，大颗粒对小颗粒的携带使一些原本无法分离的小颗粒得到分离，从而使分离效率提高。颗粒浓度增加，使气体内摩擦力增加，分离到器壁的颗粒产生摩擦，使旋流强度降低，减小了离心力，因而压力损失减小。当入口固体浓度高达 2～12kg/kg（固气比）时，颗粒浓度对分离效率的影响和低浓度时完全不同，当颗粒浓度继续增加，分离效率会下降而压力损失增加。

（5）切向进口宽度和进口形式。进口宽度减小，会使风速增加，分离效率和压力损失都增加。因此，当低负荷时，运行风量减小。此时，可调节分离器入口挡板，使运行风速维持不变，以保持理想的分离效率。当然，高温下设置调节挡板是一件很困难的事。风速一定时，高宽比增加，分离效率会略有增加，而压力损失也会增加，气固混合物对分离器壁面磨损会增加。常规分离器通常取进口宽 $b = (D_0 - D_e)/2$，进口管高宽比 $a/b = 2～3$。

（6）中心管长度和直径。由于旋流在中心管与壁面之间运动，因此中心管插入深度直接影响旋风分离器性能。试验表明：随着中心管长度的增加，分离效率提高，当中心管长度是入口管高度的 0.4～0.5 倍时，分离效率最高，随后分离效率随着中心管长度增加而降低。因此，中心管过短或过长都不利于分离。因为中心管插入过深会缩短排气管与锥体底部的距离，增加二次夹带机会；而插入过浅，会造成正常旋流核心的弯曲，甚至破坏，使其处于不稳定状态，同时也容易造成气体短路而降低分离效率。在传统分离器中，一般取中心管长度和入口管高度相等；在循环流化床旋风分离器中，中心管长度一般取入口管高度的一半左右。

　　一定范围内，排气管直径越小，旋风分离器效率就越高，但压力损失也越大。当 D_e/D_0 ＝0.3～0.5 时，分离效率已较高，再缩小排气管直径，分离效率增加不大，但压力损失急剧上升。

　　（7）旋风分离器筒体直径。通常试验用旋风分离器尺寸较小，而工业用旋风分离器尺寸较大，特别是随着循环流化床锅炉大型化，旋风分离器尺寸最大为 9m，如此大的旋风筒尺寸会不会使分离效率明显下降？目前试验表明，分离效率无明显变化。

　　（8）固体的再夹带。旋风分离器效率并非总是随入口气体速度增加而增加的。在离心力作用下，旋风分离器中颗粒的分离过程和水平管中重力作用下颗粒的沉降过程类似。若旋风分离器入口气体速度比沉降速度高，颗粒将无法穿过流线到达壁面。相反，在入口速度更高时已被分离到壁面的颗粒可能被再夹带，这就限制了旋风分离器效率的进一步提高。

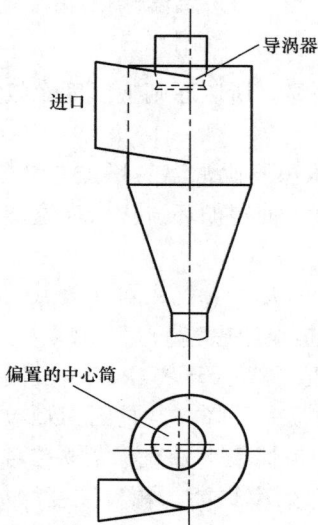

图 5-33　改进型旋风分离器

　　为了进一步提高分离器的分离效率，出现了一种经过改进的高温旋风分离器，已应用于大型锅炉上。这种旋风分离器在结构上进行了如下改进（见图 5-33）：①进口下倾 10°，切向连接于分离器筒体，目的是使烟气中固体颗粒向下运动，并减少其短路直接进入中心筒排出的可能性，有助于气固两相的分离；②分离器顶部中心筒偏离中心布置，使中心筒位于偏向进口处，这样可使离开分离器的烟气流中心与中心筒相吻合，既可以减轻中心筒的磨损，又可以改善中心筒周围的流场，减少气流脉动，提高分离效率；③中心筒呈倒锥形，进口外缘加帽檐，称为导涡器。该设计可有效控制上升气流速度，减少旋涡气流对颗粒的夹带，提高分离效率。

　　3. 中温旋风分离

　　所谓中温分离，就是分离器入口介质温度较低，一般不高于 600℃。中温分离与高温分离相比，有如下几方面的特点：

　　（1）由于入口烟气温度较低，烟气总容积相对降低，因而旋风分离器尺寸可以减小，加之烟气颗粒浓度降低，可以提高分离器效率。

　　（2）由于分离器温度降低，可以采用较薄的保温层，这样可以缩短锅炉启停时间。在保温相同的条件下，减小散热损失。

　　（3）采用中温分离，分离器内不会发生燃烧，也不会超温结焦。

　　（4）中温分离对保温材料的耐温要求降低，可以降低成本。

　　（5）采用中温分离器分离下来的物料温度较低，这对抑制炉床超温，防止炉床发生结渣以及对负荷调整有利。

　　采用中温分离的最大缺点是，由于分离器不像高温分离器那样布置于过热器前面而是布置于过热器后面，过热器所处的烟气含物料量较大，固体颗粒也较粗，增加了过热器的磨损，严重影响过热器的安全运行，所以中温分离一般应用于低循环倍率的循环流化床锅炉上，并且应对分离器前受热面采取有效的防磨措施，以提高其使用寿命。

4. 下排气旋风分离器

在锅炉结构布置上，传统的旋风分离器由于烟气走向及支承的缘故，使整台锅炉外形尺寸庞大，而图 5-34 所示的下排气旋风分离器本身相当于一个转弯烟道，这样的布置与烟气流程完全吻合（见图 5-35），而且由于循环流化床的燃烧室较高，将此分离器设置于尾部烟道上部是比较合适的。尾部烟道一般还有足够的高度布置受热面，所以采用这种分离器可以缩小锅炉的外部尺寸，从而降低造价。

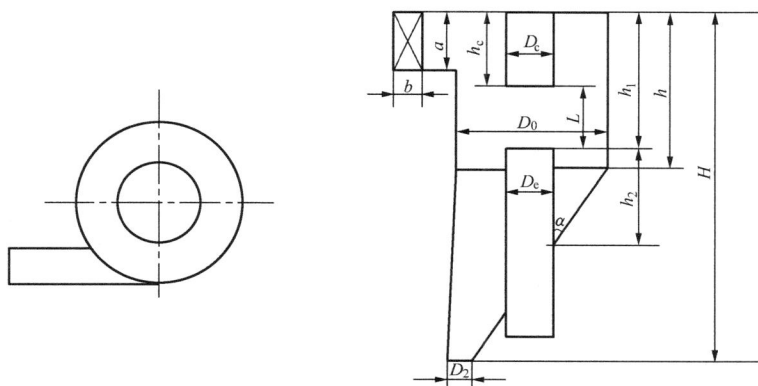

图 5-34　下排气旋风分离器简图

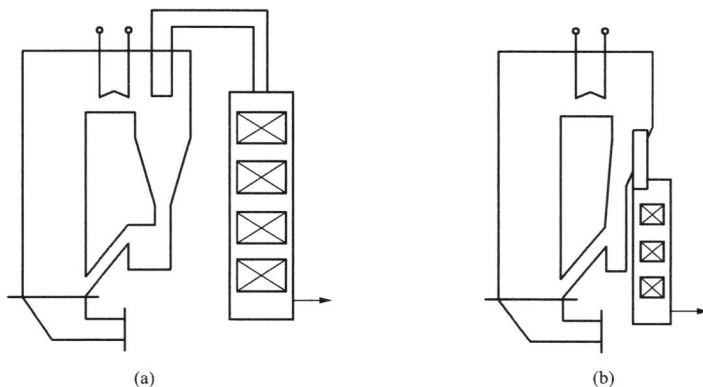

图 5-35　不同分离器形式的锅炉布置简图
（a）上排气方案；（b）下排气方案

三、水（汽）冷分离器

运行中发现，高温旋风分离器普遍存在两个问题：①由于分离器基本处于绝热状态，很难避免在其内部产生局部高温而超温结焦，尤其对挥发分低、难燃、细末多的煤，普遍存在床内的燃烧工况组织不好、床温偏高以及旋风分离器内 CO 和残碳后燃造成数十摄氏度甚至上百摄氏度温升的现象，加上流化床中的结焦温度比较低，因此结焦的危险在运行中始终是一个很大的隐患；②高温旋风分离器的耐热耐磨内衬及保温层很厚，因而启动、停炉时间很长，否则会受到热应力而裂开剥落，且导致分离器本身十分笨重，支架等钢耗量很大。

因此，对分离器进行冷却就成了解决上述问题的关键。如果采用有冷却的旋风筒，分离器内的温度就可以得到控制，从而消除了结焦的危险。由此促进了水冷或汽冷分离器的开发与研制,该类分离器因结构形状不同又可分为水(汽)冷旋风分离器和方形分离器两大类。

1. 水(汽)冷旋风分离器

为保持绝热旋风筒循环流化床锅炉的优点,同时有效地克服该炉型的缺陷,Foster Wheeler 公司设计出了堪称典范的水(汽)冷旋风分离器,其结构见图5-36。该分离器外壳由水冷或汽冷管弯制、焊装而成,取消了绝热旋风筒的高温绝热层,代之以受热面制成的曲面,其内侧布满销钉,涂一层较薄的耐火耐磨浇注料,外侧覆以一定厚度的保温层。

资源 43 - 水(汽)冷
分离器

水(汽)冷旋风筒可吸收一部分热量,使分离器内物料温度不会上升,甚至略有下降,较好地解决了旋风筒内的燃烧结焦问题。这样,高温绝热型旋风分离循环流化床的优点得以继续发挥,缺点则基本被克服。

当然,任何一种设计都难以尽善尽美,水(汽)冷旋风分离器的问题是制造工艺复杂,生产成本过高,缺乏市场竞争力,通用性和推广价值受到了限制,而主要用于无烟煤、石油焦及低灰熔点的燃料。

2. 方形分离器

为克服汽冷旋风筒制造成本高的问题,芬兰 Ahlstrom 公司创造性地推出了方形分离器,分离器的分离机理与圆形旋风筒本质上无差别,壳体仍采用 FW 式水(汽)冷管壁式,但因筒体为平面结构而别具一格(见图5-37)。分离器的壁面作为炉膛壁面水循环系统的一部分,与炉膛之间免除了热膨胀节。同时方形分离器可紧贴炉膛布置,从而使整个循环流化床锅炉的体积大为减少,布置十分紧凑。此外,为防止磨损,方形分离器水冷表面敷设了一层薄的耐火层,见图5-38,这使得分离器起到传热表面的作用,并使锅炉启动和冷却速率加快。

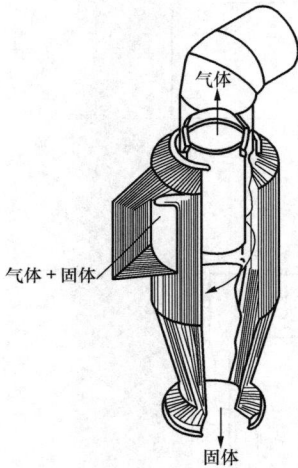

图 5 - 36　水(汽)冷旋风分离器

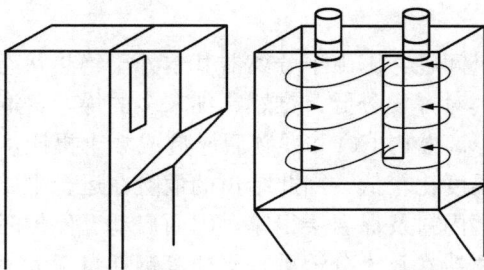

图 5 - 37　方形(Pyroflow 紧凑型)分离器示意

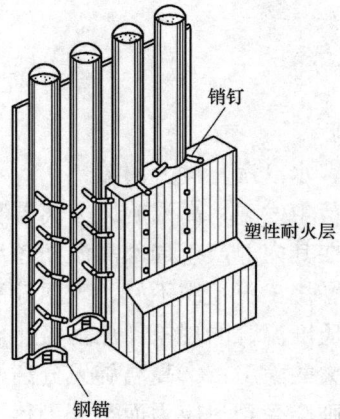

图 5 - 38　水冷方形分离器耐火材料的固定

　　清华大学对国外方形分离器进行了验证试验，发现其分离效率不理想，遂进行了研究并加以改进，形成了带入口加速段的方形分离器，见图 5-39。该分离器是四周用膜式水冷壁组成的方形分离器，但烟气入口由水冷壁管弯制成圆弧形段，形成了入口加速段。后来又进一步改进，切去了内角，改善了分离器内流场结构，见图 5-40。实践表明，这些改进显著提高了方形分离器的分离效率，使其可以满足循环流化床锅炉对分离器效率的要求，并已成功地应用于许多锅炉上。

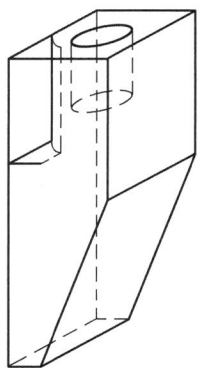

图 5-39　带入口加速段的方形分离器示意

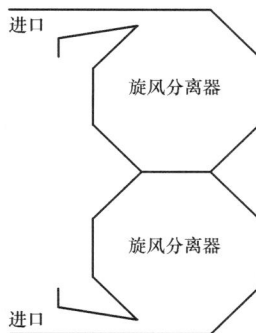

图 5-40　切角方形分离器示意

　　研究表明，方形分离器在大型化方面具有很大的优势。方形分离器的放大性能要优于圆形旋风分离器，特征尺寸在 10m 以内的方形分离器大型化的前景相当乐观。因为从分离机理来说，离心分离的效率与分离器的曲率半径有关，曲率半径越小，离心力就越大，所以小直径旋风分离器的分离效率要高于大直径分离器。但循环流化床锅炉大型化之后，分离器尺寸随着放大，不可避免地导致分离器效率下降。而分离器直径越大，圆筒形旋风分离器的曲率半径与方形分离器的曲率半径之间的差别就越小，从这个意义上说，分离器的直径越大，方形分离器的优势就越明显。另外，方形分离器带来了锅炉整体布置上的方便，使循环流化床锅炉的设计和布置更接近传统的煤粉锅炉，给工业实施带来了方便。

　　水冷或汽冷的方形分离器与无冷却的钢板卷成的旋风筒制造成本基本相当，考虑到前者所节省的大量的保温和耐火材料，最终的实际成本有所下降。此外，还减少了散热损失，提高了锅炉效率；由于保温厚度的减少，启停过程中床料的温升速率不再取决于耐火材料，主要取决于水循环的安全性，使得启停时间大大缩短。以一台高温绝热旋风筒的 75t/h 炉子为例，采用两根油枪床下点火，一般设计每小时耗油量为 600kg 左右，根据耐火材料的膨胀要求，启动时间约 8h，如果将分离器做成汽冷或水冷，只要 2～3h 就足够了，这样每次启动都可以节省 2～3t 的轻柴油。

　　方形分离器紧凑型设计推出之后，立即引起了广泛的重视，该技术具有明显的优势和发展前景。

四、惯性分离器

　　惯性分离器利用某种特殊的通道使介质流动的路线突然改变，固体颗粒依靠自身惯性脱离气体轨迹，从而实现气固分离。气流速度高，这种惯性效应就大；气流回转半径越小，回转角越大，效率就越高。

这种特殊通道可以专门设计成型（如 S 形分离器、U 形分离器），也可以通过布设撞击元件来实现（如槽形分离器、百叶窗分离器）。

惯性分离器结构简单，布置方便，与锅炉匹配性好，热惯性小，流动阻力一般也不高。缺点主要是分离效果欠佳，特别是对惯性小、跟踪性好的细微粒子捕集效果差。因此，在循环流化床锅炉中几乎不可能利用单独的惯性分离器来满足工程要求。因而，惯性分离器主要作为预分离装置应用于小型循环流化床锅炉或改进型鼓泡流化床锅炉。

1. 百叶窗分离器

百叶窗分离器的主要部分是一系列平行排列的对来流气体呈一定倾角的叶栅（见图 5-41）。其基本原理如下：从入口进入的含尘气流依次流过叶栅，当气流绕流过叶栅时，尘粒因惯性的作用撞在叶栅表面并反弹而与气流脱离，从而实现气固分离，被净化的气体从另一侧离开百叶窗分离器。具体地说，从上片叶片下来的气固两相混合物中，远离叶片的颗粒（主颗粒流）垂直向下流过，靠近叶片的颗粒流随着气流向着叶片偏转，并与下片叶片相撞。碰撞者小于 90°的，流向叶片前端而被分离下来；等于 90°的，方向未定，取决于当地流场脉动情况；大于 90°的，被气流带走。细小颗粒中有的没有与下片叶片接触就逸出叶片，靠近叶片的颗粒流似乎是固定的，它从上片叶片下来后依然靠近下片叶片，依此类推。正是这层颗粒流将主颗粒与百叶窗分开，使分离效率较高。被分离的尘粒浓集落到叶栅的尾部，为了提高分离效率，一般在分离器尾部抽引部分气体，夹带着分离下的尘粒进入高效率分离器（如旋风分离器）中进行再次除尘。

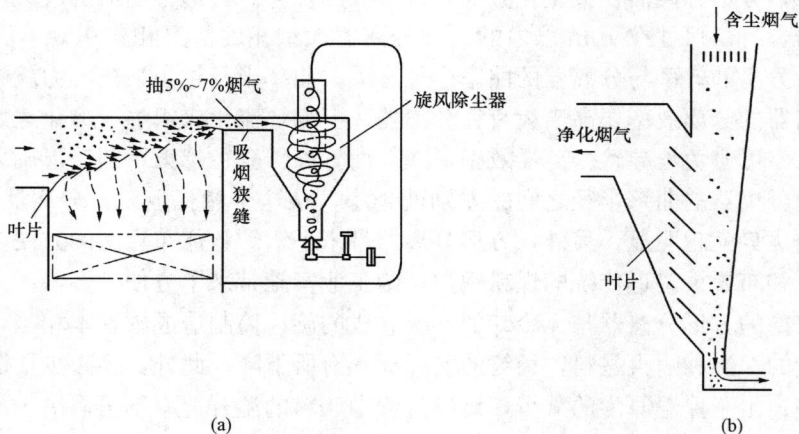

图 5-41　百叶窗分离器
(a) 水平入口；(b) 垂直入口

百叶窗分离器的特点是结构简单、体积小、布置方便、气流阻力小等。百叶窗分离器对于粗颗粒的分离效率比较高，细颗粒对其效率的影响较大。为了达到较高的分离效率，一般百叶窗分离器与旋风分离器配合，采用二级分离，第一级为高温粗颗粒百叶窗分离器，分离效率约 85%；第二级为低温细颗粒百叶窗旋风分离器，分离效率约 90%，两级总体分离效率约为 98.5%。

2. 撞击式分离器

撞击式分离器依靠撞击横向布置在气体通道上的分离体来分离固体。撞击式分离器通常用于分离粗颗粒（100～200μm 或更大）和阻力较低（0.25～0.40kPa）的场合。

撞击式分离器的主要特性包括：①结构简单，建造费用低；②在高温下运行稳定；③压降低；④放大容易。

撞击式分离器的分离机理：当气固两相流流经撞击式分离器时，气流可绕着分离体流动，固体颗粒由于携带的动量比气体大，得以继续按原来方向运动，因而偏离主气流方向，最后撞击在分离体上。

B&W 公司生产的第一代循环流化床锅炉采用了 U 形梁惯性分离器，其布置如图 5-42 所示。在 U 形梁底端安装了引流板，将分离器流道和底部储灰斗隔开，该引流板保证分离下来的固体颗粒顺利进入灰斗，而阻止气体进入，因此避免了颗粒的二次夹带。整个 U 形梁的顶面、四周包覆和灰斗采用膜式水冷壁涂上一层薄的绝热层，该绝热层起绝热和防磨作用。试验表明，该结构的分离器 4 排 U 形梁分离效率

图 5-42 U 形梁惯性分离器的布置

就可达 95% 以上，这是由于采用了特殊出灰结构，U 形梁流道上充满分离下来的颗粒，新进入的颗粒大部分只撞击在颗粒上而不是金属壁上，因此，即使在颗粒浓度高时，U 形梁磨损也很少。

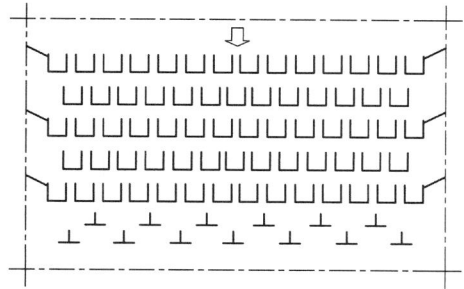

B&W 第二代循环流化床锅炉则将 U 形梁分离器分两部分布置（见图 5-43），第一部分

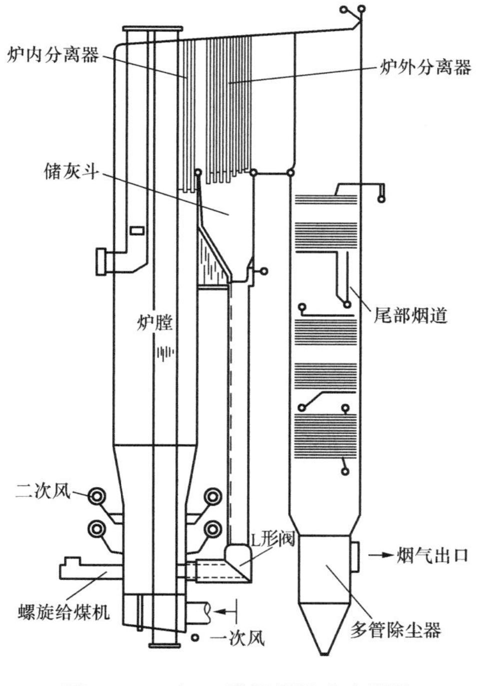

图 5-43 有 U 形梁惯性分离器的
循环流化床锅炉

为炉内分离器，两排 U 形梁布置在炉膛出口，旨在对飞出炉膛的高浓度颗粒进行粗分离，分离下来的颗粒沿侧墙返回炉内。第二部分为炉外分离器，七排 U 形梁布置在水平烟道上。为了提高炉内 U 形梁的分离器效率，在 U 形梁的底端设置了一个特殊的储灰斗，使分离物料进储灰斗返回炉膛壁面下流区，避免颗粒二次夹带。试验结果表明，第一部分分离效率可达 75%，第二部分分离效率可达 90%，两部分综合分离效率可达 97.5%。

总之，惯性分离器结构比较简单，布置在炉膛上部或出口水平烟道内，对常规的 Ⅱ 形锅炉的总体结构设计不需做大的变动，而且采用这种分离器对于循环流化床锅炉大型化非常有利。但惯性分离设备均存在分离效率不尽如人意以及影响分离效率因素较多等不足，因此，常常与其他类型的分离器配合使用，或在系统上采取措施，以满足锅炉对物料循环系统的技术要求。

第四节　固体物料回送装置

要把分离器分离下来的物料送回炉膛，也需要专门的设备，这就是物料回送装置。

图 5-44　循环回路压力关系

锅炉运行中，一般炉膛出口压力为大气压力，因炉内物料浓度很高，下部压力往往远高于大气压力，例如布风板上压力为 7000～10 000 Pa。由于引风机的抽吸，分离器内多为负压；回料口多布置在离布风板较近的高度，此处压力远远大于分离器内压力，如图 5-44 所示。

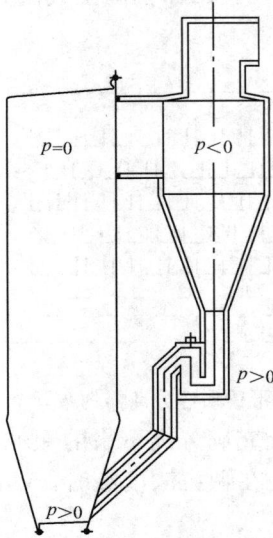

若想把物料从低压的分离器送至高压炉膛内，有两种方案可供选择，一种是直接回料，另一种是密封阀回料，如图 5-45 所示。直接回料是使用回料管从分离器直接连接到炉膛下部，物料在重力作用下落进炉膛。这种回料方式简单，但有一个致命的缺点，就是炉膛烟气会通过回料管反窜，进入分离器下部，破坏分离器内流场，降低分离效率。所以这种方案不可行。

工程中采用的回料方法必须能够防止烟气反窜，并且能够使物料顺利返回炉膛，即应该是一种能起到密封作用的固体物料回送装置。因其主要功能类似一般的阀，如开启、关闭、调节流量等，通常也称为回料阀。

回料阀可采用机械阀和非机械阀，但由于物料温度一般在 800～850℃（高温分离）之间，金属机械阀常常被烧红、过热、卡涩，磨损也比较严重，因此，目前除个别锅炉回料分配阀采用机械阀外，普遍使用非机械阀。非机械阀没有机械运动部件，靠回料风气力输送物料，运行中主要靠改变通气量来调节回料量，其结构简单，运行可靠，便于自动控制，如图 5-45 （b）所示。

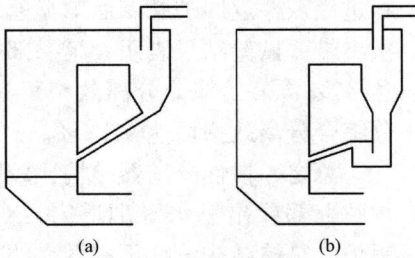

图 5-45　不同回料方案
(a) 直接回料；(b) 密封阀回料

资源 44 - CFB 锅炉循环颗粒回送原理

回料阀和分离器构成了固体物料的循环回路，使循环流化床锅炉能够进行循环燃烧，因此是锅炉的关键部件。回料阀和分离器之间连接的立管不仅仅是连接通道，同时对物料循环系统的建立和正常运行也起着关键作用。

一、回料阀

回料阀种类较多，常用的有 U 形阀、J 形阀、L 形阀、V 形阀等。这些阀的名称是根据阀的结构与某些英文字母比较相像而得来的。例如：U形阀的结构形状与字母U很相似，L形阀的结构形状与字母L很相似。

1.U形阀

U形阀是一种比较普遍的非机械阀，实际上是鼓泡床和移动床的组合。U形阀的底部布置有风室和布风板，布风板由花板和风帽组成。阀体由下降段和上升段组成，其结构如图5-46所示。下降段与立管连通，物料在其中向下移动；上升段为一鼓泡流化床，通过回料管与炉膛连通，物料在流化状态下向上溢流进入炉膛；下降段和上升段之间有水平孔口使物料通过。物料在阀内先向下运动，通过水平通道再折转向上，溢流进入炉膛，整个流动路线像字母U。

资源 45 - U形阀结构原理

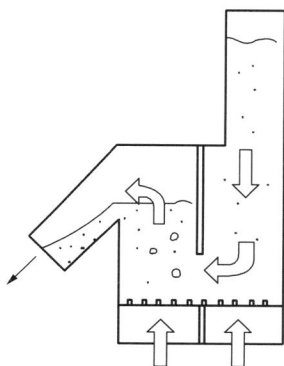

U形回料阀的工作原理与日常生活中下水管的水封弯管类似。水封弯管中总存在一段水柱，这段水柱起到了防止异味反窜的作用，称为水封。U形回料阀中也总存在一定物料，起到防止烟气从回料口反窜进入分离器下端的作用，因此称为料封。水靠压力差作为动力流过弯管，U形回料阀内物料在流化状态下具有流体的一般性质，具有很好的流动性，上升段和下降段的压力差也是物料连续不断流向炉膛的动力。回料阀下降段底部是整个物料循环回路中压力最高的地方，只有此处压力高，物料才有回送动力。在此处形成高压有两个必不可少的条件：一是下降段和立管中物料要有足够的高度，这就要求在设计时立管要有足够高度；二是回料流化风的压力要足够高。

图 5-46　U形回料阀的结构示意

U形阀属于自平衡阀，即流出量根据进入量自动调节，这使得U形阀操作简单，运行可靠，是其得以广泛使用的一个重要优点。当分离下来的物料量突然增大时，立管内料柱升高，使下降段下部压力增大，回送动力增加，可以回送更多物料，最后立管内料位在某一较高位置达到动态平衡，流出量与进入量相等；当分离下来的物料量突然减少时，立管内料柱降低，使下降段下部压力降低，回送动力减弱，回送物料减少，最后立管内料位在某一较低位置达到平衡，流出量与进入量相等。

当然，U形回料阀可以通过调整回料风的大小来调节回料量的大小，但调整量不能太大，过大时进入立管的空气量增多，在立管直径较小时，物料会形成一种不正常的流化状态——节涌，阻碍立管中物料向下流动，导致回料量减少。所以流化风量有一个最佳值，运行时一般不需调整。但应注意的是，如果回料风不是由独立风机供给，而是与一次风共用风机，则在负荷有较大变化时，因一次风压变化，可能引起流化风量的变化，此时应注意调节，使回料流化风量维持在最佳值附近。

在实际应用中，U形阀有多种具体结构形式，如分流式回料管，即对应一个分离器和立管设计两个阀体和回料管，见图5-47～图5-49，这样就可使回料口增加一倍，使回料均匀，同时还可减轻循环灰流对布风板风帽的强烈冲击磨损。但无论具体结构如何变化，其基本原理和自平衡调节的特性是一致的。

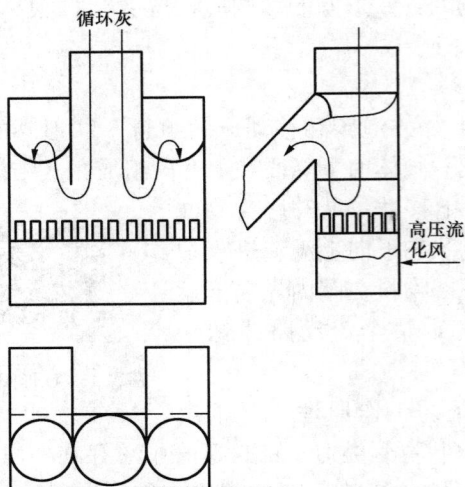

图 5 - 47 分流式 U 形回料阀

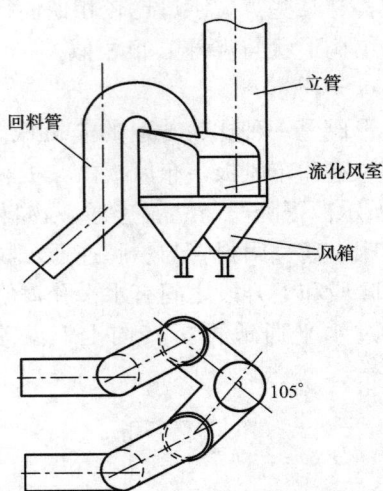

图 5 - 48 HG - U 形回料阀

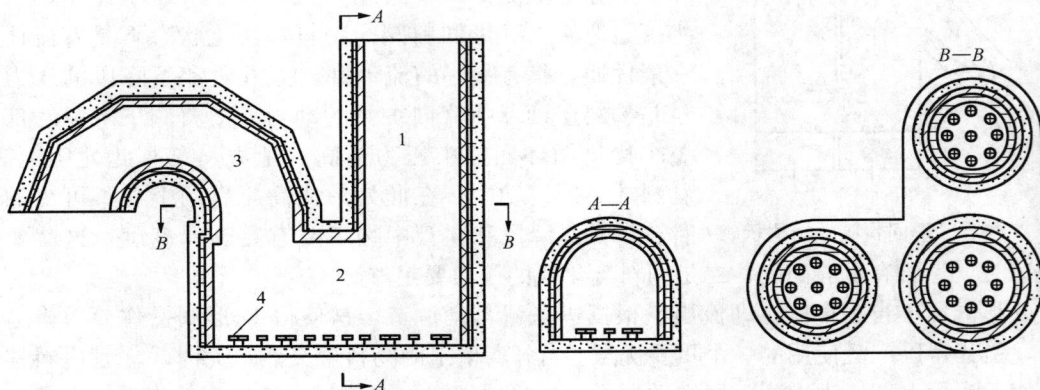

图 5 - 49 HG - U 形回料阀结构
1—下降管；2—水平通道；3—上升管；4—风帽（布风板）

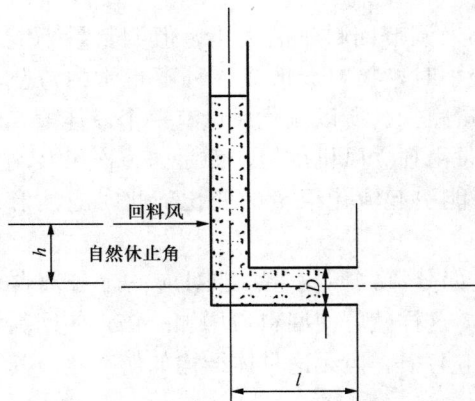

图 5 - 50 L 形阀结构示意

U 形阀及立管一般是绝热的，由钢板卷制或焊接而成壳体，内衬保温材料层和耐磨耐火材料层。

U 形阀运行中经常发生的故障是阀内结焦，这主要是物料中可燃质在阀内燃烧所致，因此应注意解决阀内结焦问题。

2.L 形阀

L 形阀是最简单的一种非机械阀，如图5 - 50所示，它由直角弯管、垂直管和水平管组成。

L 形阀的垂直段与分离器相连，水平段与炉膛相连。回料风充气点以上为立管，以下为阀体，一定温度和压力的回料风由充气点进入阀体，推动物料返回炉膛，调节回料风可以控制回料风的多少。由于 L 形阀立管内物料为移动床流动，立管必须有一定高度。因此，回料风的充气点位置既不能太高，也不宜过低，一般充气点至水平段中心线高度 $h=(2\sim4)D$，以保证一定的有效压头。另外，L 形阀水平段长度也有一定的要求，最小长度应保证不产生自流，最小值应大于不自流时的底边的 2 倍。若水平段的管路太长，则阀内物料流动不稳定，忽大忽小形成浪涌流动。水平段长度最大值 l_{max} 应为 $(8\sim10)D$。

L 形阀的优点是结构简单，回料量调节范围宽，属于可控型回料阀。但在运行中立管内料位高度的监测要求较严格，由于回料量通过充气点回料风来控制，为了防止立管中气体向上流动，就必须保持一定的物料高度，固体物料流量变化，立管料高也随着变化。采用 L 形阀的循环流化床锅炉应装设立管料位计，回料量采用自动控制手段，保证物料循环系统的稳定运行。

L 形阀的放大性能不好，加上其在控制上不及 U 形自平衡回料阀简便，故在大型循环流化床锅炉上较少采用，但由于结构简单，可以用于排渣阀控制等场合。后来在 L 形阀的基础上演化出了一些新型回料阀，如 J 形阀、换向密封阀等非机械阀，见图 5 - 51。

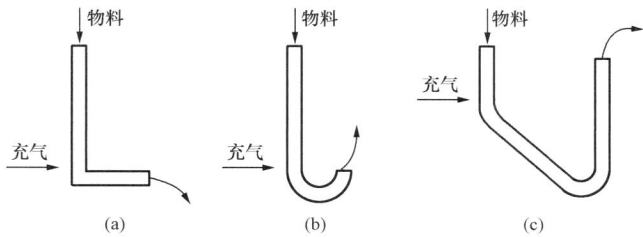

图 5 - 51 L 形阀及其两种变化形式
(a) L 形阀；(b) J 形阀；(c) 换向密封阀

3. J 形阀

J 形回料阀最初是由 L 形阀变化而来的，后来也融合了 V 形阀的特点。它是为适应大压差运行而设计的，可以在压力波动时有效防止炉内烟气反窜。其结构比 U 形阀简单，物料流率高，返料风量小，所以体积小，布置紧凑。

工业上使用的 J 形阀（见图 5 - 52）仍然由下降段和上升段组成，物料被充气流化，流化装置一般比 U 形阀简化，可以采用风室和布风板的传统形式，也可取消风室仅使用布风管，如有的用笛形风管直接放于阀体底部即可，见图 5 - 53。与 U 形阀和 L 形阀不同的是，J 形阀立管内物料处于流化状态，因此可以达到最大压差，提高循环灰的回送流率。大型 J 形阀在立管上采用几层充气喷嘴（见图 5 - 52），可以更好地使立管内物料松动流化。回料器用风一般由专门的高压头、小流量的罗茨鼓风机供给。

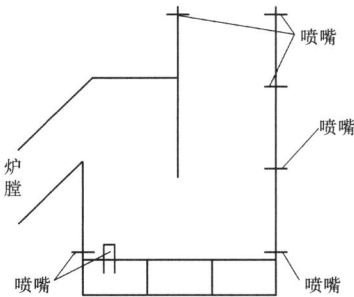

图 5 - 52 J 形阀结构示意

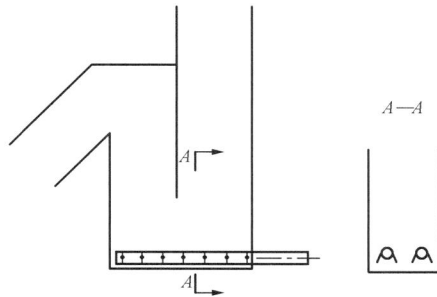

图 5 - 53 简化的 J 形阀布风装置

J 形阀通过物料在立管中建立起来的料位来实现回路密封，而且还能连续稳定地向炉内返送物料，实现返料自平衡，因此它也属于自平衡阀。返送的动力源于回料器上升段和下降段的料位差。它的功能与 U 形阀相同：一是使再循环床料从旋风分离器连续稳定地回到炉膛，实现返料自平衡；二是提供旋风分离器负压和下部燃烧室正压之间的密封。

J 形阀采用钢板卷制而成，内壁敷设有防磨材料和保温材料，以避免高温高浓度含尘气流对分离器金属壁面的磨损，在立管上设有压力测点，运行时通过对压差的监控来严格控制料位的高度，防止压力波动时炉膛内烟气反窜入旋风分离器。有的在 J 形阀回料器上方还布置启动用添加物料的补充入口。下部一般设置事故排渣口，用于检修及紧急事故下的排渣。

J 形阀的充气量小，可以控制在总风量的 1% 以内，这样有助于防止未燃碳粒子在局部区域复燃，避免 J 形回料器内结渣。特别是对灰熔点较低的燃料或石油焦，采用 J 形回料器并增加立管上的充气喷嘴数目可以有效减少回料器结渣的发生。

二、立管

通常把物料循环系统中的分离器与回料阀之间的回料管称为回料立管（简称立管），也称为竖管或料腿。立管的作用是输送物料、系统密封、产生一定的压头，防止回料风或炉膛烟气从分离器下部进入，与回料阀配合，使物料由低压向高压（炉膛）处连续稳定地输送。采用物料内循环和夹道循环方式的部分锅炉是通过采用回料夹道达到立管回料作用的。

立管内物料的流动状态主要有非流态化流动和流态化流动两种，它与立管的高度、直径和回料阀充气喷嘴位置、料位等因素有关。因此，在运行中，若要稳定地回料，必须控制好管内物料的流动。

1. 移动床流动

立管中的物料伴随有一定的气体向下流动，当气固两相流未达到流态化状态时，物料处于移动床状态向下滑动。这时回料阀最大传递物料量取决于立管的高度，更确切地说，取决于立管中物料的高度。在移动床流动状态时，管内不允许出现气泡或移动床状态转变为流化床状态，否则物料向下的移动将受阻。

对于立管物料为移动床流动状态的循环系统，立管内物料监测不可忽视。对于移动床流动，由于立管中物料流速低，回料能力受到限制。采用移动床流动，立管窜气量小，通过调节回料风可调节回料量，调节裕度较大，可实现回料量的控制。如 L 形阀立管内物料即处于移动床状态。

2. 流态化流动

所谓流态化流动，就是立管中的物料不再是移动床状态而进入流化床运动状态。当立管物料为流态化流动时，循环物料达到自平衡状态，处于一种自然循环，自动回料，物料收集多少将返回炉内多少，回料系统一般不具备控制能力，回料量的调节裕度较小，运行中若要改变回料量，只能通过调节系统内存料量的方法来实现。J 形阀、V 形阀的立管内物料即处于流态化状态。

立管内物料流态化流动对于立管高度要求并不像移动床流动那样严格，也就是传送同样的回料量，它可以有较短的立管高度，或者同样立管高度能够传送更多的物料。对于流态化流动，立管内固体颗粒下滑速度应该小于产生节涌之前的气泡速度，不然将失去有效压头和系统稳定性。

U 形阀立管内的流动状态在其放大过程中有所变化。早期小型 U 形阀立管内物料处于移动床状态，其极限是最小流化状态，主要目的是防止烟气反窜。在大型化过程中，由于 U

形阀尺寸变大，深度增加，系统阻力增大，所以烟气反窜的阻力增加。再者立管和分离器尺寸变大，轻微的上升气流对分离下来的物料的携带作用有限，不会对分离器分离效率带来实质性的影响。为了简化运行，控制、提高回料系统的可靠性，大型锅炉的 U 形阀立管内的物料也多处于流化状态。

三、固体物料回送装置的风量调节

固体物料回送装置的风量调节是循环流化床锅炉优化运行的重点和核心，是循环流化床锅炉"艺术"的集中体现，运行人员对流化床技术的认识和掌握水平可以通过该风量的调节反映出来。

回料阀的基本运行原理要求流化风量不需要太大，使上升段达到鼓泡床状态、下降段满足移动床的要求即可。在负荷变化时，由于床压和炉膛空床速度的变化，回料阀的回料量变化很大，使得立管料位发生相应变化，流化风的压力也随立管料位变化，但为了保证物料的流动性，流化风量在不同负荷下是基本不变的。这使得对返料流化风机性能的要求是压头高、流量小，最好是流量不随压力变化。

早期的循环流化床锅炉一般采用利用一次风机的风量作为固体物料回送装置的风量，这样机组负荷变化时，一次风机的风量和压头也发生相应变化，这就要求固体物料回送装置的风量不断地调整，否则容易造成立管窜风或回料阀结焦。所以，现在大型循环流化床锅炉一般设有独立的高压容积式风机（罗茨风机），作为返料流化用高压风机，以保证稳定的运行风量和可自动调节的风压。

在固体物料回送装置的风量调节上，主要采用回送装置总用风量的调节和回料阀风量的调节。

1. 回送装置总用风量的调节

对罗茨风机的高压容积式特性（风压可以方便调节，但风量通过挡板很难调节），合理的风道设计要求高压流化风道与一次风道相连（见图 5-54）。这样，可以通过旁路挡板调节进入一次风道内的风量，从而控制回送装置的总用风量。

2. 回料阀风量的调节

回料阀风量的调节即为松动风量和返料风量的准确调节。

回料阀风量的调节要求立管松动风量和返料风量必须有准确可靠的流量测量装置，冷态试验时流量标定是必要的。由于立管内的循环物料为移动床的运行方式，因此立管内的空床速度应控制在 $0.2 \sim 0.3 \text{m/s}$ 以下；返料床为鼓泡床运行方式，返料床的空床速度应控制在 $0.4 \sim 0.6 \text{m/s}$。这样，根据立管和返料床截面积可以计算出

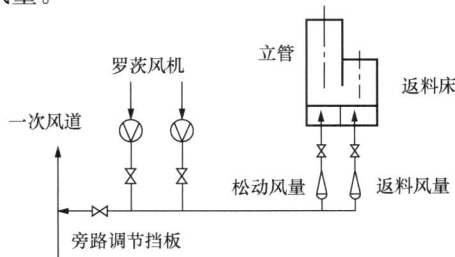

图 5-54 高压流化风道的旁路结构

具体需要的回料阀风量。总体上，在截面相同的条件下，立管的松动风量小于返料室风量。

资源 46 - 流化床换热器

第五节 流化床换热器

随着循环流化床锅炉的大型化，蒸汽的参数等级（压力和温度）提高，相应的过热器和再热器吸热份额增加，同时，炉膛容积的增加与炉

膛的表面积不成比例地增加，这样造成炉膛内布置更多的过热器、再热器和蒸发受热面变得十分困难。如果都布置在炉膛内，将使炉膛温度严重不均，影响炉内燃烧和脱硫。目前，大型锅炉主要采用的方案是把这些受热面布置在固体颗粒返回炉膛的回路上，即在循环回路上设置鼓泡床换热器，将需要布置的适当的过热器、再热器或蒸发受热面以埋管受热面的形式布置在换热器中，以便将炉膛中的部分放热量转移到炉膛外的循环回路上进行热交换。这种换热器即为外置换热器，其主要功能是换热，而不是燃烧。

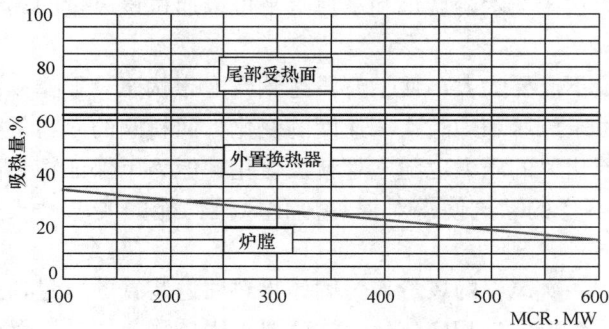

图 5-55 锅炉总热量的分配

外置换热器内受热面的吸热量在锅炉总热量中的分配见图 5-55。随着机组容量的增加，炉膛的吸热份额逐渐减小，外置换热器的吸热份额逐渐增加。

国外的主要循环流化床锅炉制造厂商都对外置换热器的结构设计进行了开发和研究，并取得了良好的工程业绩。国内科研单位以西安热工研究院有限公司为代表，开发了气动控制的紧凑式分流回灰换热器，并在 210MW 和 330MW 循环流化床锅炉中得到了成功的应用。

一、鲁奇式外置鼓泡床换热器

图 5-56 所示为鲁奇式外置鼓泡床换热器及其与 U 形回料密封器的连接形式。

由图可见，该装置由上面的一个鼓泡床灰分配器和下面的一个或两个布置有受热面管束的鼓泡床换热器组成。一般在外置换热器中布置过热器、再热器和蒸发受热面管束。由于外置鼓泡床换热器采用低速鼓泡床运行方式，床灰的流化速度为 $0.3\sim0.5\text{m/s}$，因此，灰粒对埋管受热面的磨损很小。外置床换热器一般采用钢板结构，内衬耐火材料，也有的采用水冷管壁外置床换热器结构。

鲁奇式外置鼓泡床换热器灰分配器上装有一锥形阀，如图 5-57 所示。通过它可以控制进入外置床换热器的热灰流量，从而使外置床换热器具有调节炉膛温度和控制过热器/再热器温度的功能。这种调节功能在低负荷和变负荷工况时

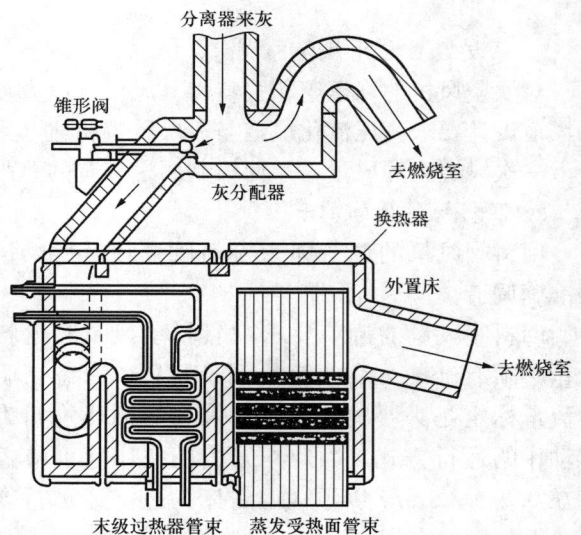

图 5-56 鲁奇式外置换热器及其与 U 形回料密封器的连接形式

尤为突出，在 $50\%\sim100\%$ 负荷范围内，鲁奇式循环流化床锅炉通过锥形阀调节进入外置床换热器的灰流量和一、二次风配比（保持炉膛过量空气系数不变）即可保持炉膛燃烧温度稳定，使锅炉具有较高的燃烧效率并满足 NO_x、SO_2、CO 的排放要求。同时，调节进入布置有埋管过热器/再热器受热面的外置床换热器的灰流量，可以保持过热器/再热器汽温的稳

定。一般情况下，再热汽温完全由外置床控
制，由于过热汽和再热汽回路与尾部烟道对流
受热面分开布置，使汽温调节特性得到改善，
从而使锅炉具有良好的低负荷运行性能和变负
荷调节手段。

没有外置式换热器的循环流化床锅炉仅采
用改变一、二次风比和过量空气系数的手段对
床温的调节是有限的，而有外置式换热器的循
环流化床锅炉对床温的调节在不改变一、二次
风比和过量空气系数的情况下，仅通过调节进

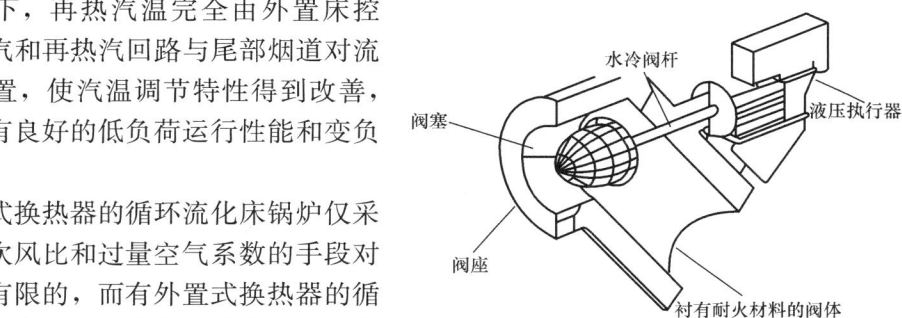

图 5 - 57 锥形阀

入其中的灰量来改变受热面吸热量就可实现对床温的有效控制，其优点是炉内受热面减少，
磨损减少；获得碳粒燃烧的最佳床温，提高锅炉效率；使炉膛上下温度更加趋于均匀。

二、FW 整体式循环换热器

图 5 - 58 所示为 FW 整体式再循环换热器（Intrex）的结构。

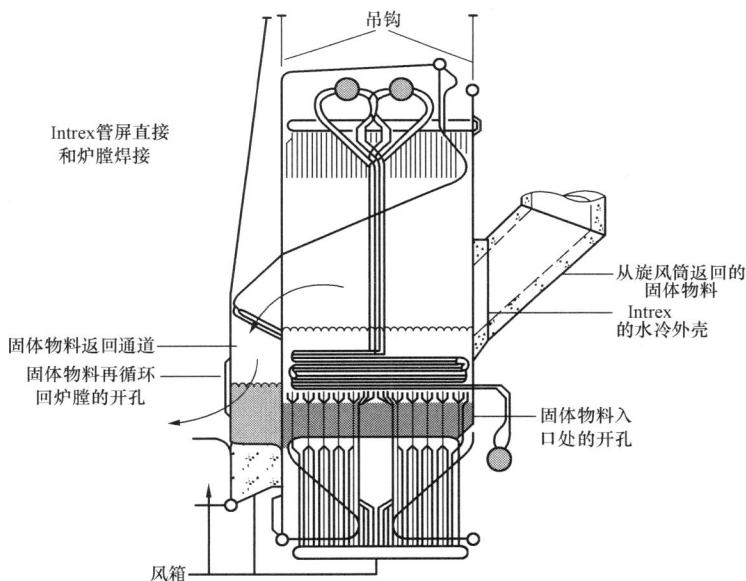

图 5 - 58　整体式再循环换热器的结构

图 5 - 59 所示为 Intrex 的运行原理。在冷态启动时，为了保护过热器等还没有工质流过
的受热面，此时从分离器来的热物料不进入有埋管受热面的鼓泡床（此时该鼓泡床不运行），
而是通过旁路通道直接进入返回通道回到炉膛。在正常运行时，旁路通道和有埋管受热面的
鼓泡床均进行流态化运行，通过控制不同室的流化床的高度，可使全部或部分热固体物料进
入有埋管受热面的鼓泡床进行换热，然后溢流进入返回通道回到炉膛。长期运行结果表明，
它的设计简单，结构紧凑，又容易进入检查维修；由于采用浅床和低的流化速度，运行耗电
少，埋管受热面传热效率高，金属消耗量少；直接和炉膛相连而没有膨胀节，因此运行十分
安全可靠；固体热床料为均匀的细颗粒，流化速度低，对埋管受热面不会有磨损；高温过热
器埋管受热面不在烟气的腐蚀温度范围内，因此埋管受热面不会有腐蚀；调节控制方便，只

需调节各鼓泡床室的流化风速即可调节换热器的不同运行方式。

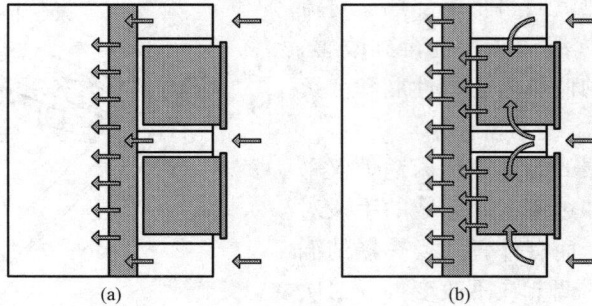

图 5-59　Intrex 的运行原理

(a) 在启动和停炉工况时的固体物料流；(b) 正常运行工况时固体物料流

三、TPRI 紧凑式分流回灰换热器

西安热工研究院有限公司（TPRI）根据已有的研究成果，研究开发了紧凑式分流回灰换热器技术，并取得了专利，该换热器如图 5-60 所示。

紧凑式分流回灰换热器的工作原理是，灰分配室利用合理的结构和配风将来自分离器的循环灰分流成两部分：一部分流向高温回灰管作为高温（850～950℃）循环灰返回炉膛，另一部分则流向布置有受热面的高温换热床。循环灰和高温热交换器及流化空气进行热交换，然后流化风携带灰颗粒从高温换热床的顶部绕过隔墙进入低温换热床，最后流入低温回料室，被冷却至 400～550℃ 的灰颗粒通过低温回灰管返回炉膛。在其设计的 330MW 循环流化床锅炉上共布置 4 台分流回灰换热器，在分流回灰换热器内分别布置低温过热器 I、II 段和高温再热器 I、II 段。

国内三大锅炉制造厂统一引进了阿尔斯通公司的外置换热器技术，与鲁奇公司生产的外置换热器基本结构相同。图 5-61 所示为上海锅炉厂有限公司采用的一种外置流化床换热器（FBHE）。

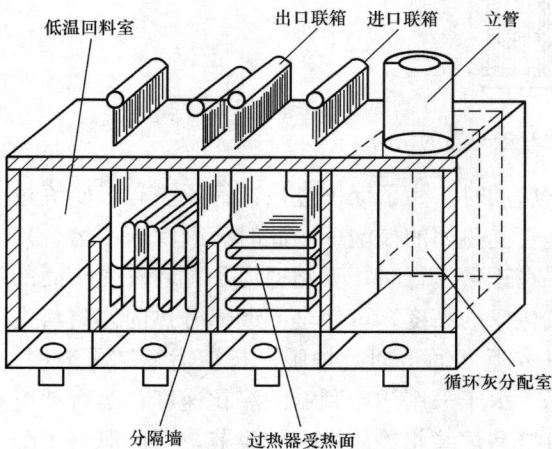

图 5-60　紧凑式分流回灰换热器

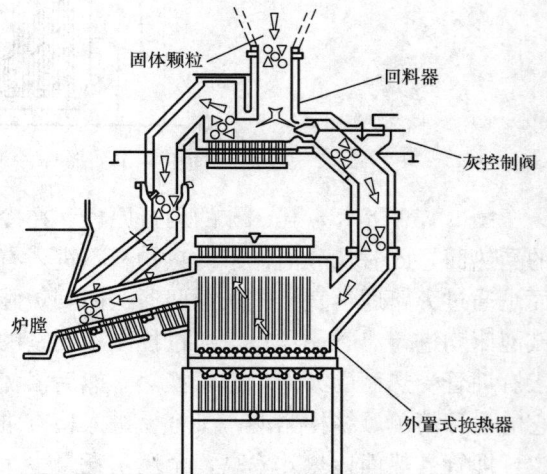

图 5-61　上海锅炉厂有限公司采用的外置流化床换热器

第六节 物料循环系统及物料平衡

物料平衡、热量平衡和高的燃烧效率是循环流化床锅炉正常运行的基础。循环流化床锅炉的正常运行需要在炉膛内外维持一定的可循环物料量，只有正常的物料循环量才能保证循环流化床锅炉的正常燃烧、出力和燃烧效率。因此，物料平衡的实现是循环流化床锅炉正常运行的关键。

一、物料循环系统

1. 物料循环系统的构成

炉膛构成了炉内的物料内循环系统，物料分离器、立管和回料阀三部分组成了物料外循环系统，物料在两个系统中流动，其流动示意见图5-62。这是循环流化床锅炉独有的系统，也是一个非常重要的系统，它直接影响循环流化床锅炉的燃烧、传热和稳定运行。

资源47 - 物料循环系统的构成及作用

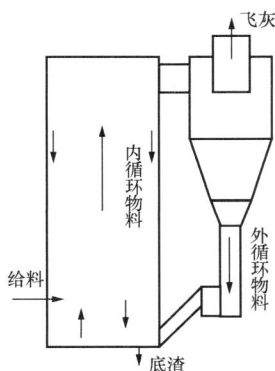

物料内循环系统为物料外循环系统提供循环物料；物料外循环系统保证内循环物料的质量（数量和粒度）稳定，为外置换热器提供热载体，保证焦炭的循环燃烧。因此，物料内循环系统和物料外循环系统相互依存，相互作用。物料外循环系统是整个循环流化床锅炉稳定运行的体现，物料内循环系统是稳定运行的基础。

循环流化床锅炉之所以能实现循环燃烧和高效脱硫，物料循环系统起到了关键作用，因此它也是循环流化床锅炉的核心系统。深入理解和掌握这一系统的结构和原理，对锅炉的安全稳定经济运行有重要的意义。

图5-62 物料流动示意

2. 物料内循环系统的作用

炉膛下部积累的稳定物料是燃料稳定燃烧的热源保证。物料内循环系统内的物料积累了一定的焦炭，这使得锅炉在断煤情况下也可以保证机组稳定运行一段时间。

循环流化床锅炉在设计炉膛传热系数时，对应着一定的炉膛温度和物料浓度。只有炉膛内的物料浓度值及物料分布在一定的正常范围内，循环流化床锅炉才能稳定运行。

3. 物料外循环系统的作用

物料外循环系统的主要作用有以下几个：

（1）保证物料高效分离。无论循环流化床锅炉是高负荷运行还是低负荷运行，系统中的分离器均应有较高的分离效率，使烟气中的固体物料被捕捉下来，减小飞灰量，减小尾部受热面磨损和降低固体不完全燃烧热损失。

一般条件下，循环流化床锅炉分离器的分离效率大于99％。

（2）保持循环物料的稳定。炉膛内流化状态、燃烧和传热都与回料的质量（数量和粒度）有关。要保证锅炉安全稳定运行且达到较高的燃烧效率和额定出力，就必须保持一定的回料量并保证回料的连续稳定。

（3）防止炉内烟气由回料系统窜入分离器。物料通过立管和回料阀由低压部位送入炉膛下部的高压部位，因此系统必须有一足够的压头克服这个压差。

（4）提供热载体并调节床温。对带有外置换热器的循环流化床锅炉，一部分外循环物料进入外置换热器作为热载体为受热面提供热源。同时，通过这部分外循环物料的温度变化来调节床温。

二、循环物料分布特征分析

（一）循环物料构成

通常条件下，炉膛内物料主要由 SiO_2、Al_2O_3、Fe_2O_3、CaO、$CaSO_4$ 和焦炭等构成。

物料中 SiO_2、Al_2O_3 和 Fe_2O_3 为主要成分，SiO_2 含量一般为 40%～60%，Al_2O_3 含量一般为 20%～30%，Fe_2O_3 含量一般为 3%～10%。随着脱硫用石灰石的增加，CaO 和 $CaSO_4$ 含量也不断增加。

焦炭在炉内的平均含量与燃料的燃烧特性有关。对褐煤，底渣可燃物含量一般低于 0.5%；对烟煤，底渣可燃物含量一般为 1.5% 左右；对贫煤，底渣可燃物含量一般为 2%～3%；对无烟煤，底渣可燃物含量一般为 3% 以上。此外，底渣可燃物的含量明显与底渣份额和燃煤粒径有关。总体上，炉内的平均含碳量与燃料密切相关。难燃煤种与易燃煤种相比，由于不同燃料的燃烧特性不同，要维持相同的热量释放，难燃煤种在炉内的焦炭浓度或焦炭总量应大于易燃煤种。

（二）循环物料分布状态与分布特征

对循环流化床锅炉，按炉内的物料浓度通常将炉膛分为密相区、过渡区和稀相区三个区域。循环流化床运行状态下，在物料循环回路的不同部位，物料粒径的分布和可燃物含量存在很大区别。物料在炉内的分布大致分为内循环物料、底渣、外循环物料（循环灰）和飞灰四种类型。

1. 内循环物料和底渣

内循环物料的稳定是循环流化床锅炉热量平衡的基础，也是循环流化床锅炉正常运行的关键。在密相区、过渡区和稀相区存在不同的循环方式，三个区域的物料特性也有很大区别。沿炉膛高度物料粒径和焦炭含量逐渐减小，密相区物料与底渣相似，稀相区物料与外循环物料相似。因此，炉膛在对循环物料分布的作用上起到一个自然的"筛选"作用，大的颗粒在炉膛下部密相区循环，细的颗粒进入炉膛上部参与内循环和外循环，过渡区成为粗细颗粒的分界区域。

底渣由密相区内排出的物料组成，主要是煤中所含的矸石、未破碎的大煤颗粒、回料管回送的循环灰等。底渣中的可燃物含量一般比炉内的平均可燃物含量大。由于煤的破碎作用，底渣的粒度分布可能会比入炉煤细，实际运行的底渣和入炉煤粒径分布见图 5-63（a）。

2. 外循环物料和飞灰

外循环物料指通过炉膛出口进入分离器并回到炉内的物料。外循环物料的粒径一般在 0～0.3mm，可燃物含量一般在 1% 以下。

采用旋风分离器结构的外循环物料的粒径一般小于 0.15mm，飞灰粒径一般小于 0.1mm，由进入分离器未分离下来的内循环物料构成，实际运行的底渣和入炉煤粒径分布见图 5-63（b）。

飞灰可燃物含量是以上四种物料类型中最高的，也是分析评价循环流化床锅炉燃烧效率

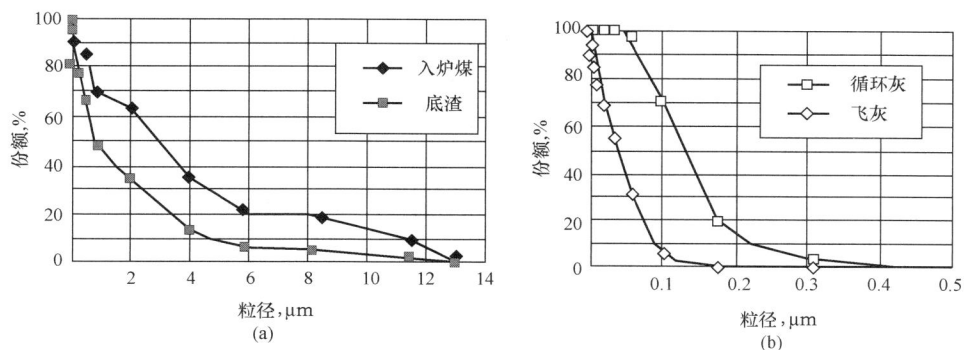

图 5-63 循环物料粒径分布

（a）底渣和入炉煤粒径分布；（b）循环灰和飞灰粒径分布

的基础参数。同一种煤种在相同的运行条件下，随着脱硫用石灰石的增加，飞灰总流量相应增加，但飞灰可燃物总量基本不变，则飞灰可燃物含量会相应减小。

一般情况下，通过燃烧优化调整，可提高分离器分离效率，减小飞灰粒径，同时可有效降低飞灰可燃物。在图 5-64 和图 5-65 中，经过炉膛配风和回料阀总风量的调整，飞灰可燃物从 21.76% 降到 16.77%。通过回料阀风量的分配调整，飞灰可燃物进一步降低到 10.2%。

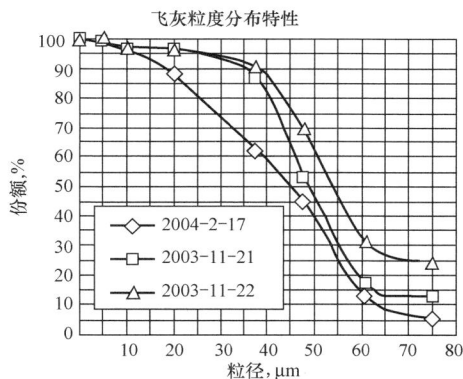

图 5-64 飞灰粒径分布

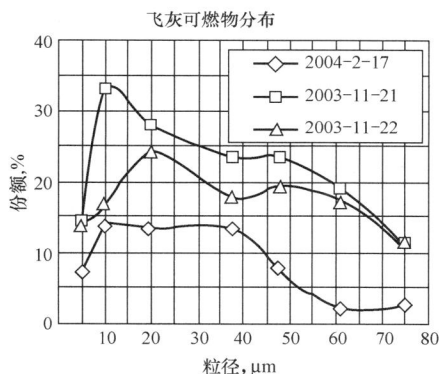

图 5-65 飞灰可燃物分布

三、物料平衡

（一）物料平衡的意义

循环流化床锅炉的设计和运行经验证明，在正常的运行状态下，炉膛中上部的压力按一定规律衰减，同时对炉膛中部的压力值有一定要求，以保证足够的物料浓度。对鼓泡床锅炉，从热量平衡出发，在炉膛下部已经布置了足够的受热面，不需要将大量的热量带到炉膛上部并吸收。对循环流化床锅炉，炉膛上部的表面传热系数取值更大，表面传热系数的增加很大一部分靠物料的对流换热得到。因此，只有维持炉膛中上部一定的物料浓度，才能使炉膛下部热量能及时带到炉膛上部，以保证整体温度分布均匀。

对循环流化床锅炉，烟气将炉膛内的热量和物料带到炉膛上部的同时，必然在离开炉膛的同时将循环物料和热量带出炉膛，热量以烟气为热载体通过尾部烟道的受热面吸收，而循环物料需要分离器分离，送回炉膛继续参与循环。但是分离器并不能将离开炉膛的全部循环物料进行分离，总有一部分与烟气一同进入尾部烟道形成飞灰。这样，对循环流化床锅炉需要分离器满足一定的分离效率，以保证足够的物料在炉膛内循环。循环流化床锅炉带分离器的结构造成物料循环上存在两种循环方式：炉膛内的物料内循环和炉膛与分离器组成的物料外循环。炉膛出口结构对循环流化床锅炉的物料内循环是有一定影响的，因为带到炉膛上部的循环物料并不全部离开炉膛，一部分会直接返回炉膛，这种物料的内循环现象在试验台上已经有研究，但物料内循环在循环流化床锅炉上有多大的影响以及内循环量有多大，还需要进一步研究和工程实践。

按循环流化床锅炉的设计方法，炉膛表面传热系数一旦确定，在炉膛截面、温度、循环物料粒径等参数确定的条件下必然对应一定的物料浓度分布要求。定性的分析，循环流化床锅炉的物料平衡就是在炉膛内形成一定量的物料动态平衡，提供燃料的同时也是不断维持该部分物料量的过程。随着煤质和各种运行参数的变化，物料量的多少对应着不同的稳定过程。当这部分物料量无法稳定到一定程度时，循环流化床锅炉也就无法正常运行，这种对炉内物料浓度分布或物料量的要求可以理解为循环流化床锅炉正常运行对物料平衡的要求。

（二）实现物料平衡的指标

判断循环流化床锅炉物料分布特征和物料平衡的一个重要指标就是炉膛内的物料浓度分布。正常条件下，循环流化床锅炉炉膛内的压力分布沿炉膛高度按一定的指数规律衰减，相应的炉膛内的空隙率和物料浓度沿炉膛高度呈指数衰减。但沿炉膛高度的空隙率和物料浓度分布整体变化的直接测量是十分困难的，工程上一般从炉膛压力分布的测量入手，通过沿炉膛高度的压力分布确定炉膛的物料浓度分布。

对炉内物料平衡的要求分为对炉膛下部（密相区和过渡区）和中上部（稀相区）的物料浓度分布或物料量的要求。实际的运行经验证明，内循环物料平衡特别是炉膛上部的物料平衡对循环流化床锅炉的运行有重要意义。因此，循环流化床锅炉的物料平衡要求是指燃料带入的灰是否满足锅炉正常运行对炉膛中上部的物料浓度或物料量要求。

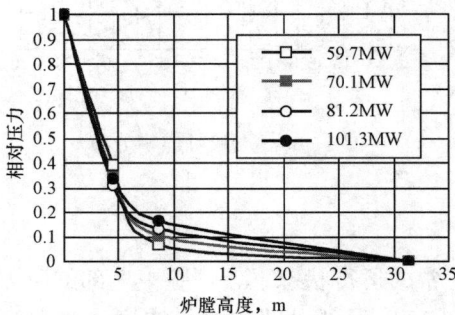

图 5-66　100MW 循环流化床锅炉炉膛压力随负荷的变化

随着机组负荷的增加，炉膛的空床速度逐渐增加，带到炉膛上部的物料量增加，炉膛上部的物料浓度也逐渐增大，对应的炉膛中部压力也逐渐加大（见图 5-66），炉膛整体床温增加并趋于均匀分布。大量的理论和实践证明，当循环流化床锅炉的运行趋于稳定正常运行后，炉膛上部的物料浓度在 2.5～4kg/m³ 即可，对应的锥段上部的炉膛压力为 0.8～1.2kPa。

因此，在循环流化床锅炉的实际运行中，锥段上部与炉膛出口的压差是评价物料平衡实现的重要指标。该参数的监视可以通过实际的运行数据进行实时的在线监视，如图 5-67 所示。

炉膛下部的物料浓度和物料量应保证下部物料均匀分布即可，炉膛下部过高的物料浓度和物料量会增加整体的床压降和厂用电率的增加。

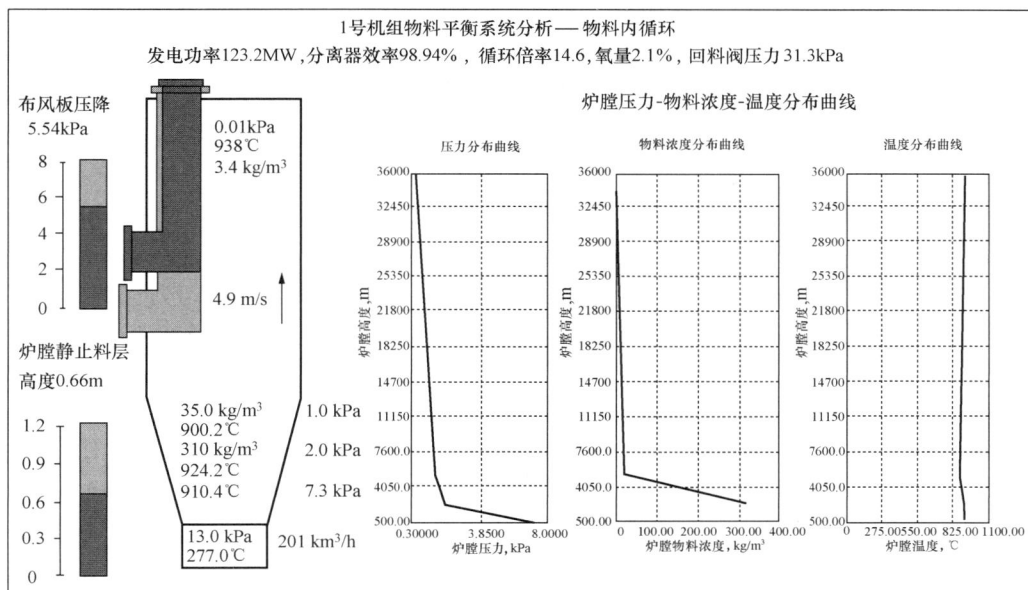

图 5 - 67　135MW 循环流化床锅炉物料内循环系统的在线监视

（三）影响物料平衡的因素

1. 燃料灰分的影响

燃料灰分是影响物料平衡的基本因素。

运行经验发现，在循环流化床锅炉启动的初期，机组过早带满负荷十分困难，往往需要通过提高炉膛温度来满足。这是因为机组停炉期间的外循环物料损失较大，外循环物料的积累时间长于机组升负荷时间的要求。因此，在机组启动过程中可通过添加一定的外循环物料来解决该问题。

但对发热量高和灰分低的煤种（$Q_{net,ar} > 23.5MJ/kg$ 或收到基 $A_{ar} < 22\%$）及特殊燃料（如生物质和石油焦），需要注意燃料灰分是否满足物料平衡的要求。当炉膛上部的物料浓度难以满足 $2.5 \sim 4kg/m^3$ 的要求时，就需要定期添加必要的循环物料。添加的循环物料主要有三种来源。

（1）其他煤种的循环物料。若电厂燃烧的煤质多变，在燃烧高灰分煤种时可适当存储一定的循环灰。

（2）脱硫用石灰石。石灰石在进行炉内脱硫的同时，也参与了炉内的物料循环。对高硫分的石油焦，如硫分在 3% 以上，脱硫后的折算灰分为 21% 左右，燃料灰分提供的循环倍率能够满足物料平衡的需要，不需要添加细砂就可以实现循环流化床锅炉对物料平衡的要求。

（3）细砂。添加的细砂应注意满足一定的粒度要求。由于砂的颗粒密度大于灰的密度，细砂在分离器的分离效率更高，因此，对细砂量的要求并不是很高，定期添加一定的可循环细砂即可。

2. 燃料粒度的影响

由于煤的破碎特性不同，煤灰形成外循环灰的时间和量是不同的。对高挥发分低灰分的燃料（如褐煤），可适当增加煤的粒度，以减少对添加的循环物料量要求。

3. 分离器和回料阀的影响

分离器的分离效率对物料平衡和燃烧效率起着关键作用。

正常运行条件下，通过底渣的排放和立管内物料料位的自平衡调节，进入炉内可生成的可循环物料量与飞灰量相当，外循环物料的粒径保持 0~0.3mm，炉内维持相当的物料量且平均粒径小于一定值。只有满足此运行条件下，大量的焦炭才可在炉膛中上部燃烧，密相区释放的热量带到炉膛上部，炉膛设计中所取的传热系数与运行值相当，热量沿炉膛高度可较为均匀地释放。

如果分离器分离效率降低，则可循环物料量减小。分离效率的降低一般同时意味着分离器捕捉细颗粒的能力降低，这会造成内循环物料和外循环物料的平均粒径增大，炉膛设计中所取的传热系数偏离（大于）实际能够达到的运行值。随着分离器分离效率的进一步降低，即使在满负荷条件下，循环流化床锅炉仍将以鼓泡床方式运行。

在实际运行中，由于分离器分离效率、运行控制、煤质特点等原因，常常无法满足循环流化床运行方式所需要的内循环物料量、外循环物料量及颗粒粒径的要求，常常以鼓泡床方式运行。为达到锅炉满负荷出力，通常加大给煤量运行，炉膛下部温度一般在 950℃ 以上。为减小密相区温度，通常采用较大的过量空气系数和一次风份额，而炉膛上部温度一般在850℃ 以下，同时可能还出现水平烟道积灰、飞灰粒径偏大、省煤器频繁爆管等现象。

回料阀的影响主要通过对分离效率的影响发生作用的。当立管的风量过大时，回料阀窜风严重，分离器效率降低。

4. 设计参数的影响

在其他参数相同的条件下，炉膛内的表面传热系数随着物料浓度的增大而增大。因此，对低灰分燃料，可适当减小炉膛内的表面传热系数设计值。

单元思考题

1. 循环流化床锅炉炉膛设计成不等截面形状有什么作用？
2. 循环流化床锅炉的排渣方式和煤粉炉有什么不同？
3. 等压风室真能做到等压吗？布风均匀性主要靠什么实现的？
4. 比较小孔风帽、钟罩式风帽、T 形风帽的结构特点以及优缺点。
5. 分析影响旋风分离器分离效率的因素。
6. 高温旋风分离器和汽（水）冷型分离器各有什么优缺点？
7. 循环流化床锅炉不布置回料阀可以吗？为什么？
8. 循环流化床锅炉的点火方式和煤粉锅炉有什么不同？为什么有这样的不同？
9. 床下点火方式有什么优缺点？

单元六　水循环系统

♦ 引　言

　　上一个单元燃烧设备，其实是说到锅炉的"炉"了，这时我们马上就想到了"锅"，想到了水，水盛在锅里，我们就是先烧水，把水烧开。水烧开变成蒸汽，水就减少了，这就要补充水，由此形成水循环。炉完成了放热，而锅完成吸热。

　　水循环系统是所有锅炉都要有的设备，那么我们要关注这种锅炉的锅是什么样子的？当发现锅都是管子组成时会觉得奇怪，这需要我们认真思考。出现"自然循环"时要思考水为什么会自然-循环-流动，出现"超临界"锅炉时要思考为什么要用直流锅炉？二者差异是什么？自然水循环为什么需要汽包，而超临界直流锅炉就不要汽包了？锅炉中产生的蒸汽要达到一定压力，这个压力是如何产生的？像生活中的高压锅一样么？在这个系统中的水和我们平常接触的水一样么？是不是要求干净一些？为什么？我们如果解决水中有杂质的问题，尽量让蒸汽干净一些，在锅炉水循环系统中涉及哪些设备？为什么要提升蒸汽参数，开发设计超临界锅炉？带着这些问题进入水循环系统学习，有助于了解该系统的整体组成情况、系统原理，并与前一个单元结合起来形成锅炉炉膛的整体映像。

第一节　自然水循环的基本原理

　　自然水循环是锅炉蒸发系统的一种循环方式，超临界参数以下的循环流化床锅炉主要采用这种水循环方式。

一、自然循环的工作原理

　　自然循环锅炉的蒸发系统是由汽包、下降管、分配水管、下联箱、上升管、上联箱、汽水引出管和汽水分离器组成的闭合系统，工质在闭合的蒸发系统内流动称为循环，简单自然循环回路如图6-1所示。

　　自然循环回路中的下降管布置在炉外，为不受热管；而回路中的上升管通常称水冷壁，为受热管。锅炉汽包具有较大容积，上半部为蒸汽空间，下半部为水容积，两者间的分界面称为蒸发面。

资源48-锅炉自然水循环原理

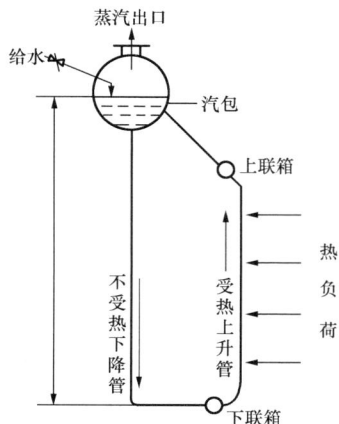

　　下降管的工质是饱和水或为欠热水，饱和水或欠热水在上升管中受热并产生部分饱和蒸汽。由于上升管中汽水混合物的密度小于下降管中水的密度，因此下联箱左右两侧将产生压力差，推动上升管中的汽水混合物向上流动，进入汽包并经其内的汽水分离器进行汽水分离，分离出的

图6-1　简单自然循环回路

饱和蒸汽由蒸汽引出管引出，分离出的水与省煤器来的给水混合后进入下降管，完成一个循环。

　　回路中的循环推动力称为运动压头，它是由下降管中的工质柱重与上升管中的工质柱重之差形成的。运动压头的大小取决于饱和水密度与饱和蒸汽的密度、上升管中的含汽率及循环回路的高度。随着压力的提高，饱和水与饱和蒸汽的密度差将减小，但若能适当增大上升管中的含汽率和循环回路的高度，仍可维持足够的运动压头，因此亚临界压力锅炉仍可采用自然循环回路。

二、自然循环工作的可靠性指标

（一）循环流速与循环倍率

1. 循环流速

　　自然循环工作的可靠性要求所有受热面的上升管都应得到足够的冷却，必须保证上升管内有连续不断的水膜冲刷管壁并保持一定的工质流速，以防止管壁超温。把相应于工质流量的饱和水流过管子单位流通截面时的速度称为循环流速，以 w_0 表示，管子截面通常用上升管入口截面计算。

　　循环流速表征了流体流动的快慢，它反映了管内流动的水将管外吸收的热量和所产生的蒸汽带走的能力。循环流速越大，工质在管内的放热系数就越大，带走的热量就越多，管壁的散热条件越好，管壁就越不易超温，因此循环流速是判断循环好坏的重要指标之一。

2. 循环倍率

　　循环流速是按上升管入口水量 G 进行计算的，对于不同热负荷的管子，即使循环流速相同，由于产生饱和蒸汽的量不同，在上升管出口处水的流量也就不同。热负荷大的管子产汽量大，管子出口处的水量小，在管壁上有可能维持不住连续流动的水膜。另外，由于产汽量大，汽水混合物的流速增大，就可能在高速汽水流的冲刷下将很薄的水膜撕破，造成传热恶化，管壁金属超温。因此，引入另一个判断循环好坏的重要指标——循环倍率。

　　在循环回路中进入上升管的循环水量与上升管出口的蒸汽量之比称为循环倍率，以 K 表示，即

$$K = \frac{G}{D_c} = \frac{G}{Gx_c} = \frac{1}{x_c} \tag{6-1}$$

式中　D_c——上升管出口处的蒸汽量，kg/s；

　　　x_c——上升管出口处的质量含汽率。

　　循环倍率 K 的物理意义为上升管每产生 1kg 蒸汽需要多少千克水进入上升管。循环倍率越大，质量含汽率就越小，表示上升管出口处汽水混合物中水的份额越大，水循环就越安全。但循环倍率也不能过大，否则产汽量太少，不能满足锅炉蒸发量的要求，而且会过分削弱循环。因此，为了保证自然循环的安全可靠，一方面须保持足够的循环流速，另一方面还须维持一定的循环倍率。

（二）自补偿能力

　　在一定的循环倍率范围内，当自然循环回路中的上升管吸热增加时，循环水量会随产汽量相应增加，自然循环的这种特性称为自补偿能力。自然循环的自补偿能力对水循环的安全有利，是自然循环的一大优点。因此，合理的自然循环系统应使锅炉工作在自补偿特性区段，图 6-2 中曲线的 AC 部分即为自补偿特性区段。

自然循环的自补偿能力具有一定的限制条件，当上升管中产汽量增加时，运动压头增加，同时上升管中的流动阻力也随着增加。从图 6-2 中曲线 AC 段可见，在开始阶段，运动压头的增加大于流动阻力的增加，循环流速增大；当循环流速达到最大值（图中 C 点）后，如果继续增大热负荷，上升管内产汽量过大，管内流动阻力增加过快且大于运动压头的增加，循环流速 w_0 反而降低，循环失去自补偿能力，如图 6-2 中曲线 CD 段所示，上升管工作在该区段时，水循环不安全。

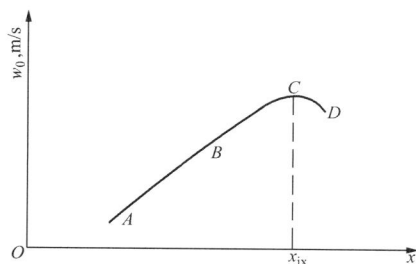

图 6-2　自然循环自补偿特性示意

把对应于图 6-2 中最大循环流速时的质量含汽率称为界限含汽率，用 x_{jx} 表示，与界限含汽率相对应的循环倍率称为界限循环倍率，用 K_{jx} 表示。

当循环倍率大于界限循环倍率时，水循环具有自补偿能力；反之，当循环倍率小于界限循环倍率时，水循环失去自补偿能力。为了保证蒸发受热面得到良好冷却，避免出现不稳定流动和传热恶化现象，循环倍率数值不应太小。

第二节　锅炉蒸发受热面

锅炉蒸发受热面是指水在其中吸热并汽化的受热面，通常是指锅炉炉膛四周炉墙上敷设的受热面，称为水冷壁。

一、水冷壁的结构

资源 49 - 水冷壁结构

水冷壁最初的作用是为了保护炉墙，以减少炉渣和高温对炉墙的破坏作用，现在已成为吸收炉内辐射热的主要受热面。在完成了吸热蒸发这项主要任务的同时，水冷壁还降低了炉膛出口烟温，以防止对流受热面结渣。根据结构不同，水冷壁可分为三种类型，即光管水冷壁、膜式水冷壁和销钉管水冷壁。由于循环流化床锅炉炉膛主要区域为正压运行，炉膛上部一般为膜式水冷壁，下部为挂销钉的膜式水冷壁。因此，这里主要介绍膜式水冷壁和销钉管水冷壁。

1. 膜式水冷壁

大容量锅炉广泛应用的水冷壁是膜式水冷壁。膜式水冷壁大多是由光管或内螺纹管与鳍片（扁钢条）焊接而成，出厂时已分段焊制成管排，安装时只需将各段管排现场组焊成整片水冷壁。由于循环流化床锅炉的磨损特性，水冷壁的制造严格要求鳍片管间距（扁钢宽度）相等。水冷壁的安装严格要求水冷壁拼接处平整。

高参数以上的电站锅炉，水冷壁直接与上、下联箱焊接，长度达几十米，通常采用上部固定、下部能自由膨胀的方法解决其热膨胀问题，即水冷壁的上联箱吊挂并固定在锅炉钢架上，而下联箱由水冷壁悬吊。为使水冷壁具有足够的刚性，沿炉膛高度在炉墙外每隔 3~4m 设置一层环绕炉墙的水平刚性梁。

膜式水冷壁的节距与外径的比值即相对节距 s/d 越大，鳍片宽度（$s-d$）就越大，相同宽度内水冷壁的根数会减少。鳍片可用比管子便宜的材料制成，以降低水冷壁的制造成本。

图 6 - 3 销钉管水冷壁
1—水冷壁管；2—销钉；3—耐磨耐火浇注料

膜式水冷壁的相对节距为 1.3～1.35。

膜式水冷壁的主要优点是能保证炉膛具有良好的气密性，对循环流化床锅炉而言，可减轻正压运行炉膛部位的向外泄漏；同时增加了锅炉有效蒸发辐射受热面，从而降低了蒸发受热面的金属耗量。

2. 销钉管水冷壁

销钉管水冷壁原本主要用于炉膛卫燃带、旋风炉和液态排渣炉上，但在现代循环流化床锅炉中得到了大量应用。在下部水冷壁管上错列焊接长为 20～25mm，直径为 6～12mm 的销钉，然后敷上耐磨耐火浇注料，如图 6 - 3 所示。销钉的作用是为了固定耐磨耐火浇注料，同时可将耐磨耐火浇注料上的热量传给水冷壁，使耐磨耐火浇注料得到冷却，延长使用寿命。

二、水冷壁管内两相流体的流型与传热

水冷壁的安全工作非常重要，这就要求水冷壁满足金属安全工作条件，即管壁温度小于金属材料的允许使用温度。当管壁温度超过材料的允许使用温度时，金属氧化速度加快，发生高温腐蚀，金属蠕变速度增加；当温度发生波动时，会发生热疲劳而破坏。根据传热学内容，管壁温度 t_b 为

资源 50 - 水在水冷壁中的加热过程

$$t_b = t_g + q\left(\frac{1}{\alpha_2} + \frac{\delta}{\lambda}\right) \tag{6-2}$$

式中，工质温度 t_g 取决于工质压力，q 取决于火焰温度。因此，管壁温度主要取决于工质侧对流放热系数 α_2，而 α_2 取决于管内工质的流动和传热情况。这就是说，蒸发受热面的安全工作主要取决于水循环情况。另外，结垢、腐蚀等因素也影响蒸发受热面的安全工作。

水的沸腾放热系数约高达 $10^4 W/(m^2 \cdot ℃)$，而蒸汽的放热系数却要小得多。由于上升管中的工质是汽水混合物，在上升管内壁上是汽还是水，对 α_2 影响是很大的，因此要研究蒸汽在汽水混合物中的分布、两相流型问题和沸腾换热情况。

在管内两相流中，汽和水不是均匀分布的，它们的流速不相同。由于管径、混合物中的含汽率和流速的不同，两相流体组成的流型也不一样。流型不同，两相流体的流动阻力和传热机理不同，流速大小和传热的强弱又影响到两相流型。

蒸汽密度比水小，在上升管中，在相同压力作用下，汽的速度比水速快，水在管中流动的速度分布是中间大、两边小。如果汽在靠近管边处，汽水相对速度大，阻力大；汽在管中间，阻力小。由于气泡总是往阻力小的地方运动，所以气泡都往中间运动，这个现象称作气泡趋中效应。

图 6 - 4 所示为垂直受热上升管中汽液两相流型示意。当受热面热负荷不大时，A 区内的水温低于饱和温度，管壁温度稍高于水温，该区域为单相水的对流传热区。在 B 区，紧贴壁面的水虽达到饱和温度并产生气泡，但管子中心的大量水仍为未饱和水，产生的气泡脱离壁面后与大量水混合，又凝结并将水加热，该区域内的壁温高于饱和温度，该区域为过冷

核态沸腾传热区。当水流入 C 区时，全部达到饱和温
度，此后，生成的汽不再凝结，沿流动方向的含汽率逐
渐增大，气泡分散在水中，此种流型称为气泡状流型，
传热方式为饱和核态沸腾。当流体流入 D 区时，气泡增
多，小气泡在管子中心聚合成大汽弹，汽弹与汽弹间有
水层，此种流型称为弹状流型。当流体流入 E 区时，汽
量增多，汽弹相连，形成中心为汽而周围有一圈水膜的
环状流型。在环状流型的后期即 F 区内，中心蒸汽流量
很大，其中带有小水滴，周围的水环逐渐减薄，此种流
型称为带液滴的环状流型，环状水膜变薄后的导热能力
很强，环状流型的传热由核态沸腾转为强制水膜对流传
热，热量由管壁经强制对流水膜传至水膜与中心汽流间
的表面上，并在此表面蒸发。当流体进入 G 区时，壁
面上的水膜完全被"蒸干"，汽流中虽有一些水滴，但
对管壁的冷却作用不够，此时传热恶化，管壁金属温度
突然升高，此后，随着汽流中水滴的蒸发，蒸汽流速增

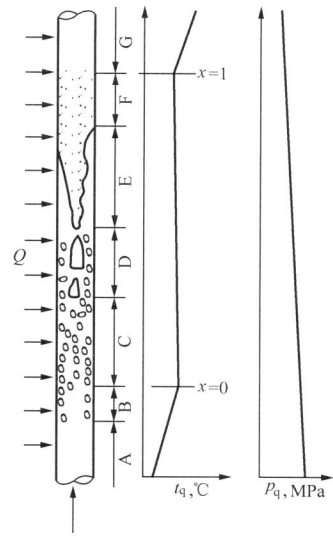

图 6-4　垂直受热上升管中
汽液两相流型

大，壁温又逐渐下降，此种流型称为雾状流型。最后流体进入蒸汽过热区，汽温逐渐升高，
壁温又逐渐升高。

　　研究表明，当水冷壁管内有连续水膜存在时（见图 6-4 中 A、B、C、D、E 区），由于水
不断冲刷内壁，管内工质的对流表面传热系数很大，此时，管壁温度大于工质温度，但一般不
会很高，水冷壁可安全工作。因此，为了保证水冷壁安全工作，管内应存在连续的水膜。

　　在影响流动结构的因素中，除质量含汽率 x_c 外，还有流体压力、混合物的流速、管子
放置方式、流体流动方向。由于气泡状流、弹状流、环状流都有一个连续的水膜存在，α_2
是很大的。而雾状流没有一个连续的水膜，α_2 是很小的，所以在自然循环中，要避免出现
雾状流。

　　当管内蒸汽直接与壁面接触时，由于蒸汽与管壁间的表面传热系数比水与管壁间的表面
传热系数小得多，α_2 大大降低，壁温急剧升高，此种现象称为传热恶化。传热恶化有两类。

　　（1）第一类传热恶化发生在气泡状流动和受热面热负荷特别大的区域。由于热负荷特别
高，管子内壁汽化核心数急剧增加，气泡形成速度大于气泡脱离速度，使得管子壁面形成一
个连续的蒸汽膜，α_2 急剧下降，壁温急剧升高，这种由核态沸腾转变为膜态沸腾的传热恶
化称为第一类传热恶化。在此类传热恶化中，主要的决定因素是受热面热负荷。对于电站锅
炉而言，受热面热负荷通常难以达到极限值，因此发生第一类传热恶化现象的可能性小。

　　（2）第二类传热恶化发生在环状流动和受热面热负荷较大的区域。当管内质量含汽率较
大时，环状流的水膜可能被撕破或者蒸干，这种传热恶化称为第二类传热恶化，此时的流动
状态为雾状流。发生第二类传热恶化时的热负荷比第一类传热恶化的热负荷低，且放热方式
为强迫对流，管内表面传热系数比第一类传热恶化高，因此，壁温上升值比第一类传热恶化
时小，但是，如果热负荷较高，管壁温度可能超过极限值，导致管子失效。电站锅炉所遇到
的传热恶化多属于第二类传热恶化。

　　循环流化床锅炉炉膛的热负荷要比煤粉炉中低得多，循环流化床锅炉炉墙上的沉积物与

煤粉炉相比非常清洁，水冷壁发生传热恶化的情况大幅减少。循环流化床锅炉最高热负荷出现在炉膛底部，并随着炉高增加而逐渐减小，而工质温度恰恰相反，因此，温度最低的工质恰好在最高热流处，这种特性使水冷壁面发生传热恶化的概率小得多。

第三节　汽包及蒸汽净化

一、汽包的作用及结构

1. 汽包的作用

锅炉汽包是自然循环锅炉中的重要部件，其作用有以下几个：

（1）给水经省煤器加热后送入汽包，汽包向过热器系统输送饱和蒸汽，同时汽包与下降管、水冷壁连接，形成自然水循环系统。汽包是锅炉工质加热、蒸发、过热三个过程的枢纽。

（2）汽包中有一定的水量，因而具有一定的储热能力。在锅炉负荷变化时，可以延缓汽压的变化速度。

（3）汽包内部装有各种蒸汽净化装置，是为了改善蒸汽品质。

（4）汽包上装有压力表、水位计和安全门等附件，保证了锅炉安全工作。

2. 汽包的结构

汽包的外形结构比较简单，主要由圆形筒身和两端的封头组成。为了便于汽包内设备的检修和安装，封头上开有人孔门。汽包外设有许多管座，分别连接不同的管路，如给水管、下降管、汽水混合物引管、蒸汽引出管、省煤器再循环管、加药管、事故放水管和连续排污管等，汽包内部设有蒸汽清洗装置，锅炉汽包内部装置如图 6-5 所示。

二、蒸汽净化

为了蒸汽动力设备安全经济运行，要求锅炉供应具有一定数量和质量的蒸汽。蒸汽的质量包括两个方面，一方面要求锅炉生产的蒸汽必须符合设计规定的压力和温度，另一方面要求蒸汽品质良好。蒸汽品质一般用单位质量蒸汽中所含杂质的数量来衡量，其单位用 $\mu g/kg$ 或 mg/kg 来表示，它反映了蒸汽的清洁程度。蒸汽中杂质含量越少，表明蒸汽越清洁，即蒸汽品质越好。蒸汽中所含的杂质绝大部分为盐类，所以蒸汽中的杂质含量多用蒸汽中的含盐量来表示。

图 6-5　锅炉汽包内部装置

1—汽包；2—内置旋风分离器；3—清洗水配水装置；
4—蒸汽清洗装置；5—波形板（百叶窗）；
6—顶部多孔板

蒸汽净化的目的是使锅炉生产的蒸汽具有一定的清洁度，即蒸汽中含有的杂质量应符合电厂安全生产的要求。在锅炉产汽过程中，会使蒸汽携带各种化学杂质（如氧化物、硫酸盐、硅酸盐、氢氧化物、碳酸盐等）。如果锅炉生产的蒸汽杂质含量高，清洁度差，则会引起锅炉、汽轮机等热力设备结盐垢，从而给锅炉、汽轮机等设备的安全运行带来很大的

资源 51 - 汽包的结构与作用

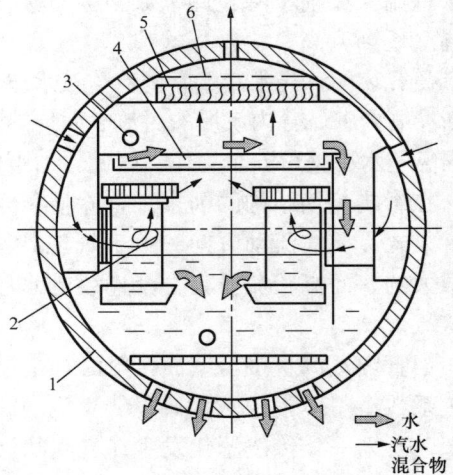

危害。

因此，必须对蒸汽品质提出严格的要求，即限制蒸汽的杂质含量。蒸汽压力越高，蒸汽比体积就越小，蒸汽流通截面积相应减小，因此杂质沉积的危害性就越大。当蒸汽品质达到所要求的标准时，就不会给锅炉管道、汽轮机等设备带来危害。

（一）蒸汽污染的原因

锅炉给水虽经过了锅炉外的水处理，但总含有一定的盐分。随着给水不断被加热、蒸发，给水中的杂质大部分转移到锅水中，因此锅水的杂质浓度要比给水的高很多。饱和蒸汽从汽包引出时，携带含有杂质浓度大的锅水，这是蒸汽污染的第一个原因。对现代电站锅炉而言，蒸汽除携带锅水外，还能溶解某些盐类，这是蒸汽污染的第二个原因。蒸汽溶解盐类具有选择性，并与压力有关。

蒸汽携带含盐水滴使蒸汽被污染的现象叫机械性携带，蒸汽直接溶解盐类使蒸汽被污染的现象叫溶解性携带或选择性携带。

蒸汽机械性携带的含盐量，取决于蒸汽湿度和锅水含盐量。蒸汽溶解性携带的含盐量，可用下式表示：

$$S_q^R = \frac{a}{100} S_{ls} \tag{6-3}$$

式中　a——分配系数。

分配系数 a 是用百分数表示的某种盐类溶解于蒸汽中的含量与其在锅水中含量的比值。

对于高压蒸汽，一般既有机械性携带，又有溶解性携带。

因此，蒸汽含杂质的量与蒸汽湿度、某种盐的分配系数及锅水的含盐量成正比。因此，蒸汽携带杂质的原因有三个：一是蒸汽引出汽包时，携带含有杂质的水滴；二是蒸汽本身溶解杂质；三是锅水含有杂质。而蒸汽和锅水含有的杂质均是由给水带入锅炉的。所以，可以说，给水含杂质是蒸汽污染的根源。蒸汽携带杂质主要通过两个途径，即机械性携带和溶解性携带。

1. 饱和蒸汽的机械性携带

蒸汽机械性携带取决于蒸汽带水量的多少。汽水混合物从上升管引入汽包时，具有较大的动能，它冲击水面，冲击汽包内部装置，或气泡从水面下穿出时均将引起大量的锅水飞溅。此外，在锅水表面有时形成稳定的泡沫层，当气泡破裂时，也有大量细小水滴带出。这些水滴进入汽包汽空间。大水滴由于动能较大，上升高度也较大，一般上升至一定高度，就在自身重力作用下坠落下来，重新返回液面。若汽空间高度不够，水滴上升至蒸汽引出管入口，则被高速汽流带走。质量轻的细小水滴，靠摩擦力被汽流卷吸带走。汽流速度越高，带水能力就越强；进入汽空间的水滴越多，直径越小，蒸汽带水量就越大。

影响蒸汽带水的因素很多，主要有锅炉负荷、汽空间高度、蒸汽压力和锅水品质等。

（1）锅炉负荷。蒸汽带水量即蒸汽湿度与锅炉蒸汽负荷有着密切的关系。随着蒸汽负荷的增加，蒸汽湿度增加。其原因有两方面，一方面，蒸汽负荷增加，表明产生气泡数目多，气泡从水中逸出时形成的水滴量就多，而且汽水混合物进入汽包时的动能增大，将引起大量锅水飞溅，生成的水滴数量增多；另一方面，蒸汽负荷增加，则蒸汽流速增大，蒸汽带水能力增强，汽流携带水滴数就多。

（2）汽空间高度。汽包内汽空间高度在一定范围内对蒸汽带水的影响较大。当汽空间高度不够时，水滴将来不及从汽流中分离出来，大量水滴则被蒸汽带走，蒸汽湿度将增加。汽空间高度越小，蒸汽带水能力就越强。充分利用蒸汽空间高度进行初步的重力分离是很重要的，所以汽包要有一定的汽空间高度。

为保持汽包中一定的汽空间高度，锅炉在运行中应严格控制汽包水位，防止蒸汽负荷突然增加或压力突然降低。水位过高，汽空间高度减小；负荷突升或压力突降，会引起水容积膨胀，水位升高。这些都将引起蒸汽带水量增加。若汽包水位超过最高水位，将造成蒸汽大量带水。

（3）蒸汽压力。随着蒸汽压力的增高，汽水密度差减小，汽水分离更加困难，导致蒸汽携带水滴的能力增加。另外，蒸汽压力增高，对应的饱和温度也高，水分子的热运动加强，相互间的引力减小，水的表面张力减小，水就更容易破裂成细小水滴被蒸汽带走。由此可见，蒸汽压力越高，蒸汽就越容易带水。

但当蒸汽压力急剧降低时，也会影响蒸汽带水量。这是因为压力降低时，相应水的饱和温度也降低，蒸发管和汽包中的水以及管壁金属都会放出热量产生附加蒸汽，致使汽包水位上升，而且穿过汽包内蒸发面的蒸汽量也增多。其结果使蒸汽大量带水，蒸汽的湿度增加，蒸汽的品质恶化。

（4）锅水品质。锅水品质对蒸汽带水的影响是，当锅水含盐量在最初一段范围内提高时，蒸汽湿度不变。但由于锅水含盐量增大，蒸汽含盐量也相应有所增加。

当锅水含盐量增大到某一数值时，蒸汽带水量则急剧增加，从而导致蒸汽含盐量猛增。这时的锅水含盐量称为临界锅水含盐量。出现临界锅水含盐量的原因是锅水含盐量增加，特别是锅水碱度增加，锅水的黏性增大，气泡在汽包水容积中的上升速度减慢，因而汽包水容积中的含汽量增多，促进汽包水容积膨胀。此外，锅水含盐量增加，还将使水面上的泡沫层增厚。这些原因都将使汽包汽空间的实际高度减小，蒸汽带水量增加。

2. 蒸汽的溶解性携带

当饱和蒸汽从汽包中引出时，溶解于锅水中的盐有一部分溶解于蒸汽中。从式（6-3）可以看到，盐类溶解在蒸汽中的能力可以用分配系数 a 来表示。各种盐类的分配系数与压力有关，即

$$a = \left(\frac{\rho''}{\rho'}\right)^n \tag{6-4}$$

式中　ρ'、ρ''——饱和水与饱和汽的密度（随着压力增大，ρ' 减小，而 ρ'' 增大，则 ρ''/ρ' 增大），kg/m^3；

　　　　n——溶解指数，与盐的种类有关，几种盐类的溶解指数见表 6-1。

表 6-1   几 种 盐 类 的 溶 解 指 数

盐类名称	SiO_2	NaOH	NaCl	$CaCl_2$	Na_2SO_4	$CaSO_4$
n 值	1.9	4.1	4.4	5.5	8.4	8.5

式（6-4）说明了压力对蒸汽溶盐能力的影响。随着压力的提高，饱和汽与饱和水的密度差减小，即 ρ''/ρ' 值增大，分配系数 a 随之增大，汽与水的性质越来越接近，因而蒸汽的溶盐能力与水接近。当压力达到临界及以上压力时，分配系数 $a=100\%$。表 6-1 表明：硅酸（SiO_2）的溶解指数 n 最小，而 ρ''/ρ' 比值是小于或等于 1 的，所以硅酸的分配系数 a_{SiO_2}

最大，即锅水中各种盐类以硅酸对蒸汽溶解性携带的影响最大。

从表 6-1 可以看出，不同的盐在蒸汽中的溶解指数差异很大，因而其分配系数也有很大差异。按溶解指数 n 的不同，可将锅水中常见的盐分为三类：第一类为硅酸（SiO_2），其溶解指数 n 最小，分配系数 a 最大，最易溶于蒸汽中。如蒸汽机械性携带的水分含量 ω 一般为 $0.01\%\sim0.1\%$，压力为 8MPa 时，硅酸的分配系数 $a=0.5\%$；压力为 18MPa 时，$a=8.0\%$；压力为 22.5MPa 时，$a=100\%$。可见，蒸汽溶解硅酸是高压蒸汽污染的主要原因。第二类为氢氧化钠（$NaOH$）、氯化钠（$NaCl$）和氯化钙（$CaCl_2$），它们的 n 值相当，分配系数比硅酸的小得多，但压力超过 14MPa 时也不可忽视。第三类为硫酸钠（Na_2SO_4）、磷酸钠（Na_3PO_4）、磷酸钙［$Ca_3(PO_4)_2$］、硫酸钙（$CaSO_4$）等，它们的 n 值最大，分配系数最小，不易溶于蒸汽，压力在 20MPa 以下时，可以不考虑其在蒸汽中的溶解问题。

（二）蒸汽净化装置

由上述蒸汽污染的原因分析可知，提高蒸汽品质，可采取这样一些措施，减少蒸汽带水量，降低蒸汽中的溶盐量和控制锅水的含盐量；减少蒸汽带水量，可采用高效的汽水分离装置；减少蒸汽溶盐，可采用蒸汽清洗的方法；控制锅水含盐量，尽可能提高给水品质并采用锅炉排污和进行锅水校正处理。

1. 汽水分离

汽包内有一定的蒸汽空间，当汽流向上运动时，较大直径的水滴可以通过重力作用而落下。除通过重力进行汽水分离外，汽包内还需装置汽水分离部件，以保证蒸汽品质。汽水分离装置一般利用下列原理进行汽水分离：①离心力分离。利用汽流旋转运动时产生的离心力进行分离。②惯性力分离。当汽流运动方向改变时，水滴以较大的惯性从汽流中分离出来。③重力分离。利用汽水之间重力差进行自然分离。④膜式分离。水滴在金属壁面上形成水膜后顺流而下，以水膜形式从汽流中分离出来。

（1）旋风分离器。旋风分离器是一种分离效果较好的粗分离装置，它综合了离心力分离、重力分离及膜式分离原理进行汽水分离。其结构形式较多，但工作原理基本相同，最常用的为放置在锅内的立式旋风分离器。

锅内立式旋风分离器的结构如图 6-6 所示。它由筒体、波形板分离器、导向叶片、底板和溢流环等部件组成。其工作原理如下：具有高动能的汽水混合物从进口法兰切向进入分离器筒体后，在其中产生旋转运动，依靠离心力作用进行汽水分离。分离出来的水分被抛向筒壁，并沿筒壁流下，由底板导向叶片排入汽包水容积中；蒸汽则沿筒体旋转上升，经顶部的波形板分离器径向流出，进入汽包的蒸汽空间。

为了将旋风筒内分离出的蒸汽平稳地引入汽包的蒸汽空间，在旋风筒顶部装有波形板分离器，以增加旋风分离器蒸汽端的阻力，使各旋风分离器的负荷分配比较均匀，并可降低旋风筒内的抛物面形水位。同

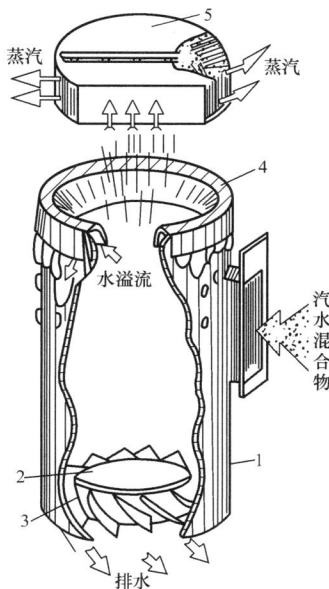

图 6-6 立式旋风分离器的结构
1—筒体；2—底板；3—导向叶片；
4—溢流环；5—波形板分离器

时波形板也起分离作用，可进一步分离蒸汽中的水分。

　　由于汽水混合物的旋转，筒体内的水面呈漏斗形状，贴在上部筒壁的只是一层薄水膜。为了避免上升的蒸汽流从这层薄水膜中带出水分，在筒体顶部装有溢流环。溢流环与筒体的间隙既要保证水膜顺利溢出，又要防止蒸汽由此窜出。

　　在旋风筒内部，由于工质旋转运动，水位呈抛物面形。为防止蒸汽从筒底穿出以及平稳地将水引入汽包水容积中，通常用圆形底板将筒底中部封死，而在周边的环形缝中装置导向叶片，使水平稳地流出。但是这种结构不能消除排出水流的旋转运动，容易引起锅炉汽包内水位偏斜。为此，应采用左旋和右旋旋风器交错排列的方式，使相邻旋风器的旋转方向相反，以保持汽包内水位的平稳。

　　为了提高锅内旋风分离器的分离效果，应采用较高的汽水混合物入口速度和较小的筒体直径。但过高的汽水混合物入口速度又会导致阻力过大，对水循环不利。而筒体直径过小，会导致布置的分离器台数增多，安装、检修不便。

图 6-7　百叶窗分离器的结构

　　（2）百叶窗分离器。百叶窗分离器又称为波形板分离器，其结构如图 6-7 所示。它由许多平行的波形板组成，能聚集并除去蒸汽中的细小水滴，是一种广泛应用的二次分离元件。

　　经粗分离后的湿蒸汽，低速通过由波形板组成的弯曲通道时，在离心力和黏附力的作用下，将细小水滴分离出来并黏附在波形板上形成水膜，水膜靠自重缓慢向下流动，在板的下端形成较大水滴而坠落，从而使蒸汽带水量减少。蒸汽通过百叶窗的流速不能太高，否则将会撕破水膜，使蒸汽再次带水。

　　（3）顶部多孔板。顶部多孔板又叫均汽板，装在汽包顶部蒸汽引出口之前的蒸汽空间。其作用是利用小孔的节流作用，使蒸汽沿汽包长度分布均匀，以避免局部蒸汽流速过高而使蒸汽带水增加。

　　2. 蒸汽清洗

　　（1）蒸汽清洗原理。由于高压以上参数的蒸汽具有直接溶解盐分的能力，而汽水分离装置只能降低蒸汽机械性携带盐分的含量，因此仅靠汽水分离装置不能保证良好的蒸汽品质，还必须采用蒸汽清洗的方法来降低蒸汽中的溶盐。蒸汽清洗是指含盐量较少的清洁水（通常用给水作为清洁水）与蒸汽接触，使已溶于蒸汽中的盐分（主要为硅酸盐）转移到清洁水中，从而大大减少蒸汽机械性携带的盐量。

　　（2）蒸汽清洗装置。蒸汽清洗装置的形式较多。现代高压、超高压锅炉多采用清洗效果最好且结构较简单的平孔板式起泡穿层清洗装置，其结构如图 6-8所示。它由平孔板式清洗槽组成，相邻平孔板之间用U 形卡连接。清洗水均匀分配到清洗槽中，形成一定厚度的水层，蒸汽自下而上，经孔板的孔眼穿过水层，进行起泡清洗。为了不使清洗水从孔眼中漏走，对蒸汽穿孔速度有一定要求，即蒸汽穿孔阻力造成的

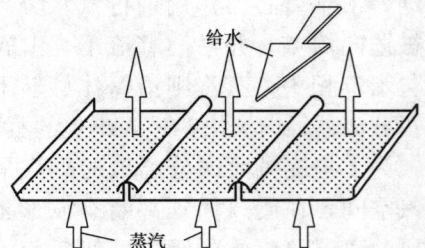

图 6-8　平孔板式起泡穿层清洗装置

孔板上下压力差，应足以克服孔板上水层的自重将水托住，但又不致因蒸汽流速太高造成大量携带清洗水。另外，孔板上水层的厚度是依靠此压力差来维持的，水层的厚度以 30～50mm 为宜，水层太薄，清洗不充分，太厚对改善清洗效果并无显著作用。

大型锅炉都用除盐水作为补充水，如果运行情况正常，水质符合要求，不装清洗装置一般也能保证蒸汽的品质，而且当工作压力达到亚临界压力时，蒸汽溶解硅酸的分配系数增大，使蒸汽清洗装置的效率降低。因此，现代大型电站锅炉主要依靠提高给水品质来保证蒸汽品质，可从根本上解决蒸汽溶盐问题，不必采用蒸汽清洗装置。

3. 锅炉排污

由于受水处理条件的限制，锅炉给水总是含有一定量的杂质，在锅内进行加药处理后，锅水的结垢性杂质转变为水渣，此外，锅水腐蚀金属也要产生部分腐蚀产物。因此，在锅水中含有各种可溶性和不可溶性杂质。在锅炉运行中，这些杂质只有少部分被蒸汽带走，绝大部分留在锅水中。随着锅水的不断循环蒸发，锅水杂质浓度逐渐增大。锅水杂质浓度过大，不仅影响蒸汽品质，而且还可造成受热面的结垢与腐蚀，影响锅炉安全运行。

为了保证锅水含盐量在允许范围内，必须将部分含盐浓度较高的锅水排出，并补充以清洁的给水，这个过程就称为锅炉排污。锅炉排污是提高蒸汽品质的重要方法之一。根据排污的目的不同，锅炉排污有连续排污和定期排污两种。

连续排污是连续不断地从锅炉含盐浓度最大的接近汽包蒸发表面处排出一部分锅水，用给水补充，使锅水含盐浓度不至过高，并维持锅水有一定碱度。定期排污是间断地将沉积在锅炉汽水系统较低处（如水冷壁下联箱）的不溶性沉渣和铁锈等杂质排出。

由于锅炉排污既有工质损失，又有热量损失，因此锅炉排污量应受到限制，凝汽式电厂的排污率规定为 1%～2%，热电厂为 2%～5%。

第四节 超临界锅炉水循环系统

一、超临界锅炉的基本概念及其特点

超临界锅炉与汽包锅炉显著的不同在于锅炉内工质的压力在临界点以上，而锅炉内的工质都是水，水的临界压力是 22.115MPa，其临界温度是 374.15 ℃。在此压力和温度时，水和蒸汽转化的汽化潜热等于零，不存在两相区，即水变成蒸汽是连续的，并以单相形式进行，此点称为临界点，如图 6-9 所示。炉内工质压力低于这个压力就称为亚临界锅炉，大

资源 52 - 超临界锅炉水循环原理

于这个压力就是超临界锅炉。超临界火电机组因其热力循环（朗肯循环）效率高、发电效率高，具有显著的节能效果。

超临界火电技术由于参数本身的特点决定了超临界锅炉只能采用直流锅炉。在超临界锅炉内，随着压力的提高，水的饱和温度也随之提高，汽化潜热减少，水和汽的密度差也随之减少。由此可知，超临界压力直流锅炉由水变成过热蒸汽经历了加热和过热两个阶段，工质状态由水逐渐变成过热蒸汽。因此超临界直流锅炉没有汽包，启停速度快，与一般亚临界汽包炉相比，超临界直流锅炉启动到满负荷运行，变负荷速度可提高 1 倍左右。变压运行的超临界直流锅炉在亚临界、超临界压力范围内工作时，都存在工质的热膨胀现象，并且在亚临界压力范围内可能出现膜态沸腾，在超临界压力范围内可能出现类膜态沸腾。超临界直流锅

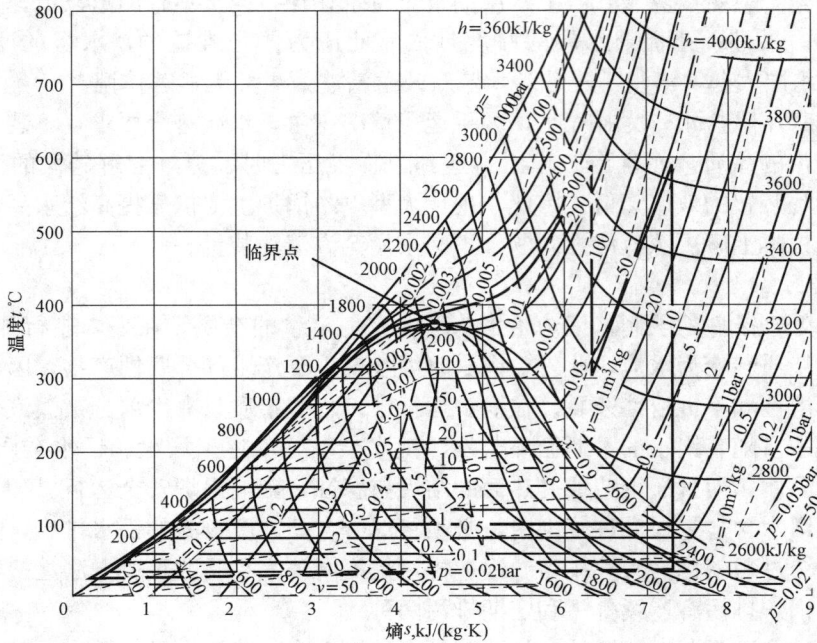

图 6-9　水的临界点及超临界朗肯循环 T-s 图

炉要求的汽水品质高，要求凝结水进行 100％除盐处理。超临界直流锅炉水冷壁的流动阻力不能再像自然循环锅炉那样由汽水压力差克服，必须全部依靠给水泵克服，所需的给水泵压头高，既提高了制造成本又增加了运行耗电量，且直流锅炉普遍存在着流动不稳定性、热偏差和脉动等水动力问题。另外，为了降低壁温、达到较高的质量流速，必须采用小管径水冷壁，较相同容量的自然循环锅炉，超临界直流锅炉本体金属耗量最少，锅炉质量小，但由于蒸汽参数高，要求的金属等级高，其成本高于自然循环锅炉。

循环流化床锅炉是利用新型洁净煤燃烧技术的发电锅炉，随着我国电力装备技术的提高，流化床技术和超临界技术逐渐成熟，循环流化床锅炉也向大型化、高参数发展，超临界循环流化床锅炉应运而生。

二、超临界循环流化床锅炉水循环系统及水冷壁布置

超临界循环流化床锅炉水循环系统由启动分离器、储水灌、下降管、下水连接管、水冷壁上升管及汽水连接管等组成，与超临界煤粉锅炉完全相同。二者差异主要在于水冷壁的布置方式。

超临界煤粉锅炉存在炉膛内燃烧集中、热负荷分布不均、工质热偏差较大等问题，加之工质温度较高，因此对水冷壁部件的冷却能力要求较高。而循环流化床锅炉炉膛内的温度水平和热流密度比煤粉炉低很多，因此降低了对水冷壁冷却能力的要求。

在循环流化床锅炉炉膛内，固体浓度和传热系数在炉膛底部最大，且随着炉膛高度的增加而逐渐减小，热流曲线的最大值出现在炉膛底部附近。这样，炉膛内高热流密度区域刚好处于工质温度最低的炉膛下部区域，避免了煤粉锅炉炉膛内热流曲线的峰值位于工质温度较高的炉膛上部区域这一矛盾。因此，循环流化床锅炉炉内热流分布特点也比较有利于水冷壁金属温度的控制。

对于超临界循环流化床锅炉，由于存在磨损问题，不能采用螺旋管圈，而只能采用垂直管圈技术。研究表明，循环流化床锅炉炉膛内热负荷最高处对应的管内工质温度较低，不易发生膜态沸腾；在工质处于两相区时，炉内热负荷较低，也不易发生膜态沸腾，并同时使蒸干发生后的壁温处于安全范围内。这些因素使采用中等质量流速光管或低质量流速内螺纹管（见图6-10）成为可能。

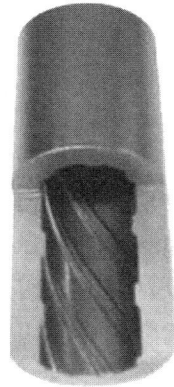

图6-10 内螺纹管

1. 水冷壁的设计原则

水冷壁的设计是超临界循环流化床锅炉关键技术之一。设计的一个重要原则是确保在各种负荷下管子都能得到有效的冷却，并且管子之间温差控制在许可范围内。与亚临界循环流化床锅炉相比，超临界循环流化床锅炉运行参数高，运行方式复杂，锅炉从额定负荷至最低直流负荷，锅炉运行压力将从超临界压力降为亚临界压力，再降为超高压。

当低于最低直流负荷时，锅炉运行又进入类似于控制循环方式的湿态运行方式。水冷壁管内工质既可能运行于超临界状态，也可能工作在汽水两相区域，因此必须确保锅炉不发生偏离核态沸腾，并且在蒸干发生后管子壁温处于安全状态。

另外，由于超临界循环流化床锅炉高度超过50m，炉膛尺寸放大后炉内热负荷分布和传热规律对水冷壁流量分配的影响也使其水动力特性更为复杂。同时，值得注意的是，由于炉膛高度的限制，蒸发受热面的布置也变得非常复杂，除了沿炉膛四周布置水冷壁外，还必须布置附加的蒸发受热面才能满足锅炉吸热的要求，而这也给超临界循环流化床锅炉的水冷壁设计和运行带来了较大困难。

2. 国外超临界锅炉水冷壁技术特点

目前应用于直流锅炉水冷壁的主流技术是西门子公司开发的本生型 BENSON vertical OTU（once-through utility）技术。对于超临界直流锅炉，该技术无论在功能上还是经济上均具有巨大的优势。该技术采用蒸发受热面一次上升通路作为基础设计，低质量流速减小了蒸汽/水的压力损失，降低了辅机电耗。FW公司引进了该技术，结合传统的直流系统和CFB锅炉特殊的结构和传热方式、传热性能使锅炉的传热效率、可靠性及稳定性得到了很大的提高。该技术采用了特殊优化结构的内螺纹管作为水冷壁管，具有良好的传热性能和流动特性。特别是在蒸发段，水滴随蒸汽旋转流动，在离心力的作用下被甩向管壁，并在管壁形成了一层水膜，强化了管壁和液体的换热。同时保证了锅炉在满负荷下也可以保持相对较低的质量流量。

在这种运行模式下，当某根管子受热较大时，由于管内流速较低，而静压力的损失要比摩擦压力的损失大得多，因此当管子过热时，流量会随着压降的增大而相应增加。正是由于CFB锅炉低而均衡的热流，BENSON vertical OTU技术所具有的低质量流量特性才可以避免水冷壁管道内膜态沸腾和蒸干现象的发生。在满负荷下质量流量只需 $500 \sim 700 kg/(m^2 \cdot s)$ 就可以实现直流状态下的"自然循环"特性，即燃烧控制着流量，换热越强的管道其流量也越大，这样过热管中的蒸汽温度就会因为流量的增加而受到限制。

Alstom公司认为在直流锅炉中，在两相流终点之后的干烧区，换热系数是最低的，会导致最差的冷却工况，形成最高的管壁和肋片温度。在汽包锅炉内，管内流量随负荷的降低而增加，对直流锅炉而言，管内流量与负荷呈线性减少。因此，在负荷较小时，直流锅炉管内的质量流量可能变小，而使得管壁不安全。故必须在整个负荷范围内对水冷壁管和最小质量流量进行研究。汽包锅炉所采用的直径 51～63.5mm 的水冷壁管将不再适用，必须采用较小直径的管子来保证质量流量，其超临界方案同样采用了内螺纹管垂直水冷壁布置。

　　3. 我国超临界循环流化床水冷壁技术特点

　　上海锅炉厂采用水冷壁、水冷屏串联设计，如图 6-11 所示。哈尔滨锅炉厂锅炉水冷壁系统采用四面墙水冷壁＋水冷屏二次上升结构设计，均采用膜式水冷壁。

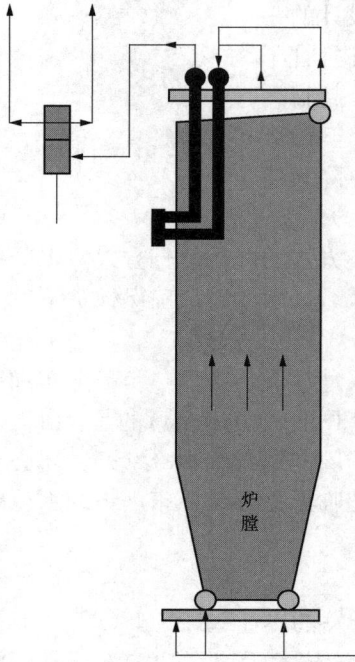

图 6-11　水冷壁、水冷屏串联

东方锅炉（集团）股份有限公司（简称东锅）已投运的自主开发的 600MW 超临界循环流化床锅炉，水冷壁采用全焊接的垂直上升膜式管屏，下炉膛采用优化的内螺纹管，上炉膛采用光管，上下炉膛之间通过过渡联箱过渡，以保证上下炉膛压力均衡，减小不平衡。

　　从东锅生产 600MW 超临界循环流化床锅炉运行过程发现，由于循环流化床锅炉蓄热量较大，热负荷波动相对较小，在负荷上升的过程中，随着炉内热负荷的稳步升高，水冷壁吸热量逐步增大，干湿态转换平稳过渡。

　　（1）东锅 600MW 超临界循环流化床锅炉水冷壁结构。炉膛为全膜式水冷壁，由水冷壁前墙、后墙、两侧墙、炉内中隔墙以及风室构成。两内侧水冷壁在中隔墙水冷壁下联箱处汇集后，从中隔墙下联箱间隔引出上行管屏在炉膛内部形成中隔墙。中隔墙由间隔布置的多片屏组成，屏间设有烟气通道，便于平衡炉内烟气压力。水冷风室分别由外侧墙水冷壁弯制形成布风板及风室内侧水冷壁、前后水冷壁构成。在炉膛下部水冷壁分别布置排渣口、外置床回灰口、回料器回料口；炉膛上部两侧墙各有 3 个炉膛至分离器的烟气出口。经省煤器加热的水通过一根集中下降管一分为二，分别引到锅炉左右侧，再经过前后墙、两外侧墙、两内侧墙下水连接管进入水冷壁下联箱。水冷壁中介质向上流动，水冷壁出口工质汇入上部水冷壁出口联箱后，由连接管引入水冷壁出口汇集联箱，再由连接管引入启动分离器。水循环系统如图 6-12所示。

　　（2）东锅 600MW 超临界循环流化床锅炉水冷壁特点。

　　1）中隔墙与四面墙并联的布置方式，解决了超临界循环流化床锅炉受热面不足的问题。另外，与串联布置方式相比，水冷壁系统压降也较小，降低了给水泵的能耗。

　　2）左右侧墙水冷壁向炉膛中心线弯曲形成炉顶，两侧墙出口联箱位于炉膛中心线。左右侧水冷壁完全对称，减小了左右侧水冷壁水动力的偏差。

　　3）四面墙水冷壁管径沿炉膛高度方向随着热负荷的

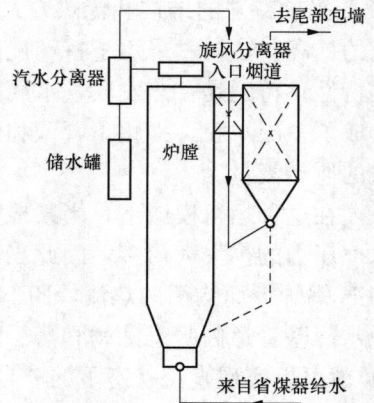

图 6-12　东锅 600MW 超临界 CFB
锅炉水循环系统

降低，管径分段增大。炉膛下部热负荷高，管径小、流速高，从而改善换热，上部热负荷低的区域管径增大，减小了水冷壁阻力。

4）中隔墙由于其双面受热，因此采用内螺纹管，保证其换热的安全，防止发生传热恶化而导致爆管，从而提高整个机组的安全可靠性。

5）左右侧墙与中隔墙共用一个出口联箱，以平衡中隔墙与左右侧墙的压力，有利于中隔墙与四面墙的流量分配。

总之，水冷壁采用四面墙与中隔墙并联的布置方式，成功解决了超临界循环流化床锅炉大型化面临受热面布置难的问题。运行测试表明，这种水冷壁设计阻力较小，给水泵能耗低，可提高电厂效率；水平方向不同位置水冷壁管的出口蒸汽温度偏差小，相邻水冷壁管的热应力较小；管壁温度未发生超温现象，可提高水冷壁使用寿命及整个电厂持续运行的可靠性。

单元思考题

1. 锅炉自然水循环系统有哪些设备？
2. 汽包的作用是什么？
3. 锅炉水系统中压力是如何产生的？
4. 大型锅炉为什么采用膜式水冷壁？
5. 蒸汽净化的目的是什么？有哪些设备？
6. 超临界锅炉的概念是什么？
7. 超临界循环流化床锅炉水循环系统包括哪些部件或设备？
8. 超临界循环流化床锅炉为什么要用垂直管圈或管屏，而不用水平管圈？
9. 超临界锅炉为什么不能用蒸汽净化，而要提高给水品质？

单元七 过热器与再热器

引 言

上一个单元我们知道了锅炉水循环系统，有了锅烧水的概念，但是电站锅炉只把水变成饱和蒸汽是不够的，因为后期汽轮机做功希望有更高的温度，提高做功能力，发出更多的电来。严格说起来，我们这里要把"锅"的概念延长，其作用除了烧水还要烧蒸汽。

既然这样，我们就要继续对饱和蒸汽加热，再提高蒸汽的温度，这个容易理解，过热器就是要完成这个工作。我们需要关注的是，蒸汽温度能达到什么高度，它受到的制约因素是什么？过热器结构为什么有管屏和蛇形管？在锅炉运行时管内和管外会遇到哪些问题？高温烟气在管外冲刷过热器管会不会磨损？管内会不会结垢？如果可能发生这些问题，我们怎么办？

怎么有"再热器"这么一个设备呢？这要求我们要学会和其他课程内容结合起来理解，特别是工程热力学热力循环和汽轮机工作结合起来。再热器是为了更好地完成热力循环，提高发电的经济性，也就是提高电厂的热经济性。在结构上再热器与过热器相似，但由于蒸汽压力较低，蒸汽流速较慢，其布置位置要考虑本身的冷却能力降低的因素。

第一节 概 述

过热器与再热器是锅炉汽水系统的重要组成部分，其作用是提高蒸汽的初温。提高蒸汽初温可提高电厂循环热效率，但蒸汽初温的进一步提高受到金属材料耐热性能的限制，过热器和再热器受热面金属温度是锅炉各受热面中的最高值，其出口汽温对机组安全经济运行有十分重要的影响。

一、过热器与再热器的作用

过热器将饱和蒸汽加热成具有一定温度的过热蒸汽，并且在锅炉变工况运行时，保证过热蒸汽在允许范围内变动；再热器将汽轮机高压缸的排汽加热成具有一定温度的再热蒸汽以提高热循环系统效率，并且在锅炉变工况运行时，保证再热蒸汽在允许范围内变动。

提高蒸汽初压是提高电厂循环效率的另一途径，但过热蒸汽压力的进一步提高受到汽轮机排汽湿度的限制。因此，为了提高循环效率且减少排汽湿度，采用再热器成为必然。过热器出口的过热蒸汽又称为主蒸汽或一次汽，由主蒸汽管送至汽轮机高压缸。高压缸的排汽由低温蒸汽管道送至再热器，经再一次加热升温到一定的温度后，返回汽轮机的中压缸和低压缸继续膨胀做功。显然，再热器的主要作用是提高中低压缸的进口蒸汽温度，降低汽轮机末级叶片的湿度，保证安全，但由于提高了蒸汽的初温，客观上也提高了循环效率。

我国超高压以上机组均采用中间再热系统，135MW以上容量的循环流化床锅炉机组都布置再热器。

二、蒸汽温度的选择

在发电机组的发展过程中，不断提高蒸汽压力与温度，以提高机组的循环热效率。蒸汽温度的选择要考虑循环热效率、汽轮机末级叶片的蒸汽湿度、高温钢材的许用温度三个因素。现在绝大多数发电机组的蒸汽温度限制在 540～555℃ 的范围，少数采用较好合金的钢材，过热蒸汽温度可达 570℃ 左右。因此，机组容量不断增大后，只提高压力而不相应地提高温度。

由于过热器和再热器内流动的为高温蒸汽，其传热性能差，而且过热器和再热器又位于高温烟区，所以管壁温度高。为了降低锅炉成本，应尽量避免采用高级别的合金钢。设计过热器和再热器时，所选管材的工作温度接近其极限温度，因此，如何使过热器和再热器长期安全工作是其设计和运行中的重要问题。

锅炉过热器和再热器常用钢材的许用温度见表 7-1。

表 7-1 过热器、再热器常用钢材的许用温度

钢材牌号	许用温度（℃）	钢材牌号	许用温度（℃）
20 号碳钢	≤500	X20CrMoWV（F11）	≤650
12CrMo，15MnV	≤540	X20CrMoV121（F12）	≤650
15CrMo，15MnMoV	≤550	T91	≤700
12Cr1MoV	≤580	1Cr 18Ni9Ti	≤800
12Cr2MoWVB（钢 102）	≤600～620 *	Cr6SiMo	≤750
12Cr3MoVS1TiB（П11）	≤600～620 *	Cr 25Ni 12MnSi2	≤900～1000 *
10CrMo910	≤540	Cr 20Ni 14Si2	≤900～1000 *
X12CrMo91（HT7）	≤560	Cr 18Mn9Ni2Si2N（钢 101）	≤900～1000 *

* 在强度计算考虑到氧化损失时，取高值。

如果钢材的工作温度超过了其许用温度，将引起钢材的热强度、热稳定性下降，材质恶化，导致受热面损坏，因此，锅炉运行中必须十分注意防止过热器和再热器等受热面的超温。

三、过热器和再热器受热面在流化床锅炉中的布置

将水加热成过热蒸汽需经过水的加热、蒸发和蒸汽过热三个阶段。一般来说，随着蒸汽参数的提高，过热蒸汽和再热蒸汽的吸热份额增加，锅炉受热面的布置会发生变化。不同参数下工质的吸热份额见表 7-2。

资源 53 - CFB 锅炉中的过热器与再热器布置

表 7-2 不同参数下工质的吸热份额

过热蒸汽压力（MPa）	1.27	3.83	9.82	13.74	16.69
过热蒸汽温度（℃）	300	450	540	555	555
再热蒸汽温度（℃）				550	555
给水温度（℃）	105	150	215	240	260
加热份额（%）	14.8	16.3	19.3	21.3	22.9
蒸发份额（%）	75.6	64.0	53.6	31.4	26.4
过热份额（%）	9.6	19.7	27.2	29.9	34.9
再热份额（%）				17.4	15.8

由于循环流化床锅炉采用低温燃烧,为解决汽温问题,过热器和再热器分别有一部分布置在炉膛内作为屏式受热面。通常采用屏式过热器和屏式再热器交错排列布置,其余为对流式过热器和对流式再热器布置在尾部烟道,见图 7-1 (a)。为了调节再热器温,尾部采用双烟道结构,见图 7-1 (b),通过烟气挡板可以调节再热汽温,减小再热器的喷水量。

图 7-1　过热器与再热器布置
(a) 单烟道布置方式;(b) 双烟道布置方式

第二节　过热器和再热器的结构及工作特性

根据布置位置不同,循环流化床锅炉过热器和再热器主要有炉内屏式受热面和烟道中的对流受热面两种形式。

一、对流过热器

布置在锅炉对流烟道中,主要以对流传热方式吸收烟气热量的过热器,称为对流过热器。

对流过热器一般采用蛇形管式结构,即由进出口联箱连接许多并列的蛇形管构成。蛇形管一般采用外径为 $\phi 32 \sim \phi 63.5$ 的无缝钢管。管子选用的钢材取决于管壁温度,低温段过热器可用 20 号碳钢或低合金钢,高温段常用 15CrMo 或 12Cr1MoV,高温段出口甚至需用耐热性能良好的钢研 102 或 ∏11 为材料。

根据烟气与管内蒸汽的相对流动方向,对流过热器可分为逆流、顺流和混合流三种;根据对流受热面的布置方式对流过热器可分为立式和卧式两种。

图 7-2　工质流动方向
(a) 逆流;(b) 顺流;(c) 混合流

1. 流动方式

图 7-2 (a) 所示为逆流方式,烟气的流向与蒸汽总体的流向相反。逆流布置方式时蒸汽温度高的一段处于烟气高温区,金属壁温高,但由于烟气和蒸汽的平均传热温差较大,所需受热面较少,可节约钢材,但蒸汽最高温度恰恰是烟气最高温度处,同样会使该处受热面的金属壁温度较高,工作条件最差。因此,这种布置方式常用于

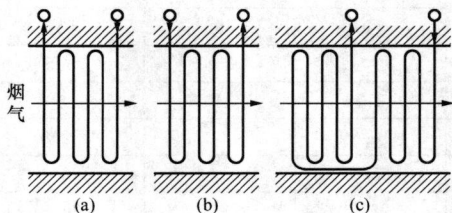

过热器的低温段。图 7 - 2（b）所示为顺流布置方式，与图 7 - 2（a）相反，蒸汽温度高的一段处于烟气低温区，金属壁温较低，安全性好，但由于平均传热温差小，所需受热面较多，金属耗量最多，经济性差。因此，顺流布置方式多用于蒸汽温度较高的最末级。图 7 - 2（c）是混合流布置方式，该方式综合了逆流和顺流布置的优点，蒸汽低温段采用逆流方式，蒸汽的高温段采用顺流方式。这样，它既可获得较大的平均传热温压，又能相对降低管壁金属最高温度，因此得到了广泛的应用。

2. 布置方式

对流过热器有立式与卧式两种布置方式。蛇形管垂直放置时称为立式布置，立式布置对流过热器都布置在水平烟道内。蛇形管水平放置时称卧式布置方式，卧式对流过热器都布置在垂直道内。

立式过热器的支吊结构比较简单，它用多个吊钩把蛇形管的上弯头钩起，整个过热器被吊挂在吊钩上，吊钩支承在炉顶钢梁上。立式过热器通常布置在炉膛出口的水平烟道中。

卧式过热器的支吊结构比较复杂，蛇形管支承在定位板上，定位顶板与底板固定在由有工质冷却的受热面（如省煤器出口联箱）引出的悬吊管上，悬吊管垂直穿出炉顶墙，通过吊杆吊在锅炉顶钢梁上。卧式过热器通常布置在尾部竖井烟道中。

立式过热器的支吊结构不易烧坏，蛇形管不易积灰，但是停炉后管内存水较难排出，升火时由于通汽不畅易导致管子过热；卧式过热器在停炉时蛇形管内的存水排出简便，但是容易积灰。

3. 蛇形管束结构

对流过热器受热面由很多并联的蛇形管组成，蛇形管在高参数大容量锅炉中采用较大的管径，有 $\phi51$、$\phi54$、$\phi57$ 等规格。蛇形管的管径与并联管数应适合蒸汽质量流速的要求。由于锅炉宽度的增加滞后于锅炉容量的增加，为了使对流过热器与再热器有合适的蒸汽流速，大容量锅炉常做成双管圈、三管圈甚至更多的管圈，以增加并联管数，见图 7 - 3。

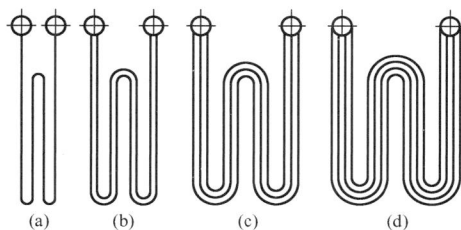

图 7 - 3 蛇行管的管圈数
（a）单管圈；（b）双管圈；（c）三管圈；（d）四管圈

选取过热器的蒸汽质量流速时，要考虑蒸汽对管壁的冷却能力和蒸汽在管内流动引起的压力损失两个因素。

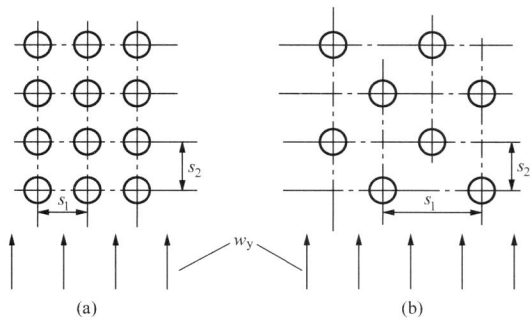

图 7 - 4 顺列和错列管束
（a）顺列；（b）错列

对流过热器的蛇形管有顺列和错列两种排列方式，见图 7 - 4。在其他条件相同时，错列管的传热系数比顺列管的高，但管间易结渣，吹扫比较困难，同时支吊也不方便。

目前，电站锅炉的对流管束趋向于全部采用顺列布置，以便于支吊、避免结渣和减轻磨损。

通过对流过热器的烟气流速由受热面的积灰、磨损、传热效果和烟气流动压力降等因素决定。为防止管束积灰，额定负荷时，对流受热面的烟气流速不宜低于 6m/s。当烟气温度降至 600～700℃ 或以下时，灰粒变硬、磨损加剧，因此，烟气流速不宜高于 9m/s。烟气流速不仅与煤的灰分含量、灰的化学成分组成与颗粒物理特性等有关，还与锅炉形式、受热面结构有关。选取合理的烟速，既可保证较好的传热效果，又能防止受热面的磨损和积灰。

二、屏式过热器

资源 54 - CFB 锅炉中的
过热器

随着循环流化床锅炉容量的增加，蒸汽过热的吸热量占的比例增加，而蒸发吸热所占的比例减小。因此，为了在炉膛中布置足够的受热面并获得良好的汽温特性，就需要布置炉内屏式过热器，主要用于吸收炉内辐射热量及烟气和颗粒的对流热量。循环流化床锅炉中的屏式过热器多集中在炉膛前墙布置，如图 7-5 所示。

屏式过热器在炉膛的相对位置受以下几方面因素的影响：①磨损情况；②检修位置；③炉内气流的流动特性。

从屏底部到炉底布风板的距离有一定的限制。炉膛粒子浓度沿高度方向呈非线性递减分布，越靠近炉膛底部，粒子浓度越高。因此，为减少屏底部受粒子流横向冲刷的横置式受热面的磨损，从屏底部到炉底布风板的距离应在 12m 以上。

屏与屏之间的距离以及屏的前排管子与前墙水冷壁的距离需满足检修空间的要求，并避免边壁流的冲刷和产生截面方向上的温度场不均匀。任何情况下，屏与屏之间的距离以及屏的前排管子与前墙水冷壁的距离均应大于 600mm。

因炉膛出口位于后墙，所以炉膛上部接近后墙区域的烟气流和粒子流会出现较大的扰动，屏式过热器的布置应避开这一区域。一般情况下，屏式过热器的布置应尽量不超过炉膛中心线，即全部的屏式过热器均应在炉膛的前半部分。

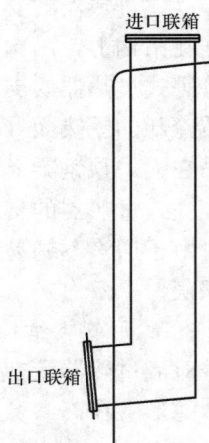

图 7-5　屏式过热器布置

屏式过热器磨损主要发生于屏底部受粒子流横向冲刷的横置式受热面，因此，这部分受热面应敷设耐磨材料，耐磨材料可用塑料螺纹销钉固定。

三、再热器的结构与布置特点

资源 55 - CFB 锅炉中的
再热器

循环流化床锅炉的再热器有其自身的特点，但与过热器的布置很相似，分别为屏式再热器和对流再热器。由于循环流化床锅炉的炉内温度较低，进入烟道后烟气温度会更低，考虑再热器蒸汽出口温度的要求，通常会将蒸汽出口级过热器置于炉膛内。

由于再热蒸汽压力较低，比体积较大，再热蒸汽的体积流量比过热蒸汽的大很多，因此再热蒸汽的流动阻力也较大。再热器系统的流动阻力会使蒸汽在汽轮机内做功的有效压力降减小，从而导致机组的热耗增加。

为了限制再热器的压力降，一般可采取以下措施：

(1) 适当降低再热器中蒸汽的质量流速；

(2) 再热器多采用大直径、多管圈结构；

(3) 简化再热器系统，尽量简化蒸汽的中间混合与交叉流动。

蒸汽压力越低时，密度就越小，传热性能就越差。再热蒸汽不仅压力较低，而且蒸汽的质量流速也较低，所以再热器管壁的表面传热系数很小（仅为过热器的 1/5），再热蒸汽对管壁的冷却能力较差。同时，由于再热器的压降受到一定限制，不宜采用提高工质流速的方法来加强传热，所以再热器中管壁温度与工质温度的温差比过热器的大。

此外，由于再热蒸汽压力低，比热容小，因而再热器对热偏差特别敏感，即在相同的热偏差条件下，再热器出口汽温的偏差比过热器的大，因此，建议采用更好的钢材来满足再热器的要求。

第三节　热　偏　差

一、基本概念

过热器与再热器受热面管子能长期安全工作的首要条件是管壁温度不能超过金属最高允许温度。管内工质温度和受热面负荷越高，管壁温度就越高；工质表面传热系数越小，管壁温度就越高，受热面的热负荷就越高，而蒸汽的表面传热系数越小，因此，过热器和再热器是锅炉受热面中金属工作温度高、工作条件最差的受热面。其管壁温度接近管子钢材的最高允许温度，必须避免个别管子由于设计不良或运行不当而超温损坏。

过热器、再热器以及锅炉的其他受热面都是由许多并联管子组成的。其中每根管子的结构尺寸、热负荷和工质流量大都不完全一致，工质焓增也就不同，这种现象称为热偏差。严格来讲，热偏差是在并列工作管中，个别管（偏差管）内工质的焓增偏离管组平均焓增的现象。

热偏差是由于并列工作管子的吸热不均匀、结构不均匀和流量不均匀造成的。并列管间受热面间的差异除屏式过热器外一般很小，热偏差的主要原因是并列管热负荷不均与工质流量不均。对于过热器和再热器而言，热负荷较大而蒸汽流量较小的那些管子的热偏差大。

资源 56 - 热偏差的
危害与防止

二、热偏差产生的原因

热负荷不均匀和工质流量不均匀是热偏差产生的原因。热负荷不均匀反映并列管烟气侧分配热量的情况，流量不均匀反映的是并列管工质侧带走热量的情况。二者共同构成吸热不均，也就是热偏差。

1. 热负荷不均匀

热负荷不均匀由炉内烟气温度场与烟气速度场的不均匀所造成，而在锅炉设计、安装和运行中均可能形成这种不均匀。

在循环流化床锅炉中，炉膛两侧墙距离较大，可能形成炉内两侧温度的不均匀，从而形成炉膛上部的烟气温度偏差和热负荷不均。此外，当炉膛两侧给煤不均匀或给煤不稳定时，也会造成炉膛的烟气温度偏差和热负荷不均匀。

2. 流量不均匀

流量不均匀主要是指并列管中蒸汽流量在各个管子中分配不均匀。影响管内工质流量的主要因素是管圈进出口压降、阻力特性和工质密度等。

（1）管圈进出口压降。在过热器进出口联箱中，蒸汽引入、引出的方式不同，各并列管圈的进出口压降就不一样。压降大的管圈，蒸汽流量大，因而造成流量不均。

管圈通常有 Z 形、Π 形连接等引入/引出方式，且 Π 形连接比 Z 形连接流量分配均匀得多。

（2）管圈的阻力特性。它与管子的结构特性、粗糙度等有关。管圈的阻力越大，则流量越小。阻力特性的差异对屏式过热器的影响比较突出。屏式过热器的最外圈管最长，阻力最大，因而流量最小，但它却是受热最强的管。因此，外圈管的热偏差最大。

（3）工质密度。当并列管热负荷不均导致受热不均时，受热强的管子吸热量多、工质温度高、密度减小，由于蒸汽容积增大、阻力增加，因而蒸汽流量减小。也就是说，受热不均将导致流量不均，使热偏差增大。

三、减小热偏差的措施

在过热器和再热器设计时，常常从结构上采取以下措施来减小热偏差。

1. 受热面分级（段）

将过热器和再热器受热面分成多级时，由于每一级工质的平均焓增减小，并列管焓增的偏差就减小，从而减小热偏差对偏差管壁温的影响。

现代锅炉的过热器和再热器都设计成多级串联的形式。不同级过热器和再热器分别布置在炉膛或烟道的不同位置。有时某一级过热器又沿烟道宽度分成冷热两段，以消除因吸热不均引起的热偏差。

2. 级间连接

过热器和再热器的各级之间常通过中间联箱进行混合，使蒸汽参数趋于均匀一致，不至于使前一级的热偏差延续到下一级中去。同时，常利用交叉管或中间联箱使蒸汽左右交叉流动，以减小由于烟道左右侧热负荷不均所造成的热偏差。

另外，在进出口联箱引入和引出的连接方式中，应尽量采用流量分配均匀的 Π 形、双 Π 形或多点均匀引入、引出的连接方式，尽量避免 Z 形连接方式，以减小流量不均引起的热偏差。

3. 受热面结构

在过热器和再热器的结构设计中，要尽量防止因并列工作管的管长、流通截面积等结构不均匀引起的热偏差。

第四节 汽 温 调 节

为了保证锅炉机组安全经济运行，必须维持过热和再热汽温稳定。在设计时，为了提高发电厂的循环效率，锅炉的过热蒸汽温度与再热蒸汽温度都应按金属材料的许用温度取安全限值。

对于不同传热方式的过热器和再热器，当锅炉负荷变化时，其出口蒸汽温度的变化规律是不同的。蒸汽温度与锅炉负荷的关系称为汽温特性。

锅炉负荷增加时，由于燃料消耗量增大，烟气量和烟温也随着增加，因而表面传热系数与传热温差同时增大，使对流传热量的增加超过蒸汽流量的增加，对流过热器中蒸汽焓增增大。所以，随着锅炉负荷的增加，对流过热器出口汽温升高，这种变化特性称为对流特性。

再热器的汽温变化特性原则上与自然循环锅炉中过热器的汽温变化特性一致，但又有其不同的特点。在过热器中，负荷变化时，其进口工质温度保持不变，即等于汽包压力下的饱和温度；而在再热器中，其工质进口参数取决于汽轮机高压缸排汽的参数。在负荷降低时，汽轮机高压缸排汽温度降低，再热器的进口汽温也随之降低。因此，为了保持再热器出口汽温不变，必须吸收更多的热量。一般当锅炉负荷从额定值降到70％负荷时，再热器进口汽温下降30～50℃。此外，对流再热器一般布置在烟温较低的区域，加之再热蒸汽的比热容小，因此再热汽温的变化幅度较大。

在锅炉运行过程中，影响蒸汽温度变化的因素很多，其主要因素可分为烟气侧和蒸汽侧两个方面。烟气侧的影响因素有燃料量的变化、燃煤水分和灰分的变化、过量空气系数的变化、锅炉各处漏风系数的变化、受热面的污染程度等；蒸汽侧的影响因素，除锅炉负荷的变化外，还有减温水量或水温的变化以及给水温度的变化等。

由于影响汽温波动的因素很多，在运行中汽温的波动是不可避免的，为了保证机组安全、经济运行，锅炉必须采取适当的调温方法来减少各运行因素对汽温波动的影响。汽温调节是指在一定的负荷范围内（对过热蒸汽而言为50％～100％额定负荷，对再热蒸汽而言为60％～100％额定负荷）保持额定的蒸汽温度，并且具有调节灵敏、惯性小、对电厂热效率影响小的特点。

循环流化床锅炉汽温的调节方法主要有喷水减温调节、烟气挡板调节、外置式热交换器调节等。

1. 喷水减温调节

喷水减温调节法是通过改变蒸汽的焓值来调节汽温的。减温水通过喷嘴雾化后直接喷入蒸汽的减温器称混合式减温器，也称为喷水减温器。混合式减温结构简单，调节幅度大，惯性小，调节灵敏，有利于自动调节。因此，在现代大型锅炉中得到广泛的应用。

资源57 - 汽温调节方法

这种减温器的减温水直接与蒸汽接触，因而对水质要求高。如果锅炉给水为除盐水，可直接用给水作减温水。

减温器的作用是降低蒸汽温度。因此，采用减温器调节汽温时，过热器的设计吸热量大些，在低负荷时就能达到额定汽温，高负荷时高于额定汽温。这样，在高负荷时用减温器来降低高出部分的汽温，以维持汽温的额定值。不使用减温器的情况下，能维持额定汽温的负荷越低，通过减温器调节能维持的额定汽温的负荷范围越宽，锅炉的性能就越好。

混合式减温器适用于过热汽温的调节。

2. 烟气挡板调节

再热器采用喷水减温会增加汽轮机中低压缸蒸汽流量，在机组负荷一定时，势必减少高压缸的蒸汽流量，也就是高压蒸汽的做功减少，低压蒸汽的做功增加，将使机组的循环热效率降低。计算结果表明，再热蒸汽中喷入1％的减温水，循环热效率下降0.1％～0.2％。

从经济性考虑，再热汽温的正常调节不宜用混合式减温器，喷水仅用于非正常工况下。采用烟气挡板调节汽温的锅炉尾部竖井采用双烟道，在前后平行烟道出口设置烟气挡板，通过调节挡板开度改变流经受热面的烟气量，从而控制再热蒸汽出口温度。

3. 外置式热交换器调节

有些循环流化床锅炉在物料循环回路上布置一鼓泡床换热器，在换热器中以埋管受热面的形式布置适当的过热器、再热器。这种换热器即为流化床换热器或外置式热交换器，其主要功能是换热，而不是燃烧。该装置一般设有灰分配器，通过它可以控制进入外置式热交换

器的热灰流量，从而使外置式热交换器具有调节炉膛温度和控制过热器/再热器温度的功能。调节进入外置床换热器的灰流量，可以保持过热器/再热器汽温的稳定。

　　大部分锅炉在再热器两侧进口管道上设有事故喷水装置，当汽轮机高压缸排汽温度大于设计值时，投入喷水装置，以保证再热器的安全运行。

单元思考题

1. 过热器的作用是什么？在结构上有哪几种？
2. 再热器的作用是什么？所有电站锅炉都要有再热器吗？
3. 如何防止过热器、再热器管外磨损或者发生灰的熔融黏接？
4. 过热汽温有什么要求？如何控制？
5. 喷水减温的原理是什么？喷水减温的布置位置在哪里最好？
6. 再热汽温用喷水减温有什么不利后果？

单元八　省煤器与空气预热器

引　言

在我们知道了锅不但要"烧水"还要"烧汽"后，其实还遗漏了一个地方，那就是进入水循环系统的水是凉水吗？答案是否定的，显然电站锅炉不这么处理，这与我们的生活中烧水理解有差别。也就是说"锅"的概念还要延长，不过这次是向系统前延长。我们把这个向前延长的设备称为省煤器，它是把进入水循环系统的水提前加热了一下，让进入水循环系统的水稍微提高些温度，可以让水在水冷壁蒸发时有一定的初始温度。

省煤器通常布置在烟气流程的后面阶段，也就是锅炉的尾部，利用吸收锅炉尾部烟气的一些热量，有效降低了烟气排放温度，客观上也起到了降低燃料量的使用，所以有省煤器这一称呼。对于省煤器，需要关注它的布置与结构，如何减少尾部烟气飞灰对它的磨损，锅炉启动时如何保护省煤器不至于干烧。

这个单元出现了空气预热器这个设备，通常简称空预器。其实这个设备和前面的汽水没有任何关系，它倒是与单元五的燃烧系统有关，之所以把空预器内容放在这个单元，主要是因为它在布置时的位置通常在省煤器之后，烟道尾部的最后。从名称上可以看出，它是要加热空气的，空气预热器也是利用尾部烟气热量加热工质的，不过这个工质变成了空气，它可以继续降低排烟温度，有利于提高烟气热量的利用率。我们需要关注空气预热器的布置形式，为什么大型机组通常采用回转式空预器？空预器在尾部工作可能会遇到哪些问题，比如积灰、磨损和腐蚀，我们应该如何应对。

省煤器和空气预热器通常称为尾部受热面。

由于省煤器和空气预热器布置在锅炉对流烟道的最后或下方，进入这些受热面的工质温度也较低，因此省煤器和空气预热器也称为尾部受热面或低温受热面。在锅炉承压的受热面中，省煤器金属温度最低；而在锅炉的所有受热面中，空气预热器的金属温度最低。腐蚀、积灰和磨损是低温受热面运行中突出的问题。

第一节　省　煤　器

一、省煤器的作用和分类

省煤器是利用锅炉尾部烟道中烟气的热量来加热给水的一种热交换器。省煤器在锅炉中的主要作用如下所述。

（1）省煤器吸收尾部烟道中的烟气热量，降低锅炉排烟温度，提高锅炉热效率，节约燃料。这也是最初使用省煤器的目的，并由此被称为省煤器。

资源 58 - 省煤器的作用及分类

（2）在现代大型高参数电站锅炉中，普遍采用回热循环，给水经汽轮机抽汽加热，给水温度提高，并用空气预热器来降低排烟温度。这样，应用省煤器的目的则是以其较高的温差和传热系数来减少蒸发受热面，用廉价的小管径、管壁较薄的省煤器受热面来代替较昂贵的部分水冷壁蒸发受热面，可节省初投资。

（3）省煤器的采用，提高了进入汽包的水温，减小了汽包壁与给水之间的温度差，从而使汽包热应力降低，提高了机组的安全性。

因此，省煤器已成为现代电站锅炉中必不可少的设备。

根据省煤器出口工质的状态，可将省煤器分为非沸腾式省煤器和沸腾式省煤器两种。当出口工质为至少低于饱和温度30℃的水时称为非沸腾式省煤器；当出口工质为汽水混合物时称为沸腾式省煤器，汽化水量不大于给水量的20%。

现代大容量、高参数锅炉均采用非沸腾式省煤器，这是由于随着锅炉压力的升高，水的蒸发吸热量所占比例下降，水加热至饱和温度吸热的比例增加。同时，保持省煤器出口水有一定的欠焓，可使水从下联箱进入水冷壁时不出现汽化，保持供水的均匀性，防止出现水循环不良的现象。

根据所用材料不同，省煤器可分为铸铁式和钢管式两种。铸铁式省煤器耐磨损、耐腐蚀，但强度不高，因此只用于低压的非沸腾式省煤器。钢管式省煤器可用于任何压力和容量的锅炉，可置于不同形状的烟道中。其优点是体积小、重量轻、布置自由、价格低廉，被现代锅炉广泛采用；缺点是钢管容易受氧腐蚀，给水必须除氧。

二、省煤器的结构及布置

资源59-省煤器结构及防磨

大型电站锅炉所用钢管式省煤器由一系列平行排列的蛇形管组成。管子外径为 $\phi25\sim\phi51$，目前常采用 $\phi42\sim\phi51$ 的管子以提高运行的安全性，管子壁厚3～5mm，通常为错列布置，结构紧凑，其横向节距 s_1 取决于烟气流速和管子支撑结构，一般横向相对节距 $s_1/d=2\sim3$；纵向节距 s_2 受管子的弯曲半径限制，一般为 $(1.5\sim2)d$，使用小弯曲半径弯管技术时可做到 $s_2/d=1\sim1.2$。

为了便于检修，省煤器管组高度应加以限制。当管子排列紧密时（$s_2/d\leqslant1.5$），管组高度不超过1.0m；当管子排列稀疏时，管组高度不超过1.5m。如省煤器分成几组时，管组之间应留出高度不小于600～800mm的空间，省煤器与空气预热器之间的空间高度应大于800mm。

省煤器中的工质一般自下向上流动，以利于排除空气，避免造成局部的氧气腐蚀。烟气从上向下流动，既有利于吹灰，又与水形成逆向流动，增大传热温差。省煤器进口水的质量流速为600～800kg/（m²·s），水速过高会使流动阻力增大。

蛇形管在烟道中的布置方向对水速影响很大。如图8-1所示，当蛇形管垂直于前墙时称

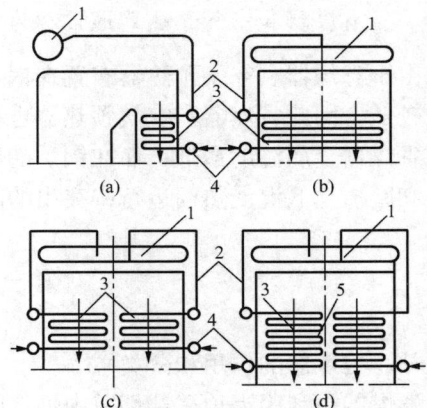

图8-1　省煤器蛇形管的布置
(a) 垂直前墙布置；(b) 平行前墙布置；
(c)、(d) 双面进水平行前墙布置
1—汽包；2—水连通管；3—省煤器蛇形管；
4—进口联箱；5—交混连通管

为纵向布置，这时并联管子数多，水速低，在大型锅炉中采用，较易满足水速要求；当蛇形管平行于前墙时称为横向布置，当单面进水时，管排最少，宜在小容量锅炉中采用，大容量锅炉可用双面进水的连接方式使水速达到要求值。

由于烟道深度小，当蛇形管平面垂直于前墙时，支吊较简单，但每排蛇形管均受到飞灰磨损；当蛇形管平行于前墙时，只有靠近烟道后墙的几根蛇形管磨损剧烈，损坏后只要换几根蛇形管即可。

三、省煤器的启动保护

在锅炉启动时，省煤器常常是不连续进水的。但如果省煤器中水不流动，就可能使管壁温度超温，而使管子损坏。因此，可以在省煤器与除氧器之间装一根带阀门的再循环管来保护省煤器，如图 8-2 所示。通常是在省煤器进口与汽包之间装有再循环管。

再循环管装在炉外，是不受热的。在锅炉启动时，省煤器便开始受热，因而就在汽包—再循环管—省煤器—汽包之间形成自然循环。省煤器内有水流动，管子受到冷却，就不会烧坏。但要注意，在锅炉汽包上水时，再循环阀门应关闭，否则给水将由再循环管短路进入汽包，省煤器又会因失水而得不到冷却。上完水以后，就可关闭给水阀，打开再循环阀。

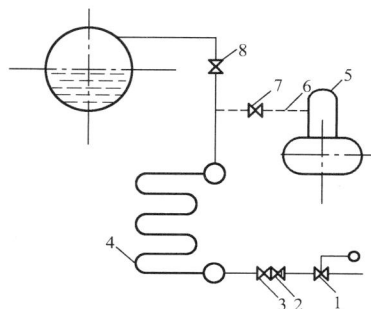

图 8-2　省煤器与除氧器之间的再循环管
1—自动调节阀；2—止回阀；3—进口阀；
4—省煤器；5—除氧器；6—再循环管；
7—再循环门；8—出口阀

四、省煤器设计中应考虑的问题

省煤器蛇形管中的水流速度不仅影响到传热，而且对金属的腐蚀也会有一定的影响。当给水除氧不完善时，进入省煤器的水在受热后放出氧气。这时如果水流速度很小，氧气会附着在金属内壁上，造成局部金属腐蚀。对于沸腾式省煤器，蛇形管后段内是汽水混合物，这时如水平管中的水流速度较小，就易出现汽水分层现象，即水在管子下部流动而汽在管子上部流动。同蒸汽接触的那部分受热面传热较差，金属温度较高，甚至可能超温。而在汽水分界面附近的金属，会由于水面上下波动，导致温度时高时低，引起金属疲劳损坏。因此，对沸腾式省煤器，蛇形管进口水速不应低于 1.0m/s。

五、省煤器的磨损

省煤器管外烟气流速应综合考虑传热、磨损和积灰三个因素进行选取。高的烟气流速可增强传热，节省受热面，但管子磨损也较严重，同时也增加了风机耗电量；反之，过低的烟气流速，不仅传热性能较差，还会导致管子严重积灰。因此，烟气流速不宜过高或过低，一般取 $w_y = 7 \sim 13$m/s。煤中灰分多和灰分磨损性强时选低值，灰分少和灰分磨损性较弱时取较高值。

第二节　空气预热器

一、空气预热器的作用和分类

空气预热器是利用烟气余热加热燃烧所需空气的热交换设备，其主要作用有以下几个。

（1）降低排烟温度，提高锅炉效率。随着蒸汽参数提高，回热循环中用汽轮机抽汽加热的给水温度越来越高，单用省煤器难以将锅炉排烟温度降到合适的温度，使用空气预热器就可进一步降低排烟温度，提高锅炉效率。

（2）改善燃料的着火条件和燃烧过程，降低不完全燃烧损失，提高锅炉热效率。

（3）热空气进入炉膛，减少其吸热量，有利于提高炉膛燃烧温度。

现代大容量锅炉中，空气预热器已成为锅炉不可缺少的部件。

根据传热方式不同，空气预热器可分为传热式和蓄热式（再生式）两大类。传热式空气预热器用金属壁面将烟气和空气隔开，空气与烟气各自有自己的通道，烟气通过传热壁面将热量传给空气；蓄热式空气预热器是烟气和空气交替地流过一种中间载热体（金属板、钢球、陶瓷和液体等）来传热。当烟气流过载热体时将其加热；空气流过载热体时将其冷却，而空气吸热升温，这样反复交替，故又称为再生式空气预热器。

根据结构形式不同，空气预热器可分为管式空气预热器和回转式空气预热器。

二、管式空气预热器

管式空气预热器按布置形式可分为立式和卧式两种；按材料可分为钢管式、铸铁管式和玻璃管式等几种。立式钢管式空气预热器应用最多，其优点是结构简单、制造方便、漏风较小；缺点是体积大，钢材耗量大，在大型锅炉及加热空气温度高时，会因体积庞大而引起尾部受热面布置困难。

图 8 - 3 所示为立式钢管式空气预热器的结构。它由许多薄壁钢管焊在上下管板上形成管箱，烟气在管内流动，空气在管子外部横向流动，两者的流动方向互相垂直交叉，中间管板用来分隔空气流程，有缝钢管错列布置，以便单位空间中可布置更多的受热面和提高传热系数。相对节距的选用要从传热、阻力、振动等因素综合考虑。

卧式钢管式空气预热器中空气在管内流动，烟气在管外横向冲刷，这样管壁温度可比立式布置提高 $10 \sim 30 ℃$，有利于减轻烟气侧的低温腐蚀，但容易堵灰。

循环流化床锅炉的送风机压头远高于煤粉锅炉，高压风走管内，更有利于密封，因此循环流化床锅炉管式空气预热器多采用卧式布置。为了减轻积灰和磨损，卧式布置的空气预热器管采用顺列布置。

三、回转式空气预热器

循环流化床锅炉的风压（尤其是一次风压）比煤粉炉高得多，一般选用管式空预器，以减少漏风。但是，随着电站锅炉蒸汽参数的提高和容量的增大，管式空气预热器由于受热面增大而使其体积和高度显著增大，给

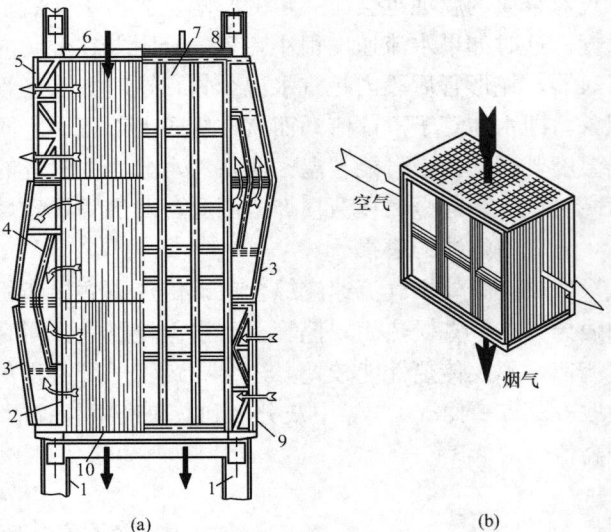

图 8 - 3　立式钢管式空气预热器
(a) 纵向剖面图；(b) 管箱
1—锅炉钢架；2—管子；3—空气连通罩；
4—导流板；5、9—出口、进口连接法兰；
6、10—上、下管板；7—墙板；8—膨胀节

锅炉尾部受热面的布置带来很大困难。因而在 150MW 以上容量的循环流化床锅炉中，通常都采用结构紧凑、质量较小的回转式空气预热器。

图 8 - 4 所示为回转式空气预热器的结构示意。其转子截面分为烟气流通部分、空气流通部分及密封区。转子截面的分配要达到尽量高的传热系数和受热面利用率，并要使通风阻力小，有效地防止漏风。由于锅炉中烟气的体积比空气的体积大，从技术经济上要求烟气的流通面积占转子流动面积的 50％左右，空气流通面积占 30％～40％，其余截面则为扇形板所遮盖的密封区。这样，烟气和空气的速度相近，通常为 8～12m/s。

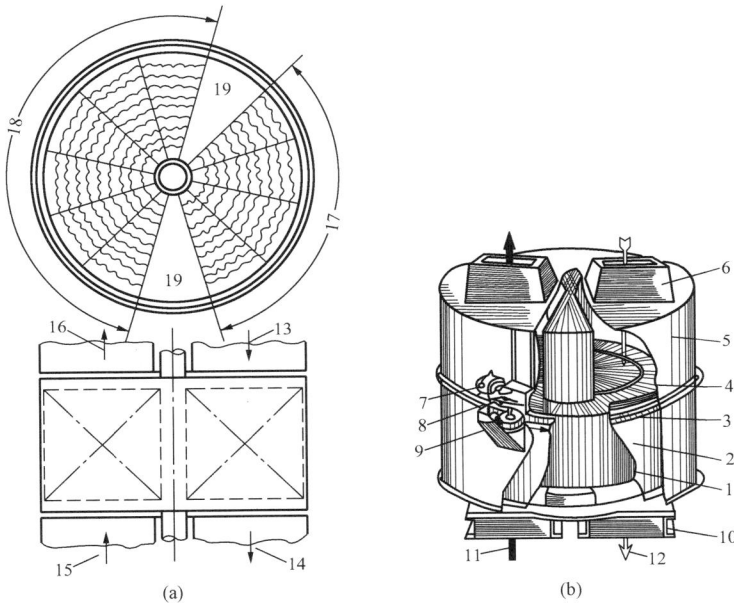

资源 61 - 回转式空气
预热器

图 8 - 4　回转式空气预热器的结构示意

（a）剖面图；（b）立体示意图

1—转子；2—转子外壳；3—转子齿圈；4—扇形隔板；5—空气预热器外壳；
6—连接方箱；7—电动机；8—减速箱；9—传动齿轮；10—带有连接方箱的固定框架；
11—空气运动方向；12—烟气运动方向；13—空气进口；14—空气出口；15—烟气进口；
16—烟气出口；17—空气部分；18—烟气部分；19—密封部分

回转式空气预热器的传热元件主要由蓄热波形板组成。高温段主要考虑强化传热，低温段着重防止腐蚀积灰，故波形板的形状和厚度都不同。高温段用 0.5～0.6mm 厚的低碳钢板制成密形波形板，低温段用 0.5～1.2mm 厚的低碳钢或低合金耐腐蚀钢板制成空隙大的波形板。低温段传热元件在需要更强的耐腐蚀性时可用陶瓷传热元件代替。波形板的形式对传热特性、气流阻力和积灰污染有很大影响。

回转式空气预热器存在的主要问题是漏风量大。管式空气预热器的漏风量一般不超过 5％，而回转式空气预热器在设计良好时漏风量为 8％～10％，密封不好时可达 30％或更高。由于空气的压力较大，故漏风主要是指空气漏入烟气中。空气可从下列三个途径漏入烟气侧：

（1）由转子中的通道空间带入烟气侧，称为携带漏风，占总漏风的 20％～30％；

（2）通过转子与外壳之间的间隙，沿转子周界进入烟气侧；

（3）通过径向密封件漏入烟气侧。

第（2）、（3）两项称为直接漏风，第（3）项为主要的漏风形式。由于回转式空气预热器的转速不高，故携带漏风的漏风量不大。密封漏风是由于空气侧与烟气侧之间的压差造成的，其漏风大小与大小和两侧压差的平方根成正比。漏风大的主要原因是转子、风罩和静子制造不良或受热变形，使漏风间隙增大所造成。

加强密封是减少回转式空气预热器漏风的重要环节之一。循环流化床锅炉一次风和二次风的压力不同，可将转子的空气通道分成三部分，高压一次风区位于两个二次风区之间，形成了四分仓回转式空气预热器，来减少泄漏，如图 8-5 所示。

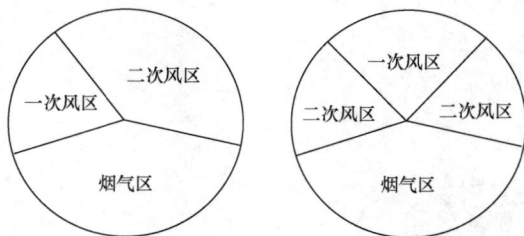

图 8-5　三分仓和四分仓回转式空气预热器示意

回转式空气预热器存在的另一个问题是受热面上易积灰，这是因为蓄热板间烟气通道狭窄的缘故。积灰不仅影响传热，而且增加流动阻力，严重时甚至会将气流通道堵死，影响预热器的正常运行。因此，在预热器受热元件的上、下两端都装有吹灰装置。吹灰介质通常采用过热蒸汽或压缩空气，如积灰严重，也可采用压力水冲洗。

第三节　尾部受热面的积灰、磨损和低温腐蚀

一、尾部受热面的积灰

1. 积灰及其危害

当携带飞灰的烟气流经各个受热面时，部分灰粒会沉积到受热面上形成积灰。积灰会使受热面热阻增加，传热恶化，导致排烟温度升高，排烟热损失增加，锅炉效率降低；积灰会堵塞烟气通道，甚至被迫停炉检修；积灰使烟气温度升高，影响后面受热面的运行安全。

尾部受热面的积灰可分为松散积灰和低温黏结积灰两种。松散积灰是烟气携带的灰粒沉积在受热面上形成的；低温黏结积灰呈硬结状，难以清除，对锅炉工作影响较大。

灰粒在管子上的沉积情况与烟气流经管子的流动工况有关。当含灰烟气流由正面绕过管子流向后面时，管子的背风面积灰多，迎风面积灰很少。迎风面积灰少是由于迎风面受到气流和粗灰粒冲击的结果，背风面积灰多是由于管子背风面产生了旋涡区，使大量小于 $30\mu m$ 的灰粒子旋进了旋涡区并沉积在管子的背风面上。灰粒之所以能黏附到管子表面，主要依靠分子引力或静电引力。灰粒越小，其分子引力或静电引力就越容易超过灰粒自身重量而使它吸附在管子上。

飞灰的沉积情况还与烟气流速的大小有关。烟气流速很低时，不论是管子迎风面或背风面都将发生积灰；随着烟气流速的升高，积灰减小；烟气流速增加到一定数值时，迎风面一般不沉积灰粒。

2. 影响松散积灰的因素

积灰与烟气流速，飞灰颗粒度、管束结构特性等因素有关。

（1）烟气流速。烟气流速越小，灰粒的冲击作用就越大，积灰程度就越轻；反之，则积

灰较多。当烟气流速大于8~10m/s时，背风面积灰减轻，迎风面则一般不积灰；当烟气流速为2.5~3m/s时，不仅背风面积灰严重，而且迎风面也会有较多的积灰，甚至会发生堵灰。

（2）飞灰的颗粒度。粗灰多，冲刷作用大使积灰减轻；反之，积灰就多。

（3）管束结构特性。错列布置的管束不仅迎风面受冲刷，而且背风面也较易受到冲刷，故积灰较轻。顺列布置的管束背风面受冲刷少，从第二排起，管子的迎风面也不受冲刷，因此积灰较重。减小管束纵向节距时，错列管束的背风面冲刷更强烈，可使积灰减轻；而顺列管束，却因相邻管子的积灰易搭积在一起，形成更严重的积灰。

积灰还与管径有关。减小管径，飞灰冲击的机会增加，则积灰减轻。

3. 减轻积灰的方法

（1）控制烟气流速。在额定负荷时，为了减轻积灰，烟气流速不得低于5m/s，一般可保持在8~10m/s，流速过大，会使磨损加剧。

（2）采用小管径、错列布置。省煤器可采用$\phi 25 \sim \phi 32$的管子，管束的相对节距为$s_1/d=2.25$、$s_2/d=1 \sim 1.5$，这样积灰可减轻。

（3）定期吹灰。尾部受热面一般都装有吹灰装置，运行人员应定期吹灰，以减轻积灰。

二、尾部受热面的磨损

1. 磨损及其危害

燃煤锅炉尾部受热面的飞灰磨损是一种常见的现象。当含有大量飞灰和未燃尽炭粒的烟气流经尾部受热面时，会造成受热面的飞灰磨损。磨损会使受热面管壁逐渐变薄，最终导致泄漏和爆破事故，直接威胁锅炉安全运行；停炉时更换磨损部件还要耗费大量的工时和钢材，造成经济损失。

2. 磨损的机理

由于锅炉中的灰粒在700℃以下时具有足够的硬度和动能，当这些灰粒长时间冲击受热面金属时，会不断地从上削去一些小的金属屑，使之逐渐变薄，从而造成了受热面的磨损。

受热面的磨损是不均匀的，不仅是烟道截面不同部位受热面的磨损不均匀，而且沿管子周界的磨损也是不均匀的。试验表明，当烟气横向冲刷错列布置的受热面（如省煤器）管子时，最大磨损发生在管子迎风面两侧30°~50°范围内。

烟气在管内纵向流动时（如管式空气预热器），磨损情况减轻很多，这时只在距管口$(1 \sim 3)d$的一段管子内，磨损较为严重。这是因为气流进入管口后先收缩再扩张，在气流扩散时灰粒由于离心力的作用从气流中分离出来并撞击的缘故。

3. 影响磨损的因素

（1）飞灰速度。受热面管子金属表面的磨损正比于冲击管壁的灰粒动能和冲击次数。灰粒动能同烟气流速的平方成正比，冲击次数同烟气流速的一次方成正比。这样，管子金属的磨损就同烟气流速的三次方成正比，可见烟气流速的大小对受热面磨损的影响是很大的。

（2）飞灰浓度。飞灰浓度大，则灰粒冲击次数多，磨损加剧。例如烧多灰燃料的锅炉，烟中飞灰浓度大，因而磨损严重。又如锅炉中转弯烟道外侧的飞灰浓度大，因而该处的管子磨损严重。

运行中应注意，当分离器或回料阀运行异常时，分离器效率的降低会导致飞灰浓度增大，省煤器的磨损会急剧增加，同时伴随着飞灰粒度的加大和炉膛温度的增加。

（3）飞灰撞击率。飞灰撞击管壁的概率与多种因素有关。研究表明，飞灰粒径大、飞灰硬度大、烟气流速高、烟气黏度小，飞灰撞击率就会大。这是因为含灰烟气绕过管子流动时，粒径大、密度大、速度高的灰粒子产生的惯性力大于烟气黏性力，使灰粒不随烟气拐弯，而撞击在管壁上，从而使飞灰撞击率大。

（4）灰粒特性。灰粒越粗、越硬、磨损就越严重。此外，磨损也与灰粒形状有关，具有锐利棱角的灰粒比球形灰粒磨损严重。

省煤器的磨损常大于过热器，这是因为除与管束错列布置有关外，还与省煤器区的烟温低、灰粒变硬有关。又如燃烧工况恶化时，灰中含碳量增加，由于焦炭的硬度大，磨损也会加重。

（5）管束的结构特性。烟气纵向冲刷管束的磨损要比横向冲刷轻得多，这是因为纵向冲刷时灰粒运动与管壁平行，只有靠近管壁的少量灰粒形成的摩擦磨损。

当烟气横向冲刷时，错列管束的磨损大于顺列管束。错列管束第二、三排磨损最严重，这是因为烟气进入管束后，流速增加，动能增大。经过第二、三排管子以后，由于动能被消耗，因而磨损又轻了。顺列管束第五排以后磨损严重，这是因为灰粒有加速过程，到第五排达到全速。循环流化床锅炉中为了减轻磨损，省煤器可采用顺列布置。

4. 减轻磨损的措施

（1）控制烟气流速。降低烟气流速是减轻磨损最有效的方法，但烟气流速降低，不仅会影响传热，同时还会增加积灰和堵灰，所以烟气流速应控制适当。省煤器中烟气流速最大不宜超过 9m/s，否则会引起较大的磨损。但采用较大管径（$\phi42\sim\phi57$）时可将烟气流速提高 50% 左右。

为了不使局部地区，如从烟道内壁到管子弯头之间的走廊区出现烟气流速过高的现象，可采取避免受热面与烟道墙壁之间的间隙过大，并使管间距离尽量均衡等措施。

（2）加装防磨装置。由于种种原因，烟气速度场和飞灰浓度场不可能做到均匀，因而局部烟气流速过高以及局部飞灰浓度过高的现象也就难以避免，所以应在管子易磨损的部位加装防磨装置。此时，受磨损的不是受热面管子，而是保护部件，检修时只需更换这些部件即可。

三、尾部受热面的低温腐蚀

1. 低温腐蚀及其危害

尾部受热面的低温腐蚀是指硫酸蒸气凝结在受热面上而发生的腐蚀，这种腐蚀也称硫酸腐蚀。它一般出现在烟温较低的低温级空气预热器的冷端。低温腐蚀带来的危害如下：

（1）导致受热面破坏、泄漏，使大量空气漏入烟气中，既影响锅炉燃烧，又使引风机负荷增大，电耗增加；

（2）腐蚀的同时还会出现低温积灰，积灰使排烟温度升高，引风阻力增加，锅炉出力降低，甚至强迫停炉清灰；

（3）腐蚀严重还将导致大量受热面更换，造成经济上的损失。

2. 低温腐蚀的机理

由于锅炉燃用的燃料中都含有一定的硫分，燃烧时生成 SO_2，其中一部分会进一步氧化生成 SO_3。SO_3 与烟气中的水蒸气结合形成硫酸蒸气。当受热面的壁温低于硫酸蒸气露点（烟气中的硫酸蒸气开始凝结的温度，简称酸露点）时，硫酸蒸气就会凝结成为酸液而腐蚀受热面。

烟气中的 SO_3 量是很少的，但极少量的 SO_3 也会使酸露点提高到很高的程度。如烟气中硫酸蒸气的含量为 0.005％时，露点可达 130～150℃。

3. 烟气露点

烟气露点与燃料中的硫分和灰分有关。燃料中的折算硫分越高，燃烧生成的 S 就越多，导致 SO_3 也增多，造成烟气露点升高。此外，烟气中的灰粒子含有钙镁和其他碱金属氧化物以及磁性氧化铁，它们可以部分地吸收烟气中的硫酸蒸气，从而降低它在烟气中的浓度。由于硫酸蒸气分压力减小，烟气露点也就降低。烟气中灰粒子数量越多，影响就越显著。烟气中灰粒子对烟气露点的影响可用折算灰分和飞灰份额来表示。

4. 影响低温腐蚀的因素

影响低温腐蚀的主要因素是烟气中 SO_3 的含量。这是因为烟气中 SO_3 含量的增加，一方面会使烟气露点上升，另一方面会使硫酸蒸气含量增加，前者使受热面结露引起腐蚀，后者使腐蚀程度加剧。

烟气中 SO_3 的含量与下列因素有关：

（1）燃料中的硫分越多，烟气中的 SO_3 就越多；

（2）火焰温度高，则火焰中的原子氧增多，因而 SO_3 增多；

（3）过量空气系数增加也会使火焰中的原子氧化铁（Fe_2O_3）或氧化钒（V_2O_5）等催化剂含量增加，此时，烟气中 SO_3 含量增加。

5. 减轻低温腐蚀的措施

减轻低温腐蚀可从两个方面着手：一是减少烟气中 SO_3 的生成量；二是提高金属壁温或使壁温避开严重腐蚀的区域。此外，还可用抗腐蚀材料制作低温受热面来防止或减轻低温腐蚀。具体措施如下所述。

（1）燃料脱硫。煤中黄铁矿可利用重力不同而设法分离出一部分，但有机硫很难除掉。

（2）低氧燃烧。对于燃用高硫分煤的锅炉，将过量空气系数 a 保持在 1.01～1.02，能使烟气露点大大降低，从而有效地减轻低温腐蚀及低温黏结积灰。低氧燃烧必须保证燃烧完全，否则不但经济性差，而且会有较多剩余氧，达不到降低 SO_3 的目的。低氧燃烧必须控制漏风，否则氧量仍会增大。

（3）加入添加剂。用白云粉（$MgCO_3 \cdot CaCO_3$）作为添加剂在燃油上已取得一定的效果。它能与烟气中的 SO_3 发生作用而生成 $CaSO_4$，从而减轻低温腐蚀。但是烟气中将增加大量粉尘，使受热面积灰增多，故应加强吹灰和清扫。

（4）热风再循环。将空气预热器出口热空气的一部分回送到送风机入口，称为热风再循环。这种方法提高了金属壁温，但排烟温度升高，锅炉效率降低，同时还会使送风机电耗增加。

（5）采用暖风器。此方法是在汽轮机与空气预热器之间安装暖风器（即热交换器），利用汽轮机低压抽汽来加热冷空气，蒸汽凝结水返回热力系统。采用暖风器后，虽然因排烟温度升高而降低了锅炉效率，但由于利用了低压抽汽，减少了凝汽器中蒸汽凝结热损失，因而提高了热力系统的热经济性。比较下来，全厂经济性有所提高。

（6）空气预热器冷端采用抗腐蚀材料。用于管式空气预热器的抗腐蚀材料有铸铁管、玻璃管、09 钢管等；用于回转式空气预热器的有耐酸的搪瓷波形板、陶瓷砖等。

采用抗腐材料可减轻腐蚀，但不能防止低温黏结积灰，因而必须加强吹灰。

单元思考题

1. 省煤器的作用是什么？通常采用什么样的布置方式？

2. 空气预热器的作用是什么？有哪些结构形式？

3. 为什么把省煤器和空气预热器统称为尾部受热面？二者有何不同的布置方式？

4. 省煤器容易出现什么问题？如何处理？

5. 空气预热器容易出现什么问题？如何处理？

6. 由于环保要求，目前烟气脱硝普遍采用喷氨脱硝，会对每个受热面特别是空预器造成影响，请查阅一些资料进行思考。

单元九　辅机设备及系统

引　言

　　"辅机设备"从名称上看很容易被人忽视，以为是"辅助性"的，可有可无的。但这绝对是个误解，辅机设备和系统是锅炉正常运行必不可少的设备和系统，甚至决定了整台锅炉的运维水平。这就像一辆汽车，只有车架、车身、发动机、方向盘是远远不够的，还要有燃油系统提供燃料，灯光系统提供照明和信号，尾气处理系统满足环保要求，等等。对于一台锅炉，也是同样的道理，除了锅炉本体设备以外，锅炉其他设备一般称为辅机设备，但作用绝对不能忽视。本单元的辅机系统包括了燃料制备和供给系统，为锅炉提供燃料；风烟系统为锅炉燃烧提供燃烧风量和正常循环流化风量，并把烟气排出炉外；冷渣除渣设备把燃烧灰渣冷却后排出，保证锅炉连续运行；脱硫系统和脱硝系统保证大气排放符合环保标准。这几个系统任何一个出了故障，锅炉都不能正常运行：给煤机故障可导致锅炉断煤，引风机故障可导致锅炉产生正压，灰渣不能正常排出被形象地称为"只吃不拉胀肚子"，锅炉要生病的，脱硫脱硝系统故障排放不达标直接面临环保处罚。实践中，辅机系统故障比较常见，不太让人紧张的唯一理由为不是高温高压设备，故障处理的危险性小一些。

　　本单元以介绍辅机系统为主，加以流化床特有的辅机设备。通用设备如风机等不在本书体现，如有需要请参考相关书籍学习。

　　锅炉辅机设备及系统是配合锅炉本体工作的。主要包括燃料制备系统、风机及风烟系统、冷渣除渣设备、烟气除尘设备、脱硫设备及系统等。实践证明，锅炉能否安全经济运行，很大程度上取决于这些辅机设备的性能。了解掌握这些设备的工作原理，正确地选择并保证其安全、经济运行，对从事锅炉运行、检修等至关重要。

第一节　燃　料　制　备

　　燃料制备是将原煤加工成合格燃料的全过程，它包括杂物分离、筛分、破碎及输送至煤仓等环节，其目的是将原煤经过除铁后，运至破碎间进行筛分、破碎至合格粒径以下，再输送到煤仓。系统的剖面展开简图见图 9-1。具体设计时，应综合分析落煤坑、干煤棚、破碎楼、带式输送机等的相对位置，以便在投资及运行时，降低成本提高经济效益。

　　为了说明制煤系统对流化床锅炉的重

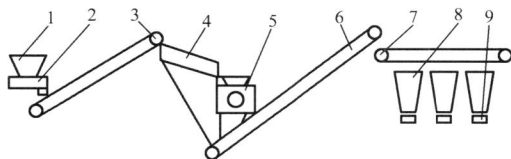

图 9-1　燃料制备系统剖面展开简图
1—受煤斗；2—给煤机；3—1 段带式输送机；
4—筛分设备；5—破碎机；6—2 段带式输送机；
7—3 段带式输送机；8—炉前煤仓；9—炉前给煤机

要性，以及如何选择制煤设备，必须从理论上弄清楚燃煤的粒径大小、粒度分布对流化床锅炉的影响。

一、燃煤颗粒特性对流化床锅炉的影响

1. 燃煤颗粒特性

燃煤颗粒特性具有以下三个含义：

（1）燃煤粒径大小范围。

（2）燃煤粒度的配级，即各粒径的燃煤占总量的百分比。

（3）在粒径范围内，以颗粒大小排列应连续无间断。

燃煤颗粒特性曲线是流化床锅炉设计、运行的一个重要的技术要素。它比笼统地给出燃煤粒径范围（如 0.1～12mm）或仅给 $d<1mm$ 的燃煤占总量百分之几更科学、更直观，同时也是设计制煤系统和选择破碎机械的依据。

2. 燃煤颗粒特性对流化床锅炉的影响

燃煤颗粒特性对流化床锅炉的燃烧、炉内传热、受热面磨损及结焦有较大的影响，主要体现在如下几点：①燃煤粒径对炉内燃烧份额的影响；②粒径大小对炉内物料浓度及循环倍率的影响；③颗粒大小对受热面磨损的影响。

国外早期在设计流化床锅炉时，为提高物料循环倍率，增大炉内传热系数、缩小锅炉体积，对燃煤粒径要求比较细。例如，德国鲁奇公司最早的流化床锅炉，要求燃煤粒径不大于 0.9mm，结果锅炉投运后发现大量的细粉燃料进入炉膛出口的旋风分离器内燃烧，甚至造成结渣，而且飞灰可燃物含量也较大。后来将制煤系统和设备做了改进，燃煤粒径增到 $d\leqslant$ 6mm，运行情况良好。

但在实际运行中，燃煤粒径不能过粗。如果大颗粒所占的比例较大，其结果如下所述。

（1）由于粗颗粒较多，且沉浮于燃烧室下部燃烧，造成密相区燃烧份额过大，炉床超温结焦。运行中为避免结焦，减小给煤，导致出力降低。

（2）燃煤颗粒较粗，床层加厚，风阻增大。运行中如果用经常排渣的方法来降低床层厚度，就会增加热量损失；如增大一次风压（风量）则电耗提高，由于加大一次风量，大颗粒在炉内运动速度增大，加剧了炉内中下部受热面的磨损。

总之，流化床锅炉的燃煤粒径目前发展的趋势是国外由原来比较细小变粗；而国内由粗变细，并尽量减少大颗粒的份额。实际上，不同技术的流化床锅炉对燃煤粒度的要求是不同的，即使是相同技术的流化床锅炉，因燃用煤种不同，其煤粒度也不相同。一般来说，高倍率的循环流化床锅炉燃煤粒径较细，低倍率的循环流化床锅炉燃煤粒径较粗；燃煤挥发分低的煤种，粒径一般较细，高挥发分易燃的煤种，颗粒可以粗一些。

不同煤种有不同的特性曲线，但无论何种燃料，小于 0.1mm 的颗粒应尽可能少，其主要原因是循环流化床锅炉燃烧室内温度较低，细小颗粒在炉内停留时间短，一次难以燃尽，而且分离器又不易捕捉，致使飞灰可燃物含量增大，燃烧效率降低。另外，细小颗粒不参加物料循环，影响炉内动力、传热特性。而颗粒范围上限（大颗粒）随着煤种变化，燃尽难易程度可以越来越宽，但是大颗粒所占份额很小，仅占总量的百分之零点几。

燃煤颗粒特性对燃料在炉内燃烧份额的影响是不难理解的。对于炉内物料浓度和循环倍率的影响，实质上是对炉内传热的影响，因为循环倍率和炉内物料浓度大小与分布对传热系数都有一定的关系。因此，在运行中，通过调整燃煤粒度也可调整锅炉燃烧及汽温、汽压。

二、制煤系统

根据原煤经过一次破碎还是两次破碎,燃料制备系统可分为一级破碎系统和两级破碎系统。

1. 一级破碎系统

图9-2所示为一种一级破碎系统流程图。该系统采用给煤机、胶带输送机、电磁除铁器、振动筛配以破碎机组成了燃料制备系统。其工作流程如下:

(1)原煤从煤场经给煤机传送到输送设备——胶带输送机,由胶带输送机提升并送至破碎间;

(2)在破碎间胶带卸料处设置电磁除铁器,用于清除燃料中混杂的铁磁物,以保护破碎机;

(3)除铁后的煤经筛分(筛网10mm),合格粒径的颗粒直接落入下级输送带;

(4)大颗粒进入破碎机,破碎后落入下级输送带;

(5)破碎后的煤及筛下的煤由胶带输送机送至煤仓。

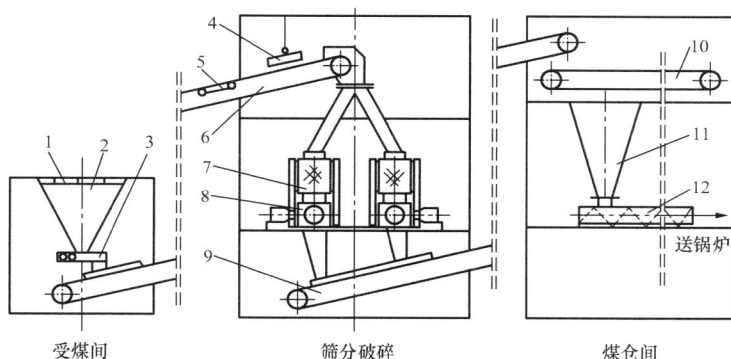

图9-2 燃煤一级破碎系统流程

1—格子板;2—受煤斗;3—振动给煤机;4—电磁除铁器;5—电子皮带秤;
6—1号胶带输送机;7—振动筛;8—环锤式破碎机;9—2号胶带输送机;
10—3号胶带输送机;11—煤仓间煤斗;12—螺旋给煤机

为减轻环境污染,在筛分、破碎设备处加密封罩,并在破碎机出口处加密封挡帘,采用专用通风机吸取煤尘,送入锅炉。在胶带输送机的各转运处加装挡帘。

2. 两级破碎系统

两级破碎系统是在一级破碎系统的基础上再加一级破碎设备组成,主要有两种方式,如图9-3所示。

这两种布置方式,除了原煤是先经振动筛筛选,还是后经筛子筛选之外,没有本质上的差别,只是破碎机的出力

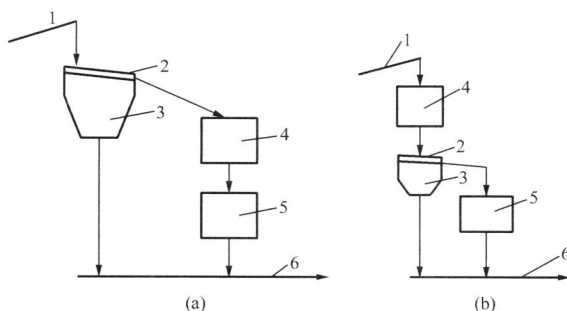

图9-3 两级破碎系统

(a)振动筛前置布置;(b)振动筛中间布置
1、6—输送皮带;2—振动筛;3—煤斗;
4—一级破碎机;5—二级破碎机

确定应结合筛子和系统综合考虑。一级破碎机也叫粗碎机，作用是破碎煤中的大块，其出口粒径较粗；二级破碎机也叫细碎机，作用是把经粗碎的颗粒破碎至合格粒径，如小于10mm。二级破碎制煤系统的优点是制备出的成品燃煤颗粒较细，但还不能从根本上解决原煤水分对一级制煤系统的影响等缺点。当煤种比较固定且水分不大时，通常选用这种制煤系统。

此外，还有带有干燥分选装置的制煤系统。由于采用了干燥分选装置，环锤式破碎机工作可以不受铁块、水分的影响。其容量可根据分选出煤量多少而定。这对流化床锅炉来说是一个比较理想的制煤方案，但系统比一级或二级破碎制煤系统投资大，较复杂。

目前，在流化床锅炉设计中还出现一种闭路制煤系统，即循环筛选—破碎—筛选系统，或者破碎—筛选—破碎系统。总之，不合格的颗粒需循环回去再破碎，直至合格。

究竟采用什么形式的制煤系统，要根据锅炉容量大小、设计煤种的颗粒特性和成品燃煤的颗粒特性曲线以及预测可能燃用的其他煤种的特性曲线来确定，同时还要考虑是否采用飞灰、大渣回燃以及是否采用烟气再循环等辅助系统，这都由具体情况确定。但无论怎样，以下原则都是应当遵循的：

（1）确保连续提供给锅炉合格粒径的燃料，合理的颗粒特性才能保证燃料在空气动力作用下良好流化、燃烧；

（2）减少污染及浪费，原煤在中转、筛分、破碎过程中，有大量扬尘，应注意回收加以利用；

（3）减少系统投资，系统力求紧凑，布置合理、运行可靠且便于控制操作，维修方便。

三、燃料破碎设备

循环流化床锅炉的燃料破碎设备是循环流化床锅炉燃料制备中的主要设备。它的性能将直接影响燃料的粒径分布，而燃料的粒径分布又直接影响循环流化床锅炉的整个燃烧工况。所以，选用合适的破碎设备，提供合格粒径的燃煤是保证循环流化床锅炉正常运行的重要因素之一。

资源62－燃料破碎设备

循环流化床锅炉燃料的破碎机主要有锤式破碎机、颚式破碎机、圆锥破碎机、冲击式破碎机和辊压机等。

1. 锤式破碎机

我国流化床锅炉的燃料制备系统大部分都选用锤式破碎机，如图9-4所示。

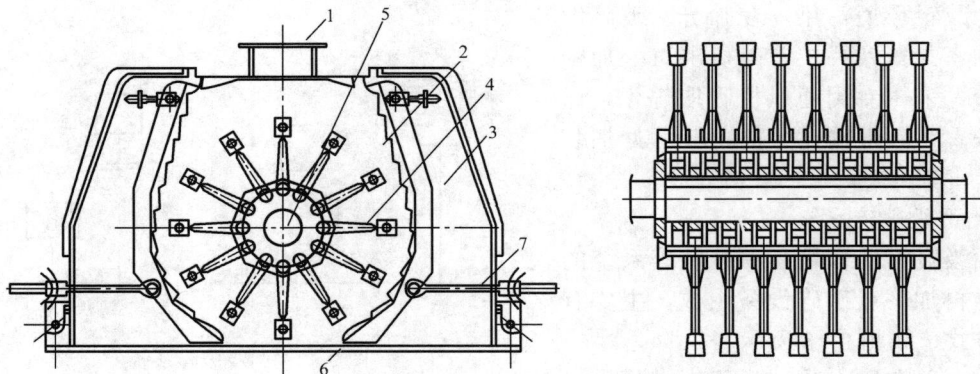

图 9-4　锤式破碎机的结构

1—入料口；2—破碎板；3—壳体；4—锤子；5—转子；6—筛板；7—调节机构

锤式破碎机是利用锤头的高速冲击作用对物料进行中碎和细碎作业的破碎机械。锤头铰接于高速旋转的转子上，机体下部设有筛板以控制排料粒度。送入破碎机的物料首先受到高速运动的锤头的冲击而初次破碎，并同时获得动能，高速飞向机壳内壁上的破碎板而再次受到破碎。小于筛板孔径的物料被排出机外，大于筛板孔径的料块在筛板上再次受到锤头的冲击和研磨，直至小于筛板孔径后被排出。

出料粒度的调节是通过更换不同规格的筛板来实现的。转子与筛板之间的间隙可根据需要，通过调节机构进行调节，出料粒度可在 3～60mm 内任意选择。

锤式破碎机具有破碎比大、排料粒度均匀、过粉碎物少、能耗低等优点。适合于破碎各种脆性物料。在破碎煤时，若整个制备系统设计合理，该设备破碎的燃料粒度基本上能满足循环流化床锅炉的要求。但现有锤式破碎机出料粒度受筛板孔径控制，筛板要用到磨损过大或开裂时才进行更换，出料粒度就因筛板孔径固定而不能改变。这样的结构不易实现经常性的出料粒度的可调性，使循环流化床锅炉对煤种的适应性受到一定限制。另外，由于锤头磨损较快，在硬物料破碎的应用上受到了限制，或因为筛板怕堵塞，不宜于用它破碎湿度大的物料。

环锤式碎煤机是锤式破碎机的变形，它将锤式破碎机的锤头换为钢环，利用高速冲击和低速碾压的综合作用来破碎物料，因而可获得更细的产品。工程上主要用来为发电厂破碎煤炭。

2. 颚式破碎机

颚式破碎机是利用两颚板对物料的挤压和弯曲作用，粗碎或中碎各种硬度物料的破碎机械。其破碎机构由固定颚板和可动颚板组成，当两颚板靠近时物料即被破碎，当两颚板离开时，小于排料口的料块由底部排出，如图 9-5 所示。它的破碎动作是间歇进行的。

常用的颚式破碎机有双肘板的和单肘板两种。前者在工作时可动颚板只作简单的圆弧摆动，故又称简单摆动颚式破碎机；后者在做圆弧摆动的同时还做上下运动，故又称复杂摆动颚式破碎机。

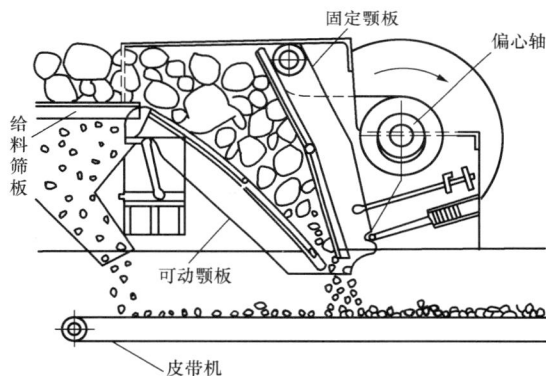

图 9-5 颚式破碎机

颚式破碎机由于具有结构简单、工作可靠、制造容易、维修方便、价格低廉、适用性强等优点，所以在工业上得到广泛应用。其缺点是非连续性破碎、效率较低，破碎比较小，给料不均匀引起颚板磨损不均匀等。针对其缺点，在以下几方面进行了改进：优化结构与运动轨迹；改进破碎腔型，以增大破碎比，提高破碎效率，减少磨损，降低能耗，现已普遍应用高深破碎腔和较小啮角；改进了可动颚板悬挂方式和衬板的支撑方式，改善了破碎机性能；颚板采用了新的耐磨材料，降低了磨损消耗；提高了自动化水平（可自动调节、过载保护、自动润滑等）。同时，也出现了一些新的机型，如双腔双动颚式破碎机，其破碎比可达 20～50，排料口调节方便，产量大。双腔回转破碎机，兼有颚式破碎机与圆锥破碎机的性能，其产量较同规格的颚式破碎机高 50%。筛分颚式破碎机，把筛分和破碎结合为一体，不仅可简化工艺流程，而且能及时将已达粒度要求的物料从破碎腔中排出，减轻了破碎机的堵塞和过粉碎，提高了生产能力，降低了能耗。

3. 圆锥破碎机

圆锥破碎机的结构见图9-6。它是利用破碎锥在壳体内锥腔中的旋回运动，对物料产生挤压、劈裂和弯曲作用，粗碎各种硬度的矿石或岩石的大型破碎机械。装有破碎锥的主轴的上端支撑在横梁中部的衬套内，其下端则置于轴套的偏心孔中。轴套转动时，破碎锥绕机器中心线做偏心旋回运动，其破碎动作是连续进行的，故工作效率高于颚式破碎机。大型旋回破碎机每小时能处理物料5000t，最大给料直径可达2000mm。

圆锥破碎机用两种方式实现排料口的调整和过载保险。第一种是采用机械方式，其主轴上端有调整螺母，旋转调整螺帽，破碎锥即可下降或上升，使排料口随之变大或变小，超载时，靠切断传动皮带轮上的保险销以实现保险；第二种是采用液压方式的液压旋回破碎机，其主轴坐落在液压缸内的柱塞上，改变柱塞下的液压油体积就可以改

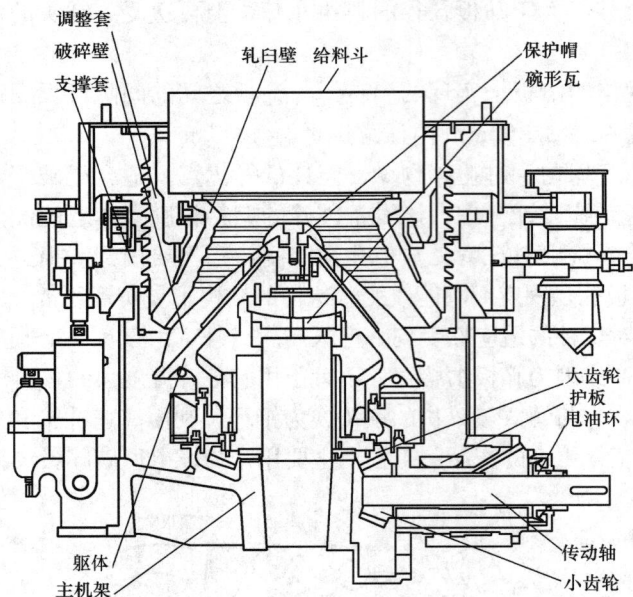

图9-6　圆锥破碎机的结构

变破碎锥的上下位置，从而改变排料口的大小。超载时，主轴向下的压力增大，迫使柱塞下的液压油进入液压传动系统中的蓄能器，使破碎锥随之下降以增大排料口，排出随物料进入破碎腔的非破碎物（铁器、木块等）。

圆锥破碎机适用于中碎或细碎作业的破碎机械。中、细碎作业的排料粒度的均匀性一般比粗碎作业要求的高，必须在衬板磨损后及时调整排料口。

4. 冲击式破碎机

冲击式破碎机的结构见图9-7，它是利用板锤的高速冲击和反击板的回弹作用，使物料受到反复冲击而破碎的机械。板锤固装在高速旋转的转子上，并沿着破碎腔按不同角度布置若干块反击板。

物料进入板锤的作用区时先受到板锤的第一次冲击而初次破碎，并同时获得动能，高速冲向反击板。物料与反击板碰撞再次破碎后，被弹回到板锤的作用区，重新受到板锤的冲击。如此反复进行，直到被破碎成所需的粒度而排出机外。

与锤式破碎机相比，反击式破碎机的破碎比更大，并能更充分地利用整个转子的高速冲击能量。但由于板锤极易磨损，它在硬物料破碎的应用上也受到限制，通常用来粗碎、中碎或细碎石灰石、煤、

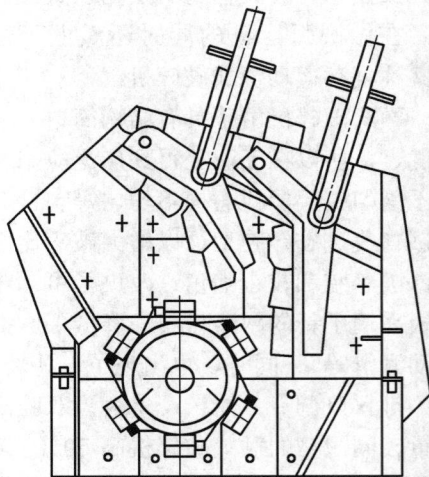

图9-7　冲击式破碎机的结构

电石、石英、白云石、硫化铁矿石、石膏和化工原料等中硬以下的脆性物料。

5. 辊压机

辊压机是 20 世纪 80 年代中期发展起来的高效节能设备，见图 9-8，其形式上很像传统的对辊破碎机。它采用准静压破碎方式，与冲击粉碎方式相比，节省能量约 30%。它对物料实施的是料层粉碎，是物料与物料之间的相互粉碎，粉碎效率高，物料间的挤压应力可通过辊子压力来调节。辊间压力一般可达 150～300MPa，破碎产品可达 2mm，实现了"多碎少磨"。

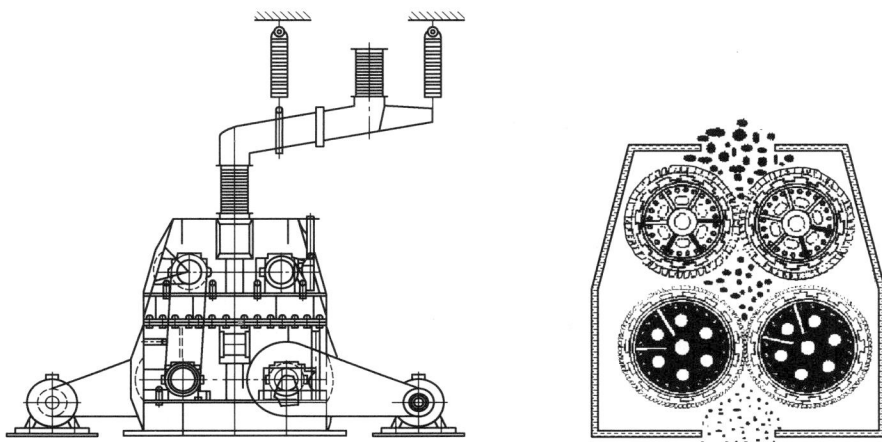

图 9-8 辊压机

随着技术的不断进步，为了扩大辊压机的应用范围（用于坚硬物料）并提高其可靠性，各生产厂商都在不断地改进自己的产品，主要表现在以下三个方面：一是提高辊面的耐磨性，如将压辊表面堆焊耐磨层改为柱钉式辊面，柱钉的硬度达到刀具的硬度，或采取金属耐磨块组合镶嵌式压辊，使其具有更高的抗耐磨能力；二是压辊轴承的改进，由于该机轴承要承受巨大的静载荷和冲击载荷，原来用的双列向心球面滚子轴承寿命很短，改为多排滚柱轴承后，可承受巨大的径向力，轴向力则由双作用止推轴承承受，轴承座本身具有调心功能；三是控制系统的改进，使其实现自动化（包括控制与监测），并可调节生产过程。

四、燃料制备系统应注意问题

对于采用循环流化床锅炉的电厂中筛碎设备的选型，应注意以下几方面的问题。

（1）粒度级配要求。循环流化床锅炉对运煤系统设计的要求主要体现在破碎后煤的粒度级配上。但由于国内电厂均烧原煤，来煤情况一般电厂也难以确定，即使设计时确定了，实际运行中也会发生变化，故建议在选择相应破碎设备时，一方面要了解锅炉的允许粒度范围，另一方面要选择允许原煤粒度波动范围较大的设备。

（2）为控制破碎后物料粒度（$d \leqslant 7 \sim 10mm$），同时又要求碎煤机不能堵塞，当煤的水分较大时，不宜选用带底箅的碎煤机。

（3）由于采用循环流化床锅炉的电厂燃煤经碎煤机破碎后直接送入锅炉内燃烧，因此，碎煤机后的燃煤粒度均较小（通常 $d \leqslant 10mm$），且粒度级配要求较为严格，故单级破碎难以满足粒度级配的要求。

（4）因燃煤粒度较小，因此应选择鼓风量较小的碎煤机，以减小粉尘量对环境的污染。

（5）在燃料制备系统中使用筛子虽然能减少两级破碎后过细煤的数量，并能减轻碎煤机的出力，但由于没有适应性较好的筛子，因此在选择上应慎重。

（6）应尽量控制来煤的水分，必要时应增大厂内干煤棚的容量。

（7）筛碎设备的选型，不仅要注重设备本身的性能，还要考虑来煤碎后粒度级配的特殊要求以及劳动保护条件等诸多因素。

第二节 给 煤 系 统

给煤系统是由煤仓、给煤机、播煤机构等设备组成的，其作用是把燃料连续、可调地送入锅炉。

对于燃煤循环流化床锅炉，成品煤（制备好的煤）的筛分一般都较宽，颗粒范围通常为0～25mm，而且水分较煤粉炉大得多，因此成品煤的流动性较差，气力输送比较困难。另外，给煤口多为正压，要防止烟气外冒。因此，循环流化床锅炉的给煤系统有特殊的要求。

一、给煤方式

循环流化床锅炉给煤方式按给煤口布置可分为前墙给煤和后墙回料阀给煤；根据给煤机串联台数可分为一级给煤、二级给煤、三级给煤等。

资源63 - CFB锅炉
给煤方式

1. 前墙给煤

煤仓间多布置在锅炉前部，给煤口一般开在前墙，前墙给煤距离短，可以简化给煤系统。

前墙给煤系统（见图9-9）可为一级或两级给煤，若为一级，选用一种给煤机即可；若为两级给煤，则第一级给煤机可采用埋刮板式或电子称重式皮带给煤机，第二级给煤机采用埋刮板式；或采用两级埋刮板式给煤机串联，第一级给煤机接受煤仓落煤，将其输送到第二级给煤机（给煤机为上部中间一个进料口，下部两端各一个出料口的双向输送结构），将煤送到前墙的两个给料点进入炉膛。

图 9-9 前墙给煤系统

全部采用埋刮板式给煤机，系统简单、造价低，但存在计量精确度低、调节灵活性差等问题。某一工程的给煤系统即采用这种方案，所装设的核子秤未能投入运行，无法实现给煤的计量和调节，给运行控制带来很大不便。

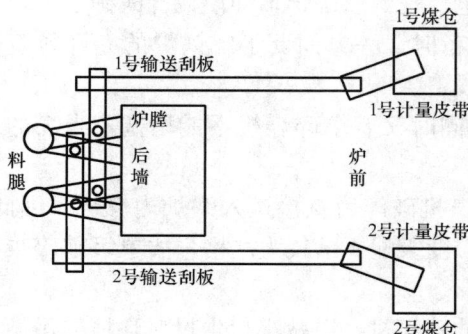

如果第一级装设电子称重式皮带给煤机，则因其调节性能好、计量精确度高，可以很好地适应锅炉变工况运行和石灰石给料量的调节，提高锅炉的经济性。

2. 后墙回料阀给煤

为了使难燃的煤提前着火，减少炉膛开口数量，可采用后墙回料阀给煤（见图9-10），即将煤给入回料阀的下降管，其优点如下：

（1）给煤进入后与比其量大几十倍的高温床料混合、加热、升温、水分蒸发，甚至挥发分析

图 9-10 后墙回料阀给煤系统

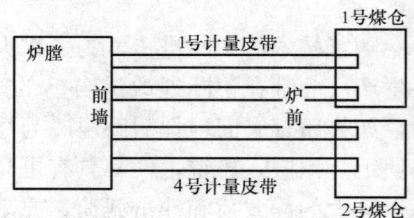

出，等于把炉内的加热过程提前在回料阀中进行，相当于增加了燃料在炉内的停留时间，有利于燃料的燃尽；

（2）给煤口处受到一定高温床料的烘烤，对煤有一定的干燥作用，不易堵塞，不需加装空气炮，简化了系统；

（3）给煤管为垂直管路，管内壁有风幕保护，煤与给煤管不易接触，所以不易堵煤；

（4）给煤量与比其量大几十倍的床料进行混合进入炉内使煤沿床面分布均匀。

其缺点是给煤从回料阀加入，这样给煤距离很长，使给煤系统复杂。

后墙回料阀给煤系统可为两级给煤（第一级给煤机可采用埋刮板式或电子称重皮带式，第二级给煤机采用埋刮板式）或三级给煤（第一级给煤机采用埋刮板式或电子称重皮带式，第二及第三级采用埋刮板式）。

无论两级给煤系统还是三级给煤系统，第一级最好采用电子称重皮带式给煤机。原因是电子称重皮带式给煤机调节性能好、计量精确度高，可以很好地适应锅炉变工况运行和石灰石给料量的调节，提高锅炉的经济性。但回料阀给煤系统的第一级电子称重皮带式给煤机较长，这么长的电子称重皮带给煤机还没有运行经验。如果制造厂家能采取有效的措施防止皮带跑偏及壳体泄漏等问题的发生，此方案是一个造价低廉，调节性能好，计算精确度高的给煤系统，应用前景好。

3. 其他给煤方式

随着循环流化床锅炉的大型化，炉膛和分离器的布置方式更加灵活，给煤点设计更加多样化，给煤方式也相应有更多变化形式，如不仅可采用前墙给煤、后墙回料阀给煤，还可采用侧墙给煤或以上几种给煤方式组合使用。

对燃烧生物质的循环流化床锅炉，其给料系统更加复杂，在此不再详述。

二、煤仓

流化床燃煤颗粒比链条炉小，其中有大量的细煤粒，而水分远高于煤粉炉。因为煤的外水分越大，煤粒间的黏着力也越大；颗粒越小，单位质量煤粒的表面积增大，煤粒间的黏附力增加，使煤的流动性恶化。所以流化床锅炉的煤斗堵塞是常见现象。

煤堆积在锥形煤仓内受到煤的挤压，使煤粒之间、煤粒与煤仓壁之间产生摩擦力，越接近下煤口，其摩擦力及挤压力也越大。由于煤粒间的摩擦力呈双曲线形增大，所以在靠近下煤口（约 1m）处的煤易"起拱""搭桥"。

煤仓不下煤是影响早期循环流化床锅炉连续运行的一个主要因素，实践证明，采用以下几项措施是行之有效的。

（1）减少原煤水分，如增加干煤棚。

（2）设计成品煤仓四壁的倾斜角（与水平面）大于70°。

（3）为减少煤粒与仓壁之间的摩擦力，在仓壁内衬不锈钢板或者高分子塑料板——聚氯乙烯（PVC）板。

（4）适当减小原煤仓的容积。如德国大型火电厂在燃用高水分褐煤时，存煤量按 2～4h 设计。这样，为煤斗结构的合理设计创造了有利条件。同时，煤在仓内停留的时间缩短后，煤层受上煤层的重压时间缩短，在下煤口处可以减轻"起拱""搭桥"等堵煤现象。

（5）下煤口越小，就越容易堵煤。下煤口宽度在燃用烟煤时应不小于 1000mm，燃用褐煤时应不小于 1200mm。下煤口长度应不大于 1200mm。

（6）煤仓的金属斗（与给煤机相连接的部分）加工成双曲线形，对防止堵煤的效果较好。

（7）在煤斗下部（约 1m 处）增加不锈钢方煤斗过渡，减少该位置的"起拱""搭桥"。

（8）在煤仓内壁安装液压煤斗疏松机。

（9）改变设备，如采用特殊设计的给煤斗结构，如图 9-11 所示。

三、给煤机

资源 64-给煤机

循环流化床锅炉常用的给煤机械有螺旋给煤机、埋刮板式给煤机和皮带给煤机等。

1. 螺旋给煤机

由于螺旋给煤机具有设备简单、价格低、密封性能好等优点，早期的循环流化床锅炉大多数采用螺旋给煤机给煤。因为早期的锅炉容量普遍较小，给煤口少，一般布置在锅炉前墙，这恰好有利于螺旋给煤机布置，如图 9-12 所示。随着锅炉容量的不断增大和运行实践的检验，发现螺旋给煤机还存在许多问题而不能保证锅炉安全经济运行的要求，如磨损问题、煤计量问题以及较长的螺旋易卡死或扭坏等。因此，目前设计的锅炉很少采用螺旋给煤机给煤。

图 9-11　特殊设计的给煤斗结构

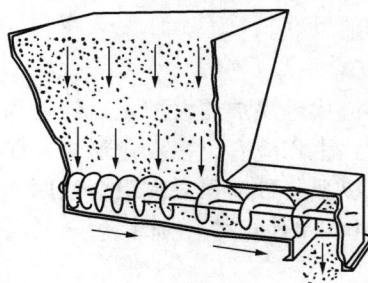

图 9-12　螺旋给煤机结构

2. 埋刮板式给煤机

埋刮板式给煤机（见图 9-13）是一种常规的给煤设备，在煤粉炉上常作为粗粒原煤的给煤设备。

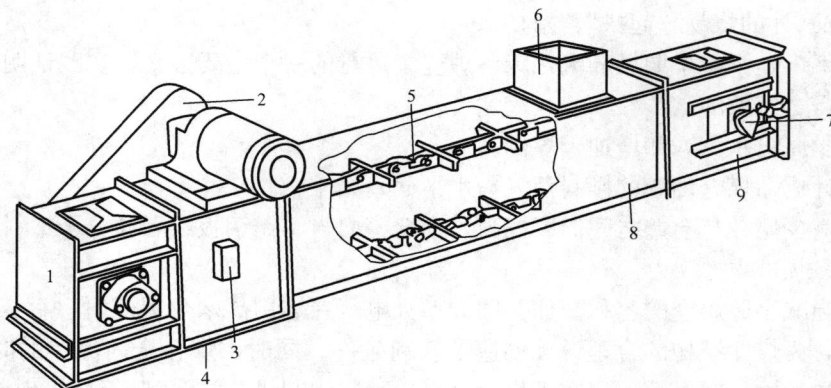

图 9-13　埋刮板式给煤机

1—头部；2—驱动装置；3—堵料探测器；4—卸料口；5—刮板链条；6—加料口；7—断链指示器；8—中间段；9—尾部

　　埋刮板式给煤机具有运行稳定、不易卡塞、密封严密、可调性能好等优点，而且它一般不受长度的限制。如果与冲板式等计量仪器配合，可以制成带计量的刮板式给煤机。若采用特殊工艺，埋刮板式给煤机也可制成一定弯曲弧度的给煤机。因此，目前大多数循环流化床锅炉采用这种给煤设备，尤其是当较大容量的锅炉部分给煤点设计在锅炉两侧或后墙，而给煤设备又比较长（大于 20m）时，采用埋刮板式给煤机比较合适。但是一般的埋刮板输送设备并不完全适合循环流化床锅炉对给煤机械的要求，因为常规埋刮板式给煤机体积一般较庞大，刮板设计不能完全满足 0～10mm 范围的细小颗粒的要求，部分埋刮板式给煤机密封性也比较差。当输送煤量和煤粒度较细时，存在"飘链"现象。

　　3. 皮带给煤机

　　皮带给煤机可以长距离输送给煤，并且价格低廉，操作方便，因此常用在中小型循环流化床锅炉中。但皮带给煤机体积较大，易跑偏，需要经常维护，并且一般为敞开布置，现场污染严重；在正压给煤时，需特殊设计。

　　图 9-14 所示为一种典型的带气力密封播煤机构的皮带给煤机。燃料从煤斗进入输煤皮带，由皮带输送到落煤口，煤靠重力落入气力播煤装置，其下部布置有三股播煤风将燃料吹送炉膛。密封风能够在水平位置形成气幕，阻隔热烟气反窜进入上部给煤装置的通道。密封/吹扫风能将适量的配风以较高的速度向播煤口方向吹送，既在播煤装置内壁与燃料煤之间形成一层气垫，减少摩擦，又能提供部分给煤动力，并有效压制反窜的热烟气，保护上部的称重式皮带给煤机等给煤装置。播煤风使燃料煤均匀受风，并提供足够的动力，使煤在炉膛中均匀播散。

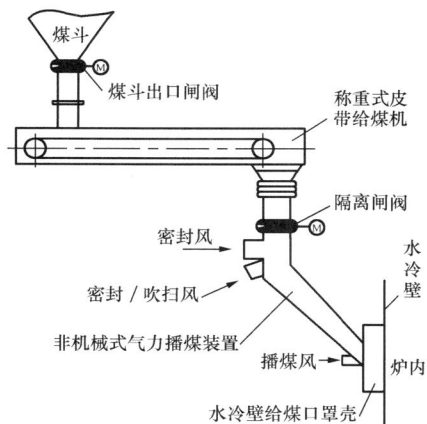

图 9-14　带动密封播煤机构的皮带给煤机

　　这种给煤装置具有以下优点：播煤风进口压力高于炉膛内的压力，可以有效防止热烟气从炉内反窜，高压头、高速度的播煤风使给煤非常均匀地分布在整个床面，良好的流化状态可使给煤混合良好，高速的气流可以避免燃料在播煤槽内停留、堆积，保证给煤的畅通；将高压风送入给煤皮带，在给煤皮带中形成稳定压力，防止炉烟的反窜。其不足之处是要求皮带给煤机全部密封良好，能承受一定压力。这样的给煤机适用于流化床锅炉，称为耐压给煤机。

　　四、给煤系统设计与运行应注意的几个主要问题

　　(1) 给煤点的多少和位置设计对锅炉运行的影响不可忽视。尽管循环流化床锅炉物料的横向掺混较好，但仍不如纵向混合那么强烈，如果给煤点太少或布置不当、分布不均，影响炉内温度均匀分布和燃烧效率，严重时会出现炉内局部结焦。对于大型锅炉更应注重给煤点的布置和设计。给煤点的位置、回料口和排渣口的布置要一同考虑。

　　(2) 要有效防止给煤机出现断链、飘链、卡涩等故障。当发生断煤、堵煤、欠煤等现象时要发出报警，及时处理和正确调节，使给煤量随锅炉负荷的变化而改变。

　　(3) 在煤的腐蚀和黏结性能都较严重的情况下，带式输送机的性能优于链式输送机，因此，可以用一般皮带式给煤机代替埋刮板式给煤机。

　　(4) 尽可能采用称重式皮带给煤机，尤其是第一级给煤机，其优点是多方面的，且维护强度也低于埋刮板式给煤机。

（5）为简化给煤系统设计，串联的给煤机不应过多，这样可以消除潜在的故障隐患。

（6）主场房煤仓间最好采用钢结构，并且尽量缩短煤仓下料点与锅炉给料点的距离，回料阀给煤系统采用第一级电子称重皮带给煤机的两级串联给煤系统，不仅简化了系统，减少故障率，而且可以降低煤仓间高度，也可减少占地面积，大大降低工程造价。

（7）当条件具备，技术经济合理时，可采用侧煤仓方案，这将使煤仓下料点和前墙给料点和回料阀给料点的距离较短，第一级采用电子称重皮带式给煤机，第二级采用埋刮板式给煤机（前墙给煤系统和回料阀给煤系统给煤机结构形式相同）。

（8）为了适应锅炉负荷的变化，控制燃料供给的速度，所有皮带式和链式输送机都应采用变速驱动。第一级给煤机应装设给煤计量装置。

第三节　风　烟　系　统

相对于链条炉和煤粉炉而言，循环流化床锅炉的风烟系统比较复杂，风机数量也相对增多。尤其对容量较大且燃用煤种范围较宽的循环流化床锅炉风烟系统就更复杂，所采用的风机更多。如根据其用途主要分为一次风机、二次风机、引风机、冷渣风机、回料风机、石灰石输送（给料）风机、外置换热器流化风机、飞灰或炉渣返送风机烟气回送风机等，见图9-15。当两项或几项合用一台（或一种）风机时，风系统设计会更复杂。如果自动化控制水平不高时，仅靠运行人员手动操作往往顾此失彼，变工况运行的调整时间必将加长。由于循环流化床锅炉烟系统相对风系统简单，除了烟气回送系统和风机选型与常规煤粉炉有所不同外，没有太大的差异。因此，在此重点介绍风系统。

资源65 - CFB 锅炉的
风系统

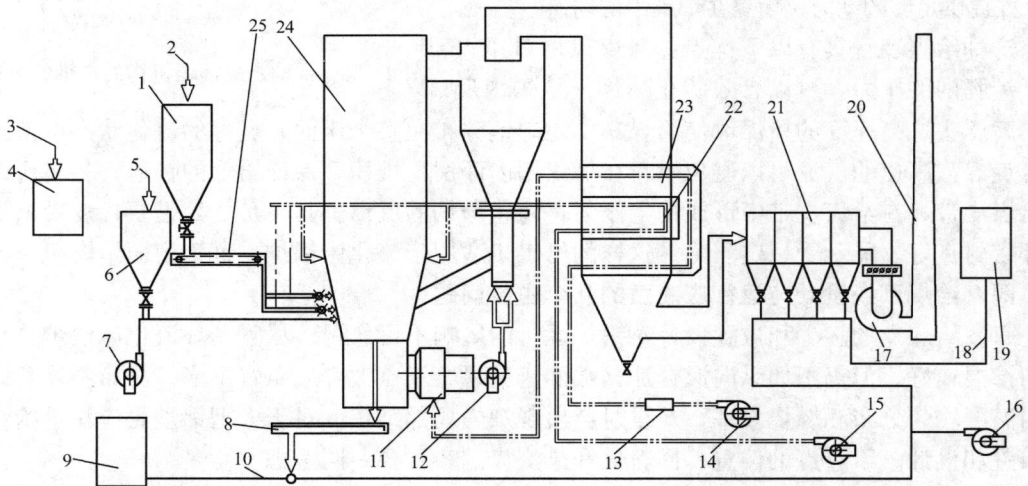

图 9-15　循环流化床锅炉系统

1—煤仓；2—输煤设备；3—原煤；4—破碎站；5—石灰石粉；6—石灰石仓；7—石灰石输送风机；8—冷渣器；
9—渣仓；10—输渣设备；11—启动燃烧器；12—返料高压风机；13—暖风器；14—一次风机；15—二次风机；
16—气力输送风机；17—引风机；18—输灰设备；19—灰仓；20—烟囱；21—除尘器；
22—二次风空气预热器；23—一次风空气预热器；24—炉膛；25—给煤机

一、风系统的分类及作用

1.一次风

循环流化床锅炉的一次风与煤粉炉的一次风概念和作用均有所不同。煤粉炉中的一次风是风粉混合的气固两相流，其主要作用是输送煤粉（燃料）并供给其燃烧的一定氧量；而循环流化床一次风是单相的气流，主要作用是使炉内床料流化，同样给炉膛下部密相区送入一定的氧量供燃料燃烧。一次风由一次风机供给，经布风板下一次风室通过布风板、风帽进入炉膛。由于布风板、风帽及炉内床料（或物料）阻力很大，同时要使床料达到一定的流化状态，因此一次风压头要求很高，一般为 1400～2000mmH$_2$O。一次风压头大小主要与床料成分、固体颗粒的物理特性、床料厚度以及炉床温度等因素有关。一次风量取决于流化速度和燃料特性以及炉内燃烧和传热等因素，一次风量一般占总风量的 50%～65%。当燃用挥发分较低的燃料时，为了加大二次风的混合强度，可适当减小一次风量。

由于一次风压头高，风量也较大，一般的鼓风机难以满足其要求，特别是较大容量的锅炉，一次风机的选型比较困难，因此，有的锅炉一次风由两台或两台以上风机供给，对压力要求更高的锅炉，一次风机也采用串联的方式以提高压头。通常一次风为空气，但有时掺入部分烟气，特别是锅炉低负荷或煤种变化较大时，为了满足物料流化的需要，又要控制燃料在密相区的燃烧份额，往往采用烟气再循环方式。一次风压和风量的调整对循环流化床锅炉是至关重要的。

由于一次风压头高，同时应使一次风有十多度的温升（压力增加 1kPa，温度增加约1℃），在锅炉设计时应注意，否则会造成排烟温度增加，效率降低。

2.二次风

二次风的作用与煤粉炉的二次风基本相同，主要是补充炉内燃料燃烧的氧气并加强物料的掺混。另外，循环流化床锅炉的二次风能适当调整炉内温度场的分布，对防止局部烟气温度过高、降低 NO$_x$ 的排放量起着很大作用。

二次风一般由二次风机供给，有的锅炉一、二次风机共用。为了达到上述目的，二次风分级布置，最常见的方式是分两级从炉膛不同高度给入，有的也分三级送入燃烧室。二次风口根据炉型不同，有的布置于侧墙，有的布置于四周炉墙，还有的采用四角布置，但无论怎样布置和给入，绝大多数二次风布置于给煤口和回料口以上的某一高度，其作用都是相同的。运行中通过调整一、二次风比和各级二次风比，就可控制炉内燃烧和传热。由于二次风口一般处在正压区，所以二次风机压头也高于煤粉炉的送风机压头。若一、二次风共用一台风机，其风机压头应按一次风需要选择。

3.播煤风

播煤风的概念来源于抛煤炉，其作用与抛煤炉的播煤风一样，使给煤均匀地播撒入炉膛，提高燃烧效率，使炉内温度场分布更为均匀。

播煤风一般由二次风机供给，运行中应根据燃煤颗粒、水分及煤量大小来适当调节，使煤在床内播撒更趋均匀，避免因风量太小使给煤堆积于

资源66-播煤风

给煤口，造成床内因局部温度过高而结焦或因煤颗粒烧不透就被排出而降低燃烧效率。

循环流化床给煤系统中给煤风的作用不仅仅是使煤在炉膛中均匀播散，更重要的是起到密封和防止堵煤的作用。播煤风压力高于炉膛内的压力，可以有效地防止热烟气从炉内反窜，以保护上部的称重式皮带给煤机等给煤装置。高速的气流向播煤口方向吹送，可以避免

燃料在播煤槽内停留、堆积，保证给煤的畅通。将高压风送入给煤皮带，可以在给煤皮带中形成稳定压力，防止炉烟反窜。

4. 回料风

前面已经叙述过，非机械回料阀均由回料风作为动力输送物料返回炉内。根据回料阀的种类不同，回料风的压头和风量大小及调节方法也不尽相同。对于自平衡回料阀，当调整正常后，一般不再作大的调节；对于 L 形回料阀，往往根据炉内工况需要调节其回料风，从而调节回料量。回料风占总风量的比例很小，但对压头的要求较高，因此，中小容量锅炉一般由一次风机供给，较大容量的锅炉因回料量很大（每小时上千吨甚至更大），为了使回料阀运行稳定，常设计回料风机独立供风，图 9 - 16 为一典型的 J 形阀回料风系统。

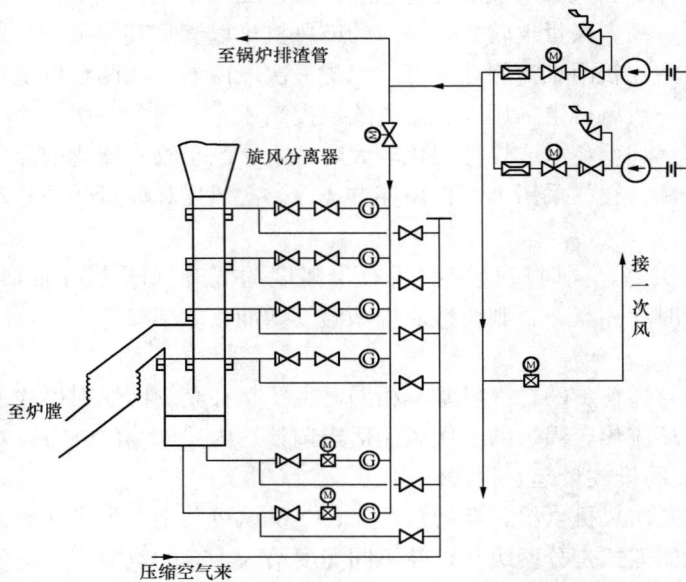

图 9 - 16　J 形阀回料风系统

回料风机多采用高压头、小流量的罗茨风机。应经常监视回料阀和回料风，防止因风量调整不当而使阀内结焦。

5. 冷渣器流化风

冷渣器流化风是专供风冷式冷渣器冷却炉渣的。风冷式冷渣器种类很多，但都采用流化床原理，即用冷风与炉渣进行热量交换，把炉渣冷却至一定的温度，冷风加热后携带一部分细小颗粒作为二次风的一部分再送回炉膛。因此，冷却风要有足够的压头克服流化床和炉内阻力。冷却风常由一次风机出口（未经预热器）引风管供给，也可单设冷渣冷却风机。

目前国内的循环流化床锅炉主要选用滚筒冷渣器，一般不用冷渣器流化风机。

6. 石灰石输送风

石灰石用风是对采用气力输送脱硫剂——石灰石粉而设计的。图 9 - 17 所示为某石灰石气力输送系统，风机采用容积式高压风机。

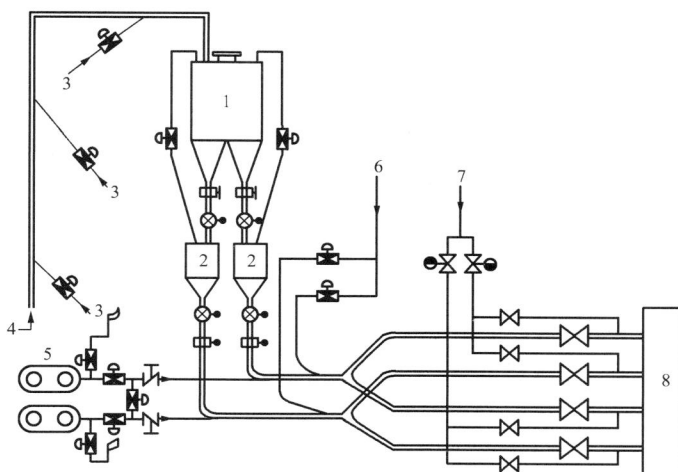

图 9-17 石灰石气力输送系统
1—日用仓；2—缓冲仓；3—压缩空气；4—石灰石粉；5—石灰石风机；
6—检修压缩空气；7—二次风；8—炉膛

循环流化床锅炉的主要优点之一是应用廉价的石灰石粉在炉内可以直接脱硫。因此，循环流化床锅炉通常在炉旁设置石灰石粉仓，虽然石灰石粉粒径一般小于1mm，但因其密度较大，一般的风机压头无法将石灰石粉从锅炉房外输送入仓内。若用气力输送时，应经过计算并合理选择风机类型。

二、送风系统的几种布置形式

循环流化床锅炉风机多、风系统复杂、投资大、运行电耗也较大，这是它的特点之一。很多大型锅炉布置十几到二十台风机。因此，在风系统设计时应尽可能减少风机，简化系统，但常常受到运行技术的限制。每种风都有其独自的作用，而且锅炉工况变化时，各风的调节趋势和调整幅度又不相同，往往相互影响，给运行人员的操作带来困难。因此，风系统的设计必须进行技术经济比较，进行系统优化，下面对送风系统的几种布置形式进行简单的介绍。

1. 中小型锅炉的风系统

中小容量的循环流化床锅炉风量相对较小，风机选型较易，对于系统技术要求不太高，尤其国内生产制造的 75t/h 容量以下的锅炉，基本未采用石灰石脱硫和连续排渣冷渣技术。所以，风系统设计比较简单，主要有以下两种方式。

方式一，根据锅炉容量一般布置一台或两台送风机（见图9-18），由送风机供给锅炉所需的一次风、二次风、播煤风以及回料风。该方式的优点是风机数量少，系统简单，投资小，但运行操作比较复杂；调整每一个风门将影响其他风的变化，开大或关小风机挡板，各路风都随着增大或减小，如果风机设计余量不当，常常出现"抢风"现象。由于一次风、二次风压头要求相差较大，由一台风机供给一、二次风往往很难既满足一次风，又符合二次风的要求。按一次风压头选型，风机电耗将无谓增大。

方式二，一、二次风分别由各自风机提供（见图9-19），较好地解决了上述矛盾，系统的可靠性进一步提高。该风系统比方式一复杂，且一次风对回料风的影响也未解决。

两者综合比较，75t/h 容量的循环流化床锅炉，方式二优于方式一。

图 9-18　风系统方式一　　　　　　图 9-19　风系统方式二

2. 容量较大锅炉的风系统

对于容量大于 130t/h 的循环流化床锅炉，由于总风量较大，而大风量高压头风机的选型比较困难，常采用串联风机方式提高风压，并且由于容量较大的锅炉均采用石灰石（或其他脱硫剂）脱硫和连续排渣，甚至设计了烟气返送和飞灰返送系统，因此，使风机类型和台数大大增加，风系统更加复杂。

方式三和方式四是两种相对比较简单的布置方式（见图 9-20、图 9-21）。

方式三和方式四共同的特点是采用分别供风的形式布置，低压风由二次风机供给，高压用风基本上由一次风机供给，特殊用风独自设立风机。当然，在具体系统设计时也考虑互为备用的问题。这两种布置方式运行操作和调整比较方便。方式四中，高压风由容量较大的送风机提供风源，即由送风机出口串联的加压风机增压后供给，以满足一次风和回料风的需要。上述两种方式投资相对较大，但对于大、中型锅炉风系统布置比较有利。

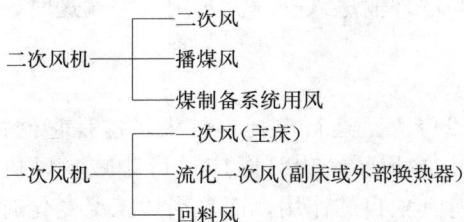

图 9-20　风系统方式三　　　　　　图 9-21　风系统方式四

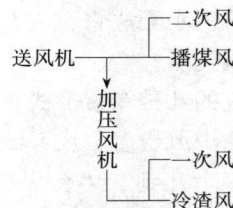

由于循环流化床锅炉理论计算和系统设计技术还不十分成熟，并且锅炉负荷变化大，外部因素对锅炉运行工况影响也较大，因此，在风机选型时，风压和风量的余量应大于目前规定的设计标准，具体数值还需在实践中总结和验证。

三、风量测量

在锅炉送风系统的设计中还应注意风量监测问题。由于循环流化床锅炉用风设备多，而且运行中各自调整方式不同，均对锅炉运行起着重要作用，所以各风源都必须安装风压风量计量装置，并可远方操作（最好自动控制），减少运行操作的频繁和盲目性，由定性操作改为定量操作。

由于循环流化床锅炉采用分段送风，为了保证炉内的物料在特定的流化速度下流化，有一个良好的气固混合，处于最佳燃烧状态并有利于燃烧调整，必须对进入炉膛的一、二次风量进行监测。返料风过大会使立管料封吹透，过小则造成回料阀堵塞，所以运行中回料风也应定量监测。风冷式冷渣器的流化风不能太小，应有一个最低风量的限制，以使排渣能良好流化，防止冷渣器内结渣，因此冷渣风量也应定量监测。若有外部热交换器，还必须对进入外部热交换器的风量进行监测，所以测风装置是循环流化床锅炉中重要的辅助设备。

由于标准节流装置对管内测量介质的均匀性要求较严，它的测量是用一个点或一个小截面的介质状况代表其整体状况的，而锅炉风道截面积较大，弯头较多，直管道长度短，很难满足标准节流装置均匀性的要求。目前国内外电厂风量的测定均采用非标准节流装置，其中大部分采用机翼测风装置。

机翼型风量检测装置测风速的原理如图 9-22 所示。其结构是由若干个机翼形状的柱体所组成的，在驻点 A 与弦点 B 的区间形成一个收缩的通流截面。为了消除或减小涡流造成的不可逆压力损失，机翼为流线型。

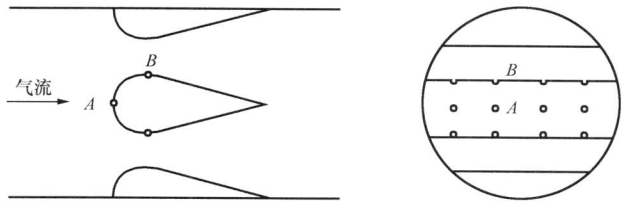

图 9-22　机翼型风量检测装置测风速的原理

当流体经过这些柱体时形成绕流运动，流体在驻点 A 处，流速为 0，压强具有最大值；而在弦点 B 处，流速达到最大值，压强为最小值。这样，流体经过 A 和 B 区间产生了压力差，流量越大，压差也越大，流量与压差有着确定的函数关系。因此测出 AB 间的压差就可得知相应的风量值。

机翼测风装置的主要优点是，能起到压差信号的放大作用，使测量更精确。为了减少风道的沿程阻力损失，在电站锅炉中总是采用大截面的风道，使得风道内流体速度较小，一般只有 13m/s 左右，所测量的压差也只不过几十帕斯卡（Pa），会给测量带来较大误差。机翼测风装置使得流体经过它时流通截面减小，流速增加，所测量的压差增大，即能起到信号放大作用，因而提高了测量精确度。由于机翼截面接近于流线型，因此对气流的阻力低，一般为装置最大压差的 10%；同时，气流脱离机翼尾时产生的涡流较小，减少了对气流的扰动，使得机翼表面的流线稳定，可在较大的流通截面比范围内获得稳定的流速修正系数，测量精确度高。

机翼测风装置对气流的均匀性要求不是很高，故对流体管道的直段要求也不是很高。试验表明，当雷诺数 $Re>2.5\times10^5$ 时，装置前直段大于或等于 0.6DN(DN 为管道当量直径)，装置后直段大于或等于 0.2DN 时，即能满足要求。

四、罗茨风机简介

循环流化床锅炉的高压回料风大多采用高压头、小流量的容积式风机单独供风，流化床式冷渣器也多采用此类风机，其中以罗茨风机的应用较为普遍。

罗茨风机为容积式风机，根据叶轮形式分为二叶型和三叶型风机，它们的工作原理是相同的。以应用较普遍的三叶型罗茨风机为例，其工作原理如图 9-23 所示。在两根相互平行的轴上设有两个叶轮，叶轮与机壳外圆、端面及各叶轮三者之间始终保持微小的间隙，由于叶轮互为反方向匀速旋转，使得机壳与叶轮所包围着的一定量的气体由吸入的一侧输送到排出的一侧。三叶型叶轮每转动一次由两个叶轮进行三次吸、排气，输送的风量与转速成比例。两叶轮始终由同步齿轮保持正确的啮合，不会出现相互碰触现象，结构简单，运转平稳，性能稳定。

图 9 - 23　三叶型罗茨风机的工作原理

罗茨风机的最大特点是，当压力在允许范围内调节时，流量变化小，压力的选择范围很宽，具有强制输气的特征，是一种高压头、小流量风机，特别适合回料风的要求，当然对于工作在鼓泡床状态的流化床式冷渣器也是比较理想的一种风机。

罗茨风机的操作方法与普通离心式风机有所区别。在启动时，为了降低启动电流，普通离心式风机要求关闭风机入口挡板，以达到减小通风量、降低负荷的目的；而罗茨则要求打开出口阀门，以减少高压风出口阻力而防止电机过载。在一定压力下，罗茨风机流量恒定，所以需要调节流量时不能像离心式风机那样采用节流的方法，而要采用分流的方法，即设置分流管道，把富余的流量排掉或接入其他风系统回收。图 9 - 24 所示为常见的罗茨风机风系统的常用连接方式。

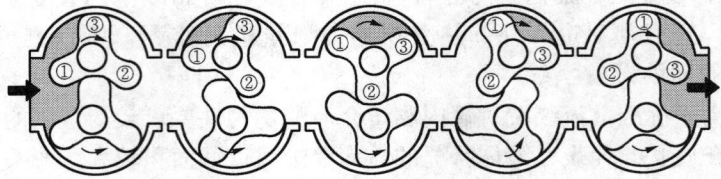

图 9 - 24　罗茨风机风系统的常用连接方式

第四节　冷渣与除灰渣设备

燃料燃烧后所排出的大量热渣会造成热损失，降低锅炉效率；同时对环境也构成污染，炽热的灰渣造成的热污染，灰渣中残留的硫、氮仍可以在炉外形成 SO_2 及 NO_x 排放，造成空气污染。此外，高温灰渣的运输和处理也比较困难。

冷渣除灰渣系统是将锅炉排出的炉渣安全运出的全过程，其目的是将锅炉排出的炽热灰渣（温度一般为 800℃）通过冷渣器将温度降至低于 150℃后从锅炉底部运至灰仓，然后运出。

循环流化床锅炉除风烟系统比常规煤粉炉复杂外，灰渣系统的复杂也是它的特点之一。若想使一台循环流化床锅炉真正发挥其优点，必须保证其灰渣系统设计的合理，本节简单介绍冷渣、除灰渣系统的部分设备和作用。

一、冷渣设备

（一）冷渣器介绍

循环流化床锅炉除灰渣系统包括冷渣和输渣两部分，冷渣是把排出的高温渣冷却的过程，在冷渣器内完成；输渣是把冷却后的渣输送至渣仓或渣场的过程，分机械输送和气力输送两大类。

由于循环流化床锅炉床料（或物料）、燃料颗粒大小不一，一般为 0～15mm。锅炉运行中这些物料一部分飞出炉膛参与循环或进入尾部烟道；一部分在炉内循环，较大粒径的颗粒沉积于炉床底部，经过一段时间燃烧后，炉内物料会越积越多，大颗粒变成"冷灰"，需要从炉床底部排出，或者炉内料层较厚时也需要从炉床底部排出一定量的较大颗粒的物料，保证锅炉正常运行。循环流化床锅炉运行中必须保持一定的灰平衡。灰平衡的基本概念之一就是进入炉内的灰量和排出的灰量保持平衡，即质量相等。这里所讲的"灰"包括给入燃料中含有的灰、脱硫用的石灰石、加入的砂子和飞灰、炉渣的再循环部分。这些"灰"的一部分从炉床底部排出，就叫做炉渣（或称大渣），一部分从尾部烟道排出，称为飞灰。对于不同的炉型，或对不同运行工况，由于流化速度或炉内固体颗粒物理特性不同的影响，飞灰和渣的排出量（灰渣比）也往往不同，如有的锅炉灰渣比为 60/40，有的为 50/50，还有的为 30/70等。灰渣比的概念对于锅炉设计和除渣、除尘设备的选型以及锅炉运行都是十分重要的。

炉渣与飞灰不仅粒径大小不同，温度差异也很大，炉渣温度的高低与炉内燃烧温度有关。循环流化床锅炉炉内温度一般为 850～900℃，因此炉渣的温度也在这一温度范围之内。为了利用炉渣这部分热量，提高锅炉热效率，提高除渣系统自动化程度，保证排渣运行人员的安全，必须把炉渣冷却至一定的允许温度（一般在 150℃ 以下），因此锅炉应设置冷渣器冷却炉渣。冷渣器的类型有多种，按照热交换方式来分，有间接式和接触式两种，前者指高温物料与冷却介质在不同流道中流动，通过间接方式进行换热；后者则指两者直接混合进行传热，一般用于空气作冷却介质的场合。按照冷却介质分类，有风冷、水冷和风水联合冷却。

1. 水冷螺旋冷渣器

水冷螺旋冷渣器又称为水冷绞龙，有单螺旋和双螺旋两种。图 9-25 所示为单螺旋冷渣器，图 9-26 所示为双螺旋冷渣器。

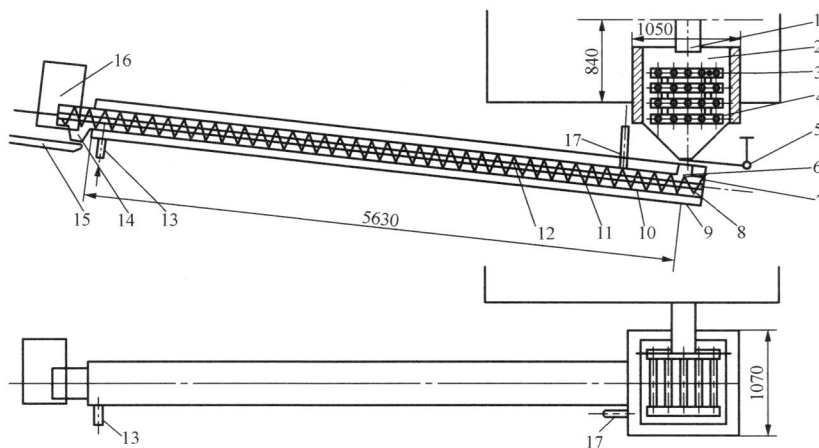

图 9-25 单螺旋冷渣器（单位：mm）

1—锅炉放渣管；2—搁管式冷渣器；3—热水出口；4—进水口；5—落渣调节器；6—绞龙冷渣器进渣口；
7—绞龙；8—绞龙冷渣器热水出口；9—外套管；10—内套管；11—绞龙叶片；12—主轴；
13—绞龙冷渣器进水口；14—排渣管；15—刮板机；16—电机；17—热水引出管

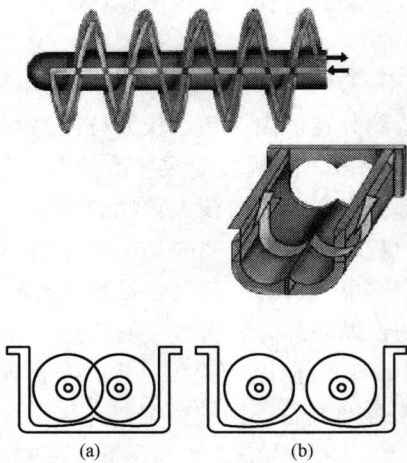

图 9-26　双螺旋冷渣器

(a) 交错双联绞笼，易卡塞；

(b) 分开的双联绞笼，不易卡塞

水冷螺旋冷渣器的结构与螺旋输粉机或螺旋输灰机基本一致，所不同的是其螺旋叶片轴为空心轴，内部通有冷却水，外壳也为双层结构，中间有水通过。为了增加螺旋冷渣器冷却面积，防止叶片过热变形，有的螺旋冷渣器的叶片制成空心，与空心轴连为一体并充满冷却水。其工作原理是：850℃左右的炉渣进入螺旋冷渣器，热渣在螺旋叶片间被推进，一边被旋转搅拌输送，一边被叶片、轴内和外壳层内流动的冷却水冷却。

螺旋冷渣器具有体积小、占地面积和空间小、易布置（可以布置于锅炉本体下部），冷却效率较高等优点。但水冷螺旋冷渣器还存在许多缺陷，其中主要的缺点有以下几个：

(1) 对金属材料要求高，制造工艺比较复杂。

(2) 适用于排渣量较小的锅炉，排渣量大时磨损严重，排渣温度不能保证。为了适应排渣量大的场合，进行了一些改进，如设计成交错的双联绞龙，为了防止卡塞，又改进成分开的双联绞龙。

(3) 由于很难达到选择性排渣，因而石灰石利用率和燃料的燃烧效率有所降低，增加了运行成本。

(4) 由于螺旋冷渣器较长，中间一般不设支持轴承，如果运行中被金属条或其他硬物卡死，易造成断轴等机械故障。

(5) 由于磨损或热膨胀等因素，螺旋冷渣器内部冷却水易泄漏，灰渣也将进入水侧污染水质。因此，冷却水一般不与电厂作为工质的水系统连接，这样灰渣的物理热将不能回收，从而降低了锅炉的热效率。

由于水冷螺旋冷渣器存在以上缺点，目前较多的循环流化床锅炉采用其他排灰冷渣器。

2. 流化床式冷渣器

这类装置品种较多，但基本工作在鼓泡床状态下。按结构特点可分为多床式、Z形、塔式、叠置式等；按冷却介质可分为风冷和风水联合冷却。

(1) 风冷式冷渣器。风冷式冷渣器一般由 3 个小型流化床仓室组成，起着类似于利用温差的反流换热器的作用，如图 9-27 所示。高温灰渣首先进入第 1 流化仓室被冷风流化冷却至一定温度后进入第 2 仓室再冷却，最终从第 3 仓室排渣口排出。冷风在流化冷却灰渣过程中被灰渣加热，分别从仓室上部排出作为二次风再返送回炉膛。风冷式冷渣器的优点如下所述。

1) 由于冷渣器采用流化床的原理，热交换性能强，并

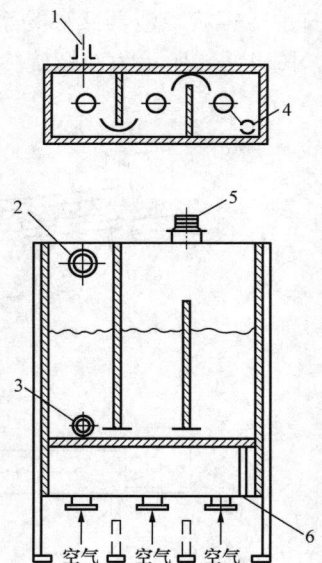

图 9-27　风冷式冷渣器

1—床料入口；2—分级室空气出口；
3—固定床料入口；4、6—排灰口；
5—冷灰器空气出口

可有选择性地在用过的床料中除去粗颗粒以控制炉膛下部密相区中的物料量。

2）能把细的未反应的石灰石和燃料颗粒进行分级并重新吹入炉膛，降低钙硫比并提高锅炉燃烧效率。

3）进入冷渣器的冷却风能将用过的床料物理热回收并送回炉膛。

4）锅炉排出的灰渣在流化仓室内仍可继续燃烧，尽量把床料中未燃尽的碳燃尽。

5）操作简单、方便，不发生机械故障。

风冷式换热器体积庞大，在锅炉厂房内布置占地面积较大，如果密封不当，仓室内烟气易向外泄漏。此外，需要专门的流化风机，增加了设备投资和运行电耗。但风冷式冷渣器对于炉床排出的灰渣可以有选择地排出，即排掉用过的大渣，细小颗粒的石灰石和未燃尽的碳粒以及对锅炉特别有利的中等粒径的颗粒重新返送回炉膛内，因此这种冷渣器通常被称为有选择性的排灰冷渣器。

（2）风、水混冷式流化床冷渣器。为了缩小冷渣器的体积，一般在风冷渣仓室内布置埋管受热面，加热低温给水或凝结水，使灰渣冷却。这种布置埋管受热面的风冷式冷渣器又称为风、水混冷式冷渣器，也称为风水联合式冷渣器，其效果比单纯由冷风冷却灰渣的冷渣器更好。

图 9-28 所示为哈尔滨锅炉厂生产的风水联合式冷渣器。每台冷渣器分 3 个室，第 1 分室未布置受热面，采用气力选择性冷却，在气力冷却灰渣过程中可把较细的底渣（含未燃尽碳颗粒和未反应石灰石颗粒等）通过布置在第 3 分室上部回风管重新送回燃烧室，不但降低了底渣含碳量，还回收了合格粒径的床料；第 2、3 分室内布置了水冷受热面，能使底渣得到有效冷却，受热面管束上焊有防磨鳍片。每个分室均有独立的布风板和风箱。布风板为钢板式结构，上面安装有钟罩式风帽，还倾斜敷设约 200mm 厚的耐磨耐火材料。冷渣器底部有 2 个粗渣排放管，第 1、2 分室共用 1 个粗渣排放管，第 3 分室布置 1 个粗渣排放管，粗渣通过这 2 个排渣口排出，在第 3 分室还有溢流渣管，细渣可通过其排出冷渣器。3 个分室的配风来自冷渣器流化风机，第 2、3 分室的流化风由冷渣器流化风机直接供给，第 1 分室的流化风先经风冷隔墙预热后进入第 1 分室。冷渣器水冷受热面内工质为除盐水，来自除盐水系统，完成换热后再送至低压除氧器中，除盐水温约 30℃，可保证底渣冷却效果较好。

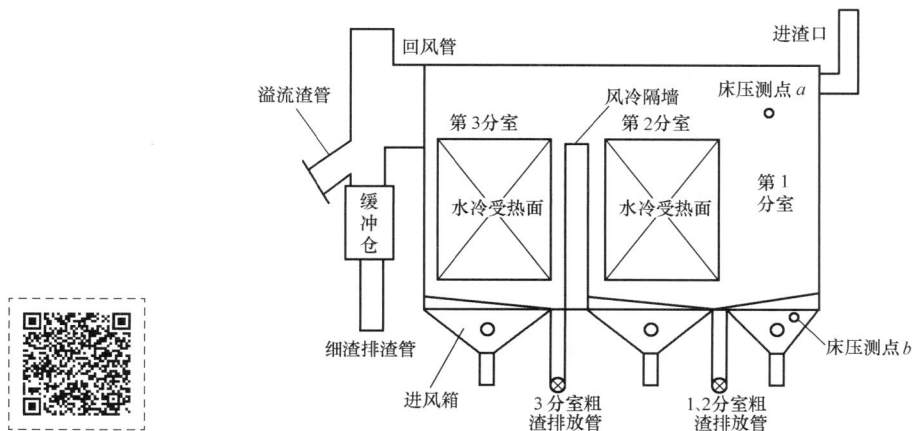

资源 68 - 流化床式冷渣器

图 9-28　风水联合式冷渣器

该类型冷渣器的煤种适应性强，冷渣器的设计留有较大裕量，且流化风量及粗渣排放频率可根据底渣量大小进行调整，因此这种冷渣器可保证在循环流化床锅炉燃用灰分变化很大的煤质时仍能正常工作。采用风冷隔墙，使冷渣器内维持一定的渣位，保证底渣与受热面的换热效果，风冷隔墙还起到对渣的粒径进行分选的作用。冷渣器内水冷受热面可从冷渣器侧面整体抽出，使受热面、冷渣器内部部件及耐磨耐火材料检修非常方便。

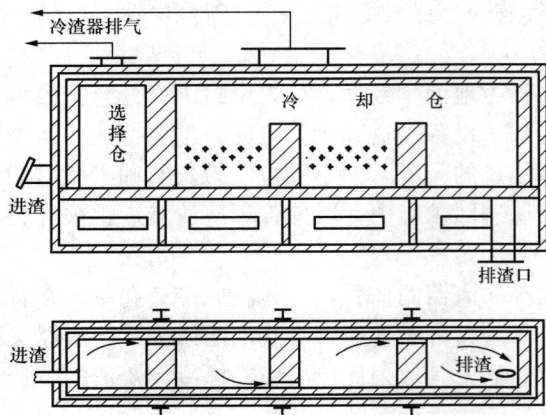

图 9-29 所示为东方锅炉厂采用的风水冷联合式冷渣器，其结构及原理与前述大同小异，不再赘述。

流化床式冷渣器主要的问题是排渣控制和大颗粒流化问题。由于底渣的流动特性很差，采用闸板和 L 形阀很难控制底渣的连续排放，采用锥形阀是一个较好的解决方案。当燃煤粒度过粗或瞬时排渣过量时，冷渣器内的底渣无法流化，造成冷渣器结焦。目前，由于我国燃煤粒度无法控制，使锥形阀投资较大，出现流化床式冷渣器逐渐被滚筒式冷渣器替代的趋势。

图 9-29　DG 风水冷联合式冷渣器

3. 滚筒式冷渣器

滚筒式冷渣器有风冷和风水联合冷却两类。风冷是热渣送入具有一定倾角的旋转的滚筒，在运动的过程中被强制送入的风所冷却；风水联合冷却是除风冷之外，还在滚筒的外壳装有水夹套对热渣进行冷却。为了提高冷却效率，有的在热渣的入口处加上一块抛撒板，以增加热渣与风及水冷壁的接触，但在具体结构上，不同厂家有较大区别。

资源 69 - 滚筒冷渣器

图 9-30 所示为滚筒式冷渣器，它由入渣口、波纹绞龙式筒体、支撑座、传动齿轮（被支撑座遮挡）和排渣口等组成。波纹筒式绞龙体安装在筒体支撑座的滚轮上，进料斗和排料斗分别安装在波纹筒式绞龙体的进、出口端。传动装置带动波纹筒式绞龙体转动，冷却装置将进入绞龙体内的物料冷却。滚筒旋转推进速度可根据灰量及温度加以控制，使热渣与介质之间的热交换时间增长，达到合适的冷却温度。冷却水加热后被送入软化水管路中，作为锅炉用水或其他之用。冷却后的灰渣被输送到灰渣仓，见图 9-31。

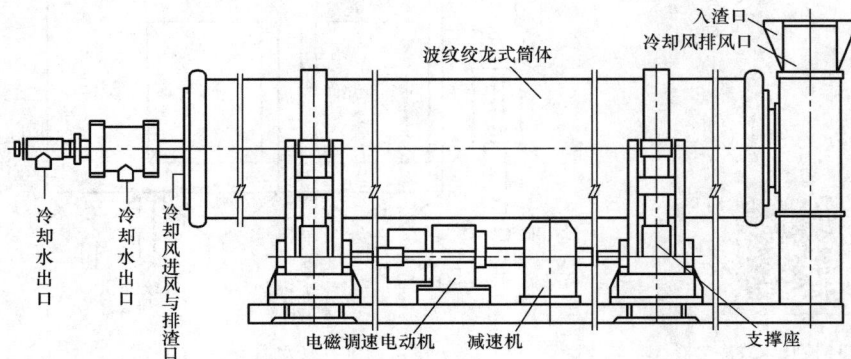

图 9-30　滚筒式冷渣器

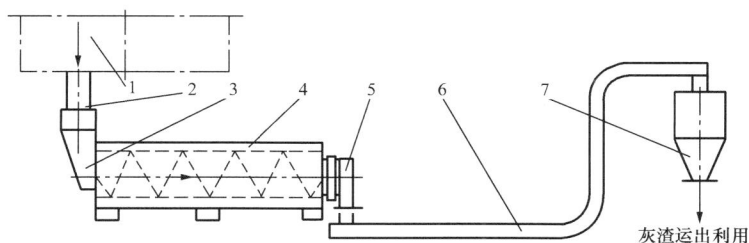

图 9-31 滚筒式冷渣器及渣输送系统
1—锅炉本体；2—排渣管；3—冷渣器入口；4—滚筒冷渣器；5—冷渣器出口；
6—Z 形埋刮板输送机；7—灰渣仓

图 9-32 所示为某 130t/h 循环流化床锅炉上使用的另一种滚筒式冷渣器。冷渣器由进渣室、出渣室，装有冷渣通道的转子、驱动装置、基架、断水保护装置等部分组成。转子是由一组六棱柱体管子组成蜂窝状的筒体，管子内部是炉渣通道，六棱体管子之间的间隙为水的通道，整个转子轴线与水平成 7°~15°倾角，高端为进渣口，低端为出渣口。

其工作过程是，炉渣经进渣口弯头进入六棱体管子，转子旋转，炉渣在管子内只能滚动，不能滑动，由于管子是斜的，炉渣滚动轨迹以类似螺旋状向出渣口滚动。随着转子的连续

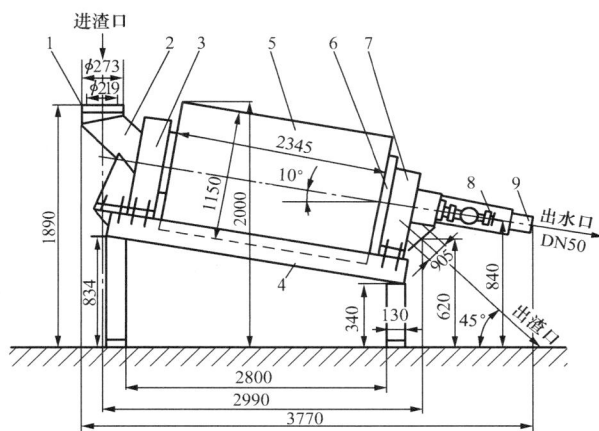

图 9-32 HBSL 型滚筒式冷渣器（单位：mm）
1—闸板组伸缩节；2—进渣口；3—滚圈托轮护罩；
4—基架；5—转子；6—齿轮护罩；7—出渣室；
8—冷却水管组；9—摆线针轮减速机

转动，炉渣也在冷却通道内连续滚动，与换热面交替接触，并将热量传递给冷却通道内的冷却水，加热后的冷却水由疏水母管进入除氧器，以回收余热。渣粒与金属壁之间是滚动摩擦，摩擦系数低，再加上转子转速在 2r/min 以下，管子内径小，速度低，因此磨损小。

此外，还有其他形式的滚筒式冷渣器，只是结构有所不同，但原理基本一致。

相对于流化床式冷渣器，滚筒式冷渣器可以基本实现连续排渣，大渣的移动通过滚筒的机械转动解决，并且磨损小，维护量小，使用寿命长，结构简单，运行可靠，对冷却水水质要求不高（软化水或工业水即可）。因此，目前滚筒式冷渣器普遍在循环流化床锅炉中应用，并在 300MW 机组中得到应用。滚筒式冷渣器的缺点是换热能力略低于流化床式冷渣器，运行中应注意安全问题。

4. 钢带式冷渣器

钢带式冷渣器是一种新型冷渣设备，如图 9-33 所示。该设备主要由大量条形耐热钢板组成，靠两侧链条带动低速前进。其工作原理是：锅炉排渣口排出的热底渣，经过排渣管落入钢带输送机，热渣在输送过程中，被从外部引入逆向流动的空气冷却；冷风吸热升温至

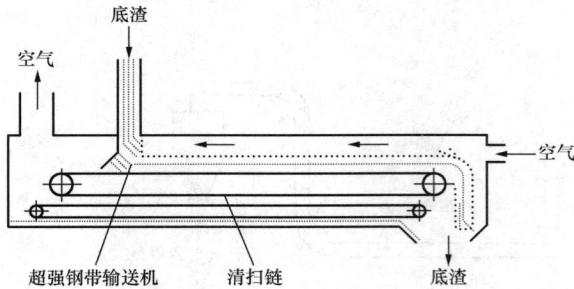

图 9-33　钢带式冷渣器

300～400℃，可当做送风利用。

钢带是该冷渣器的核心部件（见图 9-34），是热渣冷却和向外输送的主要部件，与传统的橡胶带输送机原理类似。钢带由支撑辊轮承载（类似于皮带机），通过钢带和驱动滚筒间的摩擦力驱动，尾部的张紧装置将自动调节钢带的热膨胀和收缩，为钢带提供恒定张紧力。

常用的钢带主要由抗拉力强的钢丝网带和一系列钢板组成，一系列钢板相互部分搭接、覆盖并用连接板固定在钢丝网上，它的主要受力部件是钢丝网，钢丝网由多根螺旋形的钢丝用一根直的钢丝连接而成。钢带螺旋形的输送网结构，保证在运行过程中，即使出现螺旋形的钢丝有一处断

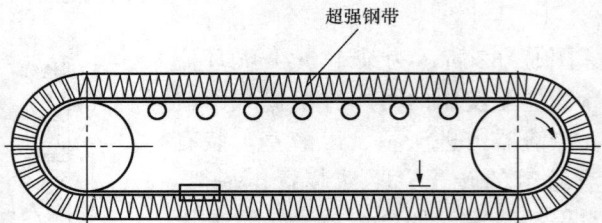

图 9-34　钢带结构

裂，该螺旋形钢丝还和其他螺旋形钢丝连接，钢带还能继续运行。在实际运行过程中，一根螺旋形钢丝的螺旋全部断裂几乎是不可能的，所以在运行过程中钢带不可能发生突然整体断裂，从而保证了钢带运行的可靠性。因各部件可以自由地向四周膨胀，故钢带耐温能力高，能够经受高达 1100℃ 的温度。钢带 24h 连续工作时的平均使用寿命可达 10 年。

钢带式冷渣器的优点是运行稳定可靠，热能利用性好，易于自控。但设备造价太高，投资大，设备体积庞大，目前只适合于大型循环流化床锅炉。

5. 其他冷渣器

除以上结构形式的冷渣器外，冷渣器还有以下几种形式。

（1）管式冷渣器。管子固定，热渣在管内或管间流动。管式冷渣器有单管和多管之分，前者是热渣在管内流动，被管壳夹套中的水进行冷却，称单管式冷渣器；后者是热渣在管间流动，被管内流动的水所冷却，称搁管式冷渣器。

（2）振动式冷渣器。热渣在被振动推进过程中，一方面被振动槽的水夹套所冷却；另一方面，热渣敞开于大气，被自然冷却。

（3）移动床式冷渣器。热渣不是依靠支撑物的运动而流动，而是依靠重力或其他力的推动，与冷却元件作相对移动，且相互一次接触而被冷却。前述搁管式冷渣器就是最简单的移动床，分段直接配风式冷渣器亦属此列。

（4）气槽式冷渣器。它是在喷泉床的基础上进行改进形成气槽的一种新型冷渣器。热渣在气槽中被冷却，采用风、水两种冷却介质，风用于形成气槽兼冷却，水只用于冷却。

（5）气力输送式冷渣器。这种装置是在气力输送渣的过程中对热渣进行冷却的。

（二）冷渣器的选型

冷渣设备是保证循环流化床锅炉安全高效运行的重要设备。设计选型时，要根据循环流化床炉底渣的渣量、热量及颗粒特性，选用合理的冷渣设备。

1. 冷渣器选型的原则和要求

要选择合适的冷渣器，应遵循以下几项基本原则和要求。

（1）能及时、连续、高效地把排放出来的炉底渣迅速冷却到安全温度以下，这就要求冷渣器具有传热系数高和连续冷却的功能。

（2）运行故障少、检修工作量少，能长期稳定、安全、可靠地运行。由于冷渣器的工作环境恶劣，应尽可能减少机械转动部件。

（3）能有效地回收炉底渣的余热，提高锅炉热效率。

（4）能改善流化质量和燃烧工况，提高锅炉燃烧效率。

（5）尽可能减少环境污染，保护环境。

（6）材料消耗少、成本低、体积小、电耗低，运行费用少。

（7）便于实现自动化、智能化和大型化。

2. 选择冷渣器的方法

选择冷渣器时，可从以下几方面进行比较。

（1）传热系数。流化床、气力输送及气槽式三种方式的传热系数高，螺旋式最小，前者的传热系数为后者的 10 倍以上；滚筒式略高于螺旋式。选择传热系数高的冷却方式，可以缩小冷渣设备体积，减少材料消耗，降低成本，有利于实现大型化。

（2）动力消耗。气槽式、螺旋式和滚筒式的动力消耗大致在同一档次，动力消耗小；其次是气力输送和移动床，其动力消耗大致是滚筒式的两倍；流化床式消耗的动力最大，为滚筒式的 3～4 倍。

（3）冷渣设备的磨损及维修。移动床的磨损较轻，其他的都比较严重。在事故率方面，有机械转动设备比没有机械转动设备的事故率高，维修工作量大，维护费用高。

（4）工质回收。若用一般工业水作冷却介质，热水只能作生活用热水；若用软化水作冷却介质，可送入除氧器，提高锅炉热效率。为了有效利用热空气，可选择专门用于加热空气作空气预热器的几种冷渣器，如 Z 形、塔式流化床和气力输送等热空气的利用目标十分明确，其他一些风、水冷的热空气的利用就各不相同。当热风量小、热风风温不高时，可直接排入烟道。当热风温度超过 120℃时，就应加以利用，可作为二次风送入炉膛，或作播煤风用。

二、输渣设备

由于循环流化床锅炉属低温燃烧，灰渣的活性好，并且炉渣含碳量很低（一般在 1%～2%），可以用做许多建筑材料的掺合剂，综合利用广泛，因此锅炉灰渣一般采用干式除渣。炉渣的输送方式和输送设备的选择，主要取决于灰渣的温度和输送距离以及提升高度。灰渣一般经输渣设备送入厂房外渣仓内再用车辆运出。

目前，国内应用的输渣设备主要有刮板输渣机、耐温皮带输渣机、斗式提升机、链斗输送机、正/负压气力输渣设备等。前四种属于机械输渣系统，最后一种属于气力输渣，带斗式提升机的机械输渣系统如图 9-35 所示。

斗式提升机的扬升角度可达到 90°，适合于高位传输，且距离长短均可，目前应用较多，能长期运行，出力较大，但外壳及提斗磨损量大，传动链节距离长，拉力负荷大，易折断。在较高的渣温下，转动部件也易损坏。

耐温皮带输渣机要求渣温在 150℃以下，温度过高会烧损皮带。另外，皮带提升角度有限。刮板输送机在输送过程中，刮板链条埋于被输送物料之中，物料在密闭的壳体里输送，

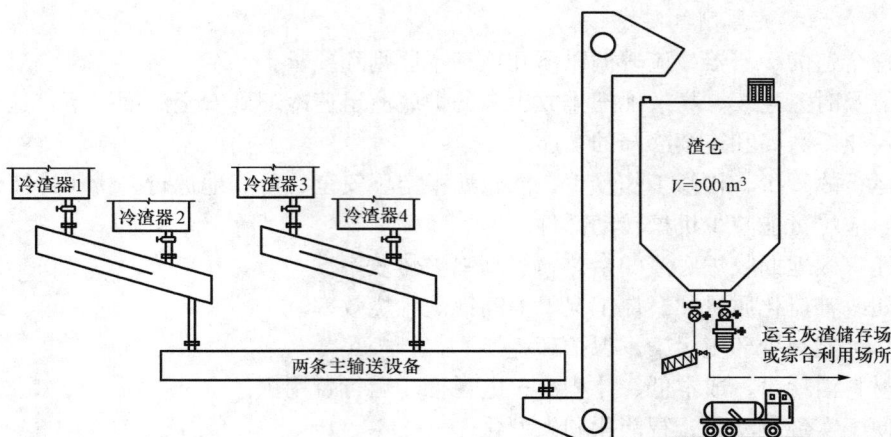

图 9 - 35　机械输渣系统

可防止粉尘飞扬及散落。但排渣温度高时刮板受热膨胀，若总刮板传输距离长，会使机械故障增多。Z 形埋刮板输送机可同时解决垂直提升和水平输送问题，布置灵活紧凑。

　　与机械输渣系统相比，气力输渣系统简单、投资小、易操作，但管道磨损较大。气力输渣系统的设备及管道可灵活布置，从排渣口到渣仓，除了缓冲渣斗外没有任何中间转运环节，系统可靠性强。渣仓也可以跟飞灰库布置在一起，使全厂的灰渣运输起点集中在一起。在国外，物料气力输送已经是一项非常成熟的技术，输送物料温度最高可达 450℃。气力输渣系统见图 9 - 36。

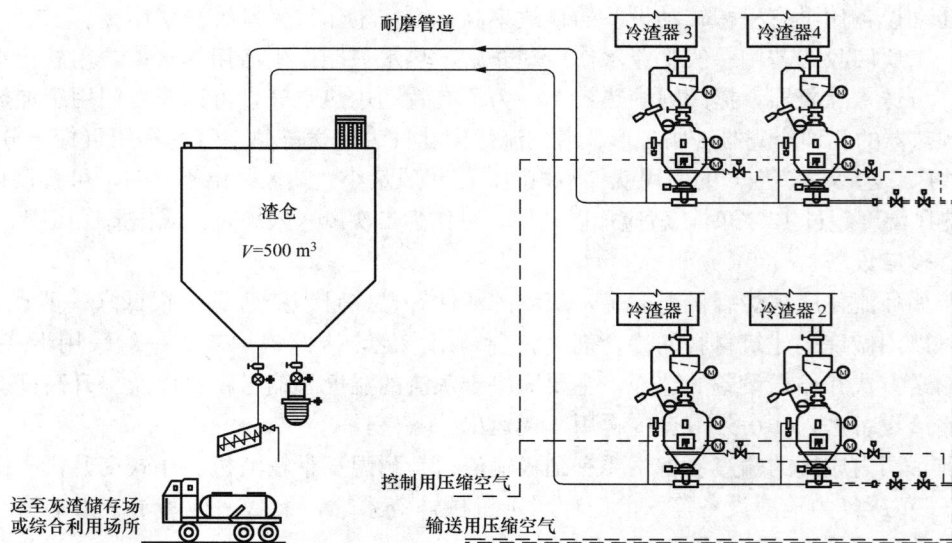

图 9 - 36　气力输渣系统

　　以上输渣方式各有特点，电厂可根据具体情况选择。如果电厂的煤质多变，燃料粒度控制难度大，应优先考虑选用机械输渣系统。

　　三、除灰系统

　　循环流化床锅炉除灰系统与煤粉炉没有大的差别。尾部除尘器是对烟气中的粉尘进行净化的主要设备。用于锅炉的除尘设备主要有静电除尘器、布袋除尘器、水膜除尘器和多管旋风除尘器等。其中多管除尘器的除尘效果很难满足日益严格的粉尘排放标准；水膜除尘器也面临同样的问题，并且石灰石脱硫产生的 $CaSO_3$ 很快沉积在麻石表面，造成溢流孔及管道、沉淀池的堵塞，耗水量也是一个问题；布袋除尘器的除尘效果非常好，只是目前我国的制造工艺和材料尚不能满足长期稳定运行的需要，因此静电除尘器在循环流化床锅炉的烟气净化中得到广泛应用。

但采用静电除尘器和浓相正压输灰或负压除灰系统时，应当特别注重循环流化床锅炉飞灰、烟气与煤粉炉的差异。如循环流化床锅炉由于炉内脱硫等因素使其烟尘比电阻较高，而且除尘器入口含尘浓度大，飞灰颗粒粗等，这些都将影响电除尘器的除尘效率和飞灰输送。

静电除尘器的除尘效果与飞灰的比电阻 r 有重要关系。一般来说，静电除尘器对含尘颗粒的比电阻的要求是在 150℃ 时低于 $10^{10}\ \Omega \cdot m$。通常颗粒的比电阻与其化学组成、温度、湿度有关。而在脱硫条件下，飞灰中的碳含量及 CaO、$CaSO_3$、$CaSO_4$ 的产生将对比电阻产生影响。随着含碳量的增加，飞灰比电阻呈下降的趋势。而投入石灰石脱硫后，随着 CaO 含量的增加，比电阻上升迅速，不利于静电除尘器的高效工作。故带有脱硫系统的循环流化床锅炉的静电除尘器应针对比电阻问题特殊考虑。因此，对于循环流化床锅炉不宜采用常规煤粉炉静电除尘器，必须特殊设计和试验，对于输灰也应考虑灰量的变化以及飞灰颗粒的影响。

第五节　石灰石脱硫系统

一、循环流化床锅炉与脱硫

循环流化床锅炉的一大优势是在燃烧时掺烧一定比例的石灰石作为脱硫介质，可以降低硫化物的排放浓度。它具有设备投资小、占地面积小、能耗低、操作简单等特点，且有较高的脱硫效率。石灰石在炉内经历煅烧和吸收氧化的过程，其反应方程式为

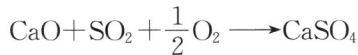

$$CaCO_3 \longrightarrow CaO + CO_2$$

$$CaO + SO_2 + \frac{1}{2}O_2 \longrightarrow CaSO_4$$

为了实现循环流化床锅炉清洁燃烧的功能，合理设计脱硫剂给料系统是十分必要的。脱硫剂给料系统应能保证将脱硫剂（石灰石或白云石）顺利而有效地输送到炉内，使脱硫剂与燃料充分均匀地混合，达到最佳的脱硫效果，保证锅炉排放物符合国家环境保护标准的要求。

资源 70 - 炉内喷钙脱硫

循环流化床锅炉在不投石灰石的条件下，SO_2 的实际排放浓度应低于以全硫为基计算的理论排放浓度，这种现象称为煤的自脱硫。这是因为，一方面，煤中有一部分硫为不可燃硫，在 850～950℃ 的燃烧温度条件下并不分解生成 SO_2；另一方面，煤灰中含有一定的碱金属氧化物，这些物质也同石灰石一样具有一定的固硫能力。

所有煤都具有一定的自脱硫能力，但脱硫程度不同，这同煤自身的特性和燃烧条件有关。在考虑脱硫用石灰石量时，可考虑煤自身的钙硫摩尔比，相应添加的石灰石钙硫摩尔比

可适当降低。

二、脱硫剂给料系统的主要形式

（一）混合给料系统

此系统是将制备好的成品脱硫剂在厂区内的料场与煤混合，由输煤皮带送到煤仓，再由给煤机经播煤管送入炉膛。该系统的优点是系统简单，造价低廉，运行维护费用低；缺点是不能对给料量进行适时调节，脱硫剂利用率和脱硫效率都比较低。一般只在锅炉容量很小时才采用此系统。

（二）炉前混合给料系统

此系统为成品脱硫剂和煤分别由皮带输送到各自的料仓内，然后都落到给煤机内，由给煤机经播煤管送入炉膛。可以根据给煤量和排烟中的二氧化硫含量，由改变脱硫剂仓下的旋转气锁阀转速来调节脱硫剂的给料量。此系统也较简单，但脱硫剂在炉内与煤混合不均匀，影响脱硫反应的效果。若要达到较高的脱硫效率，必须增大脱硫剂的给料量，使 Ca/S 比增大，脱硫剂利用率不高。此系统仅在锅炉容量不大时采用。

（三）炉内混合给料系统

1. 机械输送系统

此系统将成品脱硫剂粉从位于厂区的脱硫剂储仓通过皮带输送到炉前的脱硫剂日用仓，再由日用仓落下进入脱硫剂给料机，由给料机经播煤管送入炉膛，参与脱硫反应。可以由给料机实现给料量的连续计量和调节。若炉墙上的进料点设置合理，炉内的脱硫剂分布就比较均匀，脱硫剂利用率就较高。缺点是系统比较复杂，造价偏高。

2. 气力输送系统

（1）破碎＋气力输送。该系统示意见图9-37。此系统为一级破碎机将块料脱硫剂进行初步破碎，然后由刮板输送机（或皮带）将其输送到主厂房内的脱硫剂料仓。自料仓下来的脱硫剂由刮板输送机（或皮带）送入二级破碎机，将脱硫剂破碎至粒度符合要求的成品脱硫剂粉。然后，成品脱硫剂粉由压缩空气送至脱硫剂粉仓。从粉仓下来的粉料经气锁阀、给料机和风粉混合器后，由送粉风机提供压力风通过回料密封管道送至炉膛。此方案系统复杂，初投资大，占地面积大，运行管理工作量多。但由于购买的脱硫剂为块料，所需费用较少。

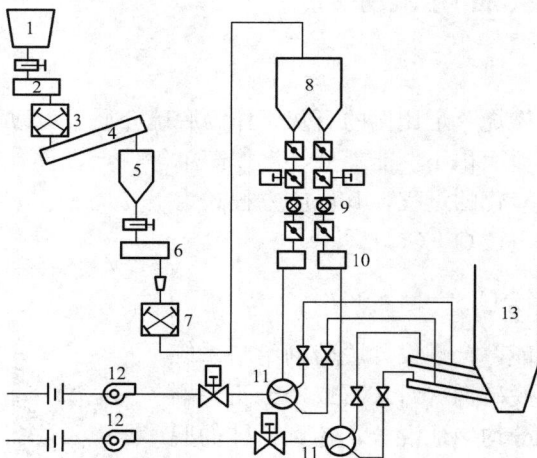

图9-37　破碎＋气力输送系统
1—块粒仓；2、4、6—刮板输送机；3—一级破碎机；
5—料仓；7—二级破碎机；8—粉仓；9—气锁阀；
10—给料机；11—风粉混合器；
12—送粉风机；13—锅炉

（2）气力输送。此系统在电厂内不设破碎设备，外购成品脱硫剂粉，用气力罐车运至电厂内。厂区内设置脱硫剂储仓，储仓容积可以满足5天的脱硫剂耗量。储仓下设仓泵，用压缩空气通过仓泵将脱硫剂送入主厂房内的日用仓。此系统可分为两种。

1) 装设给料机的气力输送系统。该系统示意见图9-38。日用仓下来的粉料进入给料机，给料机出口设有100%容量的恒速旋转气锁阀，该阀动静间隙的密封风来自压缩空气。由旋转气锁阀出来的脱硫剂粉，用送粉风机提供的压力风经过布置于炉膛四周的输送管道送至给料口喷入炉膛。其特点是脱硫剂粉由炉墙四周喷入，因此脱硫剂与煤混合比较均匀，可较好地进行脱硫反应。该系统调节性能也比较好。运行中可根据煤质或锅炉负荷变化与煤一起等比例进行调节，保持锅炉进料中的Ca/S比接近常数（根据煤和脱硫剂性质确定）。也可以根据排烟中的二氧化硫含量的反馈信号，

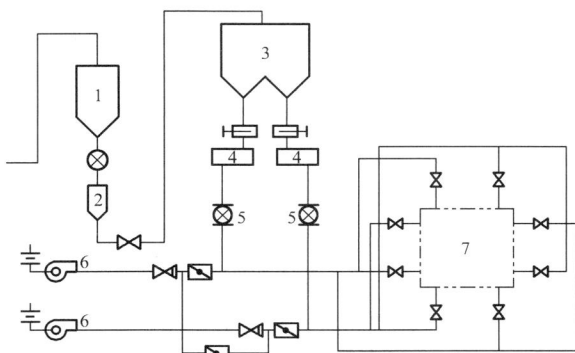

图9-38 装设给料机的气力输送系统
1—储仓；2—仓泵；3—日用仓；4—给料机；
5—旋转气锁阀；6—送粉风机；7—锅炉

通过给料机进行调节修正脱硫剂给料量。该系统的缺点也是系统比较复杂，造价偏高。每台锅炉一般配备两套给料系统，都按100%容量设计。两套系统可以互为备用，也可各带50%负荷运行。

2) 不装设给料机的气力输送系统。该系统的示意见图9-39。主厂房内的日用仓设计成三叉料斗，每一出口所接的系统都是相同的。每一系统按满负荷所需脱硫剂量的50%设计，都装有变速旋转气锁阀。三叉料斗内的脱硫剂通过旋转气锁阀进入分流三通。从各送粉风机出来的空气进入三通、携带从旋转气锁阀下来的脱硫剂经过一根单管进入分流器。该分流器将携带脱硫剂的气流分成相等的两股送至进料口喷入炉膛内。为控制二氧化硫的生成，由自动控制旋转气锁阀的转速来调节脱硫剂的供给量。此系统省去了价格偏高

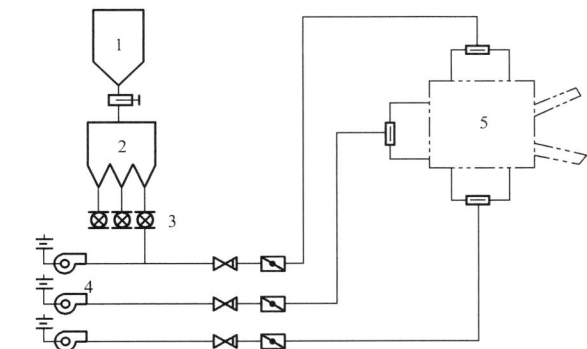

图9-39 不装设给料机的气力输送系统
1—储仓；2—日用仓；3—旋转气锁阀；
4—送粉风机；5—锅炉

的给料机，因此系统简单、初投资不高。

（四）气力输送中的注意事项

由于循环流化床锅炉一般为微正压运行，因此脱硫剂给料系统也应采用正压给料。气力输送系统在水平管道输送物料时，由于物料颗粒之间以及颗粒与管壁之间相互碰撞，在弯头、挡板和切换阀等处气流的不均匀性和受重力的影响等，需要气流速度大于物料的悬浮速度才能保证物料的正常输送。因此，在水平输送管道中输送速度要比物料的悬浮速度大得多。一般情况下，输送速度越大，颗粒在输送管道内的分布就越均匀。随着输送速度的降低，颗粒会逐渐下沉于管道底部，一边滑动一边被气流推着向前运动。当输送速度进一步降低时，下沉的物料作反复不稳定的移动，最后趋于停顿，直到管道堵塞。为此，输送速度应

足够大，以避免物料在管道中沉积。输送速度的大小，往往根据理论研究、试验结果和运行经验来确定。输送速度过高，会造成物料破碎、管道磨损和动力消耗增加；输送速度过低，则使运行工况不稳定，影响物料的正常输送。因此，合理选择输送速度是十分必要的。系统的输送能力应有一个合理的裕度，设计中裕度系数一般为 1.2～2.0。裕度系数过大，会增加设备投资；裕度系数过小，会使输送过程不稳定，不能满足工艺需要，给运行带来困难。在设计中要适当确定物料/空气质量比，一般取 7.9～15kg（固）/kg（气）。当输送距离远时取小值，输送距离近时取大值。为了保证系统运行的可靠性和减少维护工作量，输送系统中的管道和部件要用耐磨材料制造或者内衬耐磨层。

三、脱硫剂给料系统设计与选型

脱硫剂给料系统的设计要根据锅炉容量以及锅炉本体给料点的数量和位置合理确定，并合理配置系统设备和管道及附件的布置。

220t/h 以下容量的循环流化床锅炉，可采用气力输送或机械输送。若采用机械输送时，以炉前混合为宜。混合之前系统应装设计量和调节装置，以便在燃料品质和锅炉负荷变化时，能适时调节脱硫剂给料量，保证达到需要的脱硫效率。计量和调节装置可以采用变速旋转气锁阀。

220t/h 及以上容量的循环流化床锅炉，一般采用气力输送系统，且以炉内混合为好。脱硫剂粉以喷射状进入炉内，可以达到与燃料充分均匀地混合，使脱硫反应有效地进行，以获得较高的脱硫效率。可以装设称重式皮带给料机作为计量和调节的主要手段。系统应采取防磨、防漏的有效措施。管路中的弯头和阀门要有很好的耐磨性，以延长其使用寿命，减少维护工作量和维修费用。系统应密封良好，防止物料外漏污染周围环境。

第六节　选择性非催化还原脱硝系统

一、氮氧化物生成机理及影响因素

煤燃烧时 NO_x 生成主要有三种途径：热力型 NO_x、快速型 NO_x 和燃料型 NO_x。

1. NO_x 的生成机理

热力型 NO_x 是指燃烧时空气中 N_2 在高温下氧化而生成的 NO_x，生成量主要取决于温度、氧浓度以及高温区停留时间等因素，一般在总 NO_x 排放量的 20% 以下。

快速型 NO_x 是指碳氢系列燃料在过量空气系数小于 1 的情况下，在火焰面内急剧生成的 NO_x。在燃煤锅炉中，其生成量很小，一般在燃用不含氮的碳氢燃料时才予以考虑，一般在总 NO_x 排放量的 5% 以下。

燃料型 NO_x 是指燃料中的氮与氧反应生成的 NO_x。煤中氮主要以吡咯氮、吡啶氮、季铵氮等形式存在。在燃烧过程中首先热分解生成含氮小分子化合物（HCN、HNCO、NH_3 等）和焦炭氮，进一步氧化而生成 NO_x。其生成量主要取决于燃料含氮量、过量空气系数、温度等。燃料型 NO_x 占 NO_x 总生成量的 75%～90%。

燃煤循环流化床锅炉燃烧温度一般在 1000℃ 以下，因此主要是燃料型 NO_x。

2. NO_x 生成的影响因素

（1）温度影响。温度对热力型 NO_x 的影响显著，当燃烧温度低于 1350℃ 时，热力型 NO_x 生成极少；当温度高于 1350℃ 时，随着温度的升高，NO_x 的生成量急剧升高。燃料型

NO_x 在温度为 700～800℃ 时，随着燃烧温度的升高而不断升高；超过 900℃ 后变化趋势变缓。快速型 NO_x 受温度的影响不是很大。不同温度下三种类型 NO_x 生成量如图 9-40 所示。

（2）过量空气系数的影响。热力型 NO_x 生成量与氧浓度的平方根成正比，但过量空气也会使火焰温度降低，减少 NO_x 的生成。当过量空气系数 $\alpha < 1.0$ 时，燃料型 NO_x 生成量急剧降低，这主要是因为在还原性气氛下，NO 与 HCN 或 NH_3 等生成了 N_2。

（3）停留时间影响。在高温区停留的时间越长，热力型 NO_x 的浓度就越高，但当停留时间达到一定值，反应达到平衡后，停留时间的增加对 NO_x 浓度影响较小。

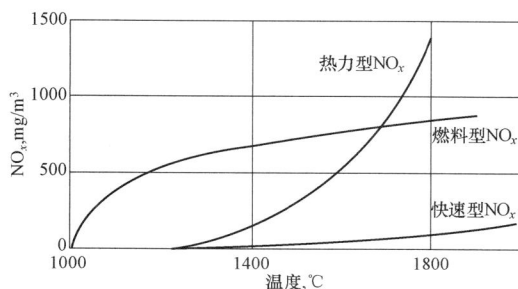

图 9-40 不同温度下三种类型 NO_x 生成量

（4）燃料影响。化石燃料总氮的存在形式差别很大，其影响燃料型 NO_x 的形成。一般燃料的含氮量越高，NO_x 的排放量就越高。

二、环保要求及国家标准

2014 年，国家相关部委发布了《煤电节能减排升级与改造行动改造计划（2014—2020 年)》，提出了超低排放限值标准（在基准氧含量 6% 的条件下，烟尘、二氧化硫、氮氧化物排放浓度分别不高于 10、35、50mg/m²，见表 9-1）。要求我国中、东部地区 2020 年新建或改造后的锅炉要达到超低排放标准。

表 9-1　　　　　　　　　　　循环流化床锅炉污染物排放限值　　　　　　　　　　（mg/m²）

污染物项目	适用条件	限值		检测位置
		国标 *	超低排放标准	
烟尘	全部	30	10	烟囱或烟道
二氧化硫	新建锅炉	100	35	
	现有锅炉	200		
氮氧化物（以 NO_2 计）	全部	100	50	
汞及其化合物	全部	0.03	0.03	

* GB 13223—2011《火电厂大气污染物排放标准》。

三、氮氧化物排放主要治理技术

NO_x 控制技术分为燃烧前控制技术、燃烧中控制技术（低氮燃烧技术）和燃烧后控制技术（烟气脱硝）三种。前两种方法主要是减少燃烧过程中 NO_x 的生成量，第三种方法是对烟气中的 NO_x 进行治理。

燃烧前 NO_x 控制技术是在燃烧前把燃料中的氮脱除，从而控制燃料型 NO_x 的技术。由于固体燃料的含氮量较低，进行燃料脱硝的难度很大，成本较高，目前还停留在实验研究阶段。

燃烧中控制技术也称为低 NO_x 燃烧技术，主要通过改变燃烧条件的方法来降低 NO_x 的排放，是目前应用最广泛、相对简单、经济并且有效的方法。

燃烧后 NO_x 控制技术也称为烟气脱硝技术，该技术对燃烧后烟气进行脱硝处理。循环流化床锅炉常用烟气脱硝工艺包括选择性催化还原法（selective catalytic reduction，SCR）和选择性非催化还原法（selective no - catalytic reduction，SNCR）两种。

1. SCR

在众多的脱硝技术中，SCR 是脱硝效率最高，也是最为成熟的脱硝技术之一。其原理是在一定的温度和催化剂的作用下，还原剂（NH_3、尿素等）有选择地把烟气中的 NO_x 还原为无毒无污染的 N_2 和 H_2O。以氨为还原剂的 SCR 反应如下：

$$NO + NO_2 + 2NH_3 \longrightarrow 2N_2 + 3H_2O$$
$$4NO + O_2 + 4NH_3 \longrightarrow 4N_2 + 6H_2O$$

在 SCR 反应中，催化剂具有选择性，使还原剂 NH_3 一般只与 NO_x 反应生成 N_2，不与 O_2 反应生成 NO，所以称为选择性催化还原反应。SCR 脱硝技术脱硝效率较高，一般可达 $80\% \sim 90\%$，目前常用的催化剂为 $V_2O_5 - TiO_2$。为了保证催化剂的活性，取最佳反应温度为 $300 \sim 420℃$，所以 SCR 脱硝系统在火电厂中常布置在置于锅炉之后的省煤器与空气预热器之间，烟气中含有 SO_2、尘粒和水雾，这种"高含灰"布置方式，对催化剂的性能、寿命有非常不利的影响。

2. SNCR

SNCR 脱硝技术是用 NH_3 等还原剂喷入炉内，在没有催化剂的情况下，在 $800 \sim 1250℃$ 的温度区域，NH_3 与 NO_x 进行反应生成 N_2 的技术。反应中 NH_3 具有选择性，只与 NO_x 反应，基本不与 O_2 作用，所以称为非催化还原技术。其常用的还原剂有 NH_3 和尿素。

在 $800 \sim 1250℃$ 范围内，NH_3 或尿素还原 NO_x 的主要反应如下：

NH_3 为还原剂时

$$4NO + O_2 + 4NH_3 \longrightarrow 4N_2 + 6H_2O$$

尿素为还原剂时

$$2NO + \frac{1}{2}O_2 + CO(NH_2)_2 \longrightarrow 2N_2 + 2H_2O + 2CO_2$$

不同还原剂有不同的反应温度范围，此温度范围称为温度窗。当反应温度过高时，由于氨的分解会使 NO_x 还原率降低；当反应温度过低时，氨的逃逸增加，也会使 NO_x 还原率降低。

该方法具有不需要催化剂、投资小、对锅炉改造小、占地面积小等特点，比较适合初始 NO_x 排放浓度不高的新建锅炉和改造锅炉，但也存在效率低、还原剂消耗量相对大、氨逃逸大、燃烧高硫煤时生成 NH_4HSO_4 较多等缺点。

CFB 锅炉的 NO_x 初始排放浓度低，而且具有一个非常有效的还原剂喷入点和混合反应器——旋风分离器。旋风分离器内温度一般为 $850℃$ 左右，正处于 SNCR 反应温度范围之内；分离器内的烟气扰动强烈且流动路径较长，利于喷入的还原剂和烟气之间迅速而均匀地混合，且还原剂在反应区获得较长停留时间，所以 SNCR 技术更适合在 CFB 锅炉上使用。

四、选择性非催化还原脱硝系统

SNCR 脱硝技术在一些 NO_x 排放浓度不高的场合得到了广泛的应用。SNCR 脱硝技术具有的优点：建设、运行成本低；设备占地面积小，不使用催化剂和改造尾部锅炉烟道，适合已建成锅炉脱硝改造采用；对空气预热器影响小等。但由于其脱硝效率低、氨逃逸高，所以

资源 71 - SNCR 脱硝系统

经常用在 NO_x 原始排放低的循环流化床锅炉中或作为煤粉锅炉 SCR 脱硝的补充使用。

（一）SNCR 脱硝技术还原剂

SNCR 脱硝工艺中使用的还原剂有氨水、液氨和尿素三种。脱硝效率方面，相同条件下液氨最高，氨水次之，尿素系统最差；在安全性方面，尿素的安全性最高，氨水次之，液氨安全性最差；在经济性方面，尿素成本高于氨水和液氨。综合比较，SNCR 脱硝系统中常用的还原剂为尿素和氨水。

（二）以尿素为还原剂的 SNCR 脱硝工艺系统及设备

1. 尿素 - SNCR 脱硝系统工艺流程

尿素 - SNCR 脱硝系统的工艺系统通常包括尿素溶液制备存储系统、供应 - 循环系统、稀释系统、输送及计量系统和分配喷射系统，如图 9 - 41 所示。尿素颗粒在还原剂制备系统中配制出 50% 的尿素溶液，然后存放在尿素溶液储罐中，供脱硝使用。50% 的尿素溶液通过供应 - 循环系统、计量系统计量后与稀释水混合成 5%～10% 的尿素溶液，在压缩空气的带动下喷入炉膛或旋风分离器中进行脱硝反应。

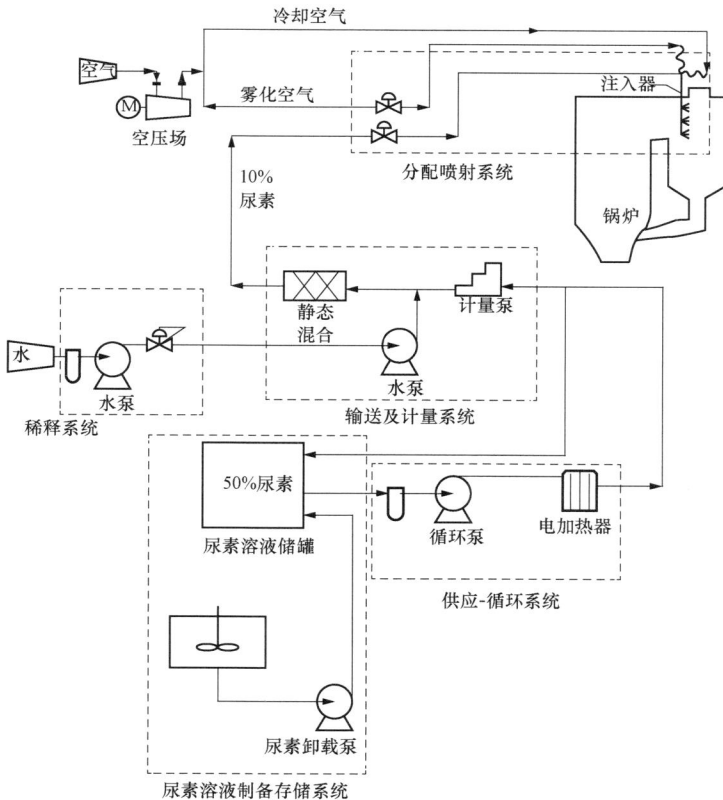

图 9 - 41 以尿素为还原剂的 SNCR 工艺原理

在一些小型流化床锅炉中，还原剂的用量很少，可直接配置 10% 的尿素溶液，减少了伴热、稀释系统，降低了系统的复杂性。

2. 尿素溶液制备存储系统

尿素溶液制备存储系统的功能是将固体尿素颗粒溶解为一定浓度的尿素溶液，并输送到储罐中供后续工艺使用。一般包括溶解罐、储罐和输送泵，如图 9-42 所示。

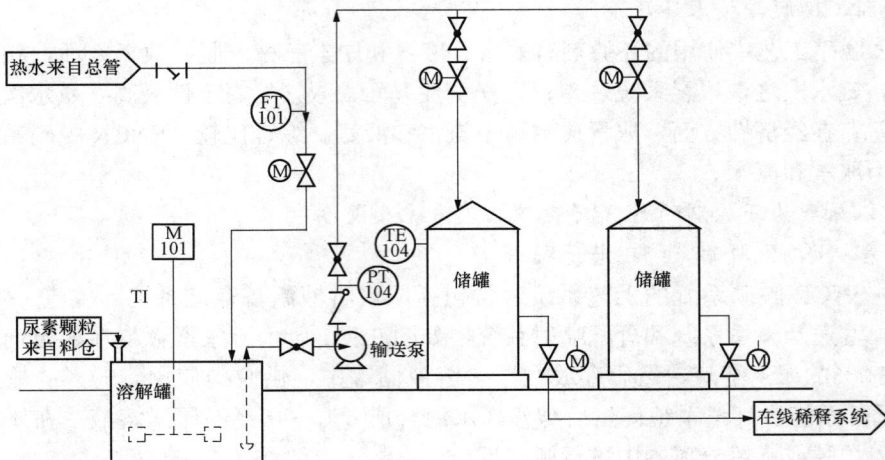

图 9-42　尿素溶液制备存储系统

尿素颗粒的溶解过程是一个吸热反应，溶解热很大（-57.8cal/g），而 50％的尿素溶液的结晶温度又很高（18℃）。因此，尿素溶液的制备溶解罐内需配置大功率热源，以防止结晶。

3. 尿素溶液输送及计量系统

尿素溶液输送及计量系统系统的作用是将储罐的尿素溶解经输送泵加压后输送到布置在炉膛附近的溶液计量及分配系统，完成与稀释水的混合。泵入口设置了一台双筒过滤器，输送泵出口管路上并联设置了一台电加热器，根据管道中溶液的温度决定是否投运。如果泵出口出现超压情况，则泵出口管路上的安全阀将会起跳，尿素溶液泄压后回到泵入口管道。泵出口管道设置了流量计，便于准确计量输送的尿素溶液流量，该系统管道需要保温伴热，以避免管道中尿素结晶沉淀。尿素溶液输送及计量系统系统如图 9-43 所示。

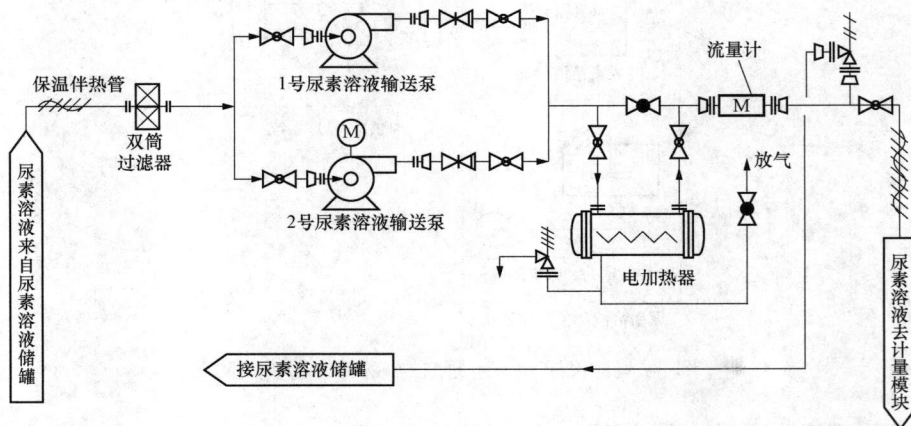

图 9-43　尿素溶液输送及计量系统

通常可以两台或多台锅炉共用一套系统输送尿素溶液，每套溶液输送系统至少两台泵

（一运一备），宜采用多级离心泵或计量泵等，扬程应大于将尿素溶液送到锅炉高处喷入点所需的扬程。

4. 尿素溶液稀释系统

为了让喷入的尿素溶液与炉膛或循环流化床锅炉旋风分离器内与烟气充分混合，一般先把 50% 的尿素溶液稀释成不大于 10% 的稀溶液。同时，当锅炉负荷或炉膛的 NO_x 浓度变化时，送入炉膛的尿素量也应随之变化，这将导致送入喷枪的流量发生变化。若喷枪的流量变化太大，将会影响雾化喷射效果，从而影响脱硝效率和氨残余。通过改变 50% 的尿素溶液和稀释除盐水的流量来改变还原剂的喷入量，同时保证运行工况变化时喷嘴中流体流量不变。

在线稀释系统中，50% 的尿素溶液和计量后的除盐水溶液通过静态管道混合器进行混合，制成 10% 左右的稀溶液，混合后通入分配系统，如图 9-44 所示。

5. 分配系统

分配系统的作用是控制每个喷枪的雾化空气、尿素溶液以及冷却水的流量。空气、尿素溶液通过分配系统调

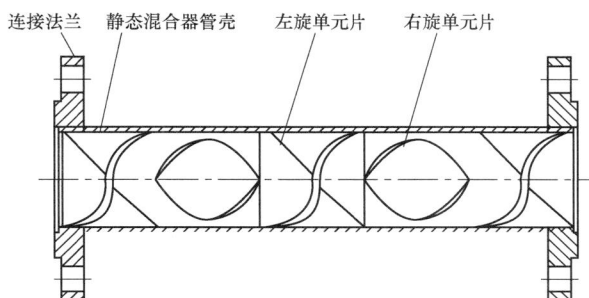

图 9-44　静态管道混合器结构

节，达到适当的空气-液体比率，可获得最佳雾化效果，达到较高的 NO_x 脱除效率。

通常每台 CFB 锅炉配置 2 套分配系统，每个旋风分离器喷射处配置 1 个，就近布置旋风分离器附近锅炉平台上。分配系统还应设置过滤器装置，以防设备堵塞。

6. 喷射系统

炉前喷射系统是将在线稀释系统中经过稀释的尿素溶液，送到正在运行的喷射层，并通过雾化蒸汽进行雾化，最终喷入烟道中与烟气混合。炉前喷射系统的作用是保证稀释后的尿素溶液以一定的压力与雾化空气混合，并以合适的压力、速度和角度喷入烟气中，从而使尿素溶液与烟气中的氮氧化物充分混合反应。

（1）喷射位置选择。SNCR 脱硝系统对温度场非常敏感，循环流化床分离器温度在850℃左右，烟气混合剧烈，是理想的 SNCR 反应场所。因此旋风分离器入口常作为喷枪安装的位置。在喷枪布置时，各喷嘴尽可能单独覆盖一个最大的区域，整个入口被射流全部覆盖，以达到最大化的混合效果。

（2）喷射装置。喷枪是尿素溶液喷射的关键技术，喷枪的结构设计首先应保证使尿素溶液具有良好的雾化效果；其次雾化的粒径必须保证足够的动量，以满足与烟气的充分混合；还应考虑喷嘴本身处于高温部位，应具有良好的耐热性能，不易烧损。

喷嘴要适合 SNCR 系统中尿素水溶液雾化的类型和结构，也就是既有较好的穿透深度，又有较好的雾化覆盖面积。当工况发生变化时，喷嘴的喷射距离、雾化角、雾化粒度等有一个稳定变化的过程，方便现场进行控制调节。目前一般采用墙式压缩空气雾化喷枪。

五、SNCR 脱硝系统脱硝影响因素

SNCR 脱硝反应受反应温度、停留时间、化学当量比（NSR）、还原剂与烟气的混合、

氧量、初始 NO_x 浓度水平等因素的影响。

1. 反应温度的影响

SNCR 技术对于温度条件非常敏感，尿素溶液脱硝的最佳温度窗口一般为 850～1100℃，低于 800℃时还原反应速度太慢，大部分 NH_3 仍未反应，造成氨逃逸；温度高于 1200℃时，NH_3 更容易被氧化为 NO。

2. 停留时间的影响

研究表明，NH_3－NO 非爆炸性反应时间仅约 100ms。延长反应区域内的停留时间，有助于反应物质扩散传递和化学反应，提高脱硝效率。当停留时间超过 1s 时，易获得较高的脱硝效果，因而停留时间至少应超过 0.3s。对于循环流化床来说，由于燃烧器以及辐射受热面布置的特殊性，反应剂在反应区域内的停留时间可以达到 2s，相对于普通煤粉炉，可以得到很好的脱硝效率。

3. 化学当量比的影响

SNCR 脱硝反应中的化学当量比即反应物的摩尔比，也称 NH_3/NO_x 摩尔比或氨氮比。NH_3 与 NO 理论化学反应当量比为 1∶1，但由于部分 NH_3 被氧化成 NO_x，以及小部分未反应的 NH_3 随烟气排入大气。因此，需要比理论化学当量比更多的还原剂喷入锅炉才能达到较理想的脱硝效率。运行经验显示，脱硝效率在 50% 以内时，NH_3/NO_x 摩尔比一般控制为 1.0～2.0，其影响如图 9-45 所示。

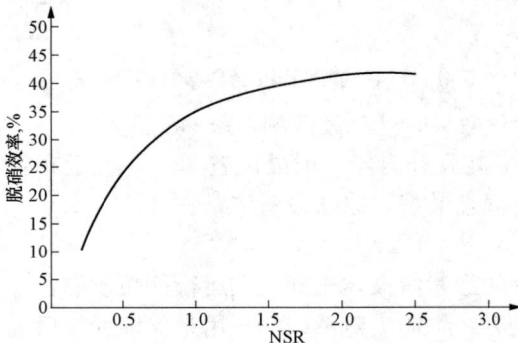

图 9-45　NSR（氨氮比）与脱硝效率的关系

4. 还原剂与烟气混合的影响

喷入的尿素溶液必须与烟气中的 NO 充分混合后才能发挥较好的选择性还原 NO 的效果，但如果混合时间太长或者混合不充分，就会降低反应的选择性。工业应用上，由于锅炉的炉膛直径较大，尿素还原剂与烟气的混合程度对增加脱硝率显得尤为重要。SNCR 技术一般采用雾滴喷射的方式，调节喷射溶液浓度的大小，可以调节液体雾滴的蒸发时间，同时有利于穿透炉膛。

5. 氧量的影响

烟气中的 O_2 对 NH_3/NO 反应会产生一定的影响作用。研究表明，在缺氧的情况下，SNCR 反应并不会发生。有氧存在时，SNCR 反应才能进行，同时氧浓度的上升使反应的温度窗口向低温方向移动。少量的 O_2 已能够启动 NH_3 选择性非催化还原 NO_x 反应，使得最佳反应温度下降 150℃左右；氧浓度升高，使 NH_3/NO_x 开始反应的温度提前，向低温侧拓宽了反应温度，但最大脱硝效率下降。

6. 初始 NO 浓度水平的影响

SNCR 脱硝过程中，随着初始 NO 浓度的下降，脱硝率下降。存在一个 NO 的临界浓度 [NO]，NO 的初始浓度如果小于这个临界值，那么无论如何增加氨氮比，也不能提高 NO_x 的脱除效率。

🔬 （　单元思考题　）

1. 循环流化床锅炉的辅机系统主要有哪些？各有什么主要功能？
2. 循环流化床锅炉给煤方式主要有哪几种？各有什么优缺点？
3. "循环流化床锅炉对入炉煤粒度没有要求"的说法对吗？为什么？
4. 循环流化床锅炉的风机主要有哪几种？与煤粉炉的风机有什么不同？
5. 回料阀为什么多选用罗茨风机？它有什么特点？
6. 怎样提高循环流化床炉内石灰石脱硫的效率？
7. 循环流化床锅炉内氮氧化物的生成规律和煤粉炉有哪些不同？

第三篇
技 能 实 战

　　技能是知识的外延和表现，是运用知识和经验、通过学习和训练而获得的完成某种生产任务的能力。技能是通过后天练习习得的，技能的提高必须经过从理论到实践、再从实践到理论，循环往复，螺旋上升的过程，除此别无它途。

单元十　循环流化床锅炉的调试与运行

引　言

　　从本单元开始进入"技能实战篇"，想必你早已摩拳擦掌、跃跃欲试了。因为本书前面"必备知识"和"设备原理"两篇的学习都是为本单元的技能训练做准备的，这也是检验前面两篇学习效果的最好方式。本单元训练的技能是"调试"和"运行"技能，每项技能的具体训练方法分为两个步骤，即技术学习和技能训练。第一步仍然离不开运行"技术"的学习，包括四类运行技术，一是冷态试验技术，包括布风板阻力测定、布风均匀性检查、临界流化风量测定、物料循环系统性能试验等；二是启停关键操作方法，如锅炉启停过程的上水过程、点火操作、压火操作、停炉过程；三是锅炉运行中的调整技术，如负荷调整、风量调整、床压床温控制、汽温汽压调节、回料阀运行、冷渣器运行等。第二步是运行"技能"的训练，主要是用仿真机进行某一台具体机组锅炉的运行操作，训练内容包括冷态启动、增减负荷、运行调整、停炉操作等。事故处理是技能训练的高级阶段，是运行技术和技能的综合应用。技能训练是面向具体锅炉对象的，要全面掌握该锅炉的设备和系统才能进行操作训练，所以要认真学习该锅炉的说明书、系统图和操作规程。技能训练要从简单的上水操作开始，到冷态启动、升负荷、正常燃烧调整，最后尝试进行事故处理，从简单到复杂，从低级到高级，从单一到综合，逐步提高技能水平。在操作技能训练中，不能机械地按照规程生搬硬套，要充分调动知识储备库，应用前面学习过的理论知识，与运行操作结果对照，通过操控界面的参数变化看透其背后的燃烧、流动、传热状态，"知其然更知其所以然"，久而久之，熟能生巧。技能训练反过来也能加深对理论知识的理解和认识，这样从理论到实践，再从实践到理论，螺旋上升，让你很快成为"高手"。

　　锅炉的运行操作是一项实践性很强的工作，需要在实践中不断探索和总结经验。循环流化床锅炉因其特有的气 - 固两相流体动力特性而有一些与其他炉型不同的冷态试验项目，如布风特性、流化特性、物料循环回路特性等的试验。因为同样的原因，循环流化床的燃烧调整和负荷控制也与其他炉型有很大区别。

第一节　循环流化床锅炉的冷态试验

　　循环流化床锅炉在大小修或布风板、风帽检修、送风机换型检修后锅炉第一次启动前必须进行冷态试验，以保证锅炉顺利点火和稳定安全运行。

一、冷态试验的目的和条件

1. 冷态试验的目的

（1）确定送风机风量、风压是否满足锅炉设计运行要求。

（2）检查风机、风门的严密性，判断引、送风机系统有无泄漏。

（3）测定布风板的布风均匀性、布风板阻力、料层阻力，检查床料流化质量和风帽的安装质量。

（4）绘制布风板阻力、料层阻力随风量变化的曲线，确定冷态临界流化风量和热态运行最小风量。

（5）检查物料循环系统是否能够正常运行。

（6）检查冷渣、输渣系统是否能够正常运行。

2. 冷态试验的准备工作

冷态试验前必须做好充分的准备工作，使冷态试验得以顺利进行。主要准备工作如下所述。

（1）与试验及运行有关的风量表、压力表、温度计、测定布风板阻力和料层阻力的差压计、风室静压表等必须齐全并完好。

（2）准备好足够试验用的炉床底料。准备粒径为 3mm 以下的灰渣作为底料，如有循环流化床锅炉实际排出的床料最好。

（3）检查和清理炉墙及布风板。不应有安装、检修后的遗留物；布风板上的风帽间无杂物；绝热和保温的填料平整、光洁；风帽安装牢固，高低一致，风帽小孔无堵塞。

（4）准备好试验用的各种表格、纸张等。

二、循环流化床锅炉冷态试验

循环流化床锅炉的冷态试验是指在常温下对锅炉送风系统、物料循环系统、排渣系统等进行系统的检验测试，以便及时发现和消除隐患，为锅炉正常运行提供保障；测定相关参数，为锅炉热态运行确定合理的运行参数。冷态试验项目主要有风机性能试验、布风板阻力特性试验、布风均匀性检查、临界流化风量测定以及物料循环系统的回送性能试验等。

在冷态试验进行前，首先要检验风机性能，即通过试验绘制出风机风量、风压特性曲线，判定风机是否符合设计和运行要求。因风机特性测试方法、步骤属常规试验，这里不再赘述。

（一）布风板阻力测定

资源 72 - 布风板
阻力测定

布风板阻力是指布风板上不铺料层时空气通过布风板的压力降。要使空气按设计要求通过布风板形成稳定的流化床层，要求布风板具有一定的阻力。布风板阻力由风室进口端的局部阻力、风帽通道阻力及风帽小孔处的局部阻力组成。一般情况下，三者之中以小孔局部阻力为最大，而其他两项阻力之和约占布风板阻力的几十分之一。

测定布风板阻力时，一次风道的挡板除留有一个（一般留送风机出口调整挡板）做调整用外，其余全部开放。具体操作是启动一次送风机后，逐步开大调整风门，增加风量，记录下风量和风压的各对应数据（试验时调整引风机使炉膛下部测压点处压力为零，此时风室静压表上读出的风压即可认为是布风板阻力；或取风室上下压差）。测定时应缓慢、平稳地开启送风机出口挡板，增加风量。从全关做到全开，再从全开做到全关，一般选 10～15 个挡板开度进行测量，把两次测量的平均值作为布风板阻力的最后值。在平面直角坐标系中用平滑的曲线将这些点连接起来，便得到了布风板阻力与风量变化关系的特性曲线，以备运行时供估算料层厚度用。

图 10-1 所示为 130t/h 循环流化床锅炉试验测量的布风板阻力特性曲线。正常的布风板阻力特性曲线应为通过原点的典型二次曲线，否则布风板或风量测量应存在问题，需要检查原因并重新试验。

一般冷态下，风帽小孔设计风速取 25～35m/s。在热态运行时，由于气体体积膨胀，使风帽小孔速度增大，同时温度增加，气体密度减少。两者共同作用的结果使布风板阻力热态时比冷态

图 10-1　布风板阻力特性曲线

增大，因此，在热态运行时一定要考虑热风温度对风帽小孔速度及气体密度影响引起的布风板阻力修正。通过布风板阻力特性曲线可以得到不同温度条件下的布风板阻力计算公式如下：

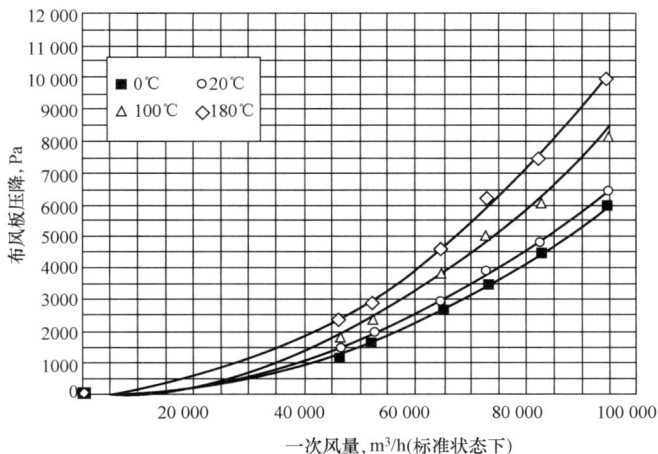

$$\Delta p_{bfb} = \frac{a_{bfb} \times (273 + t_{fsh})}{273 \times Q_{fsh}^2} \qquad (10-1)$$

式中　a_{bfb}——布风板阻力系数，Pa·h²/m⁶；

　　　t_{fsh}——风室温度，℃；

　　　Q_{fsh}——进入风室的一次风量，m³/h。

这样，即使在常温条件下（如 20℃）测量得到的布风板阻力曲线也可按式（10-1）计算出其他温度（如正常的运行风室温度）下的布风板阻力。

（二）布风均匀性检查

布风板布风均匀与否，将直接影响料层阻力特性及运行中流化质量的好坏。检查布风均匀性的方法很多。

1. 火耙探测法

对于布风板面积较小的流化床锅炉，可以用火耙探测其流化质量，即在流化状态下，用较长的火耙从人孔探入，在床内贴风帽上沿不断来回耙

资源 73 - 布风均匀性检查

动，如手感阻力较小且均匀，说明料层流化良好；反之，则布风不均匀或风帽有堵塞，阻力小的地方畅通，阻力大的地方气流可能存在堵塞现象。

2. 脚试法

在布风板上铺平 300～400mm 厚的床料，有经验的检查人员赤着脚，戴上防尘面具进入炉内，站在料层上。启动一次风机，并逐渐增大风量，料层开始流化沸腾。检查人员随着风量的增加，逐渐下沉，最后站在风帽上。此时通知操作人员保持送风不变，检查人员在沸腾的料层中移动，如果停到那里，那里的料层马上离开，像淌水一样，而且脚板能站到风帽和布风板上，脚一抬起立刻被床料填平，这说明布风板布风均匀，流化良好。如果检查人员停到那里，感到有明显的阻滞，脚又踏不到风帽或布风板上，表明这些地方流化不好，布风不均，应查找原因，消除后再试验。

3. 沸腾法

沸腾法很简单，却很实用，尤其对中、大型流化床锅炉应用较普遍。首先在布风板上铺平 300～400mm 厚床料，启动一次风机把料层沸腾起来并保持一段时间，然后停止风机，立即关闭挡板。

当床料静止后观察料层：①若料层表面平坦，表明布风均匀，流化良好；②若料层表面凸凹不平，表明布风不均匀，流化不良。床料有突起，表明该区域下部风量小，风帽小孔可能发生堵塞；床料有凹陷，表明该区域风量大，风帽可能发生脱落。

不管床料有突起还是凹陷，均应该停止冷态试验，检查原因及时予以消除。炉型不同，布风板的结构、风帽的形式不同，流化不良所表现出来的凸凹程度也不相同。一般来说，只要布风板设计合理，床料配制均匀，流化应该良好。

在实际的检验过程中，三种方法可以联合使用，但三种方法都是在流化状态下进行的。对于电站流化床锅炉，现在一般采用沸腾法检查布风的均匀性。实际上，冷态测试时局部小范围布风不均匀，对热态运行的影响也不太大，因为热态运行时的流化程度要远高于冷态试验时的流化程度。

资源 74 - 临界流化风量测定

（三）临界流化风量测定

床层从固定状态转变到流化状态（或称沸腾状态）时通过布风板的空气流量称为临界流化风量 Q_{mf}。此风量除以布风板面积计算得到的空气流速，称临界流化风速（u_{mf}）或最小流化速度。

临界流化风量用来估算热态运行时的最低风量，这是循环流化床锅炉低负荷运行时的风量下限，低于该风量就可能结焦。最低运行风量一般与床料颗粒度大小、密度及料层堆积空隙率有关，可以进行计算，但更为直观可靠的方法是通过试验来确定。

循环流化床锅炉燃料为宽筛分燃料，一般冷态调试时采用如下办法：在布风板上分别铺上一定厚度的床料，床料厚度应根据锅炉的设计和运行中料层的厚度来确定。启动一次送风机和引风机，调整引风机使炉膛出口测压点处压力为零，逐步开大调整风门，增加风量，记录风量和床压的对应数据。测定时应缓慢、平稳地开大挡板，增加风量。从全关做到全开，再从全开做到全关，一般选 10～15 个挡板开度，并测量风量、风室静压和风室温度。风室静压减去该风量各温度条件下的布风板阻力，可得到料层阻力与风量的关系，即床层压降 - 一次风量的关系曲线，一般形状如图 10 - 2 所示。不难看出，曲线上某一区域有一近似水平段，这时床料处于流态化状态。固定床与流化床两条压降线的延长线交点对应的一次风机流量即为冷态临界流化风量。

为了保证测量的准确，当床截面和物料颗粒特性一定时，可利用流化床临界流化风速与料层厚度无关的性质，采用不同的料层厚度进行测量，不同料层厚度下测出的临界流化风速应基本相同，如有明显偏差，则需找出原因并解决。

图 10 - 2 宽筛分颗粒床层压降 - 一次风量关系曲线

一般情况下，风帽式的布风板，对 0～8mm 宽筛分床料的鼓泡床和低携带率的循环流

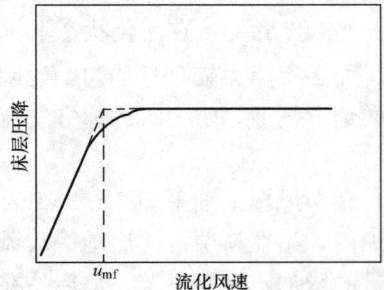

化床，冷态（20℃）空截面速度为 0.7～1.0m/s，运行速度低于 0.7m/s 时，可能会引起局部流化不好。试验得出临界流化风量之后，应与此对比，合理确定锅炉最低运行风量。

对于典型的循环流化床锅炉，为了保证有较高的物料夹带量，一方面要求 0～1mm 的燃料粒度应占有一定比例（通常不能低于 40%），床料的平均粒径比鼓泡床要小得多；另一方面燃烧室浓相区冷态空截面速度为 1.1～1.2m/s，热态运行烟气速度约为 5m/s，为保持低负荷时有良好流化，冷态空截面速度也不能低于 0.7m/s。因此，在低负荷运行时，过量空气系数相对较高。

对于结构已经确定的循环流化床锅炉，临界流化风量主要与床料的粒度和密度有关，以前测定的临界流化风量值会随着每次启炉添加的床料变化。运行人员应根据床料粒度（特别是给煤粒度和排渣粒度）的变化随时调整临界流化风量。可解决的办法如下：

（1）每次启炉前进行临界流化风量测量；

（2）检查布风均匀性时目测临界流化风量；

（3）运行时穿过布风板的风量保证下部空截面速度在 2.0m/s 以上。

（四）物料循环系统输送性能试验

物料系统的正常循环非常重要，分离器和回料阀是本系统的核心。回料阀的工作特性对循环流化床锅炉的效率、负荷的调节性能及正常运行有着十分重要的影响。

对于一台已建成的循环流化床锅炉，其分离器及飞灰循环系统的结构已定，因此本试验的主要内容为检验回料阀能否正常返料。

在燃烧室布风板上铺上已经准备好的直径为 0～3mm 床料，其中 500μm～1mm 的要占 50% 以上，若粒径过大冷态下不易吹起，影响试验效果，厚度为 300～500mm。启动引风机，送风机应将风量开到最大，运行 10～20min 后停止送风机，此时绝大部分细物料飞出炉膛经分离器分离后在回料阀堆积到一定高度。然后启动高压流化风机调试回料阀，调节回料阀送风量，通过观察口观察回料阀出口是否畅通。回料阀可一个一个依次开通检查，然后调节返料阀布风管的风压和风量，如发现返料不畅或有堵塞情况，则应查明原因，消除故障后再次启动回料阀继续观察返料情况，直到整个物料循环系统物料回送畅通、可靠为止。

不同容量和结构的循环流化床锅炉，回料形式可能有所不同。采用自平衡回料方式时，冷态试验只要观察物料通过回料阀能自行通畅地返回到燃烧室即可。对采用 J 形阀回料的，要注意 J 形阀送风的地点和风量，有必要在 J 形阀送风管上设置转子流量计，就地监测送风量，通过冷态试验确定最佳送风风量，必要时在锅炉试运行阶段对送风位置再作适当调整，以后在运行初始即开启 J 形阀，保持确定风量一般不再变动，这样可尽量减少烟气回窜，防止在 J 形阀内结焦。

调试中容易遗漏的试验包括：

（1）各回料阀下各风量的标定；

（2）连接一次风道的旁路挡板开度对高压流化风总风量的调整特性。

（五）冷渣输渣系统性能试验

冷渣器与输渣系统在锅炉整体启动前应该进行单独试验，试验检查项目主要包括：

（1）排渣阀开启、关闭是否灵活，能否顺利排渣；

（2）冷渣器内冷却介质如空气、水能否正常流通，流化床式冷渣器能否正常流化；

（3）事故排渣口能否正常工作；

（4）输渣系统运转是否正常，气力输送能否正常工作等；

（5）冷渣器安全阀工作是否正常。

因为冷渣器形式多种多样，输渣系统也有很大不同，各厂家应根据具体产品说明来制订试验方案。但因排渣、冷渣、输渣是循环流化床锅炉物料的重要出口，任何一个环节出现故障，都会使排渣出口失去作用，严重影响锅炉正常运行，所以，应对此环节给予足够重视，认真进行冷态试验，把故障隐患消灭在锅炉整体启动之前。

（六）外置换热器冷态试验

外置换热器可看作一个鼓泡床，需要进行风量标定、布风板阻力测定、布风均匀性检查、临界流化风量测定，其方法同上，此处不再详述。

三、给煤量的测定

为了便于考核锅炉的运行水平，一般用皮带磅秤、电子秤等仪器来计量给煤量。但对于缺少上述仪器的机组，可假定给煤机转速与给煤量为线性关系近似地进行计量，即在不同转速下单位时间内测出给煤机的实际转速和给煤量，再换算成小时给煤量。使用这一方法要考虑煤的密度、水分变化带来的误差来进行修正。

第二节 循环流化床锅炉的启动和停炉

一、锅炉启动前的准备

循环流化床锅炉在点火前必须作一次全面的外部检查，以确保设备、人身安全。

1. 锅炉本体

（1）锅炉本体及主要设备通道照明良好。

（2）炉墙表面平整，外观完整，无裂缝，确保密封质量，对锅炉正常运行至关重要。

（3）看火孔、打焦门及人孔门完整无缺，能灵活操作，检查后完全关闭，燃烧室微正压部分的孔门应严密关闭。

（4）烟道、风道及除尘器内无积灰和杂物。

（5）燃油系统及系统上的管道、阀门无漏油现象，油枪喷嘴雾化质量良好，热烟气发生器应完好无损，储油箱应有足够的油量，在点火前先试一下是否有堵塞现象。

（6）煤仓有足够的存煤，螺旋给煤机无堵塞现象，皮带或链条松紧合适，地脚螺栓牢固。

（7）灰仓有足够的存储量，物料循环系统外部保温良好，内部畅通无异物。

（8）检查风帽安装要正确，风帽孔无堵塞。

（9）风室内无杂物，排渣管清洁畅通，开闭灵活。

（10）冷渣器运转正常，冷却循环水正常循环。

（11）引风机、送风机、二次风机均应空载转动，轴承润滑油位正常（油位应在 $1/2$~$3/4$），冷却水畅通，安全罩牢固，地脚螺栓不松动，电动机接地线，引风机挡板在关闭位置。

2. 汽包内部装置安装施工质量

（1）汽包内部装置严格按图纸安装施工，确保无漏焊现象。

（2）就地水位计、汽门、水门严密不漏，开关灵活，安装位置正确，高低极限水位有明显标志，水位表应处于使用状态，水阀和汽阀应开启，放水阀关闭。

（3）汽包、过热器、再热器和冷渣器等部件上的安全阀应按规定的压力进行调整和校验；按较低压力进行调整的安全阀必须为过热器上的安全阀；省煤器安全阀的开启压力应调整为装置地点工作压力的 1.10 倍。检查杠杆式安全阀，要有防止重锤自行移动的装置；弹簧式安全阀要有提升手把和防止随便拧动调整螺丝的装置。

（4）检查所有的放水阀、疏水阀、排污阀是否开关灵活，检查后应关闭。

（5）检查给水管路上的全部阀门是否灵活，检查后除省煤器前的主给水阀外均应开启，主给水阀应在向锅炉进水时开启。

（6）检查各压力表应干净清晰，刻度盘上应画红线指出其工作压力，并要有良好的照明，压力表应经检定合格。

（7）蒸汽系统、给水系统、排污系统的管道支撑吊架牢固可靠，保温完善。各联箱手孔、汽包人孔均应密封严密。各膨胀指示器安装正确，冷态时指针应在零位。

3. 锅炉上水

在锅炉点火前的检查工作完毕之后，即可进行锅炉的上水工作，上水时应注意下述几个问题。

（1）上水前应开启汽包上的空气阀或抬起一个安全阀，或开放压力表下三通阀，以便在上水时排除锅内空气。上水温度不宜偏高，上水应缓慢进行，锅炉从无水至达到汽包水位表最低水位指示处，夏季不少于 2h，冬季不少于 4h。

资源 75 - 锅炉上水过程

（2）上水过程中应严密监视汽包上下壁温差，防止汽包壁因热应力引起疲劳损坏。

（3）上水过程中应检查人孔盖、手孔盖、法兰接合面及排污阀等有无泄漏现象，如有应及时修理。

当汽包水位升至水位表最低水位指示时，应停止进水。停止进水后炉内水位应保持不变，如水位下降，应及时查明原因，找出泄漏之处并设法排除；如水位上升，则表明给水阀漏水，应修理或更换阀门。

资源 76 - 锅炉点火过程

二、锅炉的点火启动

流化床锅炉的点火是锅炉运行的一个重要环节。其实质是在冷态试验合格的基础上，将床料加热升温，使之从冷态达到正常运行温度的状态，以保证燃料进入炉膛后能正常稳定燃烧。

锅炉点火可分为固定床点火和流态化点火两种。流态化点火又可分为床上点火和床下点火两种方式。下面分别予以介绍。

（一）固定床点火

固定床点火是在床料处于静止状态下点火使床料燃烧的方法。启动床料先在固定静止状态下被点火燃料加热，当温度升到 400～500℃ 时，开启送风机，逐渐送风，刚刚超过临界流化状态，并在这过程中投入引火烟煤，利用烟煤燃烧继续对底料加热并逐渐增加一次风量，直到给煤机送入的煤能着火燃烧为止。床上点火可采用床上油枪加热，也可采用固体燃料加热。固体燃料加热底料进行点火方法比较简单，一般可采用木柴、木炭、干玉米芯或人工制作的"点火燃料棒"等，不需要专门的点火设备。现以木柴为例，简单介绍床上木柴点火的步骤、方法。

（1）事先准备一定数量的木柴，尺寸不宜过大，一般直径在 100mm 以下，长短在 500mm 左右为宜，还应准备少量的油棉纱之类的引火物，以及适量的引火烟煤屑（应先经筛选，粒径和正常运行用煤相仿，约 3mm）。

（2）准备一定数量的不含碳或含碳较少的床料（俗称素灰），粒径不大于 3mm，含碳量不超过 3％，若含碳量过高，容易在点火启动时结焦。

（3）将准备好的素灰铺入燃烧室布风板上，厚度 300～500mm 为宜，然后把木柴架放在素灰层上，厚度 100mm 左右。

（4）打开烟道挡板，使炉内保持一定的负压，然后用引火物将木柴点燃，木柴随之猛烈燃烧起来，床层温度也将逐渐升高。

（5）当燃烧室床层上不断出现红色火焰时，开启风机，逐渐加风，并人工投入引火烟煤屑少许，添加时，要尽量播撒开。当床温升高到 500℃ 以上时可适当加大送风量，此时应观察燃烧火焰，一般床温在 500℃ 以下时，床内底料还没红光，600～700℃ 时呈暗红色，并由暗红向红转变，越来越明亮。

（6）当床温达到 600～700℃ 时，应控制床温，使床温继续升高的趋势放慢些，若温度上升太快，可暂停播散烟煤屑，以减慢床温上升速度。

（7）床温达 700℃ 以后，可继续播撒少许烟煤屑，使料层温度平稳地升高。床温达 800℃ 时，即可关炉门，开动给煤机送入正常的燃料，同时加大风量使料层能正常流化，利用给煤机的转速变化来控制温升，直到进入正常运行温度，到此启动过程即告完成。这里要说明一点，加大风量是指引、送风同时匹配加大。

在整个给煤、加风过程中，掌握风量是点火的关键。如发现风量过大，有灭火危险时应立即减风或停止送风，待料层表面的烟煤开始燃烧时，再开动风机少量加风，并向有火苗的地方撒入少量烟煤屑，使料层重新升温。但应随时注意用炉钩试探料层底部是否结焦，如有焦块，应及时钩出。为了防止点火时"低温结焦"和"高温结焦"，引燃烟煤投入方式要少量、勤给、均匀播撒，加风流化后要用炉钩勤扒床料，使床温尽量均匀，平稳缓慢升温。

启动过程中，注意温升不要太快。对于无耐火材料内衬的锅炉，温升一般控制在 50℃/h 左右，对于有耐火材料内衬的锅炉，要严格按照温升特性曲线来启动。

床上油点火或气点火的过程与床上木材点火基本一样。床上木材点火对操作工的经验要求比较高。床上油点火耗油量较大，温升速度较小，油燃料的热利用率低。一般当分离器为高温旋风分离器时，采用床上油点火比较合适。但床上点火通常在点火过程中要用炉钩子通过人孔门扒床料，流化起来后才能关人孔门，因此密相区的人孔门很难关严。

固定床点火是一种比较传统的点火方式，但却是一种行之有效的启动方法。现在运行的 75t/h 中压循环流化床锅炉中，还有采用这种方式进行点火的。

带有副床的锅炉，副床可与主床同时点火，点火方法同主床一样，也可随主床点火。所谓随主床点火，就是在主床完全流化时，高温飞灰落到副床上，副床利用冷灰管放掉下面的低温冷灰，当冷灰出现暗红色时停止放灰，开启挡板送风，使副床温度继续上升，料层沸腾。由于主床上燃料燃烧产生的飞灰不断落到副床上，因此点火前副床床料要薄一些。

布置有多个炉床的锅炉，要逐个点火或分批点火，不可同时点火，以防止炉内温升过快，避免炉墙和受热面热应力太大。

（二）流态化点火

1. 流态化点火方式

流态化点火就是在床料沸腾状态下，用液体或气体燃料加热床料的一种方法。根据点火方式、点火位置的不同，分为床上点火和床下点火两种方式。

（1）床上点火。床上点火方式和煤粉炉点火差不多，在炉床上部装设油枪（或通入天然气等）。当床料沸腾后，液体燃料经过油枪雾化后射入炉内，经明火点燃直接加热床料。

（2）床下点火。床下点火是指液体或气体燃料在位于布风板下的烟气发生器（或叫点火燃烧器）内部燃烧，烟气和一次风在烟气发生器尾部混合，通过布风板风帽进入炉床加热床料。烟气发生器内的烟气温度可达 700～800℃，其结构原理如图 5-27 所示。这里以普遍采用的床下油点火为例进行介绍。

2. 流态化点火过程

床下油点火是流态化点火，整个启动过程均在流态化下进行，具体过程如下所述。

（1）先在膜式水冷壁组成的布风板上铺上 400～500mm 底料，粒度和床上点火一样，以不大于 3mm 为宜。由于热量是从布风板下均匀送入料层中的，整个加热启动过程均在流态化进行，不会引起低温或高温结焦。

（2）点火用油宜用轻柴油。油枪点燃后喷入热烟气发生器内筒中，产生的高温火焰和送风机供给的冷风均匀混合成 850℃ 左右的热烟气，通过风室、风帽进入床内，加热床料。

（3）为避免烧坏风帽，一定要控制热烟气温度，不允许超过 900℃，测量点火烟温的热电偶应插入风室中大于 800～1000mm，以正确反映热烟气温度。

（4）应控制启动升温速度，主要从耐火材料的热膨胀要求和水循环的安全问题两方面考虑，特别是从冷态启动初期更应严格控制床温，上升速度不应大于 10℃/min。根据锅炉容量不同，冷态启动时间为 1～2h，锅炉容量越大，启动时间就越长，130t/h 锅炉启动时间为 2～3h。热态启动较快，耗时约 50min。

（5）油枪在首次使用前应先做雾化试验，根据使用的油质情况，选择大小合适的油喷嘴。

（6）调节油枪油压和喷油量，改变热烟气发生器风道的燃烧风和混合风的风量和风比，可控制热烟气温度和烟气量。为提高热烟气的热利用率，减少油耗，点火的热烟气量使床料呈流化状态即可，不宜用较高的流化速度。

（7）在冷态启动时，床料温度从室温缓慢地加热到 300～400℃；继续升温时，由于煤中的挥发分大量释放；在 450～600℃ 时，床温会迅速上升，这阶段的温度区间与燃用煤种有关，当出现此现象时（要求燃烧室床层温度采用直读式数字温度计，可迅速直观反映床温），即可开始向燃烧室中添加少量煤并减少喷油量，并通过调节总的一次风量来控制床温；当床温升到 650～700℃ 时，即可关闭油枪，正常给煤运行。

（8）燃用无烟煤时，为减少油耗，缩短启动时间，建议启动燃料可采用烟煤点火。

流态化点火简单方便，易于掌握，床料加热速度快。较大容量的流化床锅炉一般采用这种点火方式，特别是床下点火方式。

无论是固定床点火还是流态化点火，都存在床内结焦问题。发生的原因及处理方法见本单元第五节结焦部分的内容。

3. 流态化点火技巧

点火过程中应注意的技巧如下：

（1）可以根据煤质预先确定煤的稳定点火温度；

（2）煤的投煤温度不以下部的平均温度为依据，其中以一、两个温度达到稳定点火温度就可以间断试投煤，给煤位置尽量靠近该温度区域；

（3）煤是否着火应以氧量是否降低作为判别依据，而不是以是否观察到火焰或床温是否增加为依据；

（4）应定时记录床温的变化过程。

对大型循环流化床锅炉，可采用实时系统对点火过程进行监控，如图 10 - 3 所示。

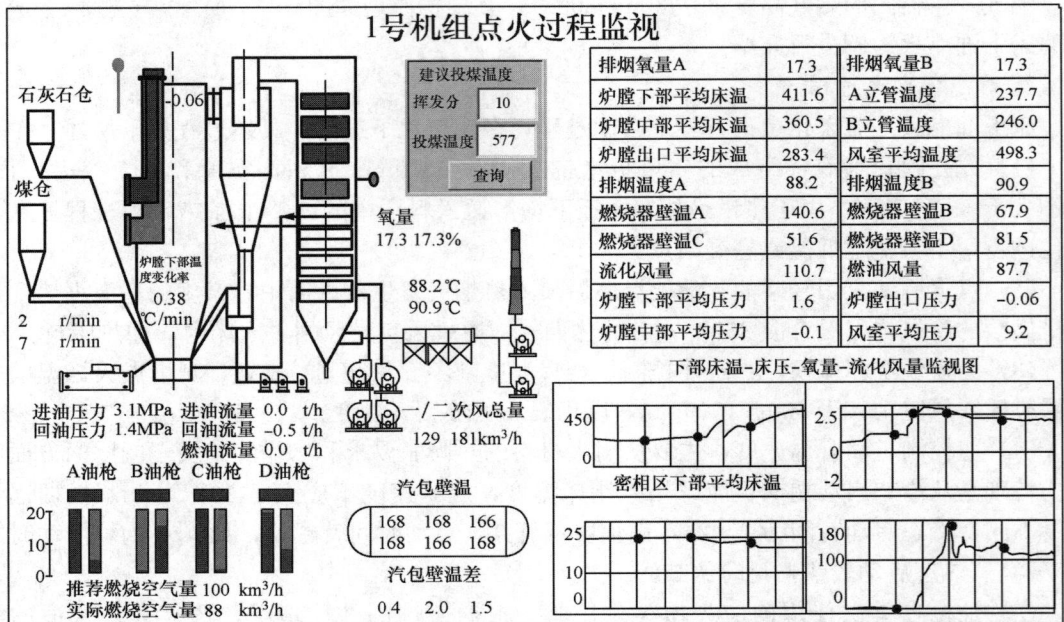

图 10 - 3 点火过程实时监控图

三、启动过程中对受热面的保护

锅炉的冷态启动过程是工质升温升压的过程，也是锅炉各部件由常温升高到正常运行温度的过程，因此，在点火升温过程中，应注意对各受热面的保护，防止受热面因热应力或超温而造成损坏。

1. 汽包的保护

点火升温过程中，注意监视汽包上下壁温差应小于 50℃，汽包金属壁温的变化率应小于 50℃/h。

2. 耐火耐磨材料的保护

点火升温过程中，需控制包括床下启动点火燃烧器在内的所有烟气侧温度测点的温度变化率小于 100℃/h，限制升温速率的目的是保证耐磨耐火材料的热冲击在可承受的范围内。

3. 过热器的保护

点火初期，过热器管内没有蒸汽流过，不能对管壁进行有效冷却，而管外有热烟气流过，因此应特别注意管壁金属超温问题。采取的措施是，当主蒸汽流量小于 10% 额定值时，注意控制炉膛出口烟气温度不要超过过热器管壁金属的许用温度；当主蒸汽流量大于 10% 额定值时，注意控制蒸汽温度不要超温。

4. 再热器的保护

锅炉正常运行时，汽轮机旁路应保持热备用状态，以便出现汽轮机跳闸等突然事故时保护再热器受热面。循环流化床锅炉不同于常规煤粉炉，汽轮机跳闸等事故引发 MTF 后，炉内仍存在巨大的蓄热量，炉内的温度水平较高，甚至超过了管材的许用温度，所以需要启动旁路，使一定的蒸汽流经过热器和再热器，以冷却其受热面。

5. 省煤器的保护

锅炉启动初期要开启省煤器再循环管，使省煤器中有水流动，保护省煤器管子不超温损坏。

四、压火备用及停炉

（一）压火

当需要循环流化床锅炉暂时停止运行时，可以对锅炉进行压火操作。压火时，首先关闭返料阀风、二次风机，然后停止给煤机，待料层温度比正常运行温度降低 50℃ 左右时，立即停掉一次风机并迅速关严送风门，使料层从流化状态立即转变为静止堆积状态，与空气隔绝，动作越快越好。也可在风道上设置快速启闭阀泄压，因为当风机停止时，旋转的叶轮有惯性，风压是慢慢降下来的，料层不能马上达到静止状态，漏入的空气会使料层中的煤在流化状态不佳的过渡过程中继续燃烧，燃烧发热量不能及时传出而结焦，设置快速启闭阀可将这部分风量通过旁路释放。

压火时，锅炉热容量较大，要注意汽包水位，关闭排汽阀，以维持一定压力。为使料层散失热量尽量少，保证炉墙不在压火时骤冷，压火后应尽快将引风机挡板和所有门孔关闭，防止冷风漏入。

压火时间长短取决于静止料层温度降低的快慢。料层较厚，压火前温度较高，压火后静止料层温度降低的较慢，压火后静止料层热量损失较小，压火时间就可长一些。循环流化床面积一般小于同容量的流化床炉，故床热容量相对小些，一次压火时间一般可维持 8～10h，如需要延长时间，在床温不低于 700℃ 时，可将床再启动一次，运行 1h 左右，待料层温度升高后再压火。

由于压火后炉膛内留有大量的高温床料，如果在风机停止后给煤机还未及时停止给煤，会造成炉膛的爆燃甚至爆炸。在紧急压火后，由于床料还有大量的焦炭未燃尽，应注意保持炉膛一定的微负压，防止热解后的 CO 窜入风室爆燃。

（二）压火后启动

压火后需再次启动时，应根据不同情况操作。

如料层温度低于 500℃ 且料层较厚时，可先将料层表面冷灰扒掉，留下 350～400mm 厚，再烧一层红炭火，如冷炉启动一样。如采用床下油点火，则可直接投油枪，能很快启动。

如料层温度低于 700℃ 而高于 500℃ 时，可先将表面冷的静止料层扒出，留下 350～400mm 厚，然后用小风量松动料层，并适当加一些引火烟煤屑，使料层能很快升温。随着温度升高，逐渐增加送风量，到超过"最低风量"时，启动给煤机，逐渐过渡到正常运行状态。

如静止料层温度较高时（不低于 700℃），可直接把风量加到略高于运行的"最低风量"，然后开动给煤机即可。

这里要强调两点：

（1）在压火后启动过程中，任何情况下都应先启动引风机，然后开启一次送风机，启动送风；

（2）在压火启动前，应根据汽压及时开启主汽阀，密切监视水位、汽温和汽压。

（三）停炉

停炉操作方法基本上和压火相同，所不同的是停止给煤后仍应继续适当送风，直到料层中的燃料基本上燃完，待床温下降后（一般 700℃ 以下）关闭送风门，停止送、引风机，最后打开落渣管的放灰装置，将床内炉渣排尽。

停炉分为临时停炉、正常停炉和紧急停炉三种。

1. 临时停炉

临时停炉又称压火停炉。当锅炉负荷暂时停止时，压火一段时间后，需要恢复运行时，可随时进行启动。

压火时，要向锅炉进水和排污，使水位稍高于正常水位线。在锅炉停止供汽后，关闭主蒸汽阀，压火完毕，按正常操作步骤冲洗水位表一次。

压火期间，应经常检查锅炉内的汽压、水位的变化情况；检查烟、风道挡板是否关闭严密，防止被压火的煤熄灭或复燃。

锅炉需要重新启动时，应先进行排污和给水，然后冲洗水位表，开启烟、风道挡板和灰门，接着启动引风机和一次风机，添上新煤，恢复正常燃烧。待汽压上升后，再及时进行暖管、通汽或并汽工作。

2. 正常停炉

锅炉正常停炉，就是有计划地检修停炉。其操作步骤如下所述。

（1）逐渐降低负荷，减少供煤量和风量。当负荷停止后，随即停止供煤、进风、引风，关闭主汽阀，对蒸汽管路疏水。

（2）完全停炉之前，水位应保持稍高于正常水位线。因为这时炉膛温度很高，炉水仍在继续蒸发，如果汽水系统不严密，锅炉水位会逐渐下降，甚至会造成锅炉缺水事故。关闭烟风道挡板，防止锅炉急剧冷却。当锅炉压力降至大气压时，开启放空阀或提升安全阀，以免汽包内形成负压。

（3）锅炉停炉后，应在蒸汽、给水、排污等管路中装置堵板。堵板厚度应保证不会被并联运行锅炉的蒸汽、给水管道内的压力及其排污压力顶开，保证与其他运行中的锅炉可靠隔离。在此之前，不得有人进入汽包内工作。

（4）停炉放水后，应及时清除受热面水侧的污垢。锅炉冷却后，打开人孔门进行全面检查，及时清除各受热面烟气侧的积灰和烟垢。根据锅炉停用时间的长短确定其保养方法。

3. 紧急停炉

（1）锅炉紧急停炉是当锅炉或相关设备发生事故时，为了阻止事故的扩大而采取的应急措施。锅炉在运行中遇有下列情况之一时，应紧急停炉：

1）锅炉水位低于水位表的下部可见边缘；

2）不断加大给水及采取其他措施，但水位仍继续下降；

3）锅炉水位超过最高可见水位（满水），放水仍不能见到水位；

4）给水泵全部失效或给水系统故障，不能向锅炉进水；

5）水位表或安全阀全部失效；

6）锅炉元件损坏，危及运行人员安全；

7）燃烧设备损坏，炉墙倒塌或锅炉构架被烧红等，严重威胁锅炉安全运行；

8）其他异常情况危及锅炉安全运行。

（2）紧急停炉的操作步骤如下所述。

1）立即停止给煤，待床层温度下降至400℃以下时，停止送、引风机。

2）将锅炉与蒸汽母管隔断，开启放空阀，如这时锅炉汽压很高或有迅速上升的趋势，可提起安全阀手柄或杠杆排汽，或者开启过热器疏水阀疏水排汽，使汽压降低。

3）停炉后打开炉门，促使空气对流，加快炉膛冷却。

4）因缺水事故而紧急停炉时，严禁向锅炉给水，并不得开启放空阀或提升安全阀排汽，以防止锅炉受到突然的温度或压力的变化而扩大事故。如无缺水现象，可采取进水和排污交替的降压措施。

5）因满水事故而紧急停炉时，应立即停止给水，开启排污阀放水，使水位适当降低，同时开启主蒸汽管上的疏水阀疏水。

第三节　循环流化床锅炉的运行调整

循环流化床锅炉从点火转入正常给煤后，运行操作人员要根据负荷要求和煤质情况调整燃烧工况，以保证锅炉安全经济运行。

运行调整主要有燃烧调整、汽温汽压控制、给水调节三类操作，以满足运行时的如下要求：①满足机组负荷要求；②保持炉内燃烧稳定，不灭火，不超温结焦；③保持汽温、汽压稳定，并在控制范围内；④保持汽包水位稳定。

循环流化床锅炉燃烧方式中物料循环系统的性能与受热面的传热及燃料燃烧密切相关，因此燃烧调整运行与其他锅炉有很大差别。要认真掌握锅炉的流体动力、燃烧、传热的特性及回料系统的特点，不断总结经验，掌握其调节规律及手段，保证流化床锅炉的正常运行。

一、循环流化床锅炉的燃烧调整

循环流化床锅炉的燃烧调整主要是通过对给煤量的调节来调整负荷和控制床温；通过一次风量，一、二次风的分配来调整燃烧和控制汽温、汽压；通过排渣控制床压；保证物料循环系统正常运行，以保证锅炉稳定、连续运行以及保证脱硫脱硝效果。

1. 负荷控制

锅炉负荷的调节主要是通过改变给煤量和与之相应的风量。由于循环物料积累了一定的可燃物，必须要快速调整机组负荷。在增加负荷时，先增加风量，后增加给煤量；反之，降负荷时，先减小风量，后减少给煤量。锅炉升负荷时，整个炉膛温度将提高；锅炉降负荷时，整个炉膛温度将降低，但上部炉膛温度降低幅度更大。

资源 77 - 锅炉负荷调整

流化床锅炉因炉型、燃料种类、性质的不同，负荷变化范围和变化速度也各不相同。对于循环流化床锅炉，负荷可在 25％～110％范围内变化，升负荷速度一般为每分钟 5％～

7%，降负荷速度为每分钟 10%～15%。变负荷能力与煤粉炉相比要大得多。因此，对调峰电站和供热负荷变化较大的中小型热电站，循环流化床锅炉得到了广泛的应用。

对于无外置式换热器的循环流化床锅炉，其变负荷的调节方法一般如下：

（1）采用改变给煤量来调节负荷。

（2）改变一、二次风比，以改变炉内物料浓度分布，从而改变传热系数和温度场分布，并控制对受热面的传热量来调节负荷和汽温、汽压。

（3）通过改变循环灰量来调节负荷。利用循环灰收集器或炉前灰渣斗，在增负荷时，加煤、加风、加灰渣量；在减负荷时减煤、减风、减灰渣量。

（4）采用烟气再循环改变炉内物料流化状态和供氧量，从而改变物料燃烧份额，达到调整负荷的目的。

2. 风量调整

（1）总风量的调整。循环流化床燃烧采取分段送风，使燃烧始终在低过量空气系数下进行。一般情况下，运行风量中一次风占 55%～65%，二次风（包括播煤风、上二次风）占 35%～45%。对挥发分较高的烟煤，一次风比（一次风占总风量的份额）可取上限，对贫煤和无烟煤，一次风比可取下限。

资源 78 - 风量调整

当负荷降低时，上二次风可随之减少，负荷在从 100% 降至 70% 的过程中，仅减少二次风直至满足风口冷却为止，维持播煤风和一次风不变；继续降低负荷过程中，一次风量要减少至满负荷时一次风量的 90% 左右。继续降低负荷也能运行，但对 0～8mm 宽筛分的燃料，冷态空截面速度最低不能低于 0.7～0.8m/s，此为一次风量下限，即在低负荷时，采取高过量空气系数运行。

燃烧室风量的控制是以冷态空截面的速度 1.1m/s 为依据，如 75t/h 循环流化床，床面积为 3m×6m，运行风量为 50 000m³/h（标准状态下）；130t/h 循环流化床面积为 4m×8m，运行风量为 90 000m³/h（标准状态下）。必须说明的是，决定流化质量的是风量，而不是风室静压，只要有足够的流化速度，就能有良好的流化状态，因此运行中必须以风量为准。

（2）一次风量的调整。一次风的作用是保证物料处于良好的流化状态，同时为燃料燃烧提供部分氧气。基于这一点，一次风量不能低于运行中所需的最低风量。实践表明，对于粒径为 0～10mm 的煤粒，所需的最低截面风量为 1800（m³/h）/m² 左右。风量过低，燃料不能正常流化，锅炉负荷受到影响，而且可能造成结焦；风量过大，又会影响脱硫，炉膛下部难以形成稳定燃烧的密相区，对于鼓泡流化床炉必然造成飞灰损失增大。因此，无论在额定负荷还是在最低负荷，都要严格控制一次风量在良好沸腾风量的范围内。

运行中，通过监视一次风量的变化，可以判断一些异常现象。例如：风门未动，送风量自行减小，说明炉内物料层增多，可能是物料返回量增加的结果；如果风门不动，风量自动增大，表明物料层变薄，阻力降低。原因可能是煤种变化，含灰量减少；料层局部结渣；风从较薄处通过；物料回送系统回料量减少等。

一次风量出现自行变化时，要及时查明原因，进行调整。

（3）风量配比。把燃烧所需要的空气分成一、二次风，从不同位置分别送入流化床燃烧室。在密相区内造成欠氧燃烧形成还原性气氛，大大降低热力型 NO_x 的生成；分段送风还控制了燃料型 NO_x 的生成，这是循环流化床锅炉的主要优点之一。但分成一、二次风的目的还不仅如此，一次风比直接决定着密相区的燃烧份额。在同样的条件下，一次风比较大，必然导致密相区的燃烧份额高，此时就要求有较多温度较低的循环物料返回密相区，带走燃烧释放的热量，以维持密相床温度。如果循环物料不足，必然会导致床温过高，无法多加煤，负荷带不上去。根据煤种不同，一次风量一般占总风量的 50％～70％，二次风量占 20％～40％，播煤风及回料风约占 15％。

二次风一般在密相床的上部喷入炉膛，一是补充燃烧所需要的空气；二是可起到扰动的作用，加强气固两相的混合；三是改变炉内物料浓度分布。二次风口的位置也很重要，如设置在密相床上部过渡区灰浓度相当大的地方，就可将较多的碳粒和物料吹入空间，增大炉膛上部的燃烧份额和物料浓度。

播煤风和回料风是根据给煤量和回料量的大小来调整的。负荷增加，给煤量和回料量必须增加，播煤风和回料风也相应增加。播煤风和回料风是随负荷增加而增大的，因此，只要设计合理，在实际运行中只根据给煤量和回料量的大小进行相应调整就可以了。

一、二次风的配比对流化床锅炉的运行非常重要。启动时，可先不启动二次风，燃烧所需的空气由一次风供给。实际运行时，当负荷在稳定运行变化范围内下降时，一次风按比例下降；当降至最低负荷时，一次风量基本保持不变，二次风量大幅度降低。这时，循环流化床锅炉进入鼓泡床锅炉的运行状态。

如果二次风分段送入，第一段的风量必须保证下部形成一个过量空气系数小于 1.0 的燃烧区，以便控制 NO_x 的生成量，降低 NO_x 的排放。

（4）风量配比对汽温和汽压的调节作用。若二次风分段布置，上、下二次风也存在风量分配问题。对循环流化床锅炉，一次风和下二次风的作用相同。一次风量和下二次风量增加时，炉膛下部的热量释放份额增加，炉膛下部的换热量增大，水冷壁的吸热份额增加，过热屏和再热屏配比的吸热份额减少，汽温降低，汽压增加，过热器和再热器喷水流量降低。上二次风的作用与下二次风相反。上二次风风量增加，整体炉膛温度略有增加，炉膛上部的热量释放份额增加，过热屏和再热屏配比的吸热份额增加，汽温增加，汽压降低。

运行人员应能熟练利用以上风量配比变化对汽温和汽压的调节规律，以便在机组负荷波动时对汽温和汽压进行及时调节。

3. 床压控制

循环流化床运行时维持一定厚度的料层是必不可少的。通常料层厚度根据风室静压减去布风板压降的变化来判断，当风量和风室温度一定时，静压增高说明阻力增大，料层增厚，反之亦然。运行人员也可以通过炉膛下部的压力（单个压力测点或数个压力的平均值）的变化来判断料层高度。

资源 79 - 床压控制

在送风机压头给定时，运行料层厚度取决于床料密度和运行负荷，床料（煤、石灰石、灰或其他外加物料）密度小，料层可厚一些；密度大，料层薄一点。满负荷时，物料循环量大，料层应厚；低负荷时，循环量小，料层应薄。床层流化正常时，风室静压指针呈周期摆动，当料层过厚，风室压力指针不再摆动时，表明流化恶化。料层过厚时，应适当放掉部分冷渣，降低料层厚度。当风室压力指针大幅度波动时，可能出现结焦或炉底沉积大量冷渣，应及时排除，在运行中如料层自行减薄，可适当外加床料。

循环流化床锅炉应尽量采取连续或半连续排渣的运行方式，即勤排少排，这样可保证床内料层稳定，防止有效颗粒的流失，有利于锅炉的稳定运行。在运行中，有时随负荷增加一次风量维持不变。如料层厚度增加，风量表指示下降时，应适当开大风门，维持一次风量指示不变，绝不能采用任意开大风门仅用风室静压来作为运行监视调整的办法。

循环流化床锅炉炉膛的床压控制，进一步可以分为炉膛下部床压、中部床压和上部床压的控制。炉膛中上部床压的控制是循环流化床锅炉运行的关键，适当添加必要的外循环物料是调整床压的有效方法。

对一般的循环流化床锅炉，机组负荷降低时，炉内的运行料层厚度、一次风量和风室温度降低，因此，风室压力随之降低。对带外置换热器的循环流化床锅炉，负荷降低时，外置换热器内的循环灰进入炉膛，运行料层厚度增加（为保证机组负荷再增加时需要的循环灰量），料层阻力的增加量大于布风板阻力的减少量，风室压力和下部床压会随之增加。

4. 床温控制

资源 80 - 床温控制

循环流化床锅炉床温控制的重点是避免超温，维持正常床温是流化床锅炉稳定运行的关键，在运行中要时刻注意料层温度的变化。

目前国内外研制和生产的循环流化床锅炉，床温大都选 $800 \sim 950℃$。温度太高，超过灰变形温度，就可能产生高温结焦，并影响 NO_x 排放和降低脱硫效果；温度偏低，对煤粒着火和燃烧不利。不同煤种可据其灰熔点高低和着火难易适当提高和降低，在安全运行允许范围内应尽量保持高些。燃用无烟煤，床温度可控制为 $900 \sim 1000℃$；当燃用较易燃烧的烟煤时，床温度可控制为 $850 \sim 950℃$。

床温取决于燃烧份额的分配，即循环流化床燃烧室每部分热量的产生和吸收平衡在哪个温度上。循环流化床锅炉燃烧室可分为两个区域，一个是下部密相区，另一个是上部稀相区。在稀相区其空隙率远大于密相区。煤燃烧过程释放的热量也分成两部分，燃料全部进入下部密相区，首先释放挥发分，挥发分立即着火燃烧，固定碳则随后逐步燃烧。粗颗粒炭燃烧发生在密相区内，细颗粒焦炭会有一部分被夹带到稀相区燃烧。由于空气是从炉膛不同部位高度分段送入的，一次风量从床底部风室由风帽进入密相区。因此，在保证料层流化质量的情况下，控制一次风总风量的比例，就可使密相区处于还原性气氛，炭颗粒不完全燃烧形成 CO，在炉膛上部与二次风混合进一步燃烧变成 CO_2。这样可以改变密相区的燃烧份额，使炉膛上部也保持较高的温度，有利于细颗粒炭粒子的燃尽。

燃烧份额的分配除与物料循环质量和数量有关之外，还取决于煤的破碎程度、挥发分的高低和一、二次风配比。煤越细，挥发分越高，一次风比例越小，稀相区燃烧份额就越大，密相区燃烧份额就越小。对给定的燃料，为了能稳定满负荷运行，$0 \sim 1mm$ 粒度的煤应达到 40% 以上，挥发分越低的煤，$0 \sim 1mm$ 粒度的煤所占比例应越大。在燃料粒度和煤质确定后，一次风量的大小对运行调整有很大的影响。

在密相区，煤燃烧所释放的热量由三部分吸收。一是一次风加热形成热烟气带走的热量；二是四周水冷壁吸收的热量；三是循环灰带走的热量。这三部分热量中，一次风加热形成热烟气带走的热量最大；循环灰量带走热量其次；四周水冷壁吸收的热量最小，通常与前者差一个数量级。对带埋管的低携带率循环流化床，埋管吸热量与一次风加热成热烟气吸收的热量相当。

如果密相区燃烧份额确定后，对于给定的床温，一次风所能带走的热量及密相区四周水冷壁受热面所能带走的热量也就确定了。为达到该床温所确定的热量平衡即为循环灰带走的热量。

循环灰带走的热量是由循环灰量及返送密相区的循环灰温度所决定的。循环灰量就越大，循环灰温越低，则其与密相区温差就越大，循环灰能带走的热量也就越大，这就又产生了循环物料的平衡问题。物料循环系统的主要作用是捕集粒度较细的颗粒，使密相区的燃烧份额得到有效的控制，同时提高主回路中受热面的传热系数。物料循环质量和数量与主回路中的流动、燃烧、传热均有直接关系，存在一个平衡。

循环灰量是由锅炉设计采用的物料携带率决定的。而携带率又是由原煤破碎程度、石灰石破碎及添加量、设计采用的炉膛风速以及分离器类型等因素决定的。循环灰温度是由结构决定的，采用中温旋风分离器回灰温度为 400～500℃；采用高温旋风分离器，回灰不加冷却，其温度和床温相当，故循环量须很大；当采用冷却式分离器时，回灰经分离器受热面的冷却再返到燃烧室，有利于床温的调节和提高循环系统的可靠性。

根据前述分析，影响炉内温度变化的原因是多方面的，如负荷变化时，风、煤未能很好地及时配合，给煤量不均或煤质变化，一、二次风配比不当等。归纳起来，主要还是风、煤、物料循环量的变化引起的。正常运行时，如果锅炉负荷没有增减，而炉内温度发生了变化，就说明煤量、煤质、风量或循环物料量发生了变化。风量一般比较好控制，但给煤量和煤质（特别是混合煤）不易控制。运行中要随时监视炉内温度的变化，及时调整。

流化床锅炉的燃烧室是一个很大的"蓄热池"，热惯性很大，与煤粉炉不同，所以在炉内温度的调整上往往采用前期调节法、冲量调节法和减量调节法。

前期调节法是指当炉温、汽压稍有变化时，就要及时地根据负荷变化趋势提前小幅度地调节燃料量，不要等炉温、汽压变化较大时才开始调节，否则运行将不稳定，波动较大。

冲量调节法是指当炉温下降时，立即加大给煤量。加大的幅度是炉温未变化时的 1～2 倍，维持 1～2min 后，恢复原给煤量。2～3min 时间内，炉温如果没有上升，将上述过程再重复一次，炉温即可上升。

减量调节法也称为减量给煤法，是指炉温上升时，不要中断给煤量，而是把给煤量减到比正常时低得多，维持 2～3min，观察炉温，如果温度停止上升，就要把给煤量恢复到正常值，不要等温度下降时再增加给煤量。

不管用以上什么方法调节，运行人员都应熟练掌握通过一次风、上二次风、下二次风的分配调整来及时稳定汽温、汽压。

对于采用中温分离器或飞灰再循环系统的锅炉，用返回物料量和飞灰来控制炉温是最简单有效的。因为中温分离器捕捉到的物料温度和飞灰再循环系统返回的飞灰的温度都很低，当炉温突升时，增大循环物料或飞灰再循环量进入炉床，可迅速抑制床温的上升。对于有外置式换热器的循环流化床锅炉，也可通过外置式换热器进行调节；对于设置烟气再循环系统的锅炉，也可用再循环烟气量进行调节。

二、物料循环系统的运行

物料循环系统能否正常投入运行，对锅炉负荷和燃烧效率具有十分重要的影响。在运行中，因分离器的结构已定，其分离灰量随负荷的变化而有所波动，因此系统的正常运行主要取决于回料器的工作特性。

1. 回料阀料封的形成

一般流化床锅炉 U 形阀在运行前阀内应填充料封，否则烟气反窜会引起分离器效率下降，导致循环物料量过少，下降管料位不能建立，回料阀料封不能形成。于是回料阀何时投入运行便显得很重要，一般的方法是阀内先有足够料封后再启动返料。但阀内物料量无法方便地监视，若料位太高，风机压头不够，可能无法返料，这对大型循环流化床锅炉尤其不利。为解决这一问题，大型循环流化床锅炉回料阀的运行方法发生了变化，要保证回料通畅，不发生堵塞。为保证回料畅通，运行时采取如下措施：①锅炉启动时，先启动返料流化风，保证阀内不积存过多的物料；②停炉时，最后停返料流化风，使阀内积存物料尽可能排空。

实践证明，这种循环启动方式可能会不利于料封形成的担心是多余的，大型循环流化床锅炉比小型循环流化床锅炉易于形成料封，原因如下：

（1）大型循环流化床锅炉物料存量大，细物料绝对量多，参与外循环的物料量大；

（2）大型循环流化床锅炉倾向于采用更细粒径的物料。

以上两种因素可以使大型锅炉获得更高的物料循环倍率，更容易形成料封。

一般情况下，循环流化床锅炉正式启动时阀内都有一定物料，其来源是上次停炉时阀内未排空的物料。即使检修时阀内物料全部清理后，启动前进行冷态临界流化风量测定时，也会使返料阀内有物料存留，自然形成料封。

2. 回料阀的启停

许多大中型循环流化床锅炉回料阀采用高压罗茨风机单独供风，所以回料阀的运行其实就是罗茨风机的运行。

一般循环流化床锅炉风机启动顺序：引风机——高压返料风机——二次风机——一次风机。风机停止顺序：一次风机——二次风机——引风机——高压返料风机。

资源 81 - 回料阀启停

在回料阀的启停操作中，防止返料堵塞是关键。锅炉启动时，应先启动返料风机以保证返料阀畅通；停炉时，应尽可能减少阀内存料以利启动，所以高压流化风机应在所有风机中最后关闭，但即使如此，阀内仍有部分物料存留，这些物料能在返料阀启动时减少料封的形成时间。

图 10 - 4 所示为 U 形回料阀的启动（停止）过程，可分为以下几个阶段。

（1）阀内物料由静止到流化 ［见图 10 - 4 （a）、（b）］。高压流化风机启动时仅有引风机启动；炉膛内床料处于静止状态，无循环物料；流化风机启动，压力迅速提高，流量也迅速增大，直到足以流化阀内物料，此时返料风压力达到最大。一旦物料流化，压力便有所回落，因为起始流化静止颗粒的"解锁"过程需要比正常流化时更高的压力。

（2）阀内存料量减少阶段。流化形成后，下降管料封并未形成，下降管内物料也处于流化状态 ［见图 10 - 4 （b）］。一次风机未启动前，因无循环物料，阀内物料可少量返回炉内，阀内存料量减少，所以返料风压呈缓慢下降趋势。

（3）下降管料封形成阶段。一次风机启动后，炉膛内床料流化，开始有循环物料被分离器收集进入返料阀，对阀来说，流进物料量大于流出物料量，下降管料位逐渐升高，阻力增大，下降管流化停止，转为移动床，形成料封 ［见图 10 - 4 （c）］。松动风转向上升管，返料风压力提高。

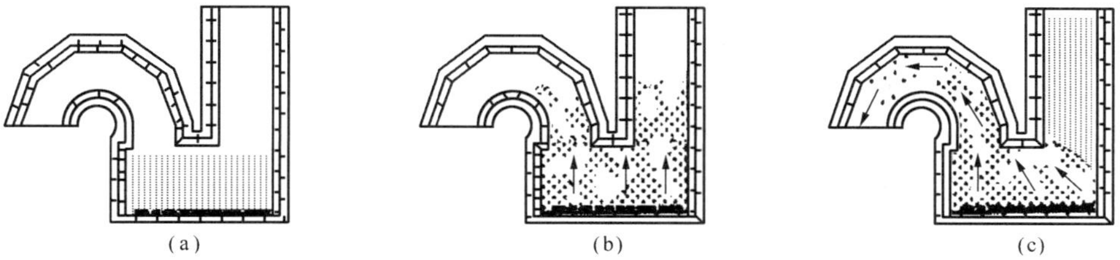

图 10 - 4　U 形回料阀启动（停止）过程

(a) 启动前/停止后；(b) 回料阀启动初期（循环物料量很小，料封尚未形成）；

(c) 回料阀正常运行（料封形成）

（4）一次风量增大，回料量增大，返料风压继续升高，调整风门使风量保持不变。

停运过程与此相反，返料风最后关停。

由此可见，先启后停回料阀并没有对料封的形成造成明显影响，而且简化了运行操作，故这种启动方式优点较明显。回料阀采用容积式风机单独供风，能使风压特性、风量特性（通过电动旁路挡板调节）满足回料阀运行要求，有条件的应尽量采用此种供风方式。

3. 返料控制

锅炉正常投运后，回料阀与分离器相连的立管中应有一定的料柱高度，其作用是一方面，阻止床内的高温烟气反窜入分离器，破坏正常循环；另一方面，因为有压力差，可维持系统的压力平衡。回料阀运行时要求下降管内料位不能处于流化状态，而是整体向下移动，这种状态称为移动床。上升管中物料处于流化床状态，物料不断溢流入炉膛。运行时，回料阀下降管侧压力高于上升管侧，其下风室供风仅起松动物料的作用，在下降管内物料的阻挡下，这股风不是向上流动，而是转向上升管，同时推动水平通道中的物料向上升管侧移动，最后与上升管流化风合并，共同流化物料。所以，下降管的松动风的压力要高，而流量不宜大，上升管的风量则大一些好。循环物料多时，下降管中料位高，松动风压头也相应增高，以便把更多的物料推向上升管，适应高循环倍率的要求；循环物料少时，下降管中料位低，松动风压头也低，回送物料量减少，可适应低循环倍率的要求。

当炉内运行工况变化时，回料阀的输送特性应能自行调整。如锅炉负荷增加时，飞灰夹带量增大，分离器捕灰量增加；如回料阀仍维持原输送量，则料柱高度上升，此时物料输送流率也应自动增加，使之达到平衡。反之，如负荷下降时，料柱高度随之减小，物料输送流率也应自动减少，飞灰循环系统达到新的平衡。

在正常运行中，U 形阀是一种能自平衡返料的非机械回料阀，一般无需调整回料阀的风门开度。当然，U 形阀的物料回送量也可以通过控制流化返料风量调节，许多中小型锅炉启动时要不断控制返料风量。对大型循环流化床锅炉，为使运行简单可靠，一般采用固定的流化返料风量，运行中一般不进行调整，但要保证有足够高的风压以松动物料。罗茨风机是一种容积式风机，它可以在供风压力变化很大的范围内保持流量基本不变，这正适合 U 形阀的运行要求。

回灰系统采用 J 形阀时，应先在冷态试验和热态低负荷试运行中调整送风位置和送风量，由于煤的粒度和燃料特性不同，这种试验是必要的。J 形阀也是一种自平衡阀，无需监控料位，缺点是如果料腿中灰位高度很高时再启动比较困难，需较高压头的空气，在热态运行初始就要开启，实行定风量运行，以免料腿中结焦。

在实际运行中，回料阀的操作比较简单，即一般采用定风量运行，但要经常监视回料阀及分离器内的温度状况和回料阀压力的变化。因为高温旋风分离器下的回料阀内物料温度较高，运行时要注意预防和控制回料阀结焦。此外，还要防止运行中返料突然停止，引起这种事故的主要原因是返料风机跳闸。

三、冷渣器的运行

因流化床式冷渣器运行较为复杂，这里以某台 440t/h 循环流化床锅炉的风水联合式冷渣器的运行为例，进行简要介绍，其他形式冷渣器可参考设备运行说明书。

该型冷渣器的结构及工作原理见前面章节相关内容。

1. 启动前应完成的工作

（1）冷渣器安装完毕后，按要求烘炉。

（2）各热工测量控制表计（温度、压力、流量、风门挡板开度）指示正确，操作控制可靠。

（3）启动前应对水系统进行冲管，冲管要求参照锅炉本体省煤器的冲管要求进行。

（4）冷渣器内畅通，无杂物。

2. 启动运行

（1）启动前应向冷渣器内注入一定量的灰渣作为启动床料。在冷渣器加料时，保持一定的流化风量，灰渣的加入量流化时压差为 $1800 \sim 2000 mmH_2O$。

（2）冷渣器的流化风量由冷渣器风机提供，在锅炉启动时已经启动。

（3）冷渣器分 3 个风室，风室风量应保证物料良好流化。煤种变化时可做适当调整。极端煤种时送入 3 个风室的流化风可调至正常值的 15%。

（4）当灰量少时，为保证冷渣器内灰渣流化，可适当增加风量。

（5）为避免磨损水冷管束，调整时尽量保证第 2 分室和第 3 分室的风速不能过高。

（6）开始排渣时，需依据耐磨耐火材料要求，少量且缓慢地排渣，逐渐加大渣量。运行人员应密切监视冷渣器内温度的变化。

（7）依据冷渣器内压差和温度的变化判断是否排渣。

（8）两根粗灰排放管的排放周期取决于煤质、排渣量和床料的粒度。

（9）正常情况下，从炉膛排放的渣量是根据床压自动进行控制的，而粗灰的排放周期是由运行人员依据具体情况手动操作。

（10）每个班需对排渣阀检查一次。

（11）水冷管束的出口水温保持恒定（应在试运期间确定），出口水温超过限值应增加冷却水的给水量。

3. 冷渣器的停运

（1）炉膛床料不排空的锅炉运行。将锥形阀关闭，在一次风机切除后，进入冷渣器的风量应继续保持，直至冷渣器的各风室温度降至 100℃ 以下。

（2）炉膛床料排空的锅炉停运。在停运过程中，冷渣器的冷却水回路退出运行，为保护埋管，只有当炉膛温度降至 500℃ 以下时，开锥形阀将炉膛床料排出，直至排空布风板上的床料。

必须用最大的流化风量来实现冷渣器床料的降温，把排灰由 500℃ 冷却至 170℃ 左右，以保护冷渣器中的埋管，防止过热。

运行人员必须控制三个风室中的风量和风压，当在某隔仓内堆积大量渣造成该隔仓堵塞时，必须增大去这个隔仓的风量，同时反复数次启动该仓室的粗灰排放阀。若发生堵塞，会导致该室温度降低，因此，可以通过温度测量来判断堵塞和恢复等情况。

冷渣器运行较长时间后或冷渣器运行不正常时，应将冷渣器停运并打开人孔门检查。检查内容包括：检查床内是否有异物，床内耐磨耐火材料是否有损坏或脱落，水冷管束有无泄漏及磨损情况，风帽有无损坏。若发现问题，应及时处理，待处理完毕后可再次投运。注意在维修中，防止风帽小孔的堵塞。

四、给水调节

汽包水位的急剧变化会使汽压、汽温产生波动。如果发生满水或缺水事故，则要被迫停炉。因此，运行中应尽量做到均衡连续供水，使给水流量和蒸发量保持平衡，保持汽包水位正常。

现代大型锅炉给水采用所谓"三冲量"法进行给水自动调节，即根据汽包水位、主蒸汽流量、给水流量三种信号综合判断并自动调节给水流量，保持汽包水位稳定。

当锅炉低负荷运行时，汽包水位应稍高于正常水位，以免负荷增大造成低水位；反之，高负荷运行时应使汽包水位稍低于正常水位，以免负荷降低造成高水位。但上下变动的范围不应超过允许值。当汽包水位变化剧烈时，应注意及时通过上下二次风分配来进行调节，例如汽包水位高时，应加大上二次风，增加过热器和再热器的吸热份额。

五、汽温汽压调节

1. 汽温调节

汽温调节包括过热汽温调节和再热汽温调节。过热汽温主要是通过喷水减温调节，也可以通过烟道挡板调节，或通过调整风量和燃烧进行辅助调整，调节方法见前面过热器章节，在此不再赘述。

对于超高压带再热器的机组，再热汽温的调节和控制也是非常重要的，这也是保证锅炉性能的重要方面。再热汽温的调节方式因炉型而异，如在外置式换热器内布置的再热器可通过调整进入换热器内的高温循环灰量进行汽温调节，尾部双烟道布置的锅炉可通过烟道挡板开度调节再热汽温，当然也可像过热器那样设置喷水减温调节。喷水调温方式虽影响了汽轮机的整体效率，但由于调节灵敏、调温幅度大、可控性好、可靠性高，仍然在循环流化床锅炉中得到了广泛的应用。

2. 汽压调节

汽压调节的主要任务是在锅炉运行中维持主蒸汽出口压力的稳定。

蒸汽压力波动的根本原因是锅炉蒸汽产量和流出量不平衡，如锅炉蒸汽产量大于流出量，汽压升高；如蒸汽产量小于流出量，则汽压降低。影响蒸汽压力波动的因素主要有两类，即"内扰"和"外扰"。所谓"内扰"是指由于锅炉自身原因引起的蒸汽压力波动，如燃烧突然增强，会引起蒸汽产量增大，此时如果流出量不变，会引起锅炉压力升高；反之，如燃烧突然减弱，则会引起蒸汽产量减少，在流出量不变时，引起锅炉压力降低。所谓"外扰"指由于锅炉外部原因引起的蒸汽压力波动，如汽轮机进汽量突然增大，而锅炉蒸汽产量不能马上增大，会导致蒸汽压力下降；反之，会引起蒸汽压力升高。

为了维持蒸汽压力稳定，要设法保持锅炉蒸汽产量和汽轮机蒸汽需求量之间的平衡，目前常采取机炉协调控制方式改善蒸汽产需之间的平衡。另外，在运行中保持燃烧稳定也是保证汽压稳定的重要措施。

第四节　循环流化床锅炉运行仿真训练

本节提供了一套在线运行仿真系统，设备对象是国产 220t/h 循环流化床锅炉。该型锅炉系统简单，适合初学者入门练习。

一、循环流化床锅炉基本规范

锅炉型号为济南锅炉集团有限公司生产的 YG - 220/9.8 - M1 型循环流化床锅炉。该锅炉为高压参数、单汽包、自然循环蒸汽锅炉，采用由炉膛、高温旋风分离器、返料器组成的循环燃烧系统，炉膛为膜式水冷壁结构。过热器分三级布置，中间设二级喷水减温器，尾部烟道设三级省煤器和一、二次风空气预热器。

给煤机将煤送入落煤管进入炉膛，锅炉燃烧所需空气分别由一、二次风机提供。一次风机送出的空气经一次风空气预热器预热后，由左右两侧风道引入水冷风室，通过水冷布风板上的风帽进入燃烧室；二次风机送出的风经二次风空气预热器预热后，通过分布在炉膛前后墙上的喷口进入炉膛，补充空气，加强扰动与混合。燃料在炉膛内流化状态下燃烧，并与受热面进行热交换。炉膛内的烟气（携带大量未燃尽的炭粒子）在炉膛上部进一步燃烧放热。夹带大量物料的烟气经炉膛出口进入旋风分离器之后，绝大部分物料被分离下来，经返料器返回炉膛，实现循环燃烧。分离后的烟气经转向室、高温过热器、低温过热器、省煤器、一二次风空气预热器由尾部烟道排出。

锅炉给水经过在尾部烟道布置的省煤器加热后进入汽包。汽包内的水由集中下降管、分配管进入水冷壁下联箱和水冷屏下联箱、水冷壁管和炉内水冷屏上联箱，然后由引出管进入汽包，汽包内设有汽水分离装置。饱和蒸汽从汽包顶部的蒸汽连接管引至尾部汽冷侧包墙管、前包墙、后包墙、低温过热器、一级喷水减温器、炉内屏式过热器、二级喷水减温器、高温过热器、集汽联箱，最后将合格的过热蒸汽送至汽轮机。布置炉内屏式过热器以利于提高整个过热器系统的辐射传热特性，使锅炉过热蒸汽温度、压力具有良好的调节特性。

仿真运行训练

锅炉基本规范见表 10 - 1。锅炉说明书、系统图、运行规程等资源可扫二维码获取。

表 10 - 1　　　　　　　　　　　　　锅炉基本规范

序号	项目	参数	序号	项目	参数
1	锅炉型式	循环流化床	9	给水压力	14.4MPa
2	锅炉蒸发量	220t/h	10	省煤器出口水温	286.6℃
3	额定蒸汽压力	9.8MPa（g）	11	一、二次风热空气温度	200℃
4	额定蒸汽温度	540℃	12	排烟温度	140℃
5	汽包最高工作压力	10.8MPa	13	排污率	2%
6	过热器出口压力	9.8MPa	14	燃料粒度	≤13mm
7	过热蒸汽温度	540℃	15	低温过热器后含氧量	3.5%～6.5%
8	给水温度	210℃			

二、仿真训练系统主要功能简介

本仿真机可以进行机组的正常工况操作、异常工况操作以及反事故演练。操作员的所有操作所产生的结果响应，都与参考机组的实际运行特性一致。为方便自学，特意开发了任务驱动教学功能。

任务驱动教学功能也称为操作票演示功能，就是针对仿真操作训练，将仿真机组的启动、停止、各种状态运行，以及故障模拟操作分为若干个工作任务，对这些任务一一编写操作票，可对每一个任务进行单独的操作培训。在培训过程中，采用演示、练习交替，任务驱动、目标导向的练习模式。学员培训时，只需要在操作票上，点击右键，即可以弹出"演示模式""练习模式"的选项（见图 10 - 5 箭头标示处），实现培训的演示与练习相结合的培训模式，并可针对学员的个人进度，选择不同的操作票练习。

1. 教学演示功能

所谓演示功能，即仿真系统在演示模式下工作，学员选定学习任务后，打开演示模式，系统会完成以下工作：

—自动重置仿真机工况，系统自动调入规定任务所需要的初始工况；

—自动打开所需要操作的界面，包括 DCS 操作画面和就地操作画面；

—自动演示操作过程；

—自动语音讲解，介绍任务的操作过程和相关内容。

2. 自我练习功能

在练习模式下，学员可以自我练习。在该模式下，系统可以自动重置工况，设置操作环境。然后学员根据操作票说明（见图 10 - 5 右侧部分）逐步（step by step）进行操作，如按操作步骤打开操作界面，包括 DCS 操作界面和就地操作界面。通过反复练习，达到不看操作步骤说明，也可以自行完成任务规定的操作。

操作票的操作指导如图 10 - 5 所示。从左侧的操作票列表中，选择一个操作任务后，右侧框内会显示该任务的操作说明。

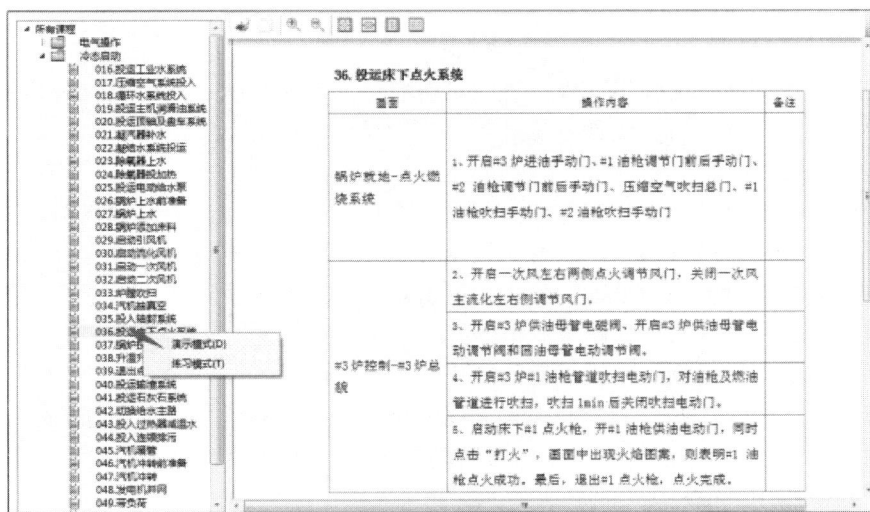

图 10 - 5　操作票演示——任务驱动教学示例

3. 操作票的管理

学员打开操作票题库，可以看到以下操作票：

—启动操作票

—停机操作票

—事故处理操作票

各类操作票又分为若干任务，在实际的使用中可以根据需要增加操作票的个数。

三、测点与面板的显示及操作说明

计算机运行操作画面上鼠标停留时有红色选中框的，可弹出二级面板，显示相关参数信息或相关操作。

1. 电动执行器弹出面板

电动执行器都能单击弹出面板，能进行执行器启动、停止和状态复位，也有禁止操作的检修位，如图 10 - 6 所示。

2. 手动门调节面板

手动门都能单击弹出面板，在操作面板上进行就地手动门的开关操作。开关的数值量能通过点击箭头进行设定，也能通过直接设定输入值或是直接点击相应的数字来完成，如图 10 - 7 所示。

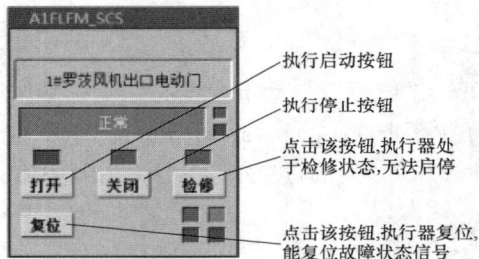

图 10 - 6 电动执行器弹出面板

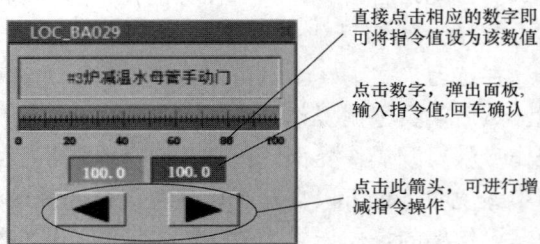

图 10 - 7 手动门调节面板

3. 设备启停面板

设备启停操作都能单击弹出面板，进行设备启动、停止和状态复位，也有禁止操作的检修位。需要进行二次确认后，设备才能进行相应的动作，如图 10 - 8 所示。

4. 模拟量调节面板

模拟量调节都能单击弹出按钮，在操作面板上能显示手动和自动两种状态，手动调节通过箭头按钮对目标指令进行输入，同时能显示实际反馈数值。面板上同时有自动和手动的投切按钮，单击即可进行自动和手动的投入，点击自动按钮同时设定目标指令，设备自动进行调节，同时能显示反馈数值，如图 10 - 9 所示。

四、锅炉仿真运行示例——锅炉启动操作

锅炉仿真运行操作内容较多，书中无法逐一介绍，完整的运行仿真训练操作见在线仿真系统（可扫二维码进入）。本节以锅炉冷态启动中的几步典型操作为例，简要介绍该仿真系统的锅炉启动操作。

图 10 - 10～图 10 - 14 为几个主要的仿真操作界面。

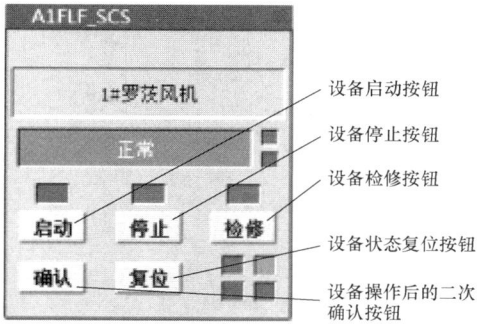

图 10-8　设备启停面板

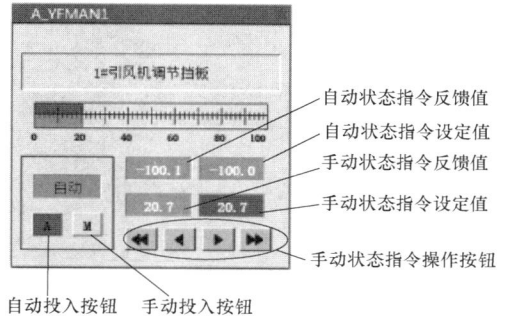

图 10-9　模拟量调节面板

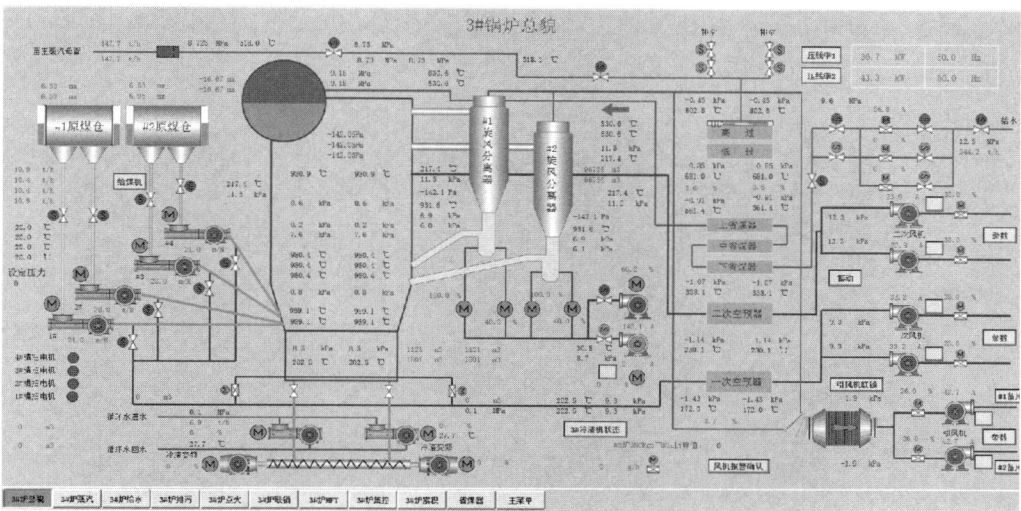

图 10-10　"锅炉总貌"界面

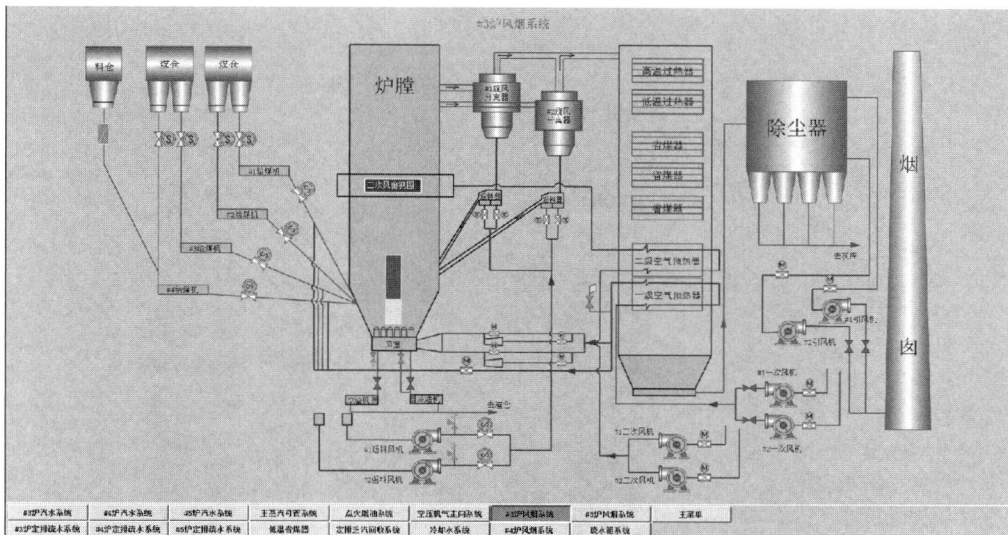

图 10-11　"锅炉就地-风烟系统"界面

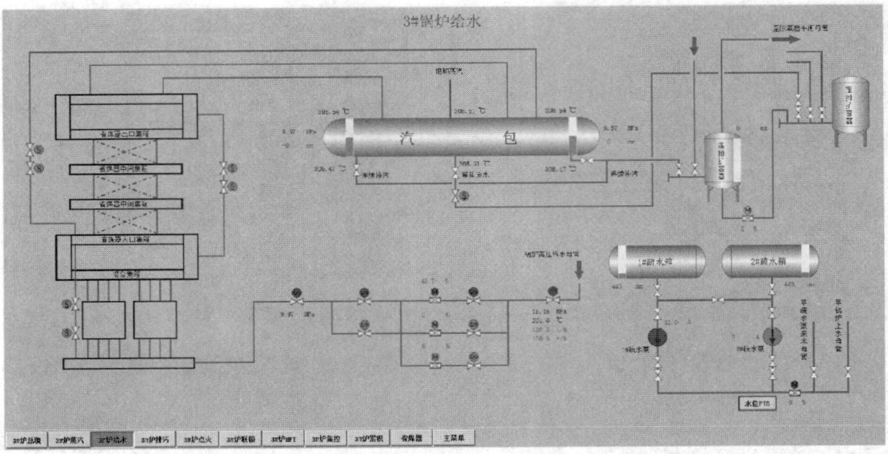

图 10-12　"锅炉给水"界面

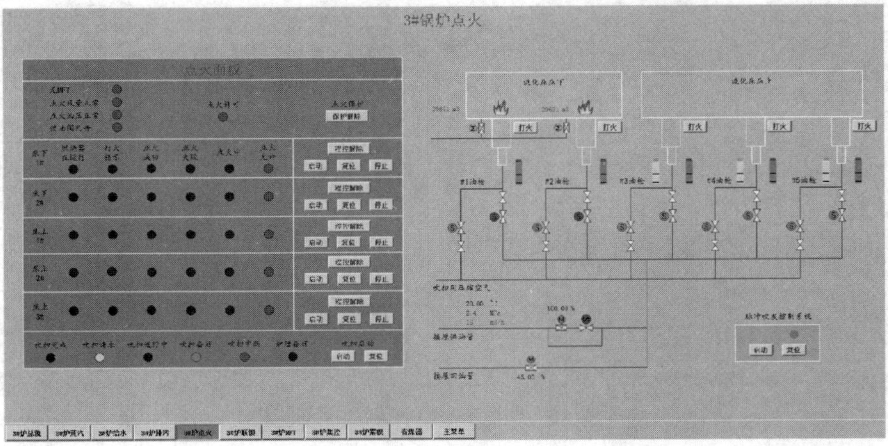

图 10-13　"锅炉点火"界面

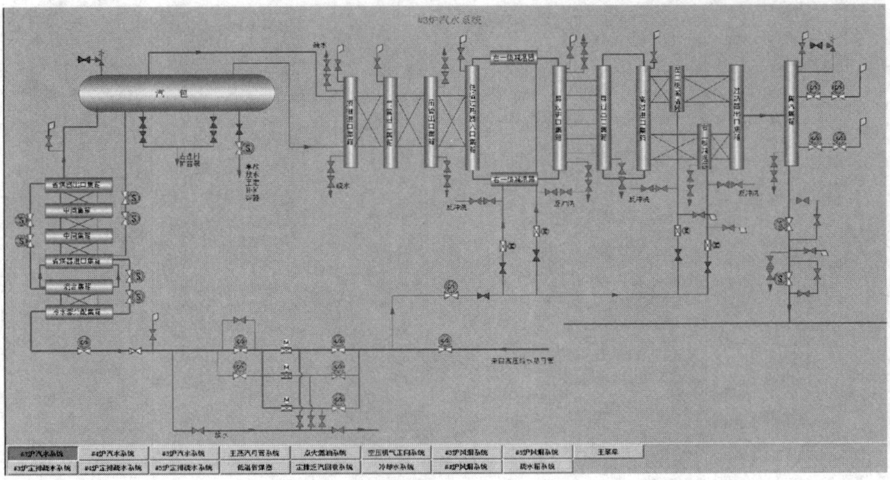

图 10-14　"锅炉就地-汽水系统"界面

1. 锅炉上水

向锅炉上水可通过疏水泵向锅炉定期排污联箱反上水，也可以启动汽轮机电动给水泵向锅炉进行上水。

（1）锅炉定期排污反上水操作说明：

1）打开"♯3炉控制"—"♯3炉汽水系统"界面，开启各过热器手动空气门，开启集汽联箱电动门。

2）打开"锅炉就地"—"♯3定期排污连排疏水放水系统"界面，开启各定期排污手动门。

3）打开"锅炉就地"—"疏水箱系统"界面，开启疏水母管至定期排污联箱手动总门和♯3炉定期排污联箱手动门，向锅炉进行上水。

4）当3号炉汽包水位上至−150mm时，关闭疏水母管至3号炉定期排污联箱手动门和3号炉汽水系统空气门，停止疏水泵运行，关闭所有定期排污手动门，3号锅炉上水完成，开启省煤器再循环电动门。

（2）给水泵上水操作说明：

1）打开"♯3炉控制"—"♯3炉汽水系统"界面，开启各过热器手动空气门，打开集汽联箱电动门。

2）打开"公用系统"—"公用除氧"界面，开启2号给水泵出口电动门、低温高压给水母管电动隔离门、3号机高压加热器给水旁路电动门、高温高压给水母管电动门、3号炉主给水一道电动门。

3）打开"♯3炉控制"—"♯3炉给水"界面，开启3号炉主给水三道电动门、3号炉主给水四道电动门、3号炉给水小旁路电动门，通过调节3号炉给水小旁路电动调节门开度控制锅炉上水速度。当3号炉汽包水位上至−150mm时，关闭给水小旁路电动调节门，锅炉上水完成，开启省煤器再循环电动门。

2. 风机系统投运

（1）打开"锅炉就地"—"♯3炉风烟系统"界面，开启3号炉1号和2号引风机出口手动门、1号和2号一次风机出口手动门、1号和2号高压返料风机排空手动门。

（2）打开"锅炉就地"—"冷却水系统"界面，检查并开启3号炉引风机、一次风机、二次风机轴承冷却水手动门。

（3）打开"♯3炉控制"—"♯3炉总貌"界面，检查并开启一次风左右主电动风门、左右两侧返料器流化风和输送风电动风门。点击启动1号引风机，打开1号引风机入口电动调节挡板操作界面，设置炉膛出口压力为−100Pa，投运自动；再启动一次风机，控制总一次风量在40 000m³/h左右；最后开启1号高压返料风机出口电动门，启动1号高压返料风机，关闭风机出口手动排空门，通过调整返料风机频率控制返料风机出力。

3. 锅炉上床料

检查锅炉各风机已启动。

（1）打开"锅炉就地"—"♯3炉风烟系统"界面，开启料仓至4号给煤机下料手动门，向给煤机进料。

（2）打开"♯3炉控制"—"♯3炉总貌"界面，启动4号给煤机，调节给煤机转速向炉膛上料。当风室压力达到5kPa左右时，上料完成。停止4号给煤机运行，关闭料仓至4

号给煤机手动门。

4. 锅炉点火

（1）打开"锅炉就地"—"点火燃烧系统"界面，开启 3 号炉进油手动门、1 号油枪调节门前后手动门、2 号油枪调节门前后手动门、压缩空气吹扫总门、1 号油枪吹扫手动门、2 号油枪吹扫手动门。

（2）打开"♯3 炉控制"—"♯3 炉总貌"界面，开启一次风左右两侧点火调节风门，关闭一次风主流化左右侧调节风门。开启 3 号炉供油母管电磁阀、开启 3 号炉供油母管电动调节阀和回油母管电动调节阀。首先，开启 3 号炉 1 号油枪管道吹扫电动门，对油枪及燃油管道进行吹扫，吹扫 1min 后关闭吹扫电动门；其次，启动床下 1 号点火枪，开 1 号油枪供油电动门，同时点击"打火"，画面中出现火焰图案，则表明 1 号油枪点火成功；最后，退出 1 号点火枪，点火完成。

5. 锅炉升温升压

机组启动采用滑参数启动。

（1）打开"锅炉就地"—"♯3 炉汽水系统"界面，开启各过热器疏水手动门、集汽联箱疏水手动门、主蒸汽管道疏水手动门。

（2）打开"锅炉就地"—"主蒸汽母管系统"界面，开启主蒸汽母管各疏水手动门、隔离电动门前后疏水手动门、电动门旁路手动门。

（3）打开"♯3 炉控制"—"♯3 炉蒸汽"界面，开启 3 号炉主汽一道电动门、主汽二道电动门、主蒸汽母管 1、2、3 号联络电动门。

（4）锅炉升温过程中，调整油枪油量，控制锅炉床温的温升速率为 112℃/h。水冷风室温度控制在 650℃ 以内；汽包上下壁的壁温差不大于 40℃。（汽包饱和温度升温速率为 1℃/min，后期以后升温速率可提高至 1.5℃/min）。当锅炉床温超过 450℃ 时，检查给煤机启动条件满足，投运一台给煤机运行进行"脉冲"给煤（脉冲给煤——就是间断性的启停给煤机，进行少量给煤，以使床料和给煤量充分混合，提高原煤的温度直至达到煤的着火点）。

（5）打开"♯3 炉控制"—"♯3 锅炉总貌"界面，在启动第一台给煤机运行时，应少量给煤 60s，停运 60s，观察床温升高，氧量显示下降，连续进行脉冲投煤，待床温升高至 650℃ 以上时，改用连续投煤方式。待连续给煤后，床温上涨至 800℃ 以上时，炉膛内燃烧稳定，可分别停止油枪运行，油枪停止后关闭供油总门，油枪进行吹扫，处于备用状态。缓慢开启一次风左右侧主流化风门，关闭点火风门，进行风门切换。

（6）锅炉升压过程中，当锅炉汽包压力达到 0.1～0.2MPa 时，关各部空气门，投运锅炉汽水连续取样装置，冲洗并对照就地水位计并校对远程和就地汽包水位计数值。当汽包压力升至 0.29MPa 时，通知检修人员热紧各法兰等，热紧时保持汽压稳定；当汽包压力至 0.47MPa 时，通知化学加药；当汽包压力达到 0.49MPa 时，关闭二级减温水疏水门；当汽包压力到 0.78MPa 时，关闭过热器各疏水阀，锅炉定期排污一次，保持汽包正常水位，待化学人员通知后开启连续排污门。机组滑启时，主蒸汽压力 1.5MPa、主蒸汽温度 250℃ 时，汇报值长，通知汽轮机专业人员，并保持参数稳定；锅炉控制主蒸汽参数为 2.0～2.5MPa，主汽压力为 270～280℃，供汽轮机冲转。

6. 除渣系统投运

（1）打开"锅炉就地"—"＃3炉风烟系统"界面，开启3号炉1、2号放渣手动门。

（2）打开"锅炉就地"—"冷却水系统"界面，检查开启3号炉1、2号冷渣器进出口冷却水手动门。

（3）打开"＃3炉控制"—"＃3炉总貌"界面，启动1、2号链斗输送机，频率给定50％；再启动1、2号冷渣器，调整冷渣器频率，控制料层压差。

第五节　循环流化床锅炉运行常见问题分析

在循环流化床锅炉的实际运行中经常遇到一些问题。这些问题可概括为两个方面，一是操作技术问题，二是设备在设计、制造、安装等方面存在的问题。

流化床燃烧是一门新的燃烧技术，需要有一个不断认识和熟练的过程才能掌握其规律。就现在投入运行的循环流化床锅炉来看，问题多出在设备自身。特别是国内开发、研制的循环流化床锅炉，由于研制资金投入不足，开发力量分散，试验手段欠缺，对炉内工作特性掌握不够，而市场需求又迫使未经商品化过程的实验炉马上推向市场，必然会出现这样或那样的问题。另外，由于循环流化床锅炉自身特有的气固两相流动特点，使得其磨损明显高于其他炉型，这也是循环流化床锅炉亟待解决的问题。

一、出力不足问题

早期国产的循环流化床锅炉存在的主要问题是锅炉额定蒸发量达不到设计值。影响这一问题的因素是多方面的，主要有以下几点。

1. 燃烧份额的分配不够合理

循环流化床锅炉的运行是否正常，是否能够达到额定出力，物料平衡和热平衡是关键。运行时实际燃烧份额分配与设计是否相符合会直接影响运行工况。

资源 82 - 出力不足问题

所谓物料平衡，简单地说，就是炉内物料与锅炉负荷之间的对应平衡关系。具体来讲，物料的平衡包括三个方面的含义：一是物料量与相应物料量下锅炉负荷之间的平衡关系；二是物料的浓度梯度与相应负荷之间的平衡关系；三是物料的颗粒特性与相应负荷之间的平衡关系。这三个含义缺一不可。对于循环流化床锅炉，每一负荷工况下，均对应着一定的物料量、物料梯度分布和物料的颗粒特性。炉内物料量的改变，必然影响炉内物料的浓度，从而影响传热系数，床温和负荷也就随之改变。如果仅仅在量上达到了平衡，而浓度的分布不合理，也必然会影响炉内温度的均匀性和热量的平衡。另外，即使上述两个条件均满足，但物料的颗粒特性达不到设计要求，也很难使负荷稳定。反过来说，在物料的颗粒特性与负荷不平衡的条件下达到物料量和浓度分布的平衡是很难的，仅仅通过改变一、二次风比的方法来调整物料的浓度分布，必然会影响炉内的动力特性，而且物料的颗粒大小对炉内传热系数也有影响。因此，若要保证锅炉的出力，首先要保证物料的平衡。

所谓热平衡，就是指燃料在燃烧室内沿炉膛高度上、中、下各部位所放出的热量与受热面所吸收的热量的平衡。只有达到这种平衡，炉内才能有一个较均匀、理想的温度场。一般来说，循环流化床锅炉燃烧室内横向、纵向温度差都不会超过50℃（一般都在20℃左右）。只有在一个较理想的温度场下，炉内各部分才能保证实现设计的传热系数，工质才能吸收所

需的热量，从而达到各部位热量的平衡，保证锅炉出力。物料平衡与热平衡是相辅相成的，要达到这两个平衡，必须确定进入燃烧室内的燃料在上、中、下各部位的燃烧份额。如果在各部位的燃烧份额分配不合理，就必然会造成局部温度过高，而另一些部位温度太低，受热面吸收不到所需的热量，从而影响锅炉的出力。

目前，一些循环流化床锅炉达不到额定负荷的一个主要原因就是锅炉设计时燃烧份额分配得不尽合理，或者是运行中燃烧调整不当，致使燃料燃烧份额分配未达到设计要求。例如，某台早期的循环流化床锅炉，设计时燃料燃烧份额的分配是按沸腾炉推算而来的，炉内下部密相区燃烧份额为 70%。当锅炉投运后，实际测试其燃烧份额应不大于 67%，加上煤种的变化和燃煤颗粒较粗，实际运行下部密相区燃料燃烧份额已大大超过设计值。这样，锅炉下部燃料燃烧时放出的热量不能很快或不能完全被受热面所吸收而被工质带走。同时，因无其他的调节手段，于是锅炉下部密相床就会出现床温过高现象。为避免结焦，往往采用减少给煤量或增大一次风量的方法来解决。而给煤量的减少，必然使锅炉负荷降低；增大一次风量，一是受风机本身出力的限制；二是加大了受热面的磨损，加大了排烟热损失，降低了锅炉效率。因此，燃料燃烧份额的合理分配十分重要。

2. 燃料的粒径和份额与锅炉不适应

循环流化床锅炉的入炉煤中所含较大颗粒只占很少一部分，而较细颗粒的份额所占的比例却较大，也就是要求有合适的级配。而目前投产的部分循环流化床锅炉由于燃料制备系统选择不合理，没有按燃料的破碎特性选择合适的工艺系统和破碎机，或者是燃料制备系统设计合理，适合设计煤种，而实际运行时，由于煤种的变化而影响燃料颗粒特性及其级配，造成锅炉出力下降，或者即使满足物料平衡，由于炉膛下部的物料浓度过大，造成一、二次风机厂用电率的增加。

3. 受热面布置不合理

悬浮段受热面与密相区受热面布置不恰当或有矛盾，特别是在燃用劣质煤时，密相区内受热面布置不足，锅炉负荷高时床温超温，这无形中限制了锅炉负荷的提高。

4. 分离器效率低

分离器运行实际效率达不到设计要求是造成锅炉出力不足的重要原因。锅炉设计时采用的分离器效率往往是套用小型冷态模型试验数据而定的。然而，在实际运行时，由于热态全尺寸规模与冷态小尺寸规模有较大差异。例如，温度、物料特性（尺寸）、结构设计、二次夹带等因素以及负荷变化等影响，使分离器实际效率显著低于设计值，导致小颗粒物料飞灰增大和循环物料量的不足。因此，造成悬浮段载热质（细灰量）及其传热量不足，炉膛上、下部温差过大，使锅炉出力达不到额定值。同时，造成飞灰可燃物含量增大，影响燃烧效率。

5. 锅炉配套辅机的设计不合理

循环流化床锅炉能否正常运行，不仅仅是锅炉本体自身的问题，锅炉辅机和配套设备能否适应循环流化床锅炉的特点对锅炉也会有很大影响。特别是风机，如果其流量、压头选择不当，将影响锅炉出力。总之，循环流化床锅炉本体、锅炉辅机和外围系统以及热控系统，这些必须作为一个整体来统一考虑。如何改善这些因素，使锅炉能够满负荷运行，这是设计、制造、使用单位需要共同解决的问题。经过十几年来的实践，科研人员对循环流化床锅炉的工艺技术过程和运行特性的认识已经逐渐深入，对某些问题的原因分析或看法也已逐步取得共识，提出了一些切实可行的改善措施。例如，改进分离器的结构设计从而提高其分离效率，改进燃料制备系统、减小粒径、改善级配从而增大小颗粒份额，在一定的燃烧份额分配下，采取有效的措施以保证物料平衡和热平衡，正确地设计和选取辅机及其外围系统，增设飞灰回燃系统和烟气再循环系统，注意控制炉内的物料分布的控制等，都为循环流化床锅炉技术的成熟打下了一定的基础。

二、床层结焦问题

在循环流化床锅炉的实际运行中，如果炉内温度超过灰渣的熔化温度，就会导致结焦，破坏正常的流化燃烧状况，影响锅炉正常运行。对于大多数循环流化床锅炉和鼓泡床锅炉，结焦现象主要发生在炉床部位。要及时发现并及时处理结焦，尽量不要等焦块扩大或全床结焦时再采取措施，否则，不但清焦困难，而且易损坏设备。结焦主要有以下几种原因。

资源 83 - 床层结焦问题

（1）操作不当，造成床温超温而产生结焦。

（2）运行中风室风量低于最小流化风量，使物料不能很好流化而堆积。

（3）炉膛内耐火浇注料脱落压住风帽，造成局部区域物料不流化，床温超温结焦。

（4）燃料制备系统的选择不当。燃料级配过大，造成粗颗粒份额较大，使密相床超温而结焦。

（5）煤种变化太大。必须说明，对循环流化床来说，燃煤较高的灰分在运行上是一个有利条件，即使分离器效率略低，也能保持循环物料量的平衡。而煤的挥发分低是不利条件，炉膛下部密相区容易产生过多热量。对既定的燃料制备系统来说，一般是根据某一设计煤种来选取的，虽然有一定的煤种适应性，但如果煤种的变化范围过大，肯定有不适合于这种破碎系统的煤种，而这种煤又恰恰是挥发分含量低、运行人员又没及时发现的，时间一长就会结焦。因此可以概括地说，循环流化床锅炉可以烧各种燃料，但也许对某一台循环流化床锅炉及其燃料制备系统来说，却是不适用的。

实际运行中的一些现象和参数变化可以帮助我们及时判断是否结焦，如风室静压波动很大、有明亮的火焰从床下窜上来、密相区各点温差变大、局部温度异常等，这很可能是发生了结焦。总之，如果合理控制床温和床压，进行合理的风煤配比，就可以有效地防止炉膛结焦的发生。

循环流化床锅炉在点火过程中也可能发生低温结焦和高温结焦，给点火带来困难或造成点火失败。低温结焦是指在点火过程中，整个流化床的温度还很低（400～500℃），但由于点火过程中风量较小，布风板均匀性差，流化效果不好，使局部达到着火温度，虽然尚未流化，但此时的风量却足以使之迅速燃烧，致使该处物料温度超过灰熔点而结焦。此时，整个床层的温度还很低，故称为低温结焦。这类焦块的特点是熔化的灰渣与未熔化的灰渣相互黏结。当发现结焦时，应立即用专用工具推出，然后重新启动。

高温结焦发生在点火后期料层已全部流化，床温已达到着火温度时，此时料层中可燃成分很高，床料燃烧异常猛烈，温度急剧上升，火焰呈刺眼的白色，当温度超过灰熔化温度时，就有可能发生结焦。高温结焦的特点是面积大，甚至波及整个床，且焦块由熔化的灰渣组成，质坚、块硬。这种结焦一经发现要立即处理，否则会扩大事态，进一步加大处理的难度并延长处理时间。

对于这两种结焦，只要认真做好冷态试验，控制好温升及临界流化风量并按点火过程进行操作，就可以避免。

三、回料系统常见问题

（一）结焦

1. 结焦的原因

结焦是高温分离器回料系统的常见故障。其根本原因是物料温度过高，超过了灰渣的变形温度而黏结成块。结焦后形成的大渣块能堵塞物料流通回路，引起运行事故。结焦部位可发生在分离器内、立管内和回料阀内。结焦的主要原因有以下几个。

（1）燃烧室超温。高温分离器运行时，温度与燃烧室温度相近，有的甚至高于燃烧室温度。如果燃烧室运行时超温，则进入旋风分离器的循环灰温度容易超过灰的变形温度，甚至引起未燃碳的二次燃烧，从而引发结焦。

（2）回料系统漏风。正常工况下，回料系统应无漏风，旋风筒内烟气含氧量少，循环灰以一定速度移动，停留时间较短，因此不足以引起循环灰燃烧。若系统有漏风，则易引起循环灰中碳燃烧而结焦。

（3）循环灰中含碳量过高。如锅炉点火启动时燃烧不良，或运行中风量与燃煤粒度匹配不佳，或燃用矸石、无烟煤等难燃煤，因其挥发分少、细粉量多、着火温度高、燃烧速度慢等原因，都可导致过多未燃细炭粒进入旋风分离器而使循环灰中含碳量增加。灰中含碳量高会增大结焦的可能性。

（4）循环灰量太少。灰量少使得循环灰在回料系统中移动太慢，几近静止，易引起结焦；同时，灰量太少易使燃烧室烟气携带煤粒倒卷吹入返料器，也易引起结焦。

（5）回料通路防磨耐火材料塌落、大块异物堵塞，或返料风量太小，物料无法回送，积聚起来导致结焦。

2. 防止结焦的措施

（1）使用煤种及其粒径配比尽量与设计一致；如果煤种变化后灰熔点降低，则燃烧室运行温度应进行相应调整；燃用矸石、无烟煤时，尽早按一、二次风比例投入二次风，以加强煤在燃烧室中的燃烧，减少在回料系统中的后燃；制煤设备应及时调整，以达到粗细颗粒的合理配比。

（2）运行中应密切监视高温旋风分离器温度和分离器压降，若发现分离器超温，应调节风煤比控制燃烧室温度，如不能纠正，则应立即停炉查明原因。

（3）检查回料系统的密封是否良好，若发现漏风，应及时解决。

（4）检查回料系统是否畅通，若有异物应及时排除。

（5）保证适当的返料风量。风帽堵塞、返料风室中有落灰等，均会引起返料风量减小，若发现此类问题要及时解决。

（6）定时监视回料阀风室压力的变化，如果风室压力异常变化（特别是异常减小），应及时调整。

（二）分离器分离效率下降

1. 分离器分离效率下降的原因

影响高温分离器分离效率的因素很多，如形状、结构、进口风速、烟温、颗粒浓度与粒径等。已建成的循环流化床锅炉分离器结构参数已定，且一般经过优化设计，故结构参数的影响不再讨论。运行中分离器效率如有明显下降则可考虑以下因素。

（1）分离器内壁严重磨损、塌落，从而改变了其基本形状。

（2）分离器有密封不严之处，导致空气漏入，产生二次携带。

（3）床层流化速度低，循环灰量少且细。

（4）旋风分离器中心筒变形、破损或脱落。

需要强调的是，漏风对分离效率的影响很大。正常状态下，分离器旋风筒内静压分布特点为外周高中心低，锥体下端和灰出口处甚至可能为负压。分离器筒体尤其是排灰口处若密封不佳，有空气漏入，就会增大向上流动的气体速度，并把筒壁上已分离下来的灰夹带走，直接由排气管排出，严重影响分离效率；漏风还可能引起结焦，故漏风问题不可轻视。

2. 防止分离器效率下降的措施

（1）发现分离器效率明显降低时，应先检查是否漏风、窜气，如有，则解决漏风和窜气问题。

（2）检查分离器内壁磨损情况，若磨损严重则应进行修补。

（3）检查燃煤粒度和流化风量，应使流化风量与燃煤粒度相适应，以保证一定的循环物料量。

（三）回料阀烟气反窜

非机械阀是目前循环流化床锅炉中应用最广泛的一种物料回送装置，是回料系统的关键部件。一旦出现烟气从燃烧室经返料器短路进入旋风分离器的现象，说明回料系统的正常循环被破坏，回料阀也就无法完成其任务。

1. 出现这种现象的原因

（1）回料阀立管料柱太低，不足以形成料封，易被返料风吹透。

（2）返料风调节不当，使立管料柱流化。

（3）返料器流通截面较大，循环灰量过少，燃烧室烟气会吹进返料器。

2. 防止措施

（1）设计时应保证一定的立管高度，返料器流通截面应根据循环灰量适当选取。

（2）对小容量锅炉，因立管较短，应注意启动和运行中对回料阀的操作：①锅炉点火前，返料风关闭，回料阀及立管内要充填细循环灰，形成料封；②点火投煤稳燃后，待分离器下部已积累一定量的循环灰后，缓慢开启返料风，注意立管内料柱不能流化；③正常循环后，返料风一般无需调整；④压火后热启动时，应先检查立管和回料阀内物料是否足以形成料封。其他操作同冷态启动。

总之，回料阀操作的关键是保证立管的密封，保证立管内有足够的料柱能够维持正常循环。

（四）回料阀堵塞

回料阀是循环流化床锅炉的关键部件之一，如果回料阀突然停止工作，会造成炉内循环物料量不足，汽温、汽压急剧降低，床温难以控制，危及设备安全运行。为防止返料器堵塞，保证锅炉稳定、安全运行，应勤检查、勤调节，及时发现问题，及时处理。

一般回料阀堵塞有两种情况。第一种情况是由于流化风和回风量不足，造成循环物料大量堆积而堵塞。通风不足的原因有以下几方面：①回料阀下部风室落入冷灰使流通面积减小；②风帽小孔被灰渣堵塞，造成通风不良；③风帽的开孔率不够，不能满足流化物料所需的流化风；④回料系统发生故障；⑤风压不够。这些因素都有可能造成物料流化不良而最终使回料系统发生堵塞。回料阀堵塞要及时发现，及时处理，否则，堵塞时间一长，物料中可燃物质可能会再次燃烧，造成超温、结焦，扩大事态，给处理增加难度。处理时，要先关闭流化风，利用下面的排灰管放掉冷灰，然后采用间断送风的形式投入回料阀。第二种情况是回料阀处的循环灰结焦而堵。这种结焦与流化程度、循环物料的温度、循环物料量的多少都有关系。如果回料阀处漏风，也会造成局部超温而结焦。为避免此类事故的发生，应对回料阀进行经常性检查，监视其中的物料温度，特别是采用高温分离器的回料系统，应选择合适的流化风量和松动风量，并防止回料阀处漏风。

第六节 锅 炉 事 故

锅炉事故主要指锅炉某部分损坏或运行失常，使锅炉的整套设备停止运行、减少供汽量甚至爆炸等。它不但会迫使锅炉停止运行，甚至会造成人身伤亡。

造成锅炉事故的原因是多方面的，其中运行操作不当是主要原因。此外，设计、制造、安装、改造、检修等方面存在的问题也会引起事故。

一旦发生锅炉破坏事故，应立即采取措施，防止事故蔓延扩大。如扑灭火源，防止火灾，切断必要的电源等。另外，要保护现场，为调查事故创造条件。锅炉事故的主要原因查清后要对事故的责任者进行处理，并制订相应的防范措施。

常见的锅炉事故有水位事故、爆管事故、燃烧事故等。

一、水位事故

（一）锅炉满水

1. 现象

（1）水位高报警，就地水位计指示高水位。

（2）给水流量不正常地大于蒸汽流量。

（3）满水严重时，蒸汽温度下降。

（4）过热器及蒸汽管道内发生水冲击，汽轮机电动主闸门、主汽门等处大量喷出湿蒸汽。

2. 原因

（1）自动给水失灵或调整门卡涩未及时发现和处理。

（2）给水压力急剧变化。

（3）运行人员监视不够，调整不及时或误操作。

（4）给水门漏流严重或控制失效。

3. 处理措施

（1）发现水位升高时，应校对水位表，并立即采取降低水位的措施。解列自动，减少给水，开启事故放水门，将水位放至＋100mm 以下关闭，稍开过热器疏水门。

（2）如处理无效，水位继续升高，记录水位计、自动水位计同时上升至＋200mm 及以上，就地水位高于水位计可见边缘时，应立即紧急停炉并汇报值长，通知汽轮机值班人员和邻炉值班人员。

（3）待水位恢复正常后，得到值长批准后，重新点火投入运行。若不能恢复，应按正常停炉处理。

（二）锅炉缺水

1. 现象

（1）水位低报警。

（2）给水流量不正常地小于蒸汽流量（炉管爆破时例外）。

（3）过热蒸汽温度升高。

2. 原因

（1）运行人员监视不够，调整不及时或误操作（如错关给水门、错开事故放水门、忘关定期排污等）。

（2）给水自动失灵或调整门卡涩未及时发现和处理。

（3）给水管路或给水泵故障给水，造成给水压力低。

（4）省煤器或水冷壁爆破。

（5）锅炉负荷变化大调整不及时。

3. 处理措施

（1）发现锅炉水位低时，应校对各水位表，并用加大给水、提高给水压力或缓慢减负荷的方法，使水位迅速恢复正常。同时，检查给水门及事故放水门是否正常，是否误操作。

（2）如处理无效，水位继续下降且记录水位计、自动水位计同时下降至－200mm 及以下，就地水位低于水位计可见边缘时，应立即紧急停炉，汇报值长，通知汽轮机值班人员和邻炉值班人员。

（3）禁止向严重缺水的锅炉止水。

（4）禁止开省煤器再循环门。

（5）如因水位下降而被迫紧急停炉，待缺陷消除后，经值长批准，方可重新点火投入运行。

（6）如对缺水程度不明，需经检查同意后方可上水重新点火。

（7）如不能恢复运行，按正常停炉处理。

（三）汽包水位计损坏

1. 现象

（1）玻璃管损坏后有汽水喷出。

（2）有爆破的声音。

2. 处理措施

（1）汽包水位计损坏时，应立即将损坏的水位计解列，关闭汽门、水门，开启放水门。并采取措施修复损坏的水位计。用另一台水位计监视水位，但不允许冲洗。

（2）当汽包水位计全部损坏时，若给水自动调节可靠、水位报警器良好、电接点水位计、记录水位计指示正确，并在 4h 内曾与汽包水位计校对过的条件下，允许锅炉继续运行 2h。

（3）采取紧急措施，尽快修复汽包水位计。

（4）保持锅炉负荷稳定。

（5）如给水自动不可靠或水位报警器动作不可靠，在汽包水位计全部损坏时，只允许根据可靠的电接点水位计、记录水位计，并参照给水流量与蒸汽流量的指示维持运行 20min。

（6）如汽包水位计全部损坏，且电接点水位计、记录水位计运行不可靠时，应紧急停炉。

二、爆管事故

(一) 水冷壁爆破

1. 现象

(1) 水位表指示迅速下降,蒸汽压力、流量下降。

(2) 给水流量不正常地大于蒸汽流量。

(3) 炉内有响声,由燃烧室向外喷烟和蒸汽。

(4) 炉膛负压变正,火焰发暗甚至灭火。

(5) 引风机电流增大。

(6) 排烟温度降低。

(7) 水冷式分离器的水冷壁爆破,返料温度降低,严重时导致返料器堵塞。

2. 原因

(1) 锅炉水循环不良或管内有杂物堵塞;炉内局部结焦;长期低水位、低负荷运行;定期排污操作不当以及忘关定期排污门等致使水循环破坏,局部过热造成爆管。

(2) 给水质量不符合标准或炉水监督不力,水冷壁管内部结垢或腐蚀造成爆管。

(3) 管材质量、焊接质量不合格。

(4) 管子外部机械损坏或被异物砸坏。

(5) 管壁被磨损变薄或被邻近爆破的管子吹坏未做处理。

(6) 点火、停炉操作不当使管子受热不均而损坏。

3. 处理措施

(1) 若加大给水后能维持水位并不影响邻炉上水时,不必紧急停炉,应报告值长,适当降低负荷,并做好停炉的准备。

(2) 爆管严重,不能维持水位时,应立即紧急停炉。报告值长,通知汽轮机值班人员及邻炉值班人员。

(3) 停止一、二次风机运行,保留引风机运行,维持炉膛负压。

(4) 在不影响邻炉给水的情况下,锅炉停炉后继续加强进水,如汽包水位仍不能回升时,则应停止对锅炉进水,但省煤器再循环门不应开启。

(二) 过热器爆破

1. 现象

(1) 炉膛负压变正,过热器烟道附近有漏汽声。

(2) 烟温降低。

(3) 蒸汽压力、流量下降。

(4) 给水流量不正常地大于蒸汽流量。

(5) 由烟道及燃烧室向外喷烟和蒸汽。

2. 原因

(1) 点火停炉或正常运行中操作不当,燃烧不正常致使过热器管子长期过热而损坏。

(2) 燃料在上部再燃烧,过热器短期过热而损坏。

(3) 蒸汽品质不合格,致使过热器管内部结垢。

(4) 过热器管结焦或堵灰,使受热不均造成局部过热。

（5）错用钢材或焊接质量不合格。

（6）飞灰磨损。

3．处理措施

（1）发现轻微漏泄时应立即报告值长，适当降低锅炉负荷，并加强对各表计的监视、检查。

（2）开排大气门、过热器疏水门消压。

（3）保留引风机运行，维持炉膛负压。

（三）省煤器爆破

1．现象

（1）给水自动投入时，给水流量不正常地增加；未投入自动时，汽包水位下降。

（2）烟温降低。

（3）省煤器附近有响声，炉膛负压变正，严重时由烟道不严处向外喷烟和蒸汽。

（4）引风机电流增大。

2．原因

（1）点火升压、停炉消压及正常运行中，由于负荷、给水温度及给水流量变化大，使省煤器产生剧烈的温度交变。

（2）给水质量不符合标准，使省煤器管内腐蚀。

（3）点火升压和停炉时，停止上水后，未及时开启省煤器再循环门，使省煤器管过热。

（4）飞灰磨损。

（5）安装及检修质量不合格或错用钢材。

（6）燃料在尾部再燃烧，将管子烧坏。

3．处理措施

（1）如加大给水能维持水位并不影响邻炉时，不必紧急停炉。应汇报值长，适当降低负荷，并做好停炉准备。

（2）若爆破严重，不能维持水位时应紧急停炉。

（3）禁止开启省煤器再循环门。

（四）炉外汽水管路爆破

1．现象

（1）由爆破处向外大量冒汽、冒水，有响声。

（2）蒸汽压力或给水压力下降。

（3）蒸汽或水流量变化异常。

（4）管道轻微漏泄时，有响声，保温层潮湿冒汽、滴水。

2．原因

（1）忽视暖管工作，发生严重水冲击。

（2）错用钢材，材料质量或焊接质量不良。

（3）高温管道长期使用，强度降低。

（4）滑动支架及吊架不能自由伸缩，影响管路膨胀。

（5）给水管道局部冲刷，管壁变薄。

3. 处理措施

（1）应立即停止暖管、送汽等操作，并将所有疏水门打开，检查锅炉汽温、水位是否正常。

（2）找出爆破点，尽快切断爆破管段，报告值长。

（3）影响人身安全或无法维持运行时，有关炉应紧急停炉。

（4）当发现轻微泄漏，仍能维持运行时，应做好安全措施，密切监视泄漏情况，做好停炉准备。

三、燃烧事故

（一）锅炉结焦

1. 现象

（1）床温急剧升高并超过 1000℃以上。

（2）氧量指示下降，甚至到零。

（3）观察火焰时，流化不良，局部或大面积火焰呈白色。

（4）出渣时渣量少或放不出。

（5）严重时负压不断增大，一次风机电流下降。

（6）风室风压升高且波动增大，一次风量减少。

（7）汽压增加，汽温降低。

2. 原因

（1）点火升压过程中，煤量加入过快、过多或加煤未加风。

（2）压火时操作不当。

（3）一次风过小，低于临界流化风量。

（4）燃烧负荷过大，燃烧温度过高。

（5）煤粒度过大或灰渣变形温度低。

（6）放渣过多，处理操作不当。

（7）返料器返料不正常或堵塞。

（8）给煤机断煤，处理操作不当。

（9）负荷增加过快，操作不当。

（10）风帽损坏，灰渣掉入风室造成布风不均。

（11）床温表不准或失灵，造成运行人员误判断。

（12）床料太厚，没有及时排渣。

（13）磁铁分离器分离故障，铁件进入炉内造成流化不好。

3. 处理措施

（1）发现床温不正常升高，综合其他现象判断有结焦可能时，应加大一次风量并加强排渣，减少给煤量，控制结焦恶化，并恢复正常运行。经处理无效时，应立即停炉。

（2）放尽循环灰，尽量放尽炉室内炉渣。

（3）检查结焦情况。

（4）打开人孔门，尽可能撬松焦块及时扒出。

（5）结焦不严重时，将焦块扒出炉外后，点火投入运行。

（6）结焦严重，无法热态消除时，待冷却后处理。

4．预防结焦的方法

（1）控制入炉煤粒度在 10mm 以下。

（2）点火过程中严格控制进煤量。

（3）升降负荷时，严格做到升负荷先加风后加煤，减负荷先减煤后减风。

（4）燃烧调节时要做到"少量多次"的调节方法，避免床温大起大落。

（5）经常检查给煤机的给煤情况，观察火焰颜色，返料器是否正常。

（6）排渣时，根据料层差及时少放勤放，排出炉渣中有渣块时应汇报锅炉值班员，排渣结束后认真检查，确认排渣门关闭严密后，方可离开现场。

（二）锅炉灭火

灭火是火力发电厂常见的重大事故之一。出现灭火时，如能及时发现，正确处理，则锅炉能很快地恢复正常运行，不致造成事故。如未能及时发现，还继续往炉膛里加煤，或者已经发现仍采用关小引风机挡板的错误做法，使其恢复着火，其后果将使事故扩大，引起炉膛或烟道爆炸或床层结焦。

1．现象

（1）流化床温急剧下降，炉膛温度、烟气温度、返料器温度降低。

（2）蒸汽温度、蒸汽压力下降，蒸汽流量突然减少。

（3）燃烧室变暗或看不见火焰。

（4）炉膛负压增大，氧量指示大幅度上升。

（5）水位瞬时下降然后升高。

2．原因

（1）给煤机工作不正常，下煤管堵塞或给煤机卡住不转，未及时发现，造成断煤时间过长。

（2）在热态启动过程中误操作，煤质太差或压火过程中返料器内积灰未放尽，启动中直接投入返料器运行，导致大量冷灰进入炉内，处理不及时。

（3）煤质不好或煤质变化，调整不及时造成燃烧不良而熄火。

（4）风煤配比严重不当，调整不及时。

（5）未按规定放渣，导致床料太厚。

（6）排渣操作不当，排渣过多，导致床料过薄。

（7）水冷壁严重爆破。

（8）锅炉负荷过低，床温过低，操作调整不当。

（9）锅炉严重结焦。

（10）厂用电中断。

3．处理措施

（1）立即停止给煤机、石灰石系统、二次风机，减少一次风量、引风量。

（2）解列各自动调节装置。

（3）保持汽包水位略低于正常水位，根据汽温情况关小减温水门或解列减温器，开启过热器疏水门。

（4）增大燃烧室负压，通风 3～5min，然后重新点火。

（5）锅炉灭火后，严禁向燃烧室继续供给燃料。

（6）如因结焦造成灭火应继续加大一次风，使料层不致结成大块，锅炉冷却后进行处理。

（7）如短时间不能消除故障，则应按正常停炉程序停炉。

（8）若 3 台给煤机同时故障，立即停炉，尽快处理重新点火。

（9）若返料不正常，则应紧急放灰。

（三）爆燃

爆燃是指可燃物瞬间在炉膛或烟道内被明火或锅炉本身的高温引燃而发生爆炸，其中可燃气体在混合气体中的含量处于爆炸极限范围之内。循环流化床锅炉的爆燃事故主要发生在锅炉点火过程中。

1．原因

（1）如点火过程中熄火未及时发现，或燃烧器未被及时点燃，而点火枪火苗又未熄灭，在混合气体达到爆炸浓度范围时会发生爆炸。

（2）第一次点火失败后，连续多次再点火，通风时间不够。

（3）违反操作规程，先开油或气、后点火导致发生炉膛爆炸。

（4）天然气管线在安装或改造后未经吹扫，有焊渣杂质，卡在阀芯，造成阀门漏气，点火发生炉膛爆炸。

（5）第一次点火失败后，忘关闭阀门或阀门没有关严，紧接着通风点火。

（6）由于油温太低或配风不当造成喷入的油在炉膛中多次点不着，形成了可燃气体，如不及时通风，再点火时即发生炉膛爆炸。

（7）锅炉炉膛灭火后产生的爆炸是由于锅炉运行中火焰突然熄灭时，由于炉膛呈炽热状态，达到或超过了可燃气体与空气混合物的着火温度，且继续进燃料，就有可能立即产生炉膛爆炸。

（8）油路系统中过滤器被杂质堵塞，造成油压下降。回油阀误操作，突然开大，致使油压下降。油泵螺杆或齿轮损坏及油管路破裂，大量漏油导致油压下降。燃烧器油嘴附近严重结焦等。以上情况都是锅炉值班人员没有及时发现未立即切断燃料关闭阀门造成的。

2．处理措施

（1）严格遵守操作规程，特别注意点火前一定要彻底通风清扫。

（2）灭火后不可马上强制再点火，应通风清扫后再点火。

（四）烟道再燃烧事故

1．现象

（1）排烟温度骤增。

（2）烟道内烟气温度不正常地升高，压力及炉膛负压剧烈变化。

（3）风温升高并超过规定值。

（4）烟囱冒黑烟，氧量表指示变小。

（5）风道不严密处、引风机轴封处有火星或黑烟冒出。

（6）CO_2 及 O_2 表指示不正常。

（7）严重时烟道防爆门破裂。

2．原因

（1）负压过大，大量未燃尽的燃料带入烟道。

（2）低负荷运行时间过长，烟气流速过低，烟道内积灰。

（3）分离器损坏，不能正常分离。

3. 处理措施

（1）发现烟温不正常地升高时，首先查明原因并校对仪表指示的正确性，报告值长。

（2）加强燃烧调节，保持燃烧稳定。

（3）保持运行参数稳定。

（4）如烟温继续升高，应立即紧急停炉。

（5）关闭各孔门及挡板，严禁通风；通入蒸汽灭火。在紧急停炉后，打开汽包到省煤器进口的再循环门，以保护省煤器；打开对空排汽门，以保护过热器。

（6）当排烟温度有明显下降后，方可打开检查门检查。

（7）当温度下降后，确认无火源时，可启动引风机通风 5～10min，把积灰抽尽，重新点火。

（五）返料器堵塞

1. 现象

（1）炉膛上下部差压下降，料层差压下降。

（2）床温难以控制，稍增给煤，床温上升很快，返料器温度降低，返料风量减少，风压增大。

（3）炉膛上部温度降低。

（4）汽压下降。

2. 原因

（1）返料器结焦。

（2）返料器处漏风严重。

（3）返料器风压不够、波动过大或返料风中断。

（4）返料器中有异物，将返料器口堵塞或影响返料风。

（5）运行人员监视不严，调节不及时或调节不当。

（6）水冷式分离器水冷壁爆管。

（7）循环灰成分发生变化。

3. 处理措施

（1）停炉压火。

（2）检查返料器，消除漏风，若有异物应及时取出，将返料器中的灰全部放尽。

（3）处理好后，点火升压。

（六）给煤故障

1. 原因

（1）给煤机中混入较大的杂物卡住。

（2）联轴器销子折断。

（3）电机、减速机故障。

（4）播煤风量、风压不足。

（5）煤仓棚或下煤管堵塞。

2. 现象

（1）给煤机电流突然下降或突然升高。

（2）汽温、汽压下降，蒸汽流量下降。

（3）烟气含氧量上升。

（4）炉膛负压增大，火焰发暗，烟温、床温下降，整个燃烧系统的温度都有不同程度的降低。

（5）轴承温度升高，有不正常的响声。

3. 处理措施

（1）一台给煤机故障时，停止该给煤机运行，适当加大另两台给煤机的给煤量。

（2）若两台给煤机同时损坏，应立即降负荷运行或停炉压火。

（3）尽快检修，恢复正常。

单元思考题

1. 循环流化床锅炉启动前为什么要进行冷态调试？冷态调试主要有哪些项目？

2. 简述临界流化风量的测定方法和注意事项。

3. 炉膛有哪些压力测点？料层差压、炉膛差压反映的是炉内什么运行参数？

4. 锅炉上水过程要注意哪些事项？

5. 简述冷态启动点火过程。

6. 循环流化床锅炉怎样调节床温？

7. 回料阀运行中要注意哪些？如果返料风量过大会有什么影响？

8. 循环流化床锅炉出现出力不足时，要考虑哪些可能性？

9. 炉内结焦会有什么现象？应该怎样处置？

单元十一　循环流化床锅炉的检修与维护

◆ 引　言

　　锅炉设备处在高温环境中长时间连续运行，需要定期或不定期地检修和维护，以确保设备运行安全。锅炉的检修维护项目繁多，本单元主要学习循环流化床锅炉特有的检修与维护项目，主要是防磨措施。因为大量灰渣颗粒在循环流化床锅炉内高速流动，磨损问题一直是循环流化床锅炉设备挥之不去的困扰，所以从锅炉设计开始，到制造、安装、检修、维护，防磨问题一直是关注的重点。本单元主要讲述磨损部位、磨损机理、防磨措施、防磨材料检修维护。这项技术需要在生产实践中探索和掌握。随着循环流化床锅炉技术的进步，已经发展出新型低磨损、低能耗锅炉。此外，防磨材料也在不断进步中，磨损问题对用户的困扰也日渐减弱。技能形成方面，本单元要求在知晓磨损的原理和机理的基础上，学会磨损重点检查部位、根据具体情况选择检修方案。

　　锅炉维护、检修水平的好坏，将直接影响锅炉能否正常运行，因此必须充分重视。下面结合循环流化床锅炉的特点来说明检修、维护过程中应注意的有关问题。

第一节　循环流化床锅炉的防磨

　　循环流化床锅炉的磨损问题是困扰循环流化床锅炉技术发展的关键因素，磨损问题解决的如何，直接影响循环流化床锅炉机组的可用率。

资源 84 - CFB 锅炉常见磨损部位及原因

　　循环流化床锅炉磨损主要发生在燃烧室和分离器物料循环回路上，另外，锅炉尾部对流烟道也发生与煤粉炉同样的磨损。设计时应根据循环流化床锅炉的性质及磨损特点，在燃烧室、分离器等易磨损的部位采用非金属耐磨、耐火材料衬里来防止磨损的发生。

　　磨损速率与固体颗粒浓度、速度、颗粒特性及流道的形状有关，所以 CFB 锅炉磨损均发生在与上述因素有关的区域，如燃烧室下部、燃烧室出口周围、分离器入口、分离器正对入口的圆筒面、回料装置及燃烧室中的各类孔门周围。通常情况下，CFB 锅炉在如下部位采用非金属耐磨耐火材料设计防磨衬里（见图 11-1）：①布风板；②燃烧室下部四周水冷壁表面；③燃烧室内布置的水冷屏、过热器屏下端表面及其穿墙处周围的水冷壁表面；④燃烧室出烟口周围及出烟口流道内表面；⑤分离器整个内表面；⑥料腿及回料装置内表面；⑦分离器出口烟道内表面。

一、燃烧室的防磨

　　循环流化床锅炉特有的燃烧方式决定了在循环流化床锅炉燃烧室内将存在大量的物料，尤其是燃烧室下部密相区更是处在高浓度物料的强烈湍流、返混及卷吸的区域。同时，研究结果及运行经验表明，在气固两相流动发生变化的区域，如水冷壁弯管处（人孔、热工测孔

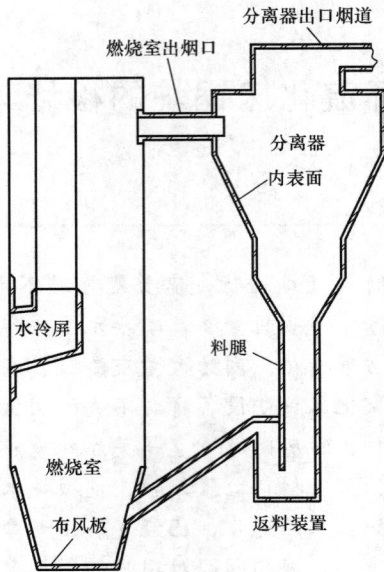

图 11 - 1　CFB 锅炉防磨位置

等）、管屏穿墙处、炉膛下部密相区和稀相区交界处均易发生严重的磨损，因此，在这些区域必须采取严格的防磨措施，才能保证机组的正常工作。通常是在下部密相区衬有一定厚度的耐磨耐火浇注料，见图 11 - 2。

影响耐磨耐火材料磨损率（寿命）和损坏（断裂）的主要因素是其表面温度和热膨胀应力。耐磨耐火材料的磨损率随着其表面温度的增加按指数规律增加，即耐磨耐火材料的表面温度越高，磨损得越快。耐磨耐火材料越厚，在温度变化时其热膨胀应力就越大，就越容易断裂损坏。因此，

耐磨耐火材料越厚，要求其升温的速度越慢，也就是要求冷态启动的时间越长。为了尽可能地提高耐磨耐火材料的使用寿命和可靠性，要尽量降低耐磨耐火材料的表面温度并采用薄层的耐磨耐火材料。经验表明，密抓钉敷浇注料的方法是成功的，即在炉膛中需敷设耐磨耐火材料部位的膜式壁上和蒸汽冷却分离器内部焊上密抓钉，在抓钉上敷设一薄层耐磨耐火材料，其厚度为 50mm，见图 11 - 3。

图 11 - 2　炉膛下部防磨结构

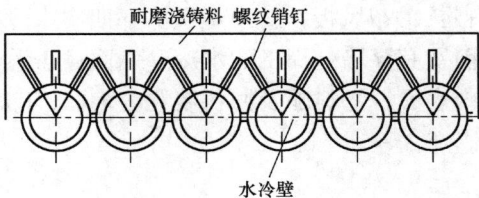

密抓钉耐磨耐火材料薄层具有良好的热传导性，可使暴露在高温气/固混合物中的耐火材料表面保持较低的温度，因而大大地减小了磨损率，提高了耐磨耐火材料的使用寿命。同时，薄耐磨耐火材料层的热膨胀应力很小，它不限制锅炉启动和停炉时的升温或降温速度，可以使锅炉快速启动和停炉。实践证明，这种耐磨耐火材料处理方法极其可靠，具有非常高的可用率和使用寿命。

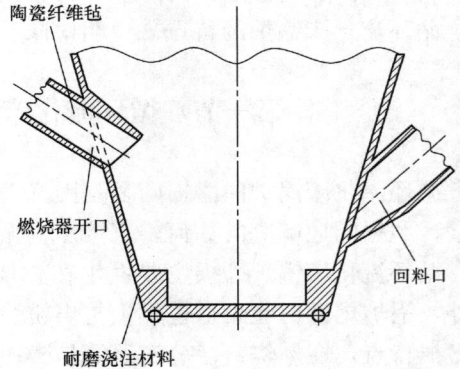

图 11 - 3　炉膛水冷壁耐磨耐火材料

在炉膛下部密相区存在着大量的开孔结构，包括人孔、热工测孔、二次风管等，这些开孔周围的区域均被耐磨耐火材料覆盖（见图 11 - 2），并在二次风管和热工测孔套管外涂上沥青或包上陶瓷纤维纸，以解决金属套管与耐磨耐火材料的膨胀问题。

炉膛下部密相区与稀相区交界处（即炉膛下部密相区耐磨耐火材料终止端）是磨损的敏感区。沿水冷壁向下流动的物料在交界处会形

成颗粒反弹，同时会出现颗粒的不规则运动，所以易在该区域发生磨损，见图 11 - 4。为了解决该区域的磨损问题，国内外许多锅炉制造厂家都进行了大量的研究和应用，如在该区域进行防磨喷焊、局部使用耐磨金属材料等，但目前无法从根本上解决问题，所以在检修时对该区域应给予高度重视。

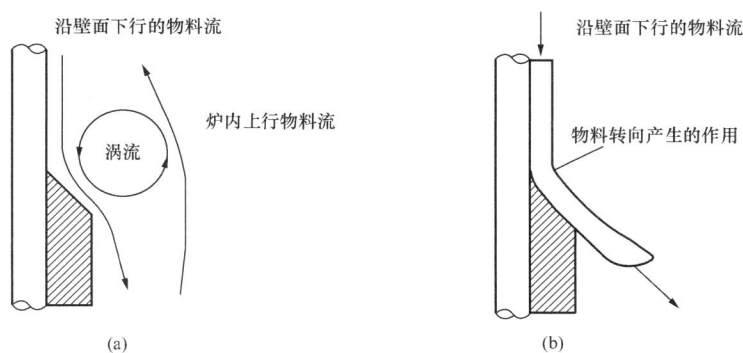

图 11 - 4　循环流化床锅炉炉膛下部密相区耐磨耐火材料与水冷壁管交界区域的磨损机理
(a) 局部产生涡流；(b) 流动方向改变

二、分离器防磨

　　分离器是循环流化床锅炉中的关键部件，分离效率对循环物料的粒径分布和物料量都有关键的作用，尤其高温旋风分离器内敷设有很厚的耐磨和保温材料，见图 11 - 5。分离器内的耐磨耐火材料如果脱落、结焦将直接影响分离器效率和循环物料的正常平衡状态，影响锅炉负荷等性能参数。运行过程中，脱落的耐磨耐火材料碎块在进返料装置时，往往破坏返料器的流化状态直至结焦，不能正常回料，造成被迫停炉。所以，防止分离器中耐磨耐火材料的脱落是十分重要的，检修时应认真检查分离器内耐磨耐火材料的状况。

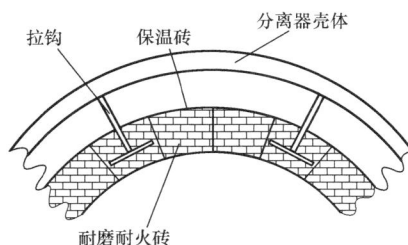

图 11 - 5　高温分离器内防磨

　　对于高温绝热分离器，主要采用如下几种防磨设计结构形式。

　　1. 耐磨砖衬里＋保温砖（见图 11 - 6）

　　这种形式适合大面积平面或圆弧面。耐磨砖分层采用焊接在钢壳上的拉钩加固，耐磨砖与耐磨砖之间灰浆缝为 2mm。为解决膨胀问题每一定间隔留有膨胀缝，在适当高度设有高温热强钢制造的砖托，把重量分层转递到钢壳上。

　　2. 耐磨砖＋保温浇注料（见图 11 - 7）

　　这种形式适合于钢壳形状复杂及其他不适合保温砖的部位。耐磨砖与耐磨砖之间的灰浆缝同样为 2mm，适当间隔留有膨胀缝，每间隔一定高度设砖托分层卸载，同样耐磨砖上有用于拉钩固定的凹槽。

　　3. 耐磨浇注料＋保温浇注料（见图 11 - 8）

　　这种形式适用于耐磨衬里表面复杂的部位及设备顶面。这种结构最普通的形式是按一定规律布置 Y 形抓钉用来固定耐磨衬里，抓钉上要涂 1mm 厚的沥青，以解决金属抓钉与耐磨浇注料之间的温胀差异。耐磨浇注料中按 2% 的比例加入不锈钢纤维,耐磨衬里要适当留有膨胀缝。

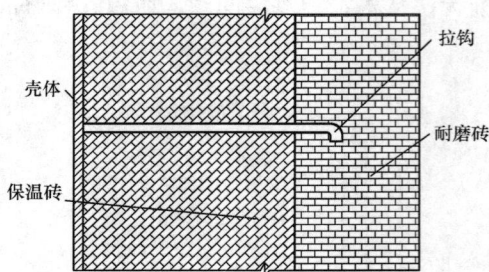

图 11-6　耐磨砖衬里+保温砖结构

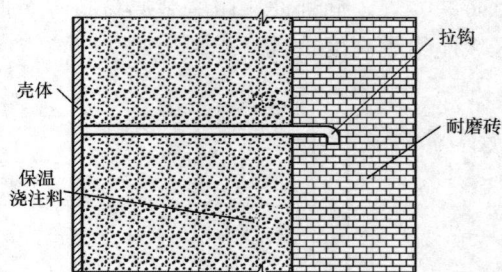

图 11-7　耐磨砖+保温浇注料结构

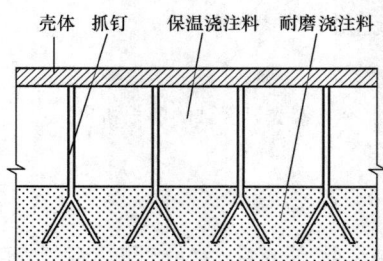

图 11-8　耐磨和保温浇注料结构

由于分离器内筒烟气温度高达 900℃ 以上,因此,筒内耐磨耐火浇注料要求用磷酸盐混凝土,并保证安装质量。一般做法是,先用模具进行浇注,并注意捣实捣紧,养护后再进行安装,厚度必须保证。分离器内烟气速度较高,因此,耐磨耐火材料要求耐磨强度和热振稳定性较高,表面尽量平整,四周进、出口应尽量平滑过渡。

三、回料装置内部的防磨

采取耐磨耐火材料与保温材料配合的结构形式,其形式与分离器相同。

四、燃烧室内屏式受热面防磨

燃烧室内布置有屏式受热面时,其下部均处在向上运动的气固两相流流场中,尤其是下端,直接受到气固两相流的冲刷,存在着严重的磨损隐患。另外,在其穿墙处,由于气固两相流的流动形式发生了变化,出现了绕流、回流及脉动现象,易于发生磨损。因此必须采取合理的防磨措施。

常见屏式受热面及穿墙防磨结构见图 11-9,在屏的下部及水冷壁穿墙处均敷设了一定厚度的耐磨材料。

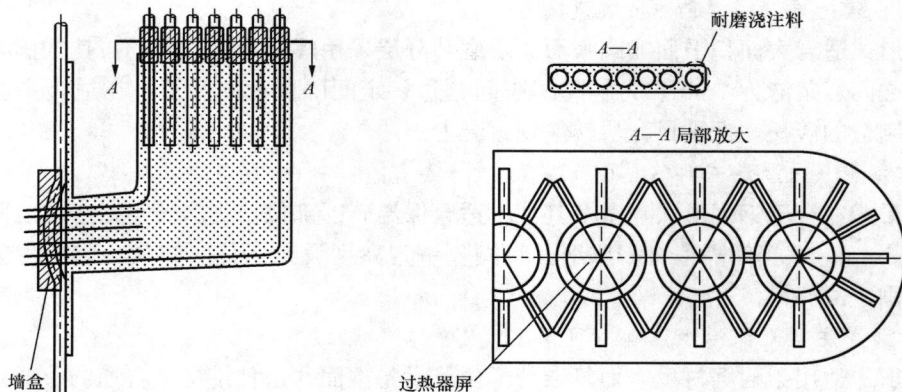

图 11-9　燃烧室内屏式受热面的防磨

五、炉膛出口区域防磨

在锅炉炉膛出口区域，存在物料和烟气的变向和变速，部分物料将返回炉膛形成炉膛上部的物料内循环，炉膛出口区域会出现磨损。因此，循环流化床锅炉在炉膛出口四周应进行防磨处理，即在炉膛出口四周浇注耐磨浇注料，耐磨浇注料采用密焊销钉固定。

耐磨浇注料的浇注大致位置见图11-10。

六、外置换热器受热面的防磨

对带外置换热器的循环流化床锅炉，应考虑受热面的防磨。

外置换热器内的物料为外循环物料，尽管其处于鼓泡床运行状态，但由于各种原因，仍存在受热面磨损爆管的现象。为防止受热面磨损，应保证布风板布风均匀，受热面下

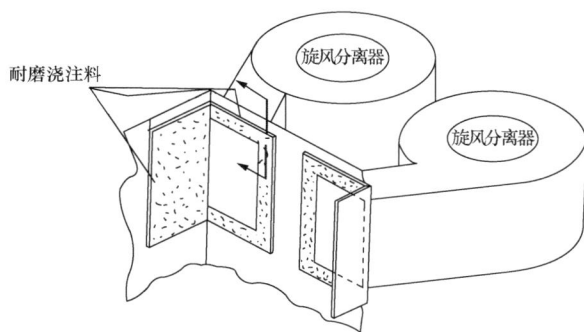

图11-10　炉膛出口区的耐磨浇注料

部距布风板有足够距离，管屏吊挂管和相邻管屏之间没有相互碰撞，受热面固定件焊接要牢固等。

第二节　循环流化床锅炉烘煮炉

一、烘炉

循环流化床锅炉安装后，应烘炉以除去耐火材料等的水分。

1. 烘炉的准备

锅炉及其辅助设备全部组装和冷态试运转完毕，经过水压试验合格；各种电气、热工仪表和自动调节装置已安装就绪，有的已经调试，能够适应烘炉工作的需要；炉墙、烟道、风道全部竣工，锅炉管道敷设保温结束，炉墙上各处门、孔均打开自然干燥一段时间；各处的耐火、防磨、保温材料的养护时间已经达到了材料供应商所要求的自然养护期。

烘炉前，与正在运行的其他锅炉进行隔绝，并清理炉膛、烟道和风道内部的杂物和积灰；向锅炉加入经过处理的软化水至水位表低水位，再按正常操作步骤冲洗水位表；检查省煤器内是否充满软化水。

制订烘炉操作步骤，绘制烘炉曲线。典型的烘炉曲线见图11-11和图11-12。

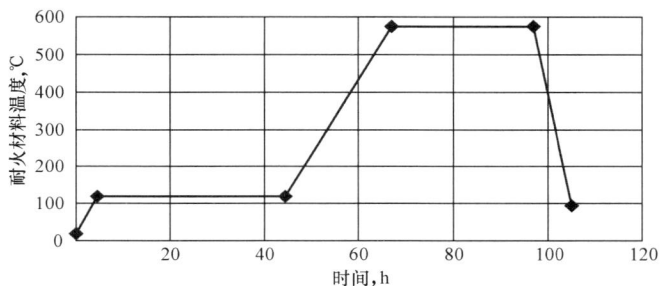

图11-11　循环流化床锅炉耐磨浇注料中低温烘炉曲线

2. 烘炉的方法与要求

烘炉的方法应根据现场的具体条件，采用火焰、热风或蒸汽进行。

准备工作就绪后，将木柴集中在床中，约占床面积的1/2，点燃引燃物和木柴后，采用小火烘烤。同时，将烟道挡板开启1/6～1/5，使烟气缓慢流动。保持炉膛负压在0.5～1mmH$_2$O之

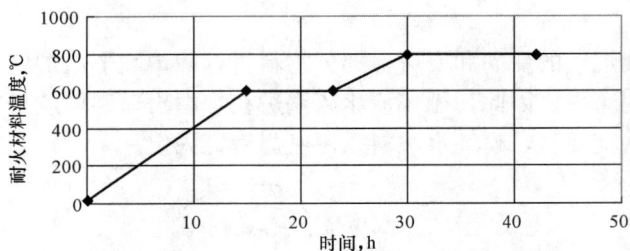

图 11 - 12 循环流化床锅炉耐磨浇注料中高温烘炉曲线

间，炉水温度 70～80℃。三天之后，可以添加少量的煤，逐渐取代木柴烘烤。此时，烟道挡板开大到 1/4～1/3，适当增加通风。在整个烘炉过程中，火焰不应时断时续，温度必须缓慢升高，应保证烘烤均匀，尽量减少各部分温差，使膨胀均匀，以免炉墙烘干后失去严密性。

如炉墙特别潮湿，最好让其自然干燥一段时间后，再进行烘炉。烘炉时间与炉墙结构、干湿程度有关。若炉墙潮湿，气候寒冷，特别是雨水较多的季节，由于空气潮湿，烘炉时间还应适当延长。

有条件时可采用火焰加热法，即将热烟气发生器的油枪暂时放在人孔门加热。若采用蒸汽烘炉，应用 0.29～0.39MPa 的饱和蒸汽从水冷壁联箱的排污阀处连续均匀地送入锅炉，逐渐加热炉水；锅炉水位保持正常，炉水温度一般应为 90℃。开启炉墙上的各孔、门和挡板，以排除炉墙蒸发出来的湿汽，并使炉墙各部分均能烘干。

蒸汽烘炉后期可用火焰烘炉。烘炉时，炉墙和各处浇注料不应出现裂缝和变形。在整个烘炉过程中，应用专用的记录表格对各部位的温度进行记录，并妥善保存。在对锅炉局部的耐火材料进行修补后，也应针对修补面积的大小考虑是否进行烘烤并制订相应的烘烤方案。

3. 烘炉注意事项

烘炉前，应做好烘炉的准备和组织工作，根据不同的炉型、不同炉墙结构和现场条件，制订烘炉操作程序，绘制烘炉曲线。整个烘炉过程中要按照烘炉曲线和要求进行升温。严格执行烘炉操作程序，注意升温速度不宜过快，尽量做到均匀升温，防止升温速度过快使炉墙开裂、变形。特别是采用高温旋风筒时，应注意温升速率对耐火材料膨胀稳定性的问题。需要进行干燥的炉墙，在烘炉前，要把炉墙上的所有门、孔打开，让其自然干燥。

烘炉过程中，应经常检查炉墙有无开裂、塌落现象，严格控制烘炉温度。烘炉过程中，要严格进行检查，及时调整火焰位置，防止炉墙局部部位升温过快。

应注意烟气流动死区的问题。对防磨耐火材料集中的地方，可以考虑在外钢板上打孔，让水汽能够均匀释放，防止局部膨胀应力的集中释放。

二、煮炉与酸洗

锅炉按照工作压力不同，应进行煮炉或酸洗。煮炉是对新装、移装、改造或大修后的锅炉，在投入运行前清除制造、安装、修理和运行过程中产生或带入锅内的铁锈、油脂、污垢、水垢，防止蒸汽品质恶化，以及避免受热面因结有很厚的水垢影响传热而导致烧坏。煮炉最好在烘炉的后期与烘炉同时进行，以缩短时间和节约燃料。

循环流化床锅炉的煮炉和酸洗与普通锅炉相同。

第三节　循环流化床锅炉的检修

一、流化床及风箱的检修

流化床由布风板、风帽、落渣管等组成。布风板的主要作用有二；一是支承炉内物料；

二是合理分配一次风，使通过布风板及风帽的一次风流化物料，达到良好的流化状态。风帽是循环流化床锅炉的一个小元件，但其直接影响炉床的布风、炉内气固两相流的动力特性以及锅炉的安全经济运行。落渣管的作用是将燃料燃烧后生成灰渣排出炉外。

（一）检修项目

1. 大修项目

（1）检查风帽是否完好，如有需要，应进行加固。

（2）更新损坏的风帽及风管。

（3）落渣管及其附件检修。

（4）清理风箱内部灰渣杂物。

（5）检查二次风喷口的完好情况。

（6）检查风室内部耐火材料是否脱落，如有需要，应进行修补。

（7）检查床下热烟气发生器内部的高温耐火材料使用情况，如有需要，应进行修补。

2. 小修项目

（1）检查加固添补风帽。

（2）清理风箱灰渣杂物。

（3）检查落渣管及附件。

（二）检修工艺

（1）逐一检查风帽完好情况，若有裂纹、烧损、圆顶凸缘磨损、顶部穿孔等宏观缺陷必须更换。对不确定的应用榔头敲击圆顶检查。逐一加固，疏通小孔，无法修补者必须更换。

（2）若风管连接螺纹损坏，必须更换。

（3）耐磨耐火覆盖层是否完好，若局部脱落应修补，若大面积脱落应重新浇注。

（4）打开风箱人孔门通风，进入风箱内部清理灰渣焦块。

（5）检查修补风箱漏风。

（6）清点工具，封闭各孔门。

（三）落渣管及附件检修

进入风箱，检查落渣管与风箱及布风板连接是否可靠严密，并检查落渣管补偿器是否完好，视情况检修或更换。检查落渣管外部的耐火浇注料是否有脱落，视情况进行修补。进入燃料室内检查落渣口是否烧损变形或松动，视情况检修或更新。

（四）二次风喷口检修

进入燃烧室内检查二次风喷口是否烧损变形，视情况修复，无法修复时应更换。

（五）检修质量标准

（1）风帽无裂纹、损坏、穿孔、圆顶凸缘不少于5mm；安装牢固，小孔无堵塞。

（2）风管螺纹完好，无损坏，更换安装高度应符合图纸要求。

（3）隔热耐磨覆盖层完好，落渣处凹坑过渡光滑，符合图纸要求。

（4）风箱无漏风。

（5）风箱、风管内部积灰清理干净。

（6）各人孔门、检查孔完好，连接螺栓齐全、衬垫完好，无漏风。

（7）落渣管与风箱布风板连接可靠严密，补偿器完好，无漏风。

（8）落渣口无烧损变形，连接可靠。

（9）二次风喷口无变形。

（10）返料器内无大块固体。

（11）检查耐火砖墙是否有塌陷、鼓出等变形损坏现象。

（12）清理小流化床上的杂物、物料，并检查耐火层是否完好。

（13）检查风帽是否烧损、堵塞、视情况疏通更换。

（14）疏通各风管，必要时采用压缩空气。

二、分离器及返料器

1. 检修项目

（1）旋风筒及进出口烟道的修补或更换。

（2）旋风筒内部、进出口烟道耐磨砌块的检查或衬里修补。

（3）清理返料器积灰，疏通风管及其杂物。

（4）旋风筒及进出口烟道堵漏，完善耐磨衬里。

（5）消除返料器泄漏。

（6）返料器风室的检查和清理。

2. 检修工艺

（1）防磨内衬的修补。

（2）解体并抽出风管检查并疏通通风小孔。

（3）清理内部积灰杂物。

（4）返料风门及放灰门检修。

（5）料位计检修，更换损坏玻璃。

3. 质量标准

（1）旋风筒内部防磨衬里及进出口烟道内壁光滑，不漏风。

（2）各耐磨衬里砌块装配牢固，砌缝用耐磨填充物填充饱满，各砌块过渡圆滑。

（3）返料器风帽无变形，风孔无堵塞，其内无积灰、杂物，本体不漏风。

（4）粒位计完好，不漏风。

（5）各阀门应开关灵活，手轮齐全。

三、漏风试验

锅炉检修完毕，应在冷态下对锅炉的风烟系统进行漏风试验，以检验其严密。漏风试验的方法有正压、负压两种。试验前要将所有人孔、观察孔、检查门关闭。

正压试验法：关闭引风机挡板，启动送风机，将白粉或烟硝送至送风机进口端，不严密处会有白粉或烟硝喷出。

负压试验法：启动引风机，保持炉膛负压 $50\sim100Pa$，用点燃的火把靠近炉墙、烟道、炉顶、省煤器、空气预热器等尾部烟道，如火焰被吸，则表明漏风，然后做出标记，试验结束后进行检修。

循环流化床锅炉对炉墙严密性要求很高。检查完成后必须及时修补，保证锅炉的密封性能。

第四节　循环流化床锅炉的维护

设备的定期检查、调整和校验是设备安全、可靠和高效运行的基础。

一、耐火材料的维护

循环流化床锅炉中有大量的砌筑材料，如耐火材料、耐火砖、特制的异形砖、挡板、浇注耐火材料和耐高温灰浆材料等。首次制造和使用时，这种砌筑物是潮湿的，在耐火材料承受高温前必须彻底地晾干和烘烤。

资源 86 - 耐火材料的维护

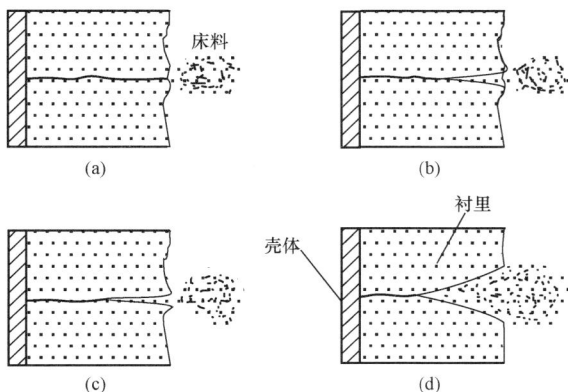

锅炉初始运行和投煤试运行时，耐火砖表面可能有部分剥落。表面剥落是由于每次热循环时，耐火砖冷热变化，床物料进入耐火材料裂缝中收缩所致，见图 11 - 13。

图 11 - 13　反复经历温度变化热循环的区域出现剥落
（a）衬里初始裂纹；（b）冷却时床料嵌入裂缝中；
（c）重新受热后使裂缝变小；（d）应力超过衬里强度，
衬里脱落，裂缝变大

温度变化过快会降低耐火材料的预期寿命。耐火材料修理完成后，在加热之前要根据修理材料进行不小于 24h 的空气固化，这段时间可拆除脚手架，关闭人孔门并装填床物料。耐火材料固化后，要限制温升速率小于 28℃/h。在连续升温前使锅炉稳定在 177℃，这将使锅炉在连续升温前各部分温度一致，该恒温时间要持续 2～4h，恒温后，以 28℃/h 连续升温至 760℃。如果在修理区域的热电偶指示温度滞后平均温度超过 83℃，应降低燃烧速率，使温度稳定。新浇注的耐火材料含有水分。如果锅炉的升温速度太快，该水分可生成蒸汽并使耐火材料发生剥离。

每次锅炉停炉冷却后，必须检查耐火材料，如炉膛密相区，旋风分离器入口、出口，回料腿的接缝，这些接缝必须清理干净，如果这些接缝维护的不好，会被灰填满而限制位移，可能造成耐火材料的损坏。经过一段较长时间的空气干燥期，耐火材料的水分将减少。但是由于耐火砖和浇注材料含有化学成分，水分的完全脱除只能靠控制加热来达到，因此需要一定的时间加热烘干。温度上升速率及恒温时间的要求取决于多种因素，如耐火材料的数量和形式、采用浇注材料的种类和施工工艺、耐火材料中的水分含量、从竣工到开始运行的时间间隔等。

一般来说，预干燥的时间越长越好。如果耐火材料加热太快，外面的耐火材料将先干燥、收缩并与其余的耐火材料分离，产生裂缝。另外，随着急剧加热，耐火材料中会形成蒸汽，特别是在耐火材料厚的部位，将产生一定压力的蒸汽，以便渗出。在干燥或固化过程中，水分的消失同时伴随着耐火材料的收缩。干燥火焰的控制必须仔细，启动燃烧器应能在控制温升速率的最低负荷下稳定燃烧，否则，可以在现场安装临时燃烧器。点火以后保持最小的火焰，直至耐火砖和砌筑材料完全干燥。注意保持汽包水位，使得汽包排气孔上可见到少量的蒸汽。在干燥时，过热器疏水阀及排汽阀必须全部打开。

始终保持正确的汽包水位。因为过热器疏水阀及排汽阀和汽包排气阀是开的，在干燥过程中必须注意水位。通常，干燥过程与锅炉煮炉一同进行。耐火材料干燥时，风机的挡板应调整到使整个锅炉温度分布最均匀的位置上。

在干燥或干燥-煮炉结束后，应对各处耐火材料、砖、浇注材料等部位进行检查，检查有无裂缝或过度收缩的现象，所有的裂缝应以优质耐火灰填充或进行修补。干燥过程中，锅炉热回路系统内温度应控制为 370～950℃。对锅炉循环系统的监控，主要应注意耐火材料和物料循环对耐火材料的影响。混凝土状的耐火材料在有温度变化时膨胀和收缩，这就是所谓的热胀冷缩。耐火材料由焊接在被保护的金属内侧的抓钉固定，而外侧的轻型绝热耐火材料用于金属绝热。耐火材料和锚固系统由于温度的变化所产生的应力会导致裂缝。这些裂缝在锅炉冷却时出现。温度降低裂缝扩展，当物料在回路内部循环时张开的裂缝充入物料。维修或停炉后，这些裂缝开始闭合。在耐火材料表面上压力大于其抗压强度时，可能发生断开或脱落，或作用在锚固系统上的应力可能引起支承系统的故障。同时，由于耐火材料衬里被提起或顶起，与锚固系统分离，在耐火材料和金属表面产生一段空隙，导致空隙充满物料。因此，升温和冷却的速度要充分考虑耐火材料上的应力，超过这些规定值将引起耐火材料的损坏，并将需要昂贵的维修费用去修复锅炉。

温升速率也将使汽侧和水侧的压力部件产生应力。水循环的安全性、锅炉受压部件的温度差等也不允许温升速率急速降低。

二、一般性维护

仪表和控制设备应始终保持在最佳状态下工作。计划停炉时，应按照需要校验、修理和更换信号和控制系统。校验标签和记录应保留在所有的仪表上。锅炉就地的压力表、温度表和各种变送器也应该定期进行校验。

在日常对锅炉的巡视期间，检查调节阀和隔离阀、压盖的密封。阀杆应每 6 个月加润滑油或按照阀门说明书去做。

应定期检查除灰系统和床料。用肉眼检查所有的系统部件。用超声波试验仪检查中心排放管的厚度是否均匀。应定期进行筛分试验以检查底部灰和床料的质量。

每次启动锅炉前，对布风板的压降进行测量。若风帽小孔阻塞，可能造成空气流的不均匀分布，使风箱压力提高。应将布风板风帽周围或布风板上的大颗粒物料清理干净。

运行和停炉期间，应检查所有的启动燃烧器。当这些启动燃烧器使用时，应检查火焰的形状、大小和颜色。应定期抽出启动燃烧器点火枪，检查和清扫喷嘴、点火器的尖端、火焰监测器和雾化器。

停炉后，应对所有易出现磨损的地方进行检查，包括炉膛四周受热面、二次风口、炉内过热器管屏、炉内双面水冷屏、分离器进口、分离器内部、分离器出气中心管、顶棚、尾部包墙、省煤器和空气预热器的防磨套管等部位。对于磨损严重的部位，应立即采取防磨措施，如打上防磨涂料或加盖防磨板、瓦等。对于冲刷脱落的防磨浇注料应视其情况进行修补，使锅炉保持在良好的工作状态。

在每年的停炉期间，应对空气管道的清洁、泄漏、膨胀节和位移情况进行检查。

在运行期间发现的问题要有明确的记录，能够处理的问题及时处理，若暂时无法处理，待锅炉停炉后再进行处理。

检查各个管道的结疤、污垢、腐蚀、泄漏、膨胀节位移和保温情况。

三、磨损及烟气侧腐蚀维护

1. 表面堆焊

一般来说，循环流化床锅炉吸热表面的几个区域已采用防磨蚀表面堆焊加以保护，见图

11-14。表面堆焊的作用是在承压管束上提供一个保护屏蔽和一个牺牲磨蚀区域，必须经常检查并进行表面堆焊。

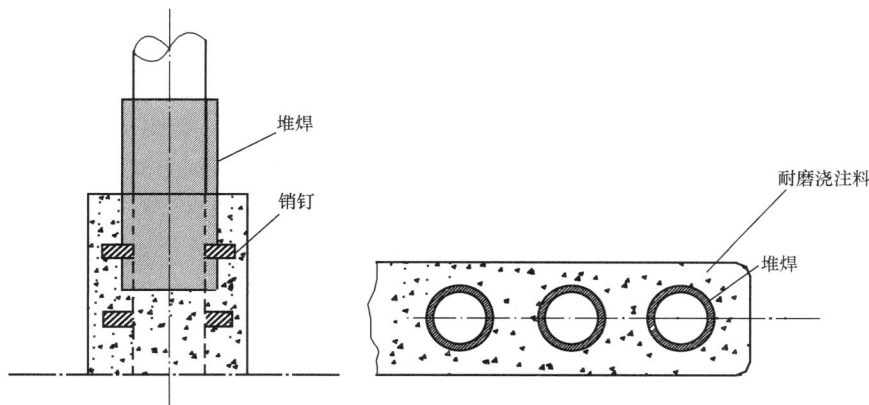

图 11-14　防磨堆焊示意

在每次停炉期间或至少每年都应检查表面堆焊和其他管道表面。表面堆焊应采用坚硬的材料，防磨焊条的硬度应满足实际需要。

2. 炉膛的不均匀度

水冷壁表面必须平滑。为了防止锅炉内的床料形成涡流而造成的磨损，必须去掉焊接点、毛刺。在循环流化床锅炉中，当床料的正常流向被改变时，炉壁就容易遭受磨损。

3. 管护罩

每年必须对炉膛内的受压管外护罩进行检查和维修。如果管道的护罩正在损失、磨损掉或安装不恰当的话，由于已损坏或磨损掉的护罩所造成的不均匀性，可能会加快该区域磨损的发生。

4. 管道和耐火材料的交接处

在炉膛内所有区域中，管道和耐火材料的交接处均具有既可保护管道又可防止管道磨蚀的特性。这些区域的检查和维修对于锅炉的寿命期是至关重要的。

5. 耐火材料内衬

锅炉的某些部位采用砖或者浇注耐火材料衬里。为保持内衬的完整性和保温性能，必须经常进行检查。

（1）清除在所有耐火材料裂缝中的床料。

（2）如果需要的话，用空心钻在旋涡形目标区对耐火材料取样，以确定损失和内衬现存的厚度。

（3）检查开口和穿墙外周围区域。

（4）检查旋风分离器总的磨损和局部磨损，高温部位的耐火材料允许磨损 25mm 以内，耐火材料总的磨损超过 10％时应更换。检查平直度，允许非线性度小于或等于 32mm。

（5）检查膨胀节，锅炉冷态与热态的位移允许差约 20mm 以内。

（6）检查回灰管，其最大非线性度小于 25mm，最大局部裂缝和磨损应小于 50mm。

（7）检查回料器，最大的局部裂缝或磨损应小于 25mm，在锅炉入口处（凸出台）磨损应小于 35mm。

（8）检查燃料给料点、壁或底板的磨损应小于 50mm；其他区域，砖的位移应小于 25mm，局部裂缝或磨损应小于 50mm。

（9）耐火材料的寿命受升温速度的影响，温度上升太快会导致内外层之间温差太大，造成裂缝。

（10）耐火材料的寿命还受启动和停炉次数（循环）的影响。在耐火材料的裂缝中若充满床料，每次锅炉启动时，会阻碍裂缝的闭合，并可能最终导致事故。

（11）停炉后，应关闭锅炉所有人孔门，待自然冷却一段时间后再打开，以避免炉内温度下降过快。

（12）如果需要的话，锅炉每运行四年应更换目标区域的锚钉砖和衬里，并更换旋风分离器的顶盖上耐热面衬里。

单元思考题

1. 循环流化床锅炉磨损常见于哪些位置？磨损机理分别是什么？
2. 循环流化床锅炉的防磨措施通常有哪些？
3. 循环流化床锅炉防磨技术有哪些新发展？
4. 分析防磨措施和传热的矛盾，怎样解决这些矛盾？

第四篇
技 术 创 新

技术创新是在对前人知识经验充分消化吸收的基础上，突破技术瓶颈而产生的创造和革新。沿着一代代技术装备发展的脉络，追寻技术创新的内在逻辑和生发条件，在对前人由衷敬佩的同时，创新思维也已悄悄萌芽。

单元十二　典型循环流化床锅炉技术特点与创新

引　言

　　循环流化床燃烧技术源自鲁奇公司的一个专利，该专利实质是采用化工氢氧化铝焙烧的快速床技术处理煤燃烧，这种技术的迁移本身就是技术创新。数十年来，循环流化床锅炉的发展就一直伴随着技术创新。早期循环流化床锅炉的代表技术如鲁奇公司的外置床技术、奥斯龙公司的"百宝炉"、福斯特惠勒公司的水冷旋风分离器等，都是技术创新的经典。这些锅炉虽然流程相似，但"流型"各异，设计技术一直被保密。我国在发展流化床燃烧技术的道路上，曾经走过弯路，认为循环流化床锅炉是"鼓泡床，拉拉长"，没认识到"流型"中蕴含的巨大秘密，导致了早期设计的循环流化床锅炉基本是失败的；但后期在理论和技术上取得了突破，形成了中国独立知识产权的循环流化床锅炉设计体系，锅炉设计逐渐成熟，锅炉容量从小到大，锅炉参数由低到高，其中的杰出代表是由中国独立设计制造的、世界最大容量600MW超临界循环流化床锅炉示范工程。该工程是中国循环流化床设计理论与直流强制循环水动力学的完美结合，性能优异，世界领先，是我国CFB达到世界领先的标志。这其中的每一次容量放大、参数提高都包含着大量的技术创新成分。如果你悉心体会，定会受到很大启发，从中领略到技术创新的智慧，还有勇气。

　　在循环流化床锅炉发展的历程中，各开发生产厂商逐渐形成了不同的风格和特点。本章简单介绍一些具有代表性的循环流化床锅炉的技术特点。

第一节　国外主要循环流化床锅炉技术流派及特点

　　通常把分离器的形式、工作状态作为循环流化床锅炉的标志，因为主循环回路是循环流化床锅炉的关键，而分离器是主循环回路的主要部件。虽然分离器是循环流化床必不可少的关键部件，但它又具有相对的独立性和灵活性，在结构与布置上回旋余地很大。从某种意义上讲，循环流化床锅炉的性能取决于分离器的性能，循环流化床燃烧技术的发展也取决于气固分离技术的发展，分离器设计上的差异，标志着循环流化床技术流派的区分。

一、循环流化床的分类

1. 高温旋风分离循环流化床锅炉

旋风分离器在化工、冶金等领域具有悠久的使用历史，是比较成熟的气固分离装置，因此在循环流化床燃烧技术领域应用最多。

2. 水（汽）冷圆形旋风筒循环流化床锅炉

为保持高温旋风分离循环流化床锅炉的优点，同时有效地克服该炉型的缺陷，福斯特·

惠勒（Foster Wheeler，FW）公司设计出了堪称典范的水（汽）冷旋风分离器。应用水（汽）冷分离器的循环流化床锅炉被称为第二代循环流化床锅炉。

3. 水冷方形分离器循环流化床锅炉

为克服汽冷旋风筒制造成本高的问题，芬兰奥斯龙（Ahlstrom）公司创造性地提出了方形分离器的设想，这就是第三代循环流化床锅炉。

另外，一些厂商的循环流化床锅炉技术因特色鲜明，故也常以厂商名称命名流化床锅炉。如阿尔斯通（Alstom）公司的百宝炉（Pyroflow），鲁奇公司的鲁奇型以及福斯特·惠勒公司的FW型循环流化床锅炉等。

二、循环流化床的介绍

1. Lurgi 型循环流化床燃烧技术

Lurgi 技术的主要特点是采用了外置式换热器（EHE）把一部分蒸发受热面、过热受热面或再热受热面布置在外置换热器中，使得锅炉受热面的布置有了更多的灵活性，这对锅炉的大型化有很重要的意义。它

资源 87 - 国外主要 CFB 锅炉流派

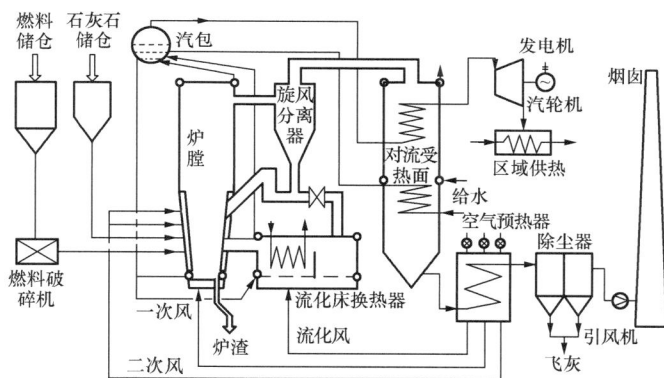

可以设计成双室布置，分别布置过热器和再热器，可以通过两个室灰量的控制来调节过热器壁温和再热器壁温，热交换后的冷物料送回炉膛可控制炉温，同时有利于提高循环流化床锅炉的燃料适应性。图 12 - 1 所示为典型 Lurgi 循环流化床锅炉系统。其最著名的应用是法国 Provence 电厂 250MW 的循环流化床锅炉，该锅炉于 1996 年投运，曾是世界上最大的循环流化床锅炉。

图 12 - 1　Lurgi CFB 锅炉系统

Provence 电厂 250MW 循环流化床锅炉的主蒸汽流量为 700t/h，蒸汽压力为 16.9MPa，主蒸汽温度为 565℃，再热蒸汽流量 651t/h，再热蒸汽压力为 3.75MPa，再热蒸汽温度为 565℃，排烟温度为 140℃。

炉膛下部采用裤衩腿设计（见图 5 - 9），即衬有耐火材料的下部炉膛分为两个腿，每一个腿的底部装有布风板，每个布风板的面积为 36m²，过量空气系数为 1.2 时的流化风速接近 5.5m/s。每个腿的侧墙上设有 2 个进煤口和 2 个石灰石喷射口，在每一腿的前墙布置了 5 个启动油枪。采用裤衩腿设计是考虑大容量循环流化床锅炉二次风的穿透性能。

该锅炉采用 4 个高温旋风分离器，两侧各两个，直径为 7.4m，下接锥形阀和大的流化床换热器，内衬耐火材料，底部支撑。每个流化床换热器通过锥形阀控制回灰量。在运行

时，炉膛温度由两个布置有中温埋管过热器的外置换热器（每一个腿一个）来调节和控制，再热蒸汽温度由两个布置有高温埋管再热器的外置换热器控制。过热蒸汽温度调节由喷水减温器控制。

锅炉效率达 90.5%，脱硫效率为 97%（尽管设计了石灰石给料系统，但由于煤的灰分中 50% 以上是 CaO，根本无需添加石灰石）。SO_2 排放 $250mg/m^3$（标态下）（$6\% O_2$ 时），NO_x 排放低于 $250mg/m^3$（标态下）。

Provence 电厂 250MW 循环流化床锅炉的成功投运，成为大型循环流化床锅炉发展史上的一个里程碑。它不仅解决了循环流化床锅炉大型化过程中的很多技术问题，尤为重要的是，制造商和用户由此对循环流化床锅炉大型化增强了信心。

2. Pyrofllow 型循环流化床燃烧技术

Ahlstrom 公司和 Lurgi 公司一样，是世界上发展循环流化床锅炉最早的公司之一。其技术特点是，锅炉结构系统比其他形式的循环流化床锅炉简单，总占地面积减少；采用两级燃烧，炉底送入一次风，密相层上方送入二次风，一次风率为 40%～70%，通过调节炉内的一、二次风的比例进行床温控制和过热汽温调节，床温可在 800～1000℃之间调节；燃烧室内放置 Ω 管构成的过热器；采用高温旋风分离器，旋风分离器和 Lurgi 型的相似，壳体为绝热钢结构，内有一层耐火材料和一层隔热材料，里面一层为耐高温耐磨材料；分离下来的循环物用 U 形料阀直接送回燃烧室；根据改变炉膛下部密相床内固体物料的储藏量和参与循环物料量的比例，也就是改变炉膛内各区域的固气比，从而改变各区域传热系数的方法来调节锅炉负荷的变化，其负荷调节比为 3∶1 或 4∶1。

1995 年 FW 公司收购了 Ahlstrom 公司专门从事 Pyroflow 型循环流化床锅炉的 Pyropower 公司。Turow 电厂 235MW 再热循环流化床锅炉是目前在运行最大的 Pyroflow CFB 锅炉，单汽包自然循环，其结构图见图 12-2。燃烧室全部由膜式水冷壁构成，炉膛高 42.5m，炉膛宽度 21.152m，炉膛深度 9.898m。布风板采用鳍片水冷布风板，上面焊有猪尾巴风帽。采用分级送风，一次风从风室进入炉膛，二次风分两排引入，下排距离布风板高 0.5m，上排距布风板上方 2.3m。布置 2 个旋风分离器，直径为 10.9m，锥段出口直径为 2.3m，两个 U 形回料阀。

这几台容量为 235MW 的循环流化床锅炉燃烧的是高水分、低热值的褐煤，由于煤种水分含量大，因此炉膛特别大，相当于燃烧一般烟煤或无烟煤的 280MW 循环流化床锅炉，因此从炉膛尺寸来说，它是当前世界上尺寸最大的循环流化床锅炉。启动燃料为燃油，启动燃烧器的最大出力为 40%MCR。当床温度达到 550℃时，停止给入燃油。当燃用褐煤时，床温升到 880～890℃所需的时间大约为 100min。给煤最大粒径小于 10mm，1mm 以上粒径份额为 70%。石灰石反应指数为 2.7～3.3。

热旋风分离器和回料阀材料为碳钢。分离器入口安装了高温膨胀节，分离器和密封阀内覆盖了多层耐火材料。

初级过热器由水平"双 Ω"管构成，穿过炉膛前墙和后墙。二级过热器是翼形受热面，布置在炉膛上部。二级过热器为多组膜式壁翼形受热面，由炉膛前墙给入蒸汽。来自初级过热器的蒸汽进入二级过热器入口联箱，通过翼形受热面至出口联箱，最后进入末级过热器。末级过热器为对流受热面，在对流烟道第二部分（位于末级再热器下）。对流再热器分为几组，位于对流烟道。再热蒸汽进入入口联箱，经过两级再热器，最后进入中间压力蒸汽

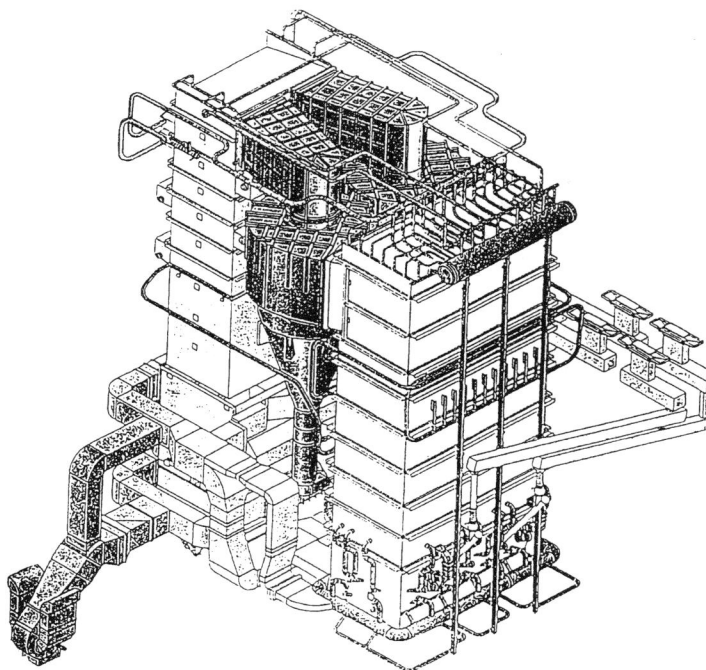

图 12 - 2　Turow 235MW 循环流化床锅炉

机。末级再热器在末级过热器上面。采用 FW 专利技术，再热蒸汽旁路系统进行再热蒸汽调节。

　　燃料通过位于前墙的 4 个给煤管和 4 个位于后墙的回料阀给入炉膛。石灰石通过气力输送到炉膛给料口，通过 8 个位置注入炉膛。

　　EVT 等公司生产的循环流化床锅炉技术与 Pyroflow 技术有相似之处。

　　3.FW 汽冷旋风筒循环流化床燃烧技术

　　FW 公司在 20 世纪 70 年代研制开发鼓泡床燃烧技术，20 世纪 80 年代发展循环流化床技术。FW 公司循环流化床燃烧技术有如下特点：炉膛上下截面基本一致，下部为密相区，分级送风，二次风从过渡区送入；布风板采用水冷壁延伸做成的水冷布风板，定向大口径单孔风帽。采用床下热烟气发生器点火，采用高温冷却式圆形旋风分离器，由膜式壁组成的旋风筒用蒸汽冷却（过热器）。启动速度比高温旋风筒的循环流化床锅炉快得多，从 10h 缩短到 4h；汽冷旋风筒的使用使投资提高，但使用可靠性高，运行维修费用低；在对带再热器超高压大容量锅炉回灰系统上设置 Intrex，在形式上类似于清华大学发明的副床结构，其中布置有再热器受热面，将高温分离下来的飞灰在该低速流化床中进一步冷却，然后回送到炉膛下部，调节床温。这样不仅能采用控制回灰温度和回灰量的手段来调节负荷，而且结构紧凑，Intrex 与炉膛下部紧紧相连，在结构上比外置式换热器更紧凑，操作方便简单。

　　佛罗里达州的 Jacksonville 电厂两台 300MW 循环流化床锅炉也是一项老厂改造工程。设计要求这两台锅炉不但要能 100% 地燃烧石油焦，而且还要能 100% 地燃烧煤，脱硫效率能达到 98%。锅炉的蒸汽流量 906t/h，蒸汽压力 17.2MPa，蒸汽温度 538℃。再热蒸汽流量 806t/h，压力 3.8MPa，温度 538℃。图 12-3 所示为 JEA 300MW 循环流化床锅炉的立体图。

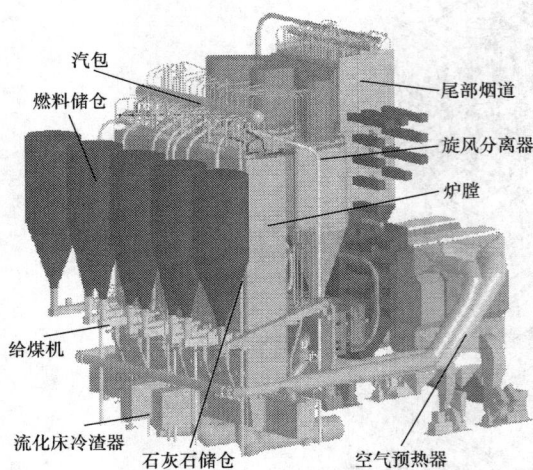

图 12-3 JEA 300MW 循环流化床锅炉立体图

JEA 300MW CFB 锅炉为单炉膛，单汽包自然循环结构。回灰系统上设置 Intrex，布置有中间和末级过热器的受热面。布置 3 个汽冷旋风分离器。尾部烟道采用双烟道结构，包含一级过热器、再热器和省煤器。省煤器后紧接布置管式空气预热器，烟气从管内流过。

炉膛由膜式水冷壁构成。水冷隔墙把炉膛分为三部分，将气固混合物均匀分配到三个分离器中。炉膛内布置 6 排翼形蒸发受热面，不布置过热器和再热器受热面。通过改变一、二次风的配比和进入 Intrex 固体流量，从而改变炉膛上部的存料量，从而有效地控制床温。

汽冷旋风分离器内衬布置有 25mm 厚的耐火销钉。FW 采用专利设计的 Intrex 换热器。从分离器返回的物料流入 Intrex 换热器的入口管。正常运行时，通过流化进口管和过热室使得物料流过过热室。启动时，只流化进口室，过热室被旁路。通过改变进口管和过热室的流化状态，可以控制物料流量，改变 Intrex 换热器中的吸热量，以控制床温。

尾部烟道采用双烟道结构，前烟道布置再热器，后烟道布置一级过热器。通过烟道下部挡板调节各个烟道的烟气流量。这种结构可以有效地避免使用喷水减温的方式来调节再热蒸汽温度，减小了循环效率的损失。

JEA CFB 锅炉采用 FW 专利技术的选择性流化床冷渣器。

4. Circofluid 型循环流化床燃烧技术

Circofluid 技术与上述三公司的三种形式的循环流化床锅炉不同，它是在总结鼓泡床和循环流化床锅炉的基础上，着眼于充分发挥循环流化床燃料适应性广、燃烧及脱硫效率高、易大型化等优点的同时，发展了一种低循环量的循环流化床锅炉，该技术被称为 Circofluid 技术。

其特点为：锅炉呈半塔式布置，炉底部为大颗粒密相区，类似于鼓泡床，但不放置埋管，仅四周布置带有绝热层的水冷壁，燃料热量的 69% 在床内释放，上部为悬浮段和对流受热面段（过热器、再热器和省煤器），小于 0.4mm 的煤粒和部分挥发分在这一区域燃烧。炉内流化速度为 3.5～4m/s；采用工作温度为 400℃ 左右的中温旋风分离器，改善了分离器的工作条件，旋风筒的尺寸减小可不必再用厚的耐火材料内衬，分离下来的"冷"物料可用来调节炉内床料温度，由于循环流率低，从而缓解了位于燃烧室内受热面的磨损；循环物料除采用旋风分离器所分离下来的循环灰外，还采用了尾部过滤下来的细灰，以提高燃烧效率；采用冷烟气再循环系统，以保证在低负荷时也能达到充分流化，并使旋风分离效率不致因入口烟速减少而降低，以避免循环灰量的不足。典型结构见图 12-4。

5. Pyroflow Compact 循环流化床

Ahlstrom 公司是最早研制开发循环流化床燃烧技术的公司之一。Ahlstrom 公司基于对循环流化床灰平衡的深刻理解，在 1993 年推出了一个大胆的水冷方形旋风筒的概念。用膜式壁构成的方形或多角形旋风筒极大地降低了水冷（汽冷）圆形旋风筒的造价，且由于分离器的矩形截面，使整个锅炉结构更加紧凑，见图 12 - 5。自 Ahlstrom 公司的方形分离器紧凑型设计推出之后，立即引起了广泛的重视，人们对该技术一直持观望态度。但经过 5 年的多台锅炉运行实践，已经为人们所接受。Foster Wheeler 公司和 Ahlstrom 公司合并后即将方形分离循环流化床锅炉作为大型化方向重点发展。至今，Foster Wheeler 公司采用方形分离器技术的紧凑型循环流化床锅炉 260MW 机组已经投运，运行表明，该技术在可靠性、制造维修成本以及

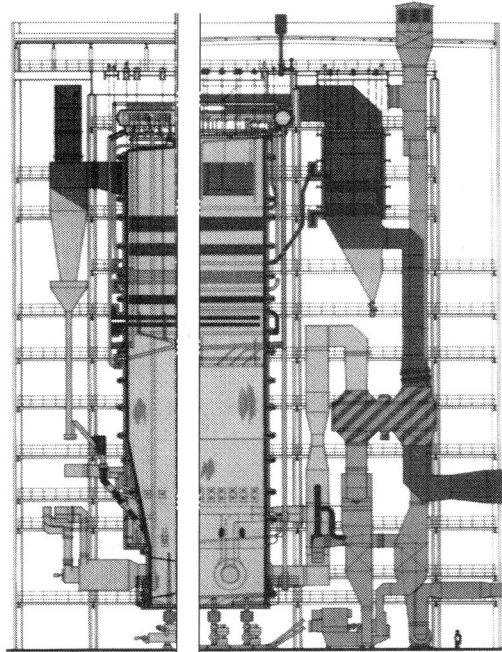

图 12 - 4　德国巴布科克公司采用外置低温旋风分离器的 Circofluid 循环流化床锅炉

整体性能上均优于高温旋风筒和汽冷旋风筒。合并后的 FW 公司同时具有高温旋风筒、水汽冷圆形旋风筒、方形分离器三代技术，该公司的市场份额中采用方形分离器的紧凑型布置循环流化床锅炉逐年增加。

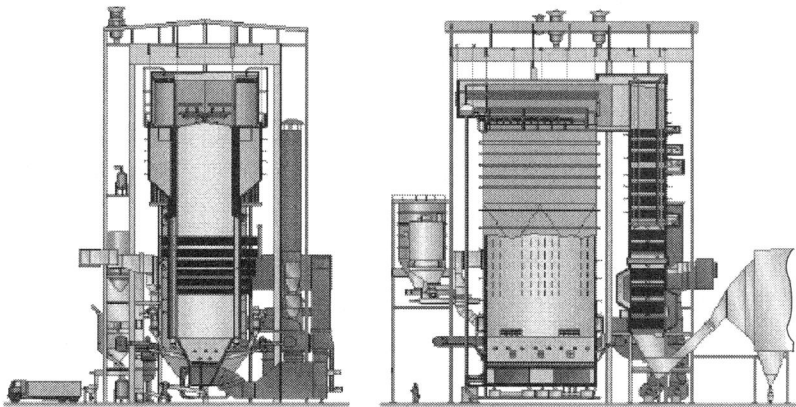

图 12 - 5　紧凑型循环流化床锅炉结构

除了以上介绍的几个公司的技术外，还有许多公司都在从事循环流化床锅炉的开发和研究制造工作。例如美国 Battelle 研究中心的 MSFBC 型，瑞典 Studsvik Energiteknik AB 公司的 Studsvik 型，美国 Stone 和 Webster RFSY 的 SCB 技术；西德 SteinmüeⅡer 公司的技术。不同公司的循环流化床锅炉存在着一定的差别，对于其技术的好坏还有待于实践来检验。但是不管怎样，各个厂家都在设法克服缺点，发扬优点，在相互竞争中把循环流化床燃

烧技术提高到更高的水平。在保持燃烧效率高、脱硫效果好的条件下，把提高可靠性，降低制造、安装、运行、维修成本，减少污染排放作为循环流化床燃烧技术的发展方向，使循环流化床锅炉走向大型化。

第二节　国产 220t/h 循环流化床锅炉

资源 88 - 国产 220t/h 循环
流化床锅炉技术特点

我国从 20 世纪 80 年代初开始进行循环流化床燃烧技术的研究开发。鉴于对循环流化床燃烧技术理解的局限性，我国在这一技术领域的发展曾经走过长时间的弯路，积累了大量的经验和教训。经过二十多年的不懈努力，特别是 20 世纪 90 年代以后，终于摆脱了被动的局面，开发了具有自主知识产权的符合中国国情的循环流化床锅炉技术，部分技术出口；容量等级逐渐提高。同时，锅炉制造厂引进国外技术，已经基本可以满足我国循环流化床锅炉市场的要求。

一、220t/h 次高压水冷方形分离循环流化床锅炉

锅炉采用次高温次高压参数，紧凑式设计，半露天布置。技术规范和主要的设计参数见表 12 - 1。燃烧室设计温度为 912℃。

表 12 - 1　　　　　　　　220t/h 水冷方形分离器循环流化床锅炉设计及运行参数

参数	流量 (t/h)	主蒸汽		给水温度 (℃)	排烟温度 (℃)	风温（℃）		
		压力 (MPa)	温度 (℃)			一次风	二次风	冷风
设计值	220	5.29	485	150	134	134	220	20

锅炉采用单汽包横置式自然循环，M 形布置，自炉前向后依次布置燃烧室、分离器、尾部烟道。外形尺寸高×宽×深为 43 600 mm×21 400 mm×20 700 mm；汽包中心标高为39 600mm；运转层标高为8000mm。锅炉总图见图 12 - 6。

炉膛由膜式水冷壁构成，截面积约 55m²，燃烧室净高约为 30m，炉膛下部前后墙收缩成锥形炉底，前墙水冷壁延伸成水冷布风板并与两侧水冷壁共同形成水冷风室。燃烧室下部水冷壁是磨损可能发生的重要部位之一，焊有密度较大的销钉，敷设较薄的高温耐磨材料。实验和实践都证明，这是既经济有效的防磨措施，又有利于水冷壁的利用率。

炉膛出口布置两个膜式水冷壁构成的方形分离器，分离器前墙与燃烧室后墙共用，分离器入口加速段由燃烧室后墙弯制形成。分离器后墙同时作为尾部竖井的前包墙，该屏水冷壁向下收缩成料斗，向上的一部分直接引出吊挂，另一部分向前至燃烧室后墙向上，构成分离器顶棚和出口烟道前墙。分离器两侧墙水冷壁向上延伸形成出口区侧墙，出口区汽冷顶棚至转向室后墙向下作为尾部竖井后墙，与汽冷侧包墙、分离器后墙一起围成膜式壁包墙，分离器、转向室与尾部包墙结合起来成为一体，避免使用膨胀节，既保持紧凑型布置，又保证良好的密封性能。

燃烧室上部布置有三屏翼形墙蒸发受热面和六屏翼形墙过热器，作为高温过热器，充分利用了翼形墙受热面吸热量随循环量和燃烧室温度变化的特点，使得锅炉负荷大范围变动时蒸汽参数保证达到额定值。低温过热器布置在尾部汽冷包墙内。由于该炉为次高温次高压参数，因此过热器相对于高温高压条件下受热面较少，故省煤器也位于汽冷包墙内。若为高温

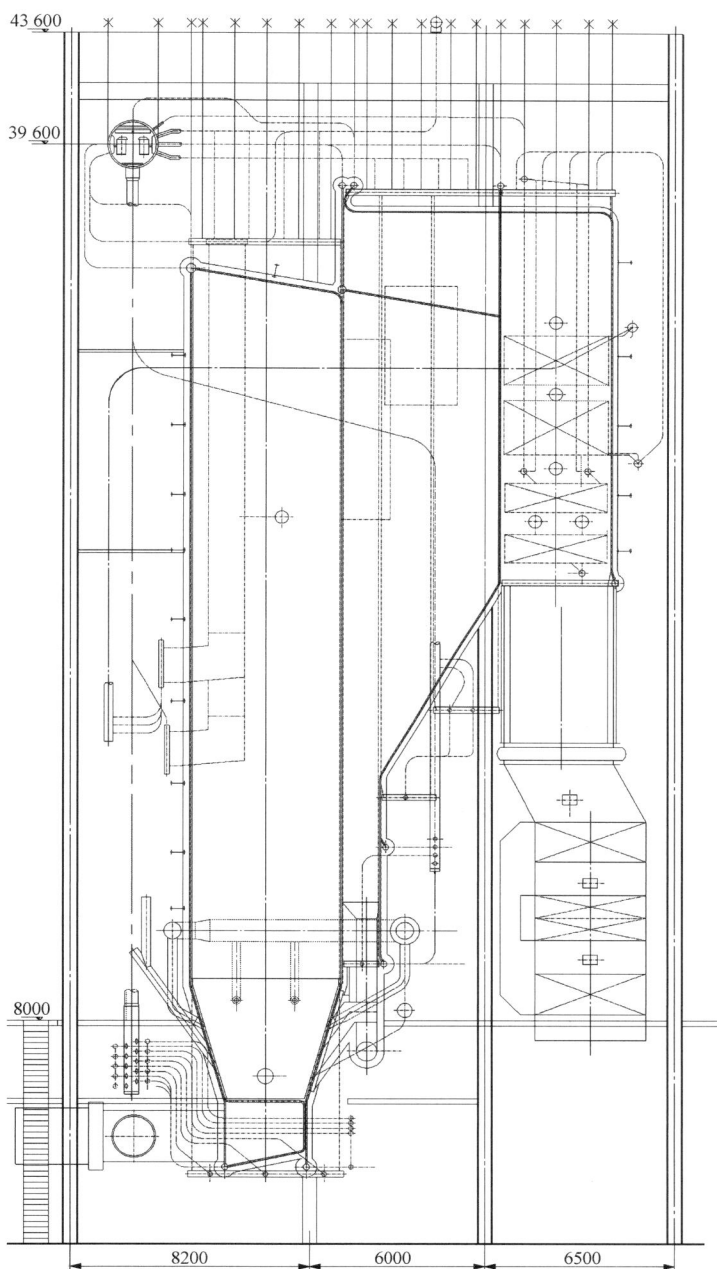

图 12 - 6　220t/h 水冷方形分离循环流化床锅炉总图（单位：mm）

高压参数，低温过热器和省煤器应下移，在汽冷包墙内增加末级过热器。

　　锅炉燃烧所需的空气分别由一、二次风机提供。一次风经预热后，由左右两侧风道引入水冷风室中，流经安装在水冷布风板上的风帽进入燃烧室，保证流化质量和密相区的燃烧；二次风经预热后经过位于燃烧室四周的两层二次风口进入炉膛，补充燃烧空气并加强扰动混合。燃料在炉膛内燃烧产生的大量烟气携带物料经分离器的入口加速段加速进入水冷方形分离器，使烟气和物料分离。分离的物料经料斗、料腿、回灰阀再返回炉膛；烟气自分离器的中心筒进入分离器出口区，流经转向室、低温过热器、省煤器、空气预热器后排出。灰渣由炉底水冷排渣管排出。

锅炉给水经省煤器加热后进入汽包；汽包内的饱和水经集中下降管、分配管分别进入燃烧室水冷壁、水冷屏和分离器水冷壁下集箱，加热蒸发后流入上联箱，然后进入汽包；饱和蒸汽流经顶棚管、后包墙管、侧包墙管，进入低温过热器入口联箱，由低温过热器加热后进入减温器调节汽温，然后经布置在燃烧室顶部的高温过热器将蒸汽加热到额定汽温汽压，进入集汽联箱至主汽阀和主蒸汽管道。

由膜式水冷壁组成当量直径为 5400mm 的方形分离器，与炉膛组成一个整体。分离器膜式壁的磨损是一个需要着重考虑的问题。借鉴国外水（汽）冷圆形旋风筒成功的防磨经验，采用壁面密焊销钉，涂一层很薄的耐磨浇注料的方法，由于较薄并受冷却，具有更强的防磨性能。在捕集物料的同时对物料冷却，保证回灰不发生结焦。

该锅炉采用了水冷风室及水冷布风板，床下点火；而较薄的防磨内衬对锅炉的启动要求较低，可以快速启动，节约启动用油；负荷变化速度不再受耐火材料的稳定性限制。

返料装置由灰斗、料腿、U 形阀构成。根据分离器的设置，采用两套返料装置。料腿为圆柱形，悬吊在水冷灰斗上。自平衡 U 形阀是一个高流率、小风量、自平衡回灰阀，运行操作简单、安全可靠。回灰阀的松动风取自高压风机。

尾部烟道自上而下依次布置低温过热器、省煤器、二次风空气预热器和一次风空气预热器。低温过热器为光管顺列布置；省煤器两组布置；空气预热器为卧式管式布置。

启动油枪加热床料，约 100min 后，床料加热到 450℃ 以上，可以开始少量给煤。根据床温的变化速度和排烟氧气含量判断是否着火。煤着火燃烧后从整体的暗红色逐渐转向亮红色。床温开始明显上升后，迅速调整风量和给煤量，维持床温为 900℃ 左右，此时主蒸汽压力和温度也接近额定参数。当主蒸汽温度和压力达到汽轮机的要求后并汽。逐渐增大给煤量，提高锅炉负荷。冷态启动到满负荷的时间为 3～4h。床温升温速率平均为 8℃/min，最大为 24℃/min。

锅炉密封性能好，没有泄漏。回灰流畅，分离器水冷受热面的吸热使回灰温度明显下降，回灰温度比分离器进口温度低 50℃ 左右。分离器、料腿、返料装置从未出现高温结焦问题。燃烧室上下温度均匀。该炉的燃烧效率比较高，飞灰含碳量为 6%～9%。与其他技术的循环流化床锅炉相比，是比较理想的。

主循环回路工作稳定、可靠，为锅炉长期安全连续运行提供了保证。为了解主循环回路的性能，对底渣、循环灰、飞灰粒径进行取样筛分。这些粒度分布情况与其他等当量直径圆形旋风筒的循环流化床锅炉燃烧相近煤种的情况是完全一致的。这也表明当量直径为 5400mm 的方形分离器的分离效果能够满足循环流化床锅炉的需要。

二、220t/h 高压水冷旋风筒循环流化床锅炉

锅炉技术规范如下：

额定蒸发量	220t/h
额定蒸汽压力	9.81MPa
额定蒸汽温度	540℃
给水温度	215℃

空气预热器进风温度　　　　25℃
排烟温度　　　　　　　　　135℃
锅炉设计效率　　　　　　　90.22%

锅炉基本尺寸如下：

运转层平台标高　　　　　8000mm
汽包中心标高　　　　　　42 830mm
锅炉宽度（柱中心线）　　11 800mm
外框架柱中心线　　　　　20 400mm
锅炉深度（柱中心线）　　22 650mm

220t/h 水冷旋风分离循环流化床锅炉总图见图 12-7，其主要特点如下所述。

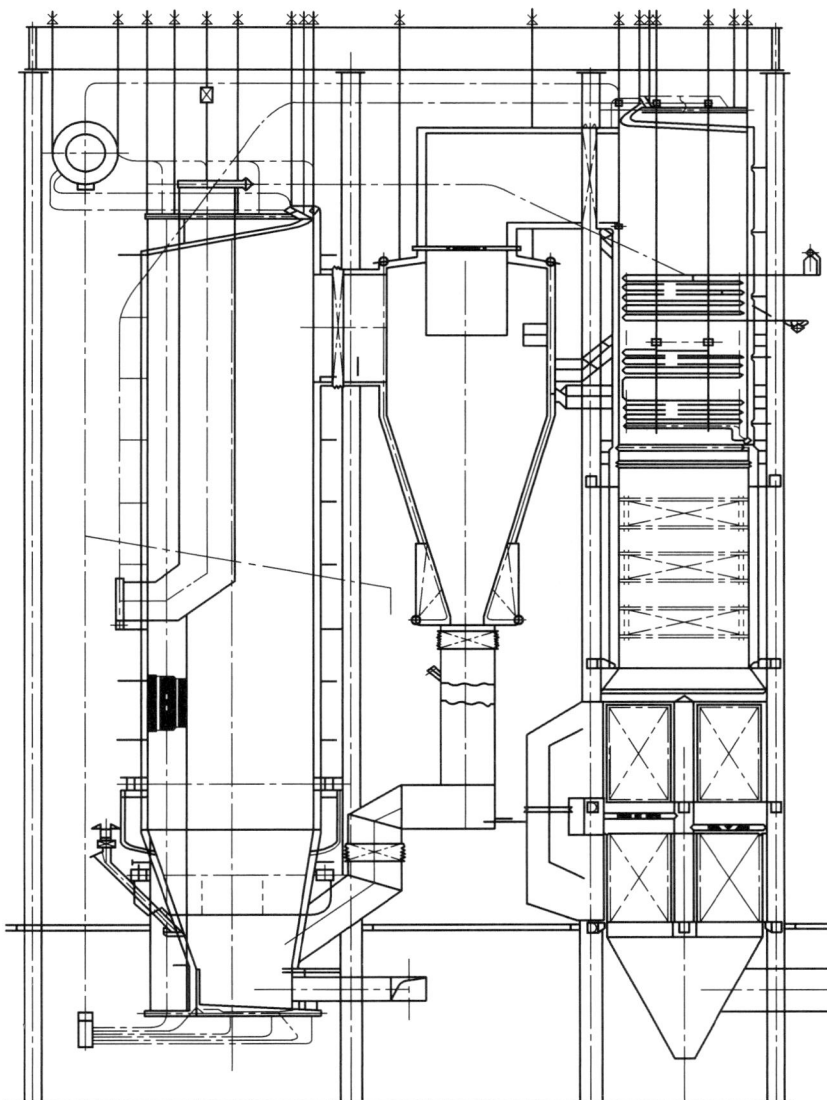

图 12-7　220t/h 水冷旋风分离循环流化床锅炉总图

锅炉采用单汽包横置式自然循环、水冷旋风分离器、膜式壁炉膛前吊后支、全钢架 M 形结构、室外布置。

炉膛由膜式水冷壁构成，截面 5160mm×8680mm，净空高约 32m。前后墙在炉膛下部收缩形成锥形炉底，后墙水冷壁向前弯，与两侧水冷壁共同形成水冷布风板和风室，为床下点火提供必要条件。布风板面积约 26m²。布风板上部流速设计值大于 5m/s，以保证较大颗粒也能处于良好的流化状态。在布风板的鳍片上装有耐热铸钢件风帽，该风帽为改进型蘑菇头风帽，对布风均匀性、排渣通畅、减轻磨损、防止漏渣有很大好处。炉膛的密相区四周 6m 高度范围是磨损最严重的部位之一。在此区域水冷壁焊有密排销钉，并涂敷有特殊高温耐磨浇注料，耐火衬里薄，便于维修。锅炉采用床下热烟气发生器点火，点火用油在热烟气发生器内筒燃烧，产生高温烟气，与夹套内的冷却风充分混合成 850℃ 左右的热烟气，经过布风板，在沸腾状态下加热物料。因此，该点火方式具有热量交换充分、点火升温快、油耗量低、点火劳动强度低、成功率高等特点。同时点火采用一次风，结构简单。

锅炉布置了两个水冷旋风分离器，内径为 4850mm。炉膛后墙一部分向后弯制形成分离器入口加速段。该分离器由膜式水冷壁加高温防磨内衬组成，既解决了膨胀密封问题，又使得分离器的维修十分方便。锅炉启动不受耐火材料的限制，负荷调节快，冷启动时间短。分离器外部按常规保温后，壁温低于 50℃，热损失少。由于有水冷却，在燃用不易燃尽的燃料时，对于分离器里可能出现的二次燃烧起冷却作用，避免结焦。该分离器是由管子加扁钢焊成膜式壁，内壁密布销钉，再浇注约 55mm 厚的防磨内衬构成的。耐火材料厚度由 300～400mm 降至约 55mm，降低了维护费用。旋风筒外壁按常规保温后，水冷分离器外壁表面温度由常规热旋风筒的约 121℃ 降至 50℃ 左右，使散热损失减小，提高了锅炉效率，降低了运行成本。水冷分离器的循环回路采用自然循环，其壁温和炉膛水冷壁相同，而又都是悬吊结构，膨胀差值很小。

在炉膛上部沿炉膛高度在炉膛前侧设置 4 片屏式过热器以及 3 片水冷屏蒸发受热面，充分利用换热量随循环量和燃烧室温度变化的特点，使锅炉负荷大范围变动时蒸汽参数保持稳定。实践证明，过热器布置在炉膛出口，提高了锅炉的低负荷运行能力。在屏式过热器下部采用密集销钉加特殊防磨措施进行防磨处理。在尾部竖井中布置高温过热器、低温过热器，这种布置方式，烟气流动均匀，有利于降低磨损。在低温过热器和屏式过热器之间、屏式过热器与高温过热器之间设置两级给水喷水减温器，以控制蒸汽温度在允许范围内。

采用高流率、小风量的自平衡 J 形回灰阀，回灰阀的松动风取自单独的高压风机，运行操作方便、安全可靠。给煤机口及顶部一、二次密封采用新型结构，炉膛四周密封，密封填块由制造厂预焊，减少工地工作量。

锅炉燃料所需空气分别由一、二次风机提供。一次风机送出来的风经过一次风空气预热器预热后，由左右两侧风道引入炉后水冷风室中，通过安装在水冷布风板上的风帽，进入燃烧室；二次风经过管式空气预热器后由播煤风口、二次风口进入炉膛，补充空气并加强扰动混合。为保证二次风充分到达炉膛，采用炉前后和两侧进风结构。燃煤在炉膛内燃烧产生大量烟气和飞灰，烟气携带大量未燃尽的炭粒子在炉膛上部进一步燃烧放热后，经过屏式过热器，进入旋风分离器中，烟气和物料分离，被分离出来的物料经过料斗、料腿、J 形阀再返回炉膛，实现循环燃烧。经分离器后的"洁净"烟气经转向室、过热器、省煤器、空气预热器由尾部烟道排出。燃煤经燃烧后所产生的灰渣由炉底排渣装置排出。

燃烧室一次风占总风量的 60%，由左右两侧风道引入炉前水冷壁室中。为保证燃烧始终在低过量空气系数下进行，以抑制 NO_x 的生成，采用分段送风。二次风占总风量的 40%，通过播煤风管和上、下二次风管分别送入燃烧室不同高度。播煤风管连接在每个给煤机入口，并配有简易风门，以便根据给煤机的使用情况控制入口风量。上二次风通过燃烧床前后各 8 根风管在标高 11 200mm 处进入炉膛；下二次风通过燃烧床前 8 根、后 4 根、两侧标高 8500mm 各两根风管进入炉膛。一、二次风管上均设电动风门及机翼测风装置，运行时可通过调节一、二次风比来适应煤种和负荷变化的需要。

锅炉给水经给水混合联箱，由省煤器加热后进入汽包，汽包内的饱和水由集中下降管、分配管进入炉膛水冷壁下联箱、3 片水冷屏下联箱以及水冷旋风分离器下部环形联箱，被加热后形成汽水混合物，随后经各自的上部出口联箱，通过汽水引出管进入汽包。饱和水及饱和蒸汽混合物在汽包内经汽水分离装置分离后，饱和蒸汽通过引入管进入包墙管，到位于尾部竖井包墙中低温过热器，经过一级喷水减温器后，通过布置在炉膛上部的屏式过热器，经过二级喷水减温器调节后，进入高温过热器，加热到额定参数后进入集汽联箱，最后从主汽阀至主蒸汽管道。

过热器系统采用辐射和对流相结合，并配有两级喷水减温，由包墙管、低温过热器、屏式过热器、高温过热器及喷水减温系统组成。饱和蒸汽从汽包至前包墙入口联箱，通过前包墙管，进入两侧包墙管，再引入后包墙入口联箱，通过后包墙管，进入后包墙管下联箱；前包墙下联箱与侧包墙下联箱通过直角弯头连接，后包墙与侧包墙、前侧包墙相焊，形成一个整体；后包墙管上部向前弯曲形成尾部竖井烟道的顶棚，这对锅炉膨胀、密封十分有利。过热蒸汽从后包墙下联箱进入低温过热器管束，低温过热器布置在尾部竖井中，由两级构成，管子规格为 $\phi32\times5mm$，材质为 20G，光管顺列布置。为减少磨损，一方面防止烟气流速过高，另一方面加盖有材质为 1Cr13 的防磨盖、压板及防磨瓦，对局部也作了相应的处理。过热蒸汽从低温过热器出来，通过一级喷水减温器调节后进入布置在炉膛前上方的屏式过热器，屏式过热器由膜式壁构成，管子规格为 $\phi42\times5mm$，材质为 12Cr1MoV，共四屏。蒸汽由下向上运动，在炉顶经过二级喷水减温器后，进入高温过热器。高温过热器为双管圈顺列布置，管子规格为 $\phi42\times5mm$，低温段材质为 12Cr1MoV，高温段材质为 12Cr2MoWVTiB。在前排加盖 1Cr20Ni14Si2 的防磨盖板。蒸汽加热到额定参数后引入出口联箱。在低温过热器上设有 3 个固定式蒸汽吹灰器，可保持受热面清洁，以保证传热效果。

尾部竖井烟道中设有两级省煤器，均采用 $\phi32$ 的管子，高温段省煤器为错列布置，此段烟气流速为 8.41m/s；低温段和高温段材质相同，错列布置，烟气流速为 7.63m/s，并辅以有效的防磨措施，以保证运行寿命。每组省煤器之间留有约 1000mm 间隙，便于检修，省煤器进口联箱位于尾部竖井两侧，给水由前端引入。高、低温省煤器各设有 3 个固定式蒸汽吹灰器，以保持受热面的清洁，保证传热效果。

省煤器后布置了上下两级立式空气预热器用来加热一、二次风，热风温度为 222℃，该空气预热器共分 3 组，6 个管箱，中间一组加热一次风，两侧两组加热二次风。空气预热器管子选用 $\phi40\times1.5mm$，Q235 - A.F。两级之间留有一定间隙，便于检修和更换。为降低空气预热器磨损，入口处均采用防磨套管。

第三节　国产 135MW 再热循环流化床锅炉

　　国产 135MW 等级的超高压再热循环流化床锅炉，主要由三大锅炉厂即哈尔滨锅炉厂有限公司（以下简称哈锅，HG）、东方锅炉（集团）股份有限公司（以下简称东锅，DG）、上海锅炉厂有限公司（以下简称上锅，SG）生产。它们在技术特点上各有特色，下面进行简单分析。

一、技术背景

　　HG - 440/13.7 - L. PM4 型循环流化床锅炉是哈尔滨锅炉厂引进德国 Alstom 的 EVT 技术制造。EVT 技术是在芬兰 Ahlstrom 技术的基础上，改进了猪尾形风帽和布风板，采用回料阀给煤以及布风板上点火方式。哈锅将自身已有的技术同引进技术相结合，形成了独具特色的循环流化床锅炉。哈锅 440t/h 首台再热循环流化床锅炉建于河南新乡火电厂，为国产首台超高压再热循环流化床锅炉。

　　DG - 460/13.73 - Ⅱ3 型循环流化床锅炉是东锅在引进 FW 技术制造基础上，结合自身在 125、200、300、600MW 大容量机组煤粉锅炉的开发经验，设计制造了具有自主知识产权的国产 135MW 等级的循环流化床锅炉。

　　上锅在自身多年开发的 CFB 锅炉经验的基础上，引进德国 Alstom 的 EVT 技术，开发出了 50、100MW 和 135MWCFB 锅炉等系列产品。

二、锅炉规范及主要设计参数

　　现以哈锅和东锅分别在新乡火电厂和山东华盛热电厂的锅炉规范及主要参数为例，见表 12 - 2。

表 12 - 2　　　　　　　　　　　　　　锅炉规范及主要技术参数

项目名称	哈　锅	东　锅
锅炉型号	HG - 440/13.7 - L. PM4	DG - 460/13.73 - Ⅱ3
额定蒸发量（t/h）	440	460
过热蒸汽压力（MPa）	13.7	13.73
过热蒸汽温度（℃）	540	540
再热蒸汽流量（t/h）	360	393
再热蒸汽进/出口压力（MPa）	2.621/2.493	2.58/2.466
再热蒸汽进/出口温度（℃）	316/540	312/540
给水温度（℃）	248	243
设计燃料	鹤壁贫煤	无烟煤
锅炉热效率	91.9%	91.7%

三、锅炉整体布置

　　1. HG - 440/13.7 - L. PM4 型锅炉整体布置

　　锅炉总图见图 12 - 8。本锅炉为超高压参数中间再热锅炉，与 135MW 汽轮发电机组匹配。采用循环流化床燃烧技术，循环物料的分离采用高温旋风分离器。锅炉采用平衡通风。锅炉主要由炉膛、高温旋风分离器、自平衡 U 形回料阀和尾部对流烟道组成。

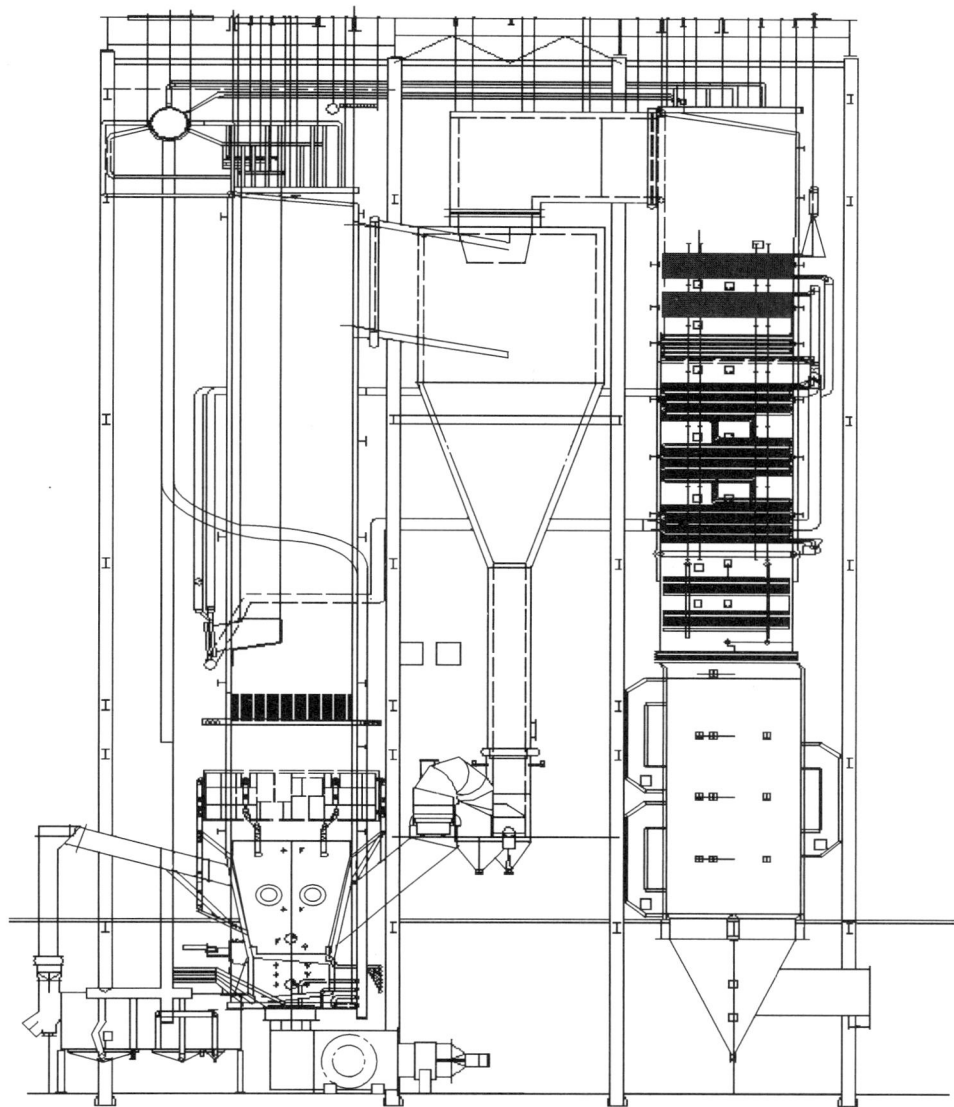

图 12 - 8　HG - 440/13.7 - L. PM4 型 CFB 锅炉总图

　　燃烧室蒸发受热面采用膜式水冷壁，水循环采用单汽包、自然循环，单段蒸发系统。燃烧室下部采用水冷布风板，大直径钟罩式风帽，具有布风均匀、防堵塞、防结焦和便于维修等优点。燃烧室内布置双面水冷壁来增加蒸发受热面；布置屏式Ⅱ级过热器和屏式热段再热器，以提高整个过热器系统和再热器系统的辐射传热特性，使锅炉过热汽温和再热汽温具有良好的调节特性。锅炉采用两个内径为 7.36m 的高温旋风分离器，布置在燃烧室与尾部对流烟道之间，高温旋风分离器回料腿下布置一个非机械型回料阀，回料为自平衡式。流化密封风由高压风机单独供给，分离器及回料阀外壳由钢板制造，内衬绝热材料及耐磨耐火材料。以上三部分构成了循环流化床锅炉的核心部分——物料循环回路。经过分离器净化的烟气进入尾部烟道。尾部烟道布置Ⅰ级过热器、Ⅲ级过热器、冷段再热器、省煤器、空气预热器。烟道的包墙过热器为膜式壁结构，省煤器、空气预热器烟道采用护板结构。

2. DG - 460/13.73/540 - Ⅱ3 型锅炉整体布置

锅炉总图见图 12 - 9。本锅炉为超高压带中间再热、单汽包自然循环、循环流化床燃烧技术、岛式露天布置、全钢架支吊结构的循环流化床锅炉，采用高温汽冷式旋风分离器进行分离。锅炉主要由一个膜式水冷壁炉膛，两台汽冷式旋风分离器和一个由汽冷包墙包覆的尾部竖井（HRA）三部分组成。锅炉内布置有屏式受热面：6 片屏式过热器管屏，4 片屏式再热器管屏和 1 片水冷分隔墙。锅炉共设有 6 台给煤装置和 3 个石灰石给料口，给煤装置和石

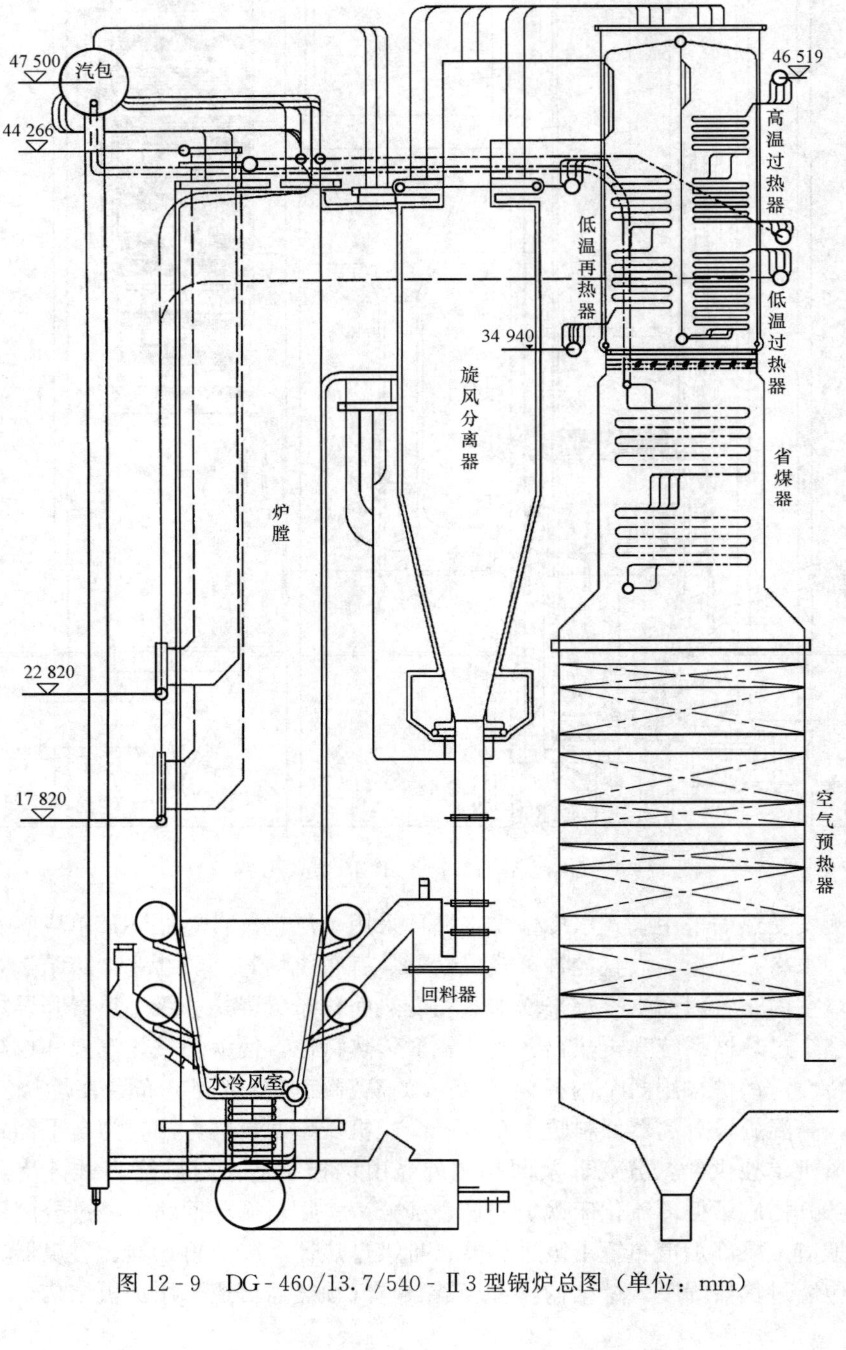

图 12 - 9　DG - 460/13.7/540 - Ⅱ3 型锅炉总图（单位：mm）

灰石口全部布置于炉前，在前墙水冷壁下部收缩段沿宽度方向均匀布置。炉膛底部是由水冷壁管弯制而成的水冷风室，在炉膛水冷风室下一次风道内布置两台床下风道点火燃烧器，燃烧器配有高能点火装置，炉膛两侧分别设置两台多仓式流化床风水联合式冷渣器。炉膛与尾部竖井之间布置有两台汽冷式旋风分离器，其下部各布置一台 J 形阀回料器。

尾部由包墙分隔，在锅炉深度方向形成双烟道结构，前烟道布置了两组低温再热器，后烟道从上到下依次布置有高温过热器、低温过热器，向下前后烟道合成一个，在其中布置螺旋鳍片管式省煤器和卧式空气预热器。空气预热器采用光管式，沿炉宽方向双进双出。过热器系统中设有两级喷水减温，再热器系统中布置事故喷水减温器和微喷减温器。锅炉整体呈对称布置，支吊在锅炉架上。

SG 的整体布置与 DG 基本相似，见图 12 - 10。为了方便床温的调节控制，还设置了外置式热交换器（FBHE），仅通过调节 FBHE 中的灰量就可实现对床温的有效控制。而从回料器到 FBHE 的灰量和从炉膛至冷渣器的渣量均由灰控阀来控制。

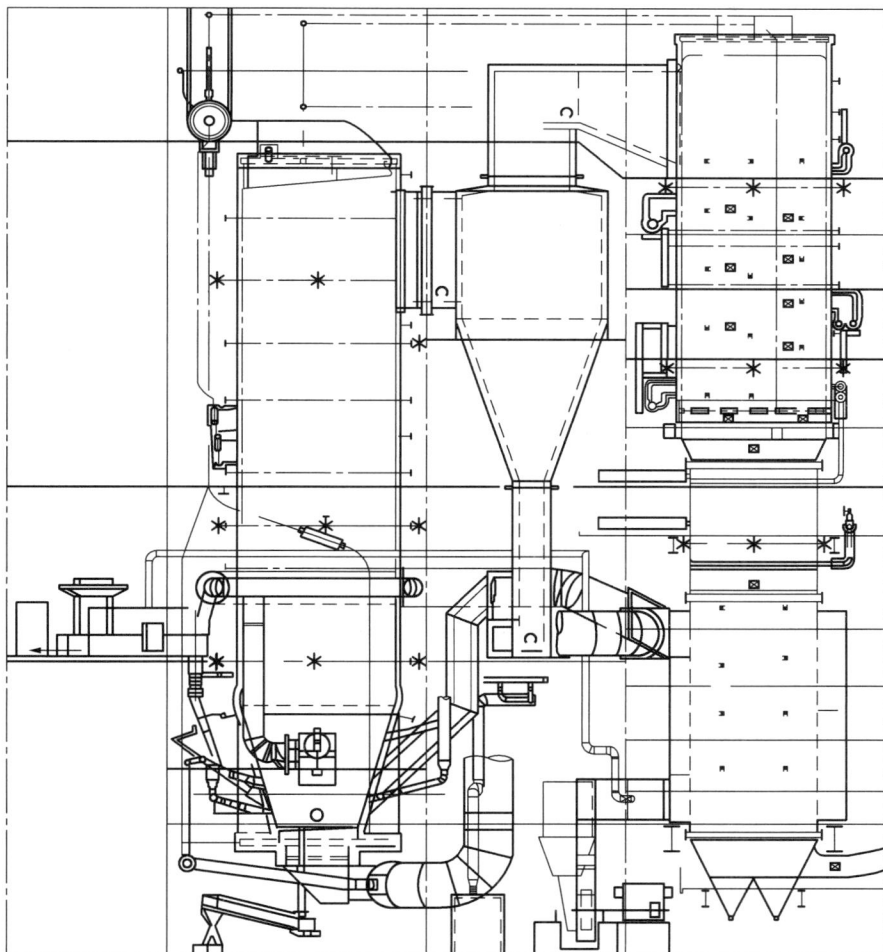

图 12 - 10　上锅 CFB 锅炉结构总图

四、技术特点对比

国产 135MW 循环流化床锅炉采用了目前国内外公认的较为成熟的技术，如水冷风室、旋风分离器，但在一些结构上仍有独到之处，其特点如下所述。

（1）它们的整体布置基本相似，均为旋风分离器位于后墙的 M 形布置，但具体部件的结构仍有差异。

（2）它们的关键部件设置相差较大，主要体现在以下几个方面：

1）布风板。哈锅采用的水冷布风板，其风帽是大直径钟罩式风帽，东锅风帽采用定向风帽，而上锅采用的是 T 形风帽。它们有各自的优点和缺点，但磨损漏料问题不容忽视。

2）分离器。采用的旋风分离器结构不同，哈锅采用的是高温旋风分离器结构，东锅则采用汽冷旋风分离器。

3）回料阀。哈锅为 U 形，东锅和上锅采用 J 形回料阀。

4）冷渣器。哈锅采用了选择性风水联合式冷渣器，见图 12-11，后来部分改为滚筒式冷渣器；东锅采用的冷渣器形式主要为风水联合式冷渣器和滚筒式冷渣器；而上锅采用的有两种形式，一种是风冷流化冷渣器，见图 12-12，另一种是水冷螺旋绞龙冷渣器，二者适用范围不同。

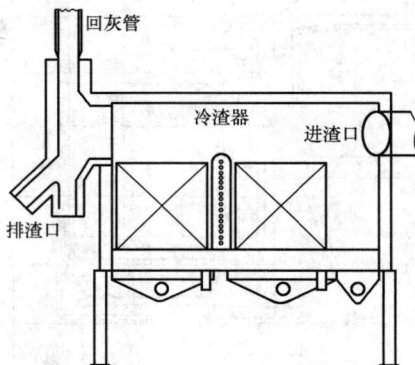

图 12-11 HG 风水联合式冷渣器

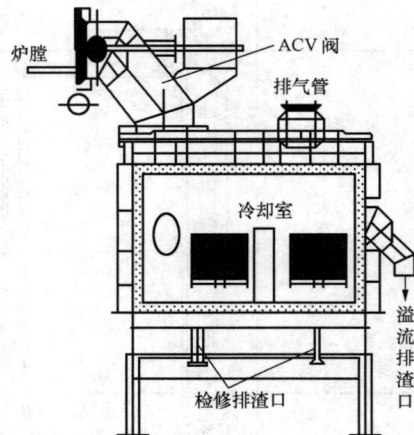

图 12-12 SG 风水联合式冷渣器

5）给煤系统。哈锅采用的是回料阀给煤，后来也采用前墙给煤；而东锅和上锅都是前墙给煤方式，而且上锅的播煤管为 Y 形。

6）石灰石系统。三大锅炉厂的石灰石系统基本相似，不同的是上锅采用了独特的与煤预混合的方式，见图 12-13。

7）点火装置上区别较大。哈锅采用了床上＋床下联合点火方式，东锅采用床下点火，上锅采用床上点火。

8）外置式热交换器（FBHE）是上锅的独特之处，它对床温的调节在不改变一、二次风比和过量空气系数的情况下，仅通过调节进入 FBHE 中的灰量来改变 FBHE 中的吸热量就可实现对床温的有效控制。

（3）为了改善汽温特性以及弥补尾部布置过热器和再热器的不足，三大锅炉厂炉膛内都布置了屏式过热器和再热器。炉膛内布置受热面的最大问题是磨损，而采用了在屏下部及穿墙处敷设耐磨材料的方法，可以防止上升气流对屏迎风面的磨损。

（4）汽温调节方式。哈锅采用喷水减温调节过热器及再热器汽温；东锅再热器采用的是烟气挡板汽温调节装置；上锅则采用外置式换热器调节过热器、再热器汽温，而对无外置式换热器的布置方式，采用双烟道烟气挡板调节汽温。

（5）尾部烟道的受热面布置。哈锅是单烟道，东锅采用双烟道，上锅则两种形式都有。但烟气的流程基本一致。

国产 135MW 等级的循环流化床锅炉不同厂家有各自的特点，各有不少创新之处，但其整体性能仍需实践的检验。

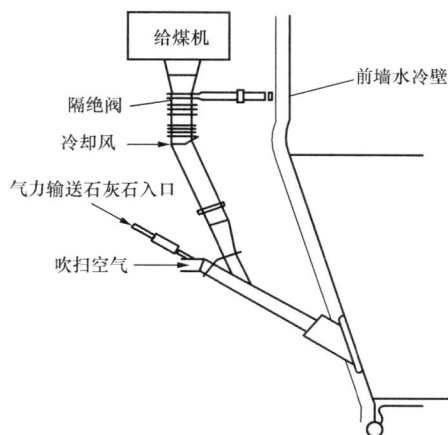

图 12 - 13　上锅给煤和石灰石系统

第四节　300MW 亚临界压力再热循环流化床锅炉

一、引进型 300MW CFB 锅炉

为了加快大型 CFB 锅炉在我国的应用步伐，我国引进了 300MW CFB 锅炉技术。

1. 锅炉主要设计参数

电厂设计煤种为褐煤，煤质分析见表 12 - 3。

表 12 - 3　　　　　　　　　　　　　煤　质　分　析

项　目	符　号	单　位	设计煤种	校核煤种
收到基全水分	$M_{t, ar}$	%	34.7	32.60
空气干燥基水分	M_{ad}	%	11.00	13.58
收到基灰分	A_{ar}	%	11.45	9.51
干燥无灰基挥发分	V_{daf}	%	52.70	50.85
低位发热量	$Q_{net. ar}$	MJ/kg	12.435	13.86
收到基碳	C_{ar}	%	36.72	39.78
收到基氢	H_{ar}	%	1.87	2.56
收到基氧	O_{ar}	%	12.59	13.78
收到基氮	N_{ar}	%	1.01	1.04
收到基全硫	$S_{t. ar}$	%	1.66	0.73

锅炉烧褐煤，设计粒度 0～10mm（$d_{50}=1mm$），灰中含钙高，Ca/S=1.7，稍加石灰石就可以达到 94% 的脱硫率。

在 6% 含氧量的干烟气状态下，锅炉 BMCR 工况的 NO_x 排放浓度不高于 350mg/m³（标准状态下），SO_2 排放浓度不高于 400mg/m³（标准状态下），空气预热器出口粉尘浓度不大于 24g/m³（标准状态下）。

2. 锅炉技术规范

锅炉最大连续蒸发量　　　　　　　1025t/h

过热器出口温度	540℃
过热器出口压力	17.5MPa
再热器进/出口压力	3.904/3.724MPa
再热器进/出口温度	323.8/540℃
给水温度	278.2℃
锅炉热效率	92.8%
排烟温度	142℃
脱硫效率	94%（Ca/S＝1.7）
一次风温	291℃
二次风温	285℃

3. 整体布置

300MW CFB 锅炉采用亚临界参数，与 300MW 等级汽轮发电机组相匹配，可配合汽轮机定压（滑压）启动和运行。采用单汽包自然循环，露天布置，锅炉底部采用裤衩腿型结构，炉底被分成两个腿，每个腿均有其独立的布风装置，炉膛宽 14.703m，深 15.05m，高 35.5m。布风板面积 14.703m×3.5m，燃用褐煤。锅炉采用四个旋风分离器（每侧两个），直径 8.25m，下接锥形阀和流化床换热器。每个流化床换热器通过锥形阀控制回灰量。流化床换热器中布置中温过热器、低温过热器和高温再热器。尾部烟道依次布置高温过热器、低温再热器和省煤器。采用引进技术制造的容克式四分仓空气预热器。锅炉结构见图 12-14。

资源90-300MW循环流化床锅炉技术特点

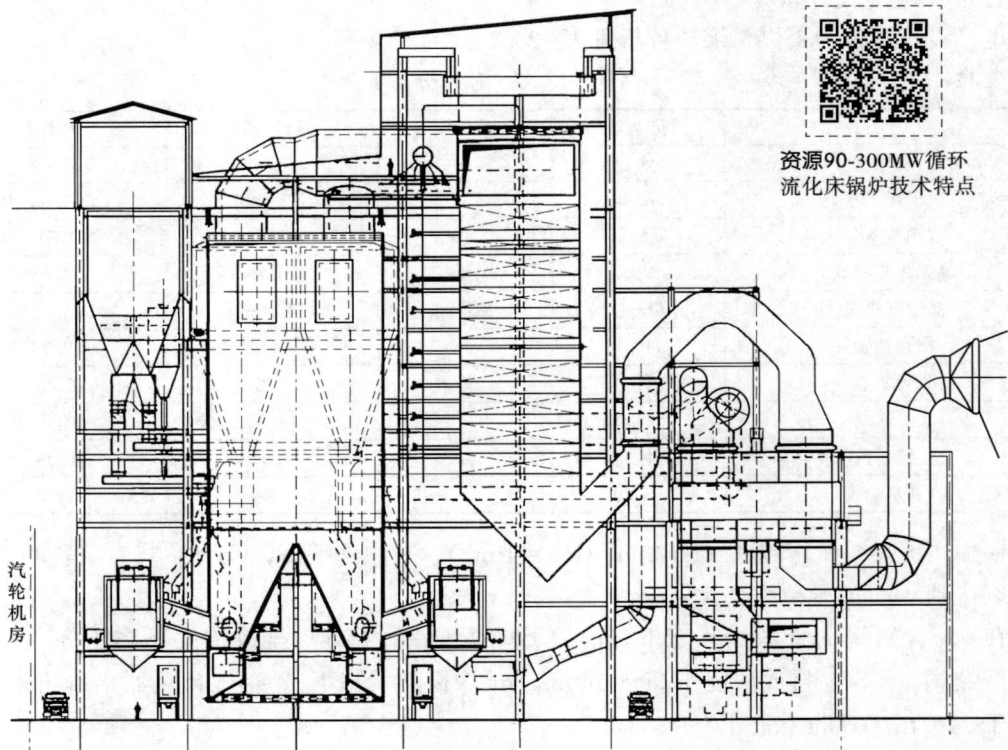

图 12-14 300MW 循环流化床锅炉结构

4. 锅炉主要结构

(1) 燃烧设备。入炉煤采用两级破碎系统制备，布置 6 台给煤机，采用回料阀 8 点及两侧墙 4 点给煤，最终与炉膛直接相连的给煤点为 6 个，并考虑落煤管防堵煤措施。采用回料阀 8 点给石灰石方式，最终与炉膛直接相连的给石灰石点为 4 个，石灰石粉由电厂附近处石灰石矿供应，由汽车运抵电厂。厂内不设石灰石破碎系统。给料点及一、二次风接口位置合理，确保燃烧稳定，并防止新加入燃烧室的煤粒未经燃尽就排入冷渣器，正确选择一、二次风比及总过量空气系数使 NO_x、SO_2 排放量最少并有高的燃烧效率。

点火方式为风道燃烧器和床上启动油枪结合方式，布置两台风道燃烧器，输入热负荷为 46MW，8 只床上启动燃烧器，热功率为 11%BMCR。不投油稳燃最低稳燃负荷应不大于 30%～35%BMCR。

(2) 分离器系统。该锅炉采用 4 个高温旋风分离器，每侧布置 2 个，直径为 8.25m，下接锥形阀和流化床换热器。流化床换热器共有 4 个，内衬耐火材料，底部支撑。每个流化床换热器通过锥形阀控制回灰量，单台流化床换热器的设计灰物料率为 600～800t/h。炉膛温度由 2 个布置有中温过热器的外置换热器（每个腿一个）来调节控制，再热蒸汽温度由 2 个布置有高温再热器的外置换热器控制。过热蒸汽温度调节由三级喷水减温器控制。

(3) 空气及烟气系统。一次风通过布置在两个裤衩腿上的布风板上钟罩式风帽射入炉膛。一次风主要起流化床料的作用。二次风通过布风板上方两排若干风口进入炉膛。二次风的作用是保证颗粒足够的搅动和燃烧需要的混合。一、二次风的比值对 NO_x 排放有重要影响，必须特别注意一、二次风比的选取。

整个锅炉机组的空气由下面风机提供：

1）2 台一次风机，可以提供 100%负荷时需要的风量，通过挡板控制两个裤衩腿的风量平衡；

2）2 台 100%负荷的二次风机；

3）2 台可以提供 50%负荷风量的外置换热床风机；

4）4 台可以提供 25%负荷风量的高压流化风机；

5）2 台静叶可调轴流式引风机；

6）单个立式容克式再生空气预热器，用来同时预热一、二次风。

(4) 灰渣系统。灰渣通过 4 台风水联合式流化床冷渣器冷却，每台冷渣器正常运行的排渣量为 5.1t/h，最大设计排渣量为 16.5t/h。能满足燃用校核煤种及锅炉运行中底灰量发生变化的要求，正常运行时排渣温度低于 150℃。在外置换热器中也布置小的排渣口。

二、自主型 300MW CFB 锅炉

为了推进循环流化床锅炉技术的发展，国家发展改革委员会曾组织三大锅炉厂及设计院共同引进了 Alstom 公司的亚临界 300～350 MW 循环流化床锅炉技术。第一台引进型 300MW CFB 锅炉在四川白马电厂投运成功后，给用户采用同容量等级循环流化床发电带来了信心。但同时三大锅炉厂也充分意识到，Alstom 引进型锅炉存在炉膛和外置式换热器系统复杂，设计、制造、安装、维护成本较高的不足，与煤粉炉加脱硫脱硝成本相比不具优势。此外，在应对我国煤质复杂多变的实际情况方面，引进技术凸显了很大的不适应性；高昂的知识产权费用也阻碍了引进型 300MW 级 CFB 锅炉的大规模应用。这些问题促生了自主型 300MW 等级循环流化床锅炉的设计开发。国内上锅、哈锅、东锅三大锅炉制造商借鉴在 135 MW 等级 CFB 锅炉的经验，在国内科研单位的协作下，都开展了自主知识产权300MW 等级 CFB 锅炉的研究开发。

1. 东锅自主型 300MW 级 CFB 锅炉

为避免与 Alstom 引进型 300MW 等级的循环流化床锅炉产生知识产权纠纷，东锅决定在自有知识产权基础上，延续自有的 CFB 锅炉性能与结构设计特色。经过详细计算和模型分析，认为与清华大学的合作研究成果是经得起检验的，自主研究开发 CFB 技术过程中积累的流态选择是合理的。通过对炉膛单侧旋风分离器非对称性布置的气固两相流均匀性、大床面积的流化均匀性、二次风混合的关键影响因素等系列问题的研究，找到了工程实现方法。据此开发了简约型布置的 300MW 亚临界 CFB 锅炉。

（1）锅炉总体布置形式。针对 Alstom 技术中裤衩腿形炉膛风烟系统自动控制困难，容易发生翻床事故的特点，东锅自主开发 300MW 循环流化床锅炉的炉膛设计中采用简约型布置，将炉膛改回了单炉膛单布风板结构，还将一次风机压头降低了 5kPa。为保证二次风的穿透性，宽深比大于 3，锅炉深度方向尺寸较小。分离器入口开孔以及回料器的固体返料点

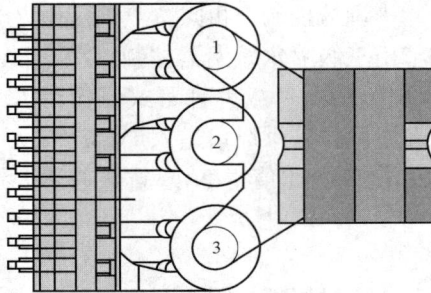

图 12 - 15　M 形布置＋三分离器

均只能布置在炉膛尺寸较大的方向，M 形布置＋三分离器成为最佳选择，如图 12 - 15 所示。虽然分离器入口烟道和分离器本体在形式上的不对称性降低了对分离器流动均匀性的预期值，但由图 12 - 15 可以看出，通过 2 片水冷屏，将上部炉膛分为了 3 个区域，每部分的深宽比都接近于 1，分离器入口烟道和炉膛接口的模型是在 130t/h 单分离器 CFB 锅炉基础上的放大，是成熟技术。同时，每个分离器出口中心筒设置了米字撑，可起到减小烟气偏差的作用。

锅炉整体布置如图 12 - 16 所示。锅炉为单汽包自然循环、一次中间再热、高温分离器、平衡通风、前墙给料循环流化床锅炉。采用高温汽冷式旋风分离器进行气固分离。锅炉主要由 1 个膜式水冷壁炉膛、3 台汽冷式旋风分离器和 1 个尾部竖井三部分组成。炉膛内布置有屏式受热面。锅炉采用炉前给煤，在锅炉前墙同时设有石灰石给料口，在前墙水冷壁下部收缩段沿宽度方向均匀布置。炉膛底部由水冷壁管弯制围成的水冷风室。每台炉设置有 2 个床下点火风道，每个床下点火风道配有 2 个油燃烧器（带高能点火装置），其目的在于高效地加热一次流化风，进而加热床料。另外，在炉膛下部还设置了床上助燃油枪，用于锅炉启动点火和低负荷稳燃。设计 4 台滚筒式冷渣器，采用炉后排渣。炉膛与尾部竖井之间，布置了 3 台汽冷式旋风分离器，其下部各布置 1 台回料器。为确保回料均匀，每台回料器采用一分为二的形式，将旋风分离器分离下来的物料经回料器直接返回炉膛，后墙共布置 6 个回料点。作为备用手段，回料器放灰

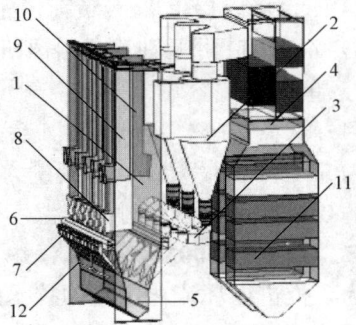

图 12 - 16　简约型 300MW 亚临界压力 CFB
锅炉整体布置

1—炉膛；2—汽冷式旋风分离器；3—回料阀；
4—尾部受热面；5——次风进口；6—二次风箱；
7—气力播煤装置；8—屏式过热器；
9—屏式再热器；10—水冷蒸发屏；
11—管式空气预热器；12—石灰石给料口

通过回料器至冷渣器灰道接入冷渣器。

尾部由包墙分隔在锅炉深度方向形成双烟道结构，前烟道布置了低温再热器，后烟道从上到下依次布置高温过热器、低温过热器，向下前后烟道合成一个烟道，在其中布置螺旋鳍片管式省煤器。采用了管式空气预热器，双进双出，一二次风左右布置。除初投资较高外，管式空气预热器具有降低空气预热器漏风率、提高锅炉效率、降低风机电耗等明显优势，是循环流化床锅炉的最佳选择。过热器系统中设有两级喷水减温器，再热器采用烟气挡板调温并布置事故喷水减温器和微喷减温器。

为缩短给煤线，减少给煤故障，采用炉前气力播煤。气力播煤装置沿整个炉膛宽度方向均布，使单台给煤机故障造成的不均衡大为降低。

（2）锅炉运行效果。东锅首台自主型 300MW 级 CFB 锅炉于 2008 年 6 月在广东宝丽华电厂投产，其主要参数：蒸发量 1025t/h，过热蒸汽压力 17.45MPa，过热蒸汽温度 540℃。投入运行以来，锅炉的出力和蒸汽参数、低负荷性能均达到或超过设计值。与采用引进技术的同容量机组相比，东锅自主型 300MWCFB 锅炉改回了单炉膛结构，彻底避免了双炉膛翻床事故；通过在炉膛中设置屏式受热面，取消了外置式换热器，从而避免了复杂的运行操作和检修困难，节省了耗钢量，降低了锅炉的制造成本和厂用电耗；采用汽冷式旋风分离器取代高温分离器，较好地解决了分离器超温的问题。自主型 300MW 亚临界 CFB 锅炉每台可以降低投资约 5 千万元人民币以上。其运行的简单性和可靠性的优势得到了业主的高度评价。由于系统简单，厂用电率明显下降，达到了同容量、同参数煤粉炉的水平。自第一台 300MW 简约型亚临界循环流化床锅炉在宝丽华电厂成功投运后，该型锅炉迅速占据了国内市场，成为技术主流。

2. 上锅自主型 300MW 级 CFB 锅炉

上锅自主型 300MW 级 CFB 锅炉的主要特点：炉膛采用单炉膛单布风板；3 个高温分离器布置在炉后；前后墙联合给煤；炉膛内布置屏式过热器、屏式再热器和水冷蒸发屏，不设置外置换热器；回灰方式为自平衡方式；尾部双烟道，调温方式为尾部挡板加喷水减温；采用回转式空气预热器。

上锅自主型 300MW 级 CFB 锅炉有 300MW、330MW 两种型号。首台自主型 300MWCFB 锅炉 2008 年 7 月在山西平朔煤矸石电厂投产，首台自主型 330MWCFB 锅炉 2011 年在山西右玉煤矸石电厂投产。

上锅自主型 300MW 级 CFB 锅炉在投用过程中，进行了一些有针对性的改进，并取得了较好的效果。主要的改进措施包括：在锅炉炉膛密相区与稀相区之间的过渡区，采用防磨浇注料形成一个台阶产生涡流，减轻光管区的磨损；锅炉排渣采用两级冷渣技术，在第一级冷渣器中布置省煤器，底渣经冷却后进行二级机械式冷渣器，提高了冷渣器的可靠性，并能较好地减轻排渣管在运行中发红、冒红渣的现象；在本体设计上将汽包放置在炉膛与旋风分离器之间，为炉前给煤提供更大的布置空间。

3. 哈锅自主型 300MW 级 CFB 锅炉

哈锅自主型 300MW 级 CFB 锅炉有两种技术路线。第一种技术路线的特点：锅炉主要由单炉膛裤衩腿形布风板、4 个高温分离器、4 个回料阀、尾部对流烟道、多台滚筒冷渣器和 1 个空气预热器等组成。该种技术路线与引进型 300MW 级 CFB 锅炉相比，主要的差别在于取消了外置床，而在炉膛内布置了水冷蒸发屏、高温屏式再热器和二级过热器，同时在尾部采用双烟道结构。采用这种技术路线的自主型 300MW 级 CFB 锅炉于 2010 年在神华神东电力有限责任公司郭家湾电厂、辽宁沈煤红阳热电有限公司投产，运行稳定，各项参数达到设计值。

第二种技术路线的特点：锅炉采用单炉膛单布风板结构、4 个高温分离器、4 个气动式分流回灰换热器、炉内布置水冷屏和过热器屏，尾部对流受热面采用单烟道结构，锅炉在用容量小得多的回灰换热器中布置部分受热面，同时回灰换热器采用气动控制方式。采用这种技术路线的 330MWCFB 锅炉 2009 年 1 月在国家电投集团江西电力有限公司分宜发电厂投运。锅炉各项性能参数达到设计值，锅炉在运行过程中表现出了良好的流化均匀性和床体稳定性，锅炉具有良好的床温和汽温调节特性，锅炉负荷变化过程中床温变化较为平缓。

国内三大锅炉厂自主型 300MW 级 CFB 锅炉技术比较见表 12-4。

表 12-4　　　　　　国内三大锅炉厂自主型 300MW 级 CFB 锅炉技术比较

比较项目	哈锅	上锅	东锅
炉膛	裤衩腿形炉膛/单炉膛单布风板	单炉膛单布风板	单炉膛单布风板
翼形墙屏式受热面	有	有	有
分离器数量	4	3	3
分离器形式	高温旋风分离器	高温旋风分离器	汽冷式旋风分离器
外置式换热器	无/分流式回灰换热器	无	无
尾部烟道	双烟道/单烟道	双烟道	双烟道
空气预热器	回转式空气预热器	回转式空气预热器	管式空气预热器
冷渣器	滚筒	风水联合＋滚筒	滚筒
给煤方式	返料管＋侧墙给煤口	返料管＋前墙给煤口	前墙给煤
点火方式	床下＋床上	床上	床下＋床上
床温控制	一二次风调配/分流式回灰换热器风量	一二次风调配	一二次风调配
再热汽温控制	烟气挡板＋喷水/分流式回灰换热器	风量烟气挡板＋喷水	烟气挡板＋喷水

自主型 300MW 等级亚临界循环流化床锅炉的开发是对国外技术消化吸收成功的典型，是对我国循环流化床锅炉设计理论与设计体系的最好验证。从此，国产大型循环流化床锅炉的设计进入了自由王国，再也不必盲目抄袭国外技术的设计。因此，它在国产循环流化床锅炉发展史上具有里程碑意义，也开启了我国独立研发 600MW 容量等级超临界压力循环流化床锅炉的新阶段。

第五节　国产 600MW 超临界压力循环流化床锅炉

一、开发背景

资源 91 - 国产超临界循环流化床锅炉

从 2000 年起，中国与世界同步启动了超临界压力直流循环流化床锅炉的研究。我国的前期理论与工程实践为超临界压力循环流化床开发打下了坚实的理论与工业制造基础。在国家的支持下，采用产学研合作方式，集合了国内最有经验的研究单位，实施世界最大容量超临界压力循环流化床示范工程。

2008 年，国家发改委批准四川白马循环流化床示范电站建设 $1 \times 600MW$ 超临界压力循环流化床锅炉示范工程。国内三大锅炉厂均针对四川白马项目提出循环流化床锅炉设计方案。2009 年，东方锅炉厂设计的 600MW 超临界压力循环流化床锅炉中标白马循环流化床示范电站项目。

二、开发 600MW 超临界压力循环流化床锅炉面临的关键挑战

从 300MW 亚临界到 600MW 超临界，表面上是容量跨越和参数突破，但二者有本质不同。蒸汽参数提高到超临界后，锅炉汽水系统从亚临界的自然循环转变到超临界的强制循环。自然循环水冷壁管的水侧自补偿特性消失了。管间热负荷差别引起的阻力变化会造成管间管壁温度差，进而发生安全问题。超临界煤粉锅炉燃烧室膜式壁为减少管间热负荷偏差，多采用高质量流速的螺旋上升管。这在循环流化床燃烧室是不允许的，因为会引起剧烈磨损。所以技术人员建议是否可以采用德国西门子早期就建议的管内水侧低质量流率设计。但到 2000 年为止，世界上还没有任何成功的工程实践。循环流化床热负荷范围内膜式壁采用低质量流率时的气液两相流传热和阻力特性数据也不足以支撑可靠的工程设计。因此，超临界循环流化床研发面临着三大挑战：

（1）流化床燃烧室放大带来的气固两相流动、传热、燃烧、混合系列未知问题的挑战。

（2）将直流强制循环与循环流化床燃烧结合引发的水动力学安全性、水动力设计方法的挑战。

（3）强制循环水系统和大惯性循环流化床燃烧系统结合带来的动态特性问题及控制问题挑战。

上述挑战从科研和工程两个层面可以归结为系列研发课题：①理论层面要回答的问题。超高燃烧室的气固两相流规律——物料浓度分布规律、直流锅炉燃烧室二维传热和热流分布规律、物料平衡规律、超大截面炉膛及多路循环稳定性及分配规律、本生低质量流率水动力学和热负荷分配交联规律。②工程设计层面要回答的问题。大容量超临界压力循环流化床锅炉基本结构形式、外置换热床的选择及物料循环流路热负荷分配、质量流率选取与安全性计算、水冷壁强度及安全性、锅炉动态仿真、DCS 控制模式等。

在国家科技支撑计划的支持下，以清华大学为代表的研究单位联合最有经验的科研单位和制造单位，通过协同配合研究，给出了上述所有关键问题的答案，超临界核心技术取得突破。清华大学和东方锅炉厂合作开发的 600MW 超临界压力循环流化床锅炉中标白马循环流化床示范电站项目。

三、锅炉简介

1. 锅炉设计规范

BMCR 工况下的基本参数见表 12 - 5。

表 12 - 5　　　600MW 超临界压力循环流化床锅炉 BMCR 工况下的基本参数

项目	数值	项目	数值
主蒸汽流量（t/h）	1900	给水温度（℃）	284
主蒸汽压力（MPa）	25.5	排烟温度（℃）	129
主蒸汽温度（℃）	571	炉膛平均温度（℃）	890
再热蒸汽流量（t/h）	1568.2	SO_x 排放（mg/m³）	<380(Ca/S=2.1，η_{dS}=96.7%)
再热器进出口压力（MPa）	4.592/4.352	NO_x 排放（mg/m³）	<200
再热器进出口温度（℃）	317/569	粉尘排放（mg/m³）	<30

2. 设计燃料特性

锅炉设计燃料为高硫分、高灰分、发热量低、低灰熔点的劣质贫煤，灰分达到43.82%，发热量为15173kJ/kg，硫分为3.3%。

3. 白马600MW超临界压力CFB锅炉设计与运行特点

白马600MW超临界压力CFB锅炉采用单炉膛、双布风板、裤衩腿形结构，布风板之下为水冷风室。炉膛宽15m、深30m、高55m。炉膛采用全膜式水冷壁悬吊安装，中间设双面受热且非连续布置的水冷中隔墙，如图12-17和图12-18所示。锅炉外循环灰回路设置6个高温汽冷旋风分离器和6个外置式热交换器，它们分别布置在锅炉两侧。汽冷旋风分离器直径8.6m，每一个高温分离器分离下来的高温循环灰进入返料阀后，一部分直接返回炉膛，另外一部分经外置床返回炉膛。同侧的3个外置床分别布置高温再热器、中温过热器Ⅰ和中温过热器Ⅱ。

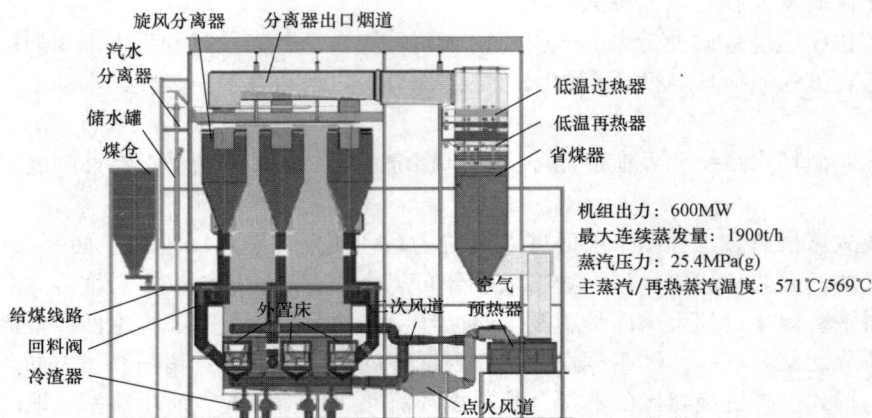

图12-17　白马600MW超临界压力CFB锅炉示意

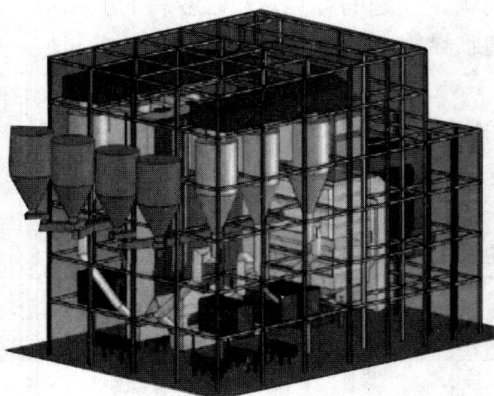

图12-18　白马600MW超临界压力循环流化床锅炉三维视图

可以看出，白马600MW超临界压力CFB锅炉的本体结构布置，总体上相当于2台300MW亚临界压力锅炉炉膛背靠背组成。采用H形布置解决6个旋风筒位置安排，采用双炉膛结构解决炉膛截面放大问题，双炉膛之间设置非连续双面受热水冷壁保持双炉膛压力平衡。为了保证较高的主蒸汽参数，锅炉采取了一系列措施增加炉内换热面的布置，炉膛高度为55m，且采用双面曝光的水冷壁将横截面为15m×28m的炉膛分为左右炉膛，保证了炉内有足够的换热面的布置空间。在炉膛左右两侧分别布置了3个外置换热床，外置换热床内设有两级中温过热器和高温再热器，提高了床温、气温调节和负荷调节的灵活性。此外，为了保证二次风具有较好的穿透深度，炉膛底部采用双炉膛与双布风板的裤衩腿形结构。为了保证较高的气固分离效率，在炉膛左右两侧出口各布置了 3 个结构相同的汽冷式分离器。

锅炉汽冷包墙包覆的尾部烟道内布置低温过热器、低温再热器和省煤器。空气预热器采用四分仓回转式预热器。

锅炉炉前给煤系统采用 4 台称重皮带机＋链式给煤机的布置方式。给煤点设置在外循环回路返料腿上，两侧各 6 个给煤点。锅炉炉膛底部外侧设 6 台滚筒式冷渣器。

水冷壁采用低质量流率的本生垂直管式布置方式，炉膛底部为内螺纹管，上部为光管。这种结构能够有效避免水冷壁的干烧、类膜态沸腾以及锅炉低负荷时水动力的不稳定现象。此外，由于在低质量流率时，水冷壁的动压损失小，超临界状态下水动力特性具有类似于亚临界自然循环的特性，可以有效限制平行上升管之间的吸热不均匀。水冷壁采用低质量流速 $[725kg/(s \cdot m^2)]$，以充分利用垂直管圈的正向自补偿能力。汽水系统如图 12-19 所示。

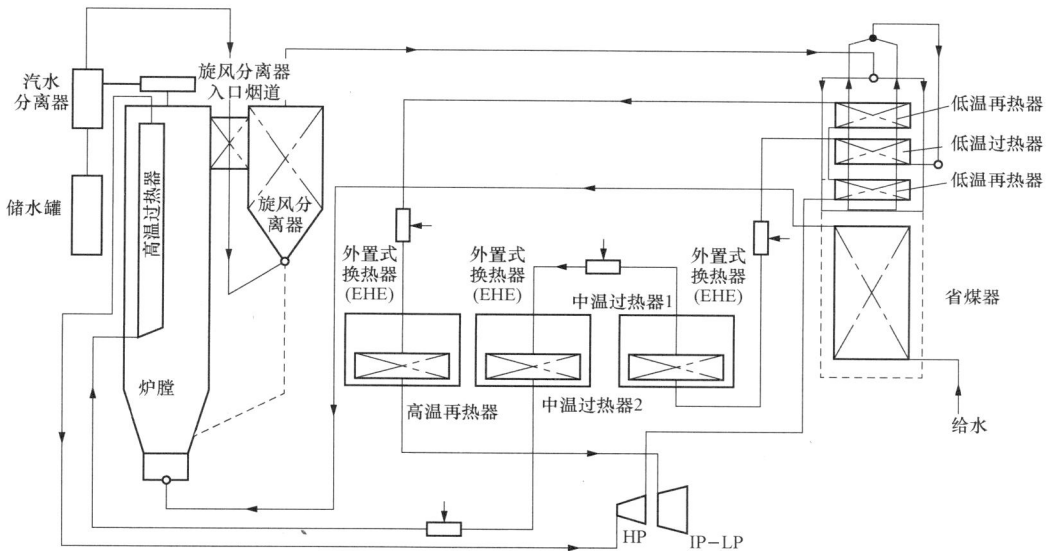

图 12-19 白马 600MW 超临界压力锅炉汽水系统

四、锅炉运行效果

2012 年年底，白马示范项目安装完成并进入调试，2013 年 4 月 14 日一次通过 168h 满负荷运行。1 年后，对白马电厂 600MW 超临界压力循环流化床锅炉示范工程进行了性能测试，结果全面达到设计预期，部分指标高于预期，见表 12-6。膜式壁管间最大温差小于 17℃，双曝光吊屏管间最大温差小于 28℃。超临界压力循环流化床锅炉燃烧室的安全性指标优于超临界压力煤粉炉，证实低质量流率水动力设计成功；NO_x、SO_x 排放指标好于预期，炉内石灰石脱硫效率超过 97%，NO_x 原始排放仅为 111.94mg/m³，表明循环流化床低成本污染控制潜力很大；锅炉受热面设计精确，燃烧室温度设计与运行一致。而国外 460MW 超临界循环流化床设计运行温度误差 39℃，造成 NO_x 排放超过设计值，达 300mg/m³，因此不得不加装 SNCR。示范工程表明，中国循环流化床研发、制造、运行水平达到世界领先。

表 12 - 6　　　　　　　　**600MW 超临界循环流化床项目性能测试结果**

项目	设计值	测试值
主蒸汽压力（MPa）	25.39	24.64
主蒸汽温度（℃）	571	570.02
蒸发量（t/h）	1819.1	1823.01
再热蒸汽压力（MPa）	4.149	3.98
再热蒸汽温度（℃）	569	567.64
减温水总量（t/h）	142	109.2
床温（℃）	平均 890	密相区下部 854，炉顶 890
排烟温度（℃）	128	141.47
锅炉效率（%）	91.01	91.52
SO_2平均排放浓度（mg/m³）	<380	192.04
钙硫摩尔比	2.1	2.07
脱硫效率（%）	96.7	97.12
氮氧化物排放浓度（mg/m³）	<160	111.94
粉尘排放（mg/m³）	30	9.34
除尘效率（%）	99	99.95

　　白马 600MW 超临界压力循环流化床锅炉是世界首台 600MW 等级的超临界压力循环流化床锅炉。它的成功投运，对我国重大技术装备制造企业全面掌握 600MW 超临界循环流化床原始设计技术，提高自主创新和自主开发能力，实现能源发展与环境保护具有划时代的重大意义，在世界循环流化床锅炉发展史上具有里程碑的意义，也表明我国在大容量、高参数循环流化床工程技术应用上真正走在了世界前列。

单元思考题

1. 国外循环流化床锅炉有哪些主要技术流派？它们各自有什么特点？
2. 循环流化床锅炉就是"鼓泡床，拉拉长"吗？为什么？
3. 外置床换热器主要是用来解决什么问题的？
4. 你认为方形分离器有什么优缺点？
5. 引进型和自主型 300MW 循环流化床锅炉有什么不同？我国在哪些方面进行了改进？
6. 超临界压力循环流化床锅炉和亚临界压力相比，要跨越哪些主要技术障碍？
7. 通过中外典型循环流化床锅炉的技术特点分析，你发现了哪些技术创新规律？

单元十三　　循环流化床锅炉节能与超低排放技术创新

⬡ **引　言**

　　循环流化床锅炉顶着"高效低污染""清洁燃烧设备"的光环诞生，然而它仍存在天然的不足：厂用电高、磨损严重、可用率低；有限的低污染排放优势，在大气污染物排放标准日益严苛的今天也处在尴尬境地。但它的先天优势仍是其他技术无法比拟的，对劣质燃料的广泛适应性几乎成了它继续存在的唯一理由。怎样充分发挥优势、尽力回避劣势？这是所有循环流化床锅炉工作者的最大心愿。在这个关键问题上，我国科技工作者又交出了令人敬佩的答卷。他们敢为人先、大胆创新，进一步发展了我国独立知识产权的循环流化床锅炉设计体系，基于流态重构开发出了"节能型"循环流化床锅炉，突破了传统循环流化床燃烧流态专利范围，再次在设计理论上领先世界。运行结果令人鼓舞：风机节电可达 30%，炉内几乎没有磨损，在经济性与可靠性两方面取得了本质突破。在此基础上，深挖循环流化床在污染控制方面的潜力，开发了"超低排放型"循环流化床锅炉，实现了"燃烧过程中"高效脱硫脱氮的、低成本的超低排放，甚至能直接满足当下的环保标准，颠覆了人们的传统认知，实现了技术的简洁性和完美性，循环流化床燃煤技术又呈现了勃勃生机。在这轮技术创新中，我国提出的循环流化床流化状态设计概念是循环流化床燃烧技术进步的核心，充分彰显了我国科技工作者的卓越智慧，也让我们再一次认识到：创新，是引领发展的第一动力，是民族进步的灵魂，是国家兴旺发达的不竭动力。

　　我国的循环流化床燃烧技术从 1980 年起步，几乎与改革开放同步，经历数十载的努力，掌握了先进的循环流化床设计理论，形成了从小容量的蒸汽锅炉到大型超临界发电锅炉的系列容量产品，控制了中国市场，并成功走向世界。面临国内复杂的煤种和日益严格的环保要求，我国科技工作者和工程技术人员突破了循环流化床流态设计的范围，形成了高可用率、低厂用电率的第二代循环流化床技术，并正在向超低排放的第三代技术发展。

第一节　循环流化床锅炉在中国的理论创新

　　我国自 20 世纪 60 年代起开始研发鼓泡床燃烧（俗称沸腾炉），通过 20 年的开发，形成了自己的鼓泡床燃烧及鼓泡床锅炉设计理论。到 20 世纪 70 年代末，国内有 3000 台沸腾炉运行，最大容量为 130t/h。自 20 世纪 80 年代开始，我国与世界同步开始循环流化床燃烧技术的研究，受到鼓泡床开发经验的限制，科技人员在初期认为，只要在沸腾炉基础上加上分离器和物料回送装置，即可构成循环流化床燃烧锅炉，因此将分离器和物料回送装置理解为飞灰回送的装置，而不清楚鼓泡流化床锅炉和循环流化床锅炉在燃烧室内的流化状态是截然不同的。正是由于这些错误的认识，我国早期开发循环流化床燃烧基本上是不成功的，物料循环不足，不能满负荷运行，尾部受热面磨损严重。当时国际上有关的研究均是基于化工流态化反应器的，无法解释循环流化床燃煤锅炉的实际问题。另外，国外循环流化床锅炉开发商内部开展的研发工作是完全保密的。

我国的研究人员投入大量精力，重新审视循环流化床燃烧的基本理论。通过实践—理论研究—实践的多年反复，针对工程设计需要，构建了我国自主知识产权的循环流化床煤燃烧理论体系。该理论体系的主要创新点全面涵盖了气固两相流、燃烧、炉内传热和污染控制等方面，并进行了综合和发展，是国际循环流化床燃烧理论的重要进展，也为建立我国自己的循环流化床设计体系提供了理论支撑。

一、对循环流化床气固两相流理论的新认识

源自化工领域的循环流化床反应器是循环流化床燃烧的基础。化工循环流化床反应器的流化行为一般针对窄筛分粒径的催化剂。因为昂贵的催化剂不允许在运行中丢失，所以设计的分离器必须对此粒径的催化剂具有近乎于100%的分离效率。因而所构成的循环系统对气相而言是开口系，对催化剂则是近似闭口系。燃煤循环流化床中，连续给入宽筛分煤颗粒，在燃烧中形成宽筛分灰颗粒流连续进入循环系统。如果像化工反应器一样对颗粒采用闭口系，则灰分在系统内累积，很快就充满循环流化床燃烧室，无法达到平衡状态。所以循环流化床中，灰分连续进入的同时必须也必然连续排出，达到平衡状态。这就是燃煤循环流化床锅炉一进二出宽筛分粒度物料开口系平衡的概念。因此，燃煤循环流化床物料平衡的影响因素可以归纳为两点：煤的成灰磨耗特性和循环系统的综合效率。

循环流化床物料循环系统的综合效率，是指在确定流化风速条件下循环系统对不同粒径颗粒的保存效率。通过简单的物理模型，即可得到循环流化床一进二出平衡系统的特性。不同煤种及不同粒度煤颗粒的成灰与磨耗特性可用特定的试验方法测试得到。

宽筛分的灰颗粒进入循环流化床后，由于系统对不同粒度颗粒的保存能力不同，达到物料平衡后，循环流化床内的物料粒度分布必然会在系统保存效率最高点形成峰值，如图13-1中的曲线1所示。因此，燃煤循环流化床即使燃料带入的灰颗粒是宽筛分的，但循环系统平衡累积的结果必然是床内物料趋于某个粒径。当此粒径的物料存量达到一定程度，气流对此粒径的夹带达到饱和，则循环流化床燃烧室上部区域就进入了以颗粒团聚为特征的快速床状态，而不再是鼓泡床上部的扬析夹带。

循环流化床锅炉上部的快速床状态存在多态性。同一流化风速下的快速床，床存量不同，物料浓度分布不同，即快速床状态不同。所以，即使床料平均粒度相同，快速床也具备多态性，如图13-2所示。

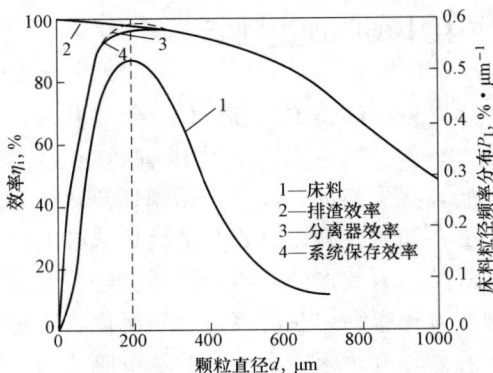

图13-1 循环流化床锅炉的保存效率与床料粒径分布

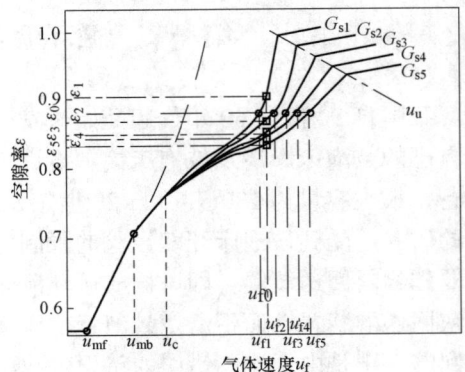

图13-2 快速床的多态性

按照上述概念，可以建立循环流化床物料平衡模型，以此可以预测锅炉的物料循环系统的性能和物料浓度分布。

二、对循环流化床燃烧理论方面的贡献

在循环流化床煤燃烧理论基础研究方面，国外研究者把目光主要集中于单个煤颗粒在流化床状态下的燃烧行为研究上。而循环流化床锅炉的设计者则更关心给煤流进入循环流化床燃烧室时的燃烧热量释放规律。为此，清华大学提出了燃烧份额沿高度一维分配的概念和测试方法，通过理论研究与现场测定找到了燃料性质和粒度对燃烧份额分配的影响，而这个结果提供了循环流化床给煤粒度级配的理论依据和一二次风比的设计依据。

在循环流化床锅炉中，物料循环对于燃烧行为在微观上存在影响。循环流化床燃烧室密相区由于物料平衡的作用使平均粒度下降，使得密相区在富氧条件下仍然属于欠氧燃烧，大大降低了密相区的燃烧份额，如图 13-3 所示。这个发现纠正了国际上对循环流化床密相区燃烧份额的计算错误，成为设计锅炉一二次风配比的理论根据。

与此同时，科研人员发现了循环流化床锅炉由于二次风穿透不足造成燃烧室中心区欠氧现象，找到二次风动量设计依据。

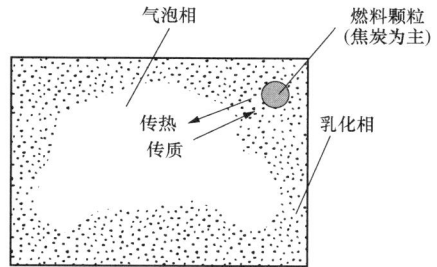

图 13-3　循环流化床燃烧室密相区欠氧燃烧现象

三、对循环流化床炉内传热的新认识

国外学者的研究解释了循环流化床燃烧室内的气固两相流对受热面的传热机制，但是关于能够给设计工程师使用的传热系数计算式则是由国外锅炉公司各自形成的，并作为设计秘密，不对外公布。我国的研究者将工程用循环流化床锅炉传热系数控制机制简化为空间辐射及颗粒对流两项。并开发了传热系数测试手段，展开了详尽的工业测试，形成了能够反映床温、局部物料浓度、膜式壁几何参数和管内工质侧温度及其换热影响的传热系数计算半经验、半理论式。上述传热模型是基于局部物料浓度的，若能够获得任何一点的局部物料浓度，就可以获得该点的传热系数；若获得炉膛的平均物料浓度，则可以获得炉膛的平均传热系数。

四、我国独立知识产权的循环流化床锅炉设计体系

基于对循环流化床锅炉燃烧理论的新认知，我国建立了自己的循环流化床锅炉流态设计体系。这个设计体系的基点是，循环流化床燃烧室内部由下部的鼓泡床或湍流床与上部的快速床流型组合，以及快速床可能存在不同的状态，提出了"定态设计"的概念以解决"快速床"流型的多态性问题，这就突破了国外循环流化床流态设计完全经验性方式。清华大学在世界上首次公布了循环流化床锅炉流态图谱，如图 13-4 所示，作为设计工程师定态设计参数选择的依据。

该图谱用两个参数——流化风速和物料携带率来确定循环流化床燃烧室上

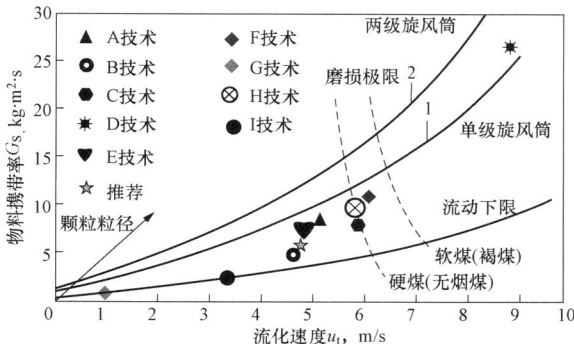

图 13-4　循环流化床锅炉流态设计图谱

部的流化状态。流动下限代表该风速下的饱和夹带率，低于此线则燃烧室上部为鼓泡床过渡区的扬析夹带，只有夹带率高于此线才能进入快速床状态。曲线 1 和曲线 2 是循环流化床物料平衡系统在单级旋风筒和两级串联旋风筒所能达到的最大携带率上限。所以，循环流化床的快速床状态只能设计在上下限之间。根据燃煤灰分的磨损程度不同提出了磨损要求的上限，避免工况点超过此线带来垂直受热面的严重磨损。目前国际上几乎所有的循环流化床锅炉技术在此图谱中均能找到其状态位置。

这个图谱是循环流化床锅炉流态设计的评价依据。据此可以看到，某两个国外技术流派的设计点已经接触到了硬度较大的灰分磨损线，存在着磨损的潜在可能，这为其在我国的实践所证实。依此，清华大学建议了适合我国不同煤种的合理快速床状态设计点。相应的燃烧份额分配、一二次风比、传热系数即可按照前述的理论研究成果加以确定，从而形成了我国自己的循环流化床设计体系。使循环流化床锅炉流态设计进入自由王国，而不必盲目抄袭其他技术的设计。

第二节　节能型循环流化床锅炉

一、流态重构的节能型循环流化床设想的提出

传统循环流化床锅炉在燃用劣质煤和低成本污染控制方面具备一定优势，但实践中也存在一些问题，主要表现在厂用电率高和可用率低两个方面。由于循环流化床锅炉需要高压头风以实现床料流化和物料循环，厂用电比同容量煤粉炉高 2%～3%。大颗粒物料流化引发燃烧室膜式壁下部严重磨损，影响可用率。

为解决上述问题，清华大学的研究者根据循环流化床流态图谱，建议改变传统循环流化床流态设计定态区域，以达到减少床存量、降低风机压头达到节能和减少粗床料对燃烧室磨损的建议。这个设想突破了循环流化床燃烧原有基础流程专利范围，是全新的流化定态，如图 13 - 5 所示。

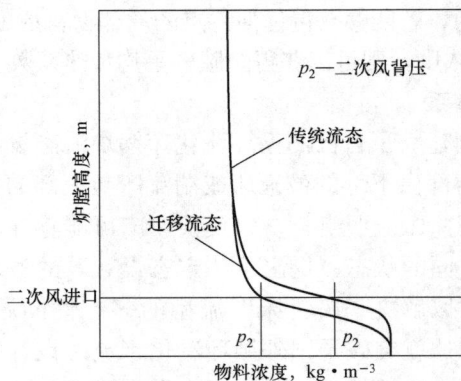

图 13 - 5　循环流化床锅炉流态迁移原理

由于循环流化床内物料存量是多粒度物料的混合物，欲减少总存量而不影响形成上部快速床的细物料存量，则必须改进物料平衡系统的性能，使总存量内的细物料比例增加。

从物料平衡角度分析，该设想本质是提高物料循环系统分级保存效率的最高点数值，使得平衡后山峰状的粒度分布的顶点再往高和尖锐程度上变化。

流态重构表现为床存量即床压降的降低，但是床压降的降低不是实现流态重构的手段，而是目的。流态重构不是简单通过排渣控制就能实现的，而是要通过具体的工程措施。其中典型的手段包括改进分离器的截止粒径点 d_{99} 的效率，与此同时，加大二次风动量，解决二次风穿透深度，强化燃烧室上部燃烧强度。

二、节能型循环流化床锅炉的实践

基于流态重构的节能型循环流化床锅炉设想，于 2007 年在山西大土河热电厂第一次实

现。该炉燃用洗中煤和泥煤的混合物，通过设备改造，运行中可以将床压降运行在 3.2kPa 运行而不影响负荷，床温保持基本不变。运行 1 年后检查，燃烧室水冷壁毫无磨损，年运行可用率超过 95%，由此年节约厂用电 500 万 kWh。

按照此理念设计的 220t/h 循环流化床锅炉建设在海拉尔热电厂，运行时的风室风压为 7.7kPa，飞灰含碳量为 0.49%，排渣含碳量为 0.32%。运行 3 年燃烧室水冷壁无明显磨损。

采用该思路改进的福建龙岩电厂 300MW 循环流化床锅炉辅机电耗降至 4.6%，接近同容量煤粉炉的水平，而同容量锅炉原设计厂用电率为 7.1%，全国平均水平为 8%，国外平均水平也大于 9%。

流态重构的节能型循环流化床锅炉投运后，形成产品系列，在国内中小容量循环流化床市场中因其厂用电耗低和可用率高的优势快速扩展，并打入国际市场。锅炉容量从 75t/h 已经发展到亚临界 300MW，正在进行超临界 350MW 的开发，投运达到数百台。

第三节　循环流化床锅炉超低排放技术创新

循环流化床锅炉通过自身污染物控制技术，能够满足世界上大部分国家和地区的排放标准。然而，面对我国颁布实施的 GB 13223—2011《火电厂大气污染物排放标准》要求，甚至更严格的超低排放标准，CFB 锅炉面临着极大的挑战。为了达到超低排放标准，一些 CFB 锅炉采用"尾部烟气湿法脱硫＋SCR 脱硝＋袋式除尘"等煤粉锅炉常采用的技术，尽管达到了超低排放标准的要求，但其投资、运行成本高，使 CFB 锅炉失去了洁净燃烧技术的优势。研究和实践表明，通过 CFB 锅炉自身污染物控制技术，辅助一些简单的脱硫脱硝方法，同样可以达到超低排放的要求。

一、CFB 锅炉自身 NO_x 污染物超低排放控制

CFB 锅炉中燃烧温度一般处于 800～950℃ 范围内，此温度下，能够有效抑制热力型 NO_x 的生成。另外，循环流化床锅炉属中温燃烧，炉内存在大量还原性物料（如 C、CO）等，对 NO_x 的生成有一定抑制和还原作用。因此，相较于煤粉锅炉，循环流化床锅炉具有天然的 NO_x 低排放优势。

1. CFB 燃烧条件下 NO_x 的生成过程

NO_x 的生成取决于热解燃烧发生时的气氛。在 CFB 锅炉中，存在着鼓泡流动的下部密相区和大量颗粒团聚的上部快速床。密相区可以分为几乎不含固体的气泡相和近似处于最小流化状态的乳化相，如图 13-3 所示。乳化相内部气体速度接近于该粒度颗粒所对应的最小流化风速 u_{mf}，多余气体以气泡的形式上升。进入 CFB 炉膛中的燃料颗粒可以分为两类，一类是终端速度大于流化速度的大颗粒，一类是终端速度小于流化速度的小颗粒。前者趋于下沉，在乳化相中热解燃烧；后者随气流上升，在上升过程中与循环物料一起发生团聚，颗粒团逐渐长大，当颗粒团生长到终端速度大于流化速度时又开始下降，下降过程中被上升气流逐渐吹散，重新上升，进入下一个周期，从而有效延长颗粒在炉内的停留时间，完成燃尽。

大燃料颗粒进入密相区后，存在于乳化相中，燃料颗粒周围是惰性床料颗粒，燃料颗粒的比例很小。乳化相中的气流速度即为 u_{mf}，气体流量较小，燃料颗粒能够获得 O_2 的条件很差：一方面直接流经燃料颗粒的气体很少，另一方面大量的一次风存在于气泡相中，O_2 从气泡相向燃料颗粒的传质阻力非常大，导致颗粒的热解和燃烧处于严重的缺氧状态。尽管密相区整体上

富氧，但是对于处于乳化相中的燃料颗粒而言仍处于贫氧的还原性气氛中。在此还原性气氛下，燃料颗粒热解产生的挥发分氮及焦炭氮转化为 NO_x 的比例非常低。挥发分热解产生的 HCN、NH_3 等小分子在离开密相区之后随着气泡的破裂改善了获得 O_2 的条件，部分转化为 NO_x。挥发分的含量越高，如褐煤、次烟煤等，相应挥发分氮的比例就越大，由此产生的 NO_x 也越多，这就是 CFB 锅炉燃用高挥发分煤种时 NO_x 排放水平相对较高的一个重要原因。燃料对 NO_x 排放的影响如图 13 - 6 所示。由于乳化相中的气体流速仅仅是最小流化风速，即使增加一次风份额，超过最小流化风速的多余气体只能以气泡的形式流动，增加了气泡的数量和大小。因此一次风份额并不能改善乳化相中的燃料颗粒获得 O_2 的能力，但是对于气泡破裂后的混合有积极意义，会强化气泡破裂后挥发分的燃烧和 NO_x 的生成，但是影响并不显著。

进入炉膛的小颗粒燃料随着气流向上流动，由于 CFB 上部处于快速床状态，燃料颗粒倾向于与床料发生团聚。颗粒团中燃料颗粒的热解燃烧条件与乳化相中的相似，与底部的鼓泡流态化相比，发生了物相倒置。颗粒团中燃料颗粒的传质与传热规律仍可以由密相区乳化相近似比拟。由于细颗粒的团聚倾向强于粗颗粒，且上部较高的物料浓度也强化了团聚效果，因此床料变细后使得包裹于颗粒团内的燃料颗粒面临更大的传质阻力，如图 13 - 7 所示。因此对处于颗粒团中的燃料颗粒而言，也是处于贫氧的还原性气氛中，从而抑制了 NO_x 的生成，焦炭氮转化为 NO_x 的比例同样比较低。在细颗粒进入颗粒团之前，接触 O_2 的条件变好，会产生部分 NO_x。

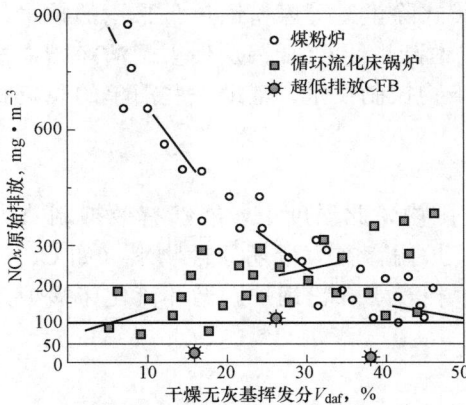

图 13 - 6　燃料对 NO_x 排放的影响

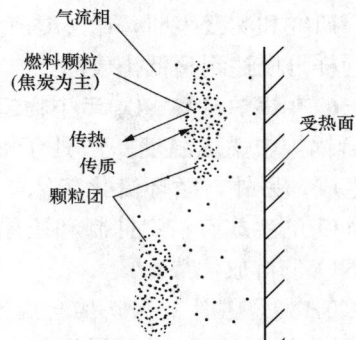

图 13 - 7　循环流化床燃烧室稀相区欠氧燃烧现象

2. CFB 燃烧条件下的 NO_x 还原过程

为了改善燃烧效率，必须有适当的 O_2 提供给燃料，燃料型 NO_x 是燃烧的必然副产物。CFB 燃烧具备了将这些副产的 NO_x 还原的天然条件。如前所述，CFB 燃烧无论下部密相区还是上部稀相区，对于燃料颗粒而言，都处于特殊的还原性气氛下。在抑制燃料型 NO_x 生成的同时，产生了大量还原性气体，这些还原性气体在炉膛中上升和流经分离器的过程中，能够进一步还原已生成的 NO_x，尤其是 CFB 锅炉循环灰颗粒为不易发生的 CO 还原 NO_x 反应提供了丰富的吸附表面，循环灰富含的多种金属化合物也催化了这一反应过程。

由于 CFB 是低温燃烧，燃烧反应速度比较低。为了满足释热速率的负荷要求，需要更多的反应表面，因此主循环回路中有大量的焦炭。这些焦炭不仅提供燃烧反应进行的表面，而且提供了 NO 的还原条件。对于高挥发分燃料，其焦炭反应活性比较高，因此主循环回路中存有的焦炭表面积相对较少，对 NO_x 的还原程度较低，这是 CFB 锅炉燃用高挥发分煤种时 NO_x 排放水平相对较高的另一个重要原因。

二次风的比例和风口布置对于稀相区的还原性气氛有一些影响，但是实践证明影响并不显著。因此，气固两相流流态导致的特殊还原性气氛在低温条件下是 CFB 锅炉 NO_x 原始排放比较低的根本原因，而一次风比例的影响不大。在没有外置换热床条件下，床温的唯一控制手段是一次风率，试图通过调节一次风率以降低 NO_x 的结果是床温提高，NO_x 变化的幅度很小。

运行条件如过量空气系数、给煤条件、配风形式等，也对 NO_x 的排放产生影响。在严格控制床温、炉内过量空气系数、合理的风比和二次风口位置条件下，提高床质量、减少床存量、增加循环量可以进一步增强燃烧反应的还原性气氛，是深入挖掘 CFB 锅炉降低 NO_x 排放潜力的可行技术手段。

3. CFB 锅炉 NO_x 超低排放的探索实践

CFB 锅炉 NO_x 超低排放的工程实现是通过系列的锅炉关键部件改进实现的（如通过分离器分离性能的提高，循环量得到改善）。在充分研究的基础上，将该技术路线在实际工程上进行检验，相继在 150、260t/h 和 560t/h 的 CFB 锅炉上进行了工程实践。将此与已有的 CFB 锅炉进行比较发现，对于燃用相近煤种，可以使 NO_x 原始排放显著降低。

二、炉内高效脱硫脱硝技术创新

人们公认的传统循环流化床炉内脱硫效率，在 Ca/S＝2.0～2.5 条件下，燃用高硫煤时可高达 95%，SO_2 的排放小于 $300mg/m^3$；燃用低硫煤时脱硫效率可达 90%，SO_2 的排放小于 $200mg/m^3$。燃用高挥发分煤时，NO_x 排放可以达到 200～$300mg/m^3$；燃用低挥发分煤时 NO_x 排放可以达到 100～$150mg/m^3$。

要冲破传统循环流化床炉内脱硫脱硝能力的极限，目光仍然回到循环流化床流态图谱（见图 13-4）。该图谱事实上存在第三坐标轴，即粒度轴，原有曲线是基于传统循环流化床循环物料平均粒度在 150～$250\mu m$ 条件下确定的。如果改变循环物料平均粒度，则曲线会发生改变。如前所述，循环流化床循环物料粒度更细条件下，NO_x 可以达到原始超低排放。与此同时，循环物料粒度减小意味着石灰石颗粒的利用率显著增加。运行实践表明，如果分离器分离效率得到显著改善，飞灰切割粒径降至 $10\mu m$，循环灰中位粒径接近 $100\mu m$，炉膛上部的平均压降可以提高到 $60Pa/m$，NO_x 原始排放可稳定在 20～$30mg/m^3$；炉内脱硫在 Ca/S＝1.5 时，$SO_2 < 50mg/m^3$。山西山阴电厂等用户的 300MW 循环流化床锅炉已经验证了 NO_x 排放降低的明显趋势。上述成果超出了国内外对循环流化床污染控制能力的认知底线，震惊了国外学术界，也引起国内政府环保部门的关注。

因此，现阶段比较理想的低成本循环流化床燃煤锅炉的超低排放技术路线如下：超高循环效率 CFB＋炉内细石灰石粉脱硫＋袋式除尘为基础装备，SNCR 及半干法增湿活化二次脱硫作为热备用，如图 13-8 所示。这条技术路线已经在 50～350 MW 的多个工程中得到印证。

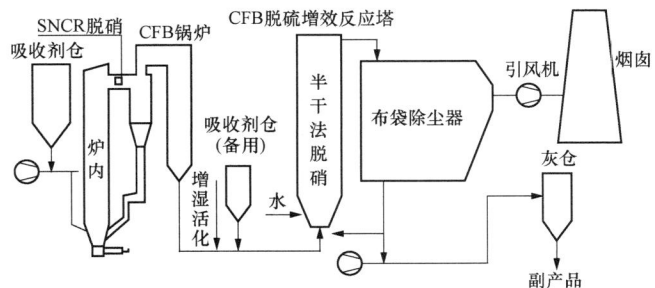

图 13-8　超低排放 CFB 锅炉的技术路线

三、循环流化床燃烧技术的展望

1. 面对的挑战及采取的措施

循环流化床燃烧本来是一种清洁煤技术，能够低成本满足几乎世界所有国家的环保标准，但是我国目前的排放标准是世界上最为严格的燃煤污染物排放标准，这将成为循环流化床燃烧技术的第一个挑战。相关部门公布的供电煤耗标准也给超临界循环流化床节能高效发电提出了第二个挑战。为应对这两个挑战要采取以下措施：

（1）进一步提高蒸汽参数发展超超临界循环流化床，蒸汽压力达到 29MPa，温度为 605℃/623℃，供电标煤耗率小于 285g/kWh。

（2）采用已经在 300MW 以下容量循环流化床得到商业运行证实的流态，重构节能型流程，将厂用电率降低到与煤粉炉相同的水平。这个工作已经取得比较乐观的效果。

（3）深入挖掘循环流化床锅炉自身的污染控制潜力，实现循环流化床污染控制能力的突破。

2. 总结和展望

对于循环流化床锅炉技术，我们有以下总结和展望：

（1）循环流化床燃烧技术对我国燃煤污染控制和消纳大量洗煤矸石、泥煤有重要意义。我国必须发展清洁燃料利用技术而不是简单抛弃。

（2）我国在循环流化床燃烧大型化、高参数方面达到世界领先。

（3）我国提出的循环流化床流化状态设计概念是循环流化床燃烧技术进步的核心。基于流态重构的节能型循环流化床技术，是我国自主创新的循环流化床发展新方向。

（4）在循环流化床流态图谱的第三轴（循环物料粒度轴）可以找到循环流化床低成本超低排放的突破点。我国通过改变循环流化床锅炉流化状态设置点，即通过流态的再次重构，发展出一种低成本、以燃烧过程气体污染物控制为主的超低排放燃煤技术，大大改进了循环流化床锅炉的运行性能，并产业化。

（5）积极推进 660MW 超超临界压力循环流化床锅炉示范和超低排放循环流化床的工程示范，形成最高发电效率、最高可用率和超低排放的循环流化床燃烧技术，可能把循环流化床技术应用空间从劣质煤推向高硫无烟煤，甚至优质煤发电市场。

单元思考题

1. 节能型循环流化床锅炉是如何实现节能的？
2. 本单元的技术创新中是怎样减少循环流化床锅炉的磨损的？
3. 循环流化床如何实现燃烧中氮氧化物的超低排放？
4. 如何实现石灰石炉内脱硫效率的突破？
5. 你如何看待循环流化床锅炉技术的未来发展前景。
6. 通过本篇的学习，你对技术创新有哪些感悟。

参 考 文 献

[1] 徐旭常，毛健雄，曾瑞良，等. 燃烧理论和燃烧设备 [M]. 北京：机械工业出版社，1990.

[2] 阮奕绍. 流化床锅炉图册 [M]. 成都：四川科学技术出版社，1992.

[3] 李广海. 循环流化床燃烧室中传热特性的研究 [D]. 北京：清华大学，1994.

[4] 沈幼庭，李定凯，苏红梅，等. 循环流化床锅炉设计的模型化方法 [J]. 能源研究与信息，1992，8（3）：11-25.

[5] 刘德昌，阎维平. 流化床燃烧技术 [M]. 北京：中国电力出版社，1995.

[6] 宋贵良. 锅炉计算手册 [M]. 沈阳：辽宁科学技术出版社，1995.

[7] 郑洽余，刘信刚，金燕. 循环流化床锅炉燃烧室内焦炭粒子燃烧特性的研究 [J]. 工程热物理学报，1995，16（1）：106-110.

[8] 金燕. 循环流化床锅炉出口端部效应的试验研究 [D]. 北京：清华大学，1995.

[9] 李荫堂，李军，车得福. 循环流化床燃烧炉膛压降与轴向固体浓度 [J]. 热能动力工程，1995，10（3）：149-152.

[10] 辽宁省电力工业局. 锅炉运行 [M]. 北京：中国电力出版社，1996.

[11] 刘皓，黄琳，林志杰，等. 稻壳流化床锅炉的设计、运行的若干问题 [J]. 工业锅炉，1996. 45（1）：5-6.

[12] 别如山，鲍亦龄，杨励丹，等. SHF10-1.25/350 燃木屑流化床锅炉的研制 [J]. 工业锅炉，1996，48（4）：2-4.

[13] 田子平. 发展循环流化床锅炉的几个关键技术问题 [J]. 能源信息与研究，1996，12（4）：49-52.

[14] 张敏，蔡元丰. 内江 410t/h CFB 锅炉技术特点介绍 [J]. 中国电力，1997（6）：6-9，25.

[15] 岑可法，倪明江，骆仲泱，等. 循环流化床锅炉理论设计与运行 [M]. 北京：中国电力出版社，1998.

[16] 史学锋，冯波，陆继东，等. 流化床煤燃烧中的脱硫研究综述 [J]. 电站系统工程，1998，14（6）：18-22.

[17] 王勤辉，骆仲泱，方梦祥，等. 循环流化床锅炉旋风分离及回送的热态试验研究 [J]. 动力工程，1998，16（1）：48-53.

[18] 吕俊复，金晓钟，岳光溪，等. 75t/h 水冷方型分离器循环流化床锅炉物料平衡热态测试 [J]. 清华大学学报，1998，38（5）：7-10.

[19] 张建胜，吕俊复，金晓钟，等. 75t/h 水冷方型分离器循环流化床燃烧室浓度分布 [J]. 清华大学学报，1998，38（5）：11-14.

[20] 吕俊复，岳光溪，刘青，等. 水冷异型分离器循环流化床燃烧技术 [J]. 洁净煤技术，1998，4（4）：31-35.

[21] 田子平. 发展循环流化床的几个关键问题 [J]. 能源研究与信息，1998，12（4）：49-52.

[22] 陶世雄. 循环流化床锅炉燃烧效率探讨 [J]. 四川电力技术，1998，6：6-50.

[23] 陈晓平，赵长遂. 造纸污泥流化床焚烧炉设计分析 [J]. 新能源，1998，20（8）：16-20.

[24] 王智微. 生物质燃料循环流化床锅炉的模型化设计 [D]. 北京：清华大学，1999.

[25] 蒋敏华，孙献斌，张敏，等. NERC 在循环流化床燃烧技术领域的研究与开发 [J]. 热力发电，1999（2）：10-14.

[26] 张圣伟，顾凯棣. 循环流化床的点火燃烧器设计 [J]. 发电设备，2000（6）：10-16.

[27] 刘宝森，吕俊复，姜义道，等. 循环流化床锅炉对煤种的适应性及灰平衡与煤种的关系 [J]. 电站系

统工程，2000，16（2）：71-74.

[28] 吕俊复，张建胜，杨海瑞，等. 循环流化床锅炉脱硫对飞灰比电阻的影响 [J]. 电站系统工程，2000，16（5）：259-261，286.

[29] 刘柏谦，魏高升，史宏起，等. 国产75t/h循环流化床锅炉的现状和发展 [J]. 锅炉技术，2000，31（5）：1-5.

[30] 王智微，李定凯，沈幼庭，等. 一氧化碳在循环流化床燃烧室中的燃烧模型 [J]. 清华大学学报，2000，40（2）：110-113.

[31] 冯俊凯. 循环流化床燃烧锅炉正常运行的规律 [J]. 能源信息与研究，2000，16（1）：1-6.

[32] 杨晨，何祖威，辛明道. 大型循环流化床锅炉固体颗粒流动及分布的数值模拟 [J]. 燃烧科学与技术，2000，6（3）：238-243.

[33] 牛培峰. 大型国产循环流化床锅炉燃烧过程智能控制系统应用研究 [J]. 中国电机工程学报，2000，20（12）：62-66，71.

[34] 孙献斌，蒋敏华，李光华，等. 国产化100MW CFB锅炉的设计研究 [J]. 中国电力，2000（2），33（2）：14-17，47.

[35] 宋凤喜. 循环流化床锅炉脱硫剂给料系统综论 [J]. 发电设备，2001（3）.

[36] 王智微，孙献斌，吕怀安，等. 循环流化床燃烧无烟煤的试验研究 [J]. 发电设备，2001（4）：5-8，16.

[37] 王智微，李定凯，唐松涛. 高挥发分燃料在循环流化床燃烧室中挥发分释放的统计模型 [J]. 工程热物理学报，2001，22（1）：124-126.

[38] 阎维平，于希宁. 循环流化床锅炉床温控制过程分析 [J]. 锅炉技术，2001，32（12）：20-25.

[39] 孙宝洪，王智微，孙献斌，等. 有关循环流化床锅炉的几个问题探讨 [J]. 锅炉制造，2001，（3）：20-23，34.

[40] 尹旭红，张国辉. 循环流化床锅炉底渣输送系统的设计 [J]. 河北电力技术，2001（1）.

[41] 孙献斌，王智微，徐正泉，等. 国产300MW循环流化床锅炉的设计研究 [J]. 热力发电，2001，30（6）：2-6.

[42] 吕俊复，张建胜，敦庆杰，等. 循环流化床锅炉燃烧室边界层的实验研究 [J]. 热能动力工程，2002，16（1）：20-22.

[43] 陆继东，黄义华，沈凯，等. 循环流化床锅炉在线监测与状态诊断专家系统 [J]. 热能动力工程，2001，16（96）：628-631.

[44] 王勤辉，骆仲泱，倪明江，等. 循环流化床锅炉炉内颗粒分布平衡模型 [J]. 中国电机工程学报，2001，21（9）：110-115.

[45] 吕俊复，张建胜，岳光溪. 循环流化床锅炉运行与检修 [M]. 北京：中国水利水电出版社. 2002.

[46] 屈卫东，杨建华，杨义波，等. 循环流化床锅炉设备及运行 [M]. 河南：河南科学技术出版社. 2002.

[47] 艾建民，陈念祖. 分宜发电厂循环流化床（CFBC）锅炉技改工程简介 [J]. 江西电力，2002，26（4）：49-51.

[48] 王智微，李定凯，唐松涛，等. 生物质燃料循环流化床锅炉的模型化设计 [J]. 能源信息与研究，2002，18（1）：21-29.

[49] 王智微，张朝阳. 循环流化床煤着火特性的试验研究 [J]. 燃烧科学与技术，2002，8（5）：468-471.

[50] 王智微，吴晓玲，冷洪川. 循环流化床锅炉物料分布特征分析 [J]. 热电技术，2002（3）：7-9，17.

[51] 辛建，吕俊复，岳光溪，等. 发展超临界循环流化床的讨论 [J]. 热能动力工程，2002，17（5）：439-441.

[52] 冯俊凯，岳光溪，吕俊复．循环流化床燃烧锅炉［M］．北京：中国电力出版社．2003.

[53] 王智微．循环流化床锅炉物料平衡分析［J］．发电设备，2003（3）：20-23，35.

[54] 王智微，钟言，刘远．循环流化床锅炉物料平衡和燃烧效率计算方法［J］．锅炉制造，2003（2）：1-2，40.

[55] 闫澈，王明秋，张超群，等．循环流化床锅炉输运系统设计［J］．化工机械，2004，31（1）.

[56] 王鹏利，王智微，张敏，等．煤种试烧在循环流化床锅炉工程中的作用［J］．热力发电，2003，32（5）：35-37.

[57] 刘升，李广平，张宏彪．风水联合式冷渣器在工程实践中的应用［J］．中国电力，2003（4）.

[58] 李排旺．HBSL型冷渣器在130t/h CFB锅炉上的应用［J］．中国锅炉压力容器安全，2003，19（6）：54-55.

[59] 王智微，石波，孙涛，等．100MW CFB锅炉炉膛压力分布的研究［J］．电站系统工程，2004，20（6）：15-16.

[60] 刘德昌，袁贵成，张春林，等．石油焦循环流化床锅炉设计注意的问题［J］．锅炉技术，2002，33（6）：20-22.

[61] 于龙，吕俊复，王智微，等．循环流化床燃烧技术的研究展望［J］．热能动力工程，2004，19（4）：336-342.

[62] 孙献斌，于龙，王智微，等．国产200MW循环流化床锅炉设计研究［J］．国际电力，2005，9（1）：19-22.

[63] 李建锋，吕俊复，张建胜，等．高硫石油焦在循环流化床锅炉中燃烧应用［J］．锅炉技术，2005，36（2）：37-42.

[64] 张敏，王智微，王鹏利，等．分宜发电公司首台100MW CFB锅炉运行实践［J］．热力发电，2005，34（2）：30-35.

[65] 杨海瑞，岳光溪，王宇，等．循环流化床锅炉物料平衡分析［J］．热能动力工程，2005，20（3）：291-295.

[66] 王智微，黄瑜，程晓民，等．循环流化床锅炉运行优化系统的研究开发［J］．热力发电，2006，35（11）：1-3.

[67] 王智微．循环流化床锅炉炉内受热面换热系数的分析［C］．第1届中国CFB燃烧理论与技术学术会议论文集．海口，2007.

[68] 杨建华，王智微，李献忠．CFB锅炉炉膛稀相区颗粒浓度分布的研究［J］．热力发电，2008，37（9）：27-29，54.

[69] 尹刚，卢啸风．超临CFB锅炉的发展趋势与技术特点探讨［J］．电站系统工程，2007，23（2）：8-10.

[70] 赵加星，于建明．350MW循环流化床超临界锅炉的技术特点研究［J］．工业技术，2019，4：80-81.

[71] 聂立，王鹏．600MW超临界循环流化床锅炉的设计［J］．动力工程，2008，28（5）：701-706.

[72] 张缦，姜孝国．600MW超临界循环流化床锅炉技术特点［J］．锅炉制造，2009，6：1-6.

[73] 周旭，郭强．600MW超临界循环流化床锅炉水冷壁设计及运行特性［J］．东方电气评论，2014，28（109）：23-25.

[74] 蔡润夏，吕俊复．超（超）临界循环流化床锅炉技术的发展［J］．中国电力，2016，49（12）：1-6.

[75] 辛胜伟，韩平．超超临界循环流化床锅炉炉型及关键技术研究［J］．电站系统工程，2017，33（4）：1-4.

[76] 张国军，吴少华，刘玉强．燃煤过程中二氧化硫的释放及控制技术［J］．电站系统工程，2001（05）：295-297.

[77] 王国金，王剑秋，李术元，等．钱家麟，朱亚杰．燃煤生成二氧化硫的机理和本征动力学研究进展［J］．煤气与热力，1995（05）：32-35，27.

[78] 岳光溪，吕俊复，徐鹏，等．循环流化床燃烧发展现状及前景分析［J］．中国电力，2016，49（01）：1-13.